A cultura como sistema aberto, como ato e drama que se expressa na palavra e na imagem para análise e interpretação do quotidiano.

CB002668

Economia
e Sociedade

Título original:
Wirtschaft und Gesellschaft

© desta tradução: Edições 70, 2022

Prefácio: © Boaventura de Sousa Santos

Tradução:
Cap. 1: Artur Morão
Restantes capítulos: Teresa e Marian Toldy

A presente tradução recebeu uma bolsa do Programa de Apoio à Tradução do Goethe-Institut.

Revisão: Patrícia Almeida e Henrique Fernandes

Capa: FBA

Depósito Legal n.º 494708/22

Biblioteca Nacional de Portugal – Catalogação na Publicação

WEBER, Max, 1864-1920

Economia e sociedade. – (Biblioteca 70)
ISBN 978-972-44-2414-9

CDU 33

Paginação:
MA

Impressão e acabamento:
ACD Print, S.A.

para
EDIÇÕES 70
Fevereiro 2022

Todos os direitos reservados

EDIÇÕES 70, uma chancela de Edições Almedina, S.A.
LEAP CENTER – Espaço Amoreiras
Rua D. João V, n.º 24, 1.03 – 1250-091 Lisboa – Portugal
e-mail: editoras@grupoalmedina.net

Esta obra está protegida pela lei. Não pode ser reproduzida,
no todo ou em parte, qualquer que seja o modo utilizado,
incluindo fotocópia e xerocópia, sem prévia autorização do Editor.
Qualquer transgressão à lei dos Direitos de Autor será passível
de procedimento judicial.

Max Weber
Economia
e Sociedade

PREFÁCIO DE BOAVENTURA DE SOUSA SANTOS

Tradução de Artur Morão e de Teresa e Marian Toldy

Prefácio

Não é fácil prefaciar a obra seguramente mais lida pelos sociólogos ao longo dos últimos cem anos e igualmente muito lida por muitos outros cientistas sociais. Curiosamente, é uma obra que se tornou polémica depois da sua publicação, a título póstumo, em 1922, com supervisão de Marianne Weber, mulher de Max Weber e também ela uma importante socióloga. A polémica surgiu inicialmente na Alemanha na década de 1970 e incidiu basicamente sobre a estrutura e composição da obra. À data da sua morte, Max Weber deixou pronta para publicação apenas a primeira parte da que veio a ser a primeira edição alemã, uma parte com fins sobretudo didácticos e de definição conceptual, a incluir numa série intitulada *Grundriss der Sozialökonomik* e a publicar pela editora Mohr, de Tubinga. É essa parte que se publica agora em Portugal. Mas a edição alemã de 1922 era composta por três partes constituídas por textos que Marianne Weber escolheu entre os muitos manuscritos deixados por Weber. Foi esta edição, modificada por Johannes Winckelmann em 1956, que foi mundialmente divulgada.

A polémica centrou-se no carácter fragmentário da obra, composta por textos escritos em momentos significativamente diferentes (antes e depois da Primeira Guerra Mundial) e não incluídos na obra por ordem cronológica. Aliás, a escolha do título também não tem sido pacífica. Ao contrário de Durkheim, Weber usa raramente o termo sociedade. Prefere o conceito de acção social (*soziales Handeln*) e de relação social ou associativa (*soziale Beziehung*,

8 ECONOMIA E SOCIEDADE

Vergesellschaftung). Se tivesse podido dar o título à obra, talvez mantivesse o título original da sua contribuição para a série da editora Mohr: *A Economia e as Ordens e Poderes Sociais*. A partir da década de 1970, o lugar deste livro no conjunto da obra de Weber também passou a ser discutido. Um destacado estudioso de Max Weber, Friedrich Tenbruck, defendeu que a obra mais importante de Weber não seria *Economia e Sociedade*, mas os três volumes de ensaios sobre a sociologia da religião e a mais marcante *A Ética Protestante e o Espírito do Capitalismo*, publicada em 1904.

Nenhuma destas polémicas tem hoje muito interesse para os leitores de Max Weber, sejam ele weberianos ou não. A verdade é que esta obra marcou muitas gerações de cientistas sociais em todo o mundo. E como é próprio das grandes e mais influentes obras, a sua influência nem sempre assentou numa leitura atenta e completa da obra. Ela adquiriu progressivamente a aura da obra incontornável, e cada um encontrou nela o refúgio ou o alvo que buscava. Como afirma o grande sociólogo brasileiro Gabriel Cohn no prefácio à primeira edição do primeiro volume, publicado no Brasil em 1991, «a proporção de weberianos que atravessaram *Economia e Sociedade* de ponta a ponta é da mesma ordem da dos marxistas que estudaram os três volumes de *O Capital*; mas não é preciso ser uma coisa ou outra para saber que são ambas obras indispensáveis, para se ter sempre à mão»[1].

Devemos saudar a publicação da primeira parte de *Economia e Sociedade* em Portugal, cem anos depois da sua primeira publicação. Se a ditadura salazarista não tivesse durado quase meio século, talvez esta obra tivesse sido publicada antes. A obra de Weber era bem conhecida do fundador das modernas ciências sociais em Portugal, Adérito Sedas Nunes (1928–1991), director do Gabinete de Investigações Sociais (mais tarde, Instituto de Ciências Sociais) e fundador da *Análise Social*. Num texto fundamental, que todos os cientistas sociais da minha geração leram, «Questões preliminares

---

[1] Gabriel Cohn, «Alguns problemas conceituais e de tradução em *Economia e Sociedade*», in Max Weber, *Economia e Sociedade* (Vol. 1). Tradução de Regis Barbosa e Karen Elsabe Barbosa. Editora UnB, 1991, p. xiii.

sobre as ciências sociais», publicado na *Análise Social* em 1970, Sedas Nunes analisa com extraordinária lucidez os dilemas epistemológicos, teóricos e metodológicos de Weber.[2] Por outro lado, no período final do fascismo haviam sido publicados alguns textos de Weber (*O Político e o Cientista*. Tradução de Carlos Grifo. Presença, 1973; *Fundamentos da Sociologia*. Rés, 1970). Depois do 25 de Abril de 1974, já muita água tinha corrido debaixo das pontes. A sociologia norte-americana tinha convertido Max Weber na grande alternativa a Karl Marx, e muitos dos jovens cientistas sociais que então começavam as suas carreiras estavam mais inclinados para aprofundar o estudo de Marx do que o estudo de Weber. Outros seguiam a sociologia francesa, sobretudo as obras de Alain Touraine e Pierre Bourdieu.

Deve ter-se em mente que em França a primeira tradução de *Economia e Sociedade* também só surgiu em 1971, por iniciativa de Julien Freund, ainda que, já no final da década de 1930, Raymond Aron elogiasse enfaticamente esta obra, aliás, demasiado enfaticamente para os durkheimianos, que então dominavam a sociologia francesa. É de salientar que no período do nazismo e do fascismo, em que a América Latina foi refúgio para muitos democratas e cientistas sociais europeus, a primeira edição de *Economia e Sociedade* fora da Alemanha ocorreu no México em 1944 (Fondo de Cultura Económica).

Qual é hoje a importância da obra de Max Weber? O que caracteriza os grandes autores é que voltamos sempre a eles mesmo quando não concordamos com o que escreveram. É que, mesmo quando erram, eles erram brilhantemente e, além disso, são sempre complexos e mesmo contraditórios, o que nos permite relê-los de maneiras diferentes em épocas diferentes. Eu, por exemplo, fui condicionado nas minhas primeiras leituras de Weber pelo modo como ele estava a ser lido e interpretado nos EUA no período em que realizei o meu doutoramento na Universidade de Yale (1969–1973). A sociologia estrutural-funcionalista, com vocação política conservadora, de

---

[2] Sedas Nunes, «Questões preliminares sobre as Ciências Sociais», *Análise Social,* Vol. VIII, 1970 (n.º 30–31), 201–298.

que era figura destacada Talcott Parsons, fizera de Max Weber a grande alternativa a Karl Marx. Só muitos anos mais tarde veio a ser questionada a própria tradução americana de *Economia e Sociedade* e o modo como a escolha dos termos tinha sido feita para desvalorizar a presença dos conflitos sociais na obra de Weber e sobrevalorizar o tema das normas e da ordem na sociedade.[3] Aliás, é conhecido que Parsons escandalizara os colegas alemães em 1964, ao afirmar que o grande contributo de Weber para a sociologia residia nas suas contribuições no domínio da sociologia do direito. Como esse era o meu tema de estudo e de investigação na época, foi como sociólogo do direito que eu comecei a estudar Weber.

---

[3] Um exemplo significativo é a tradução de um conceito fundamental de Weber formulado em *A Ética Protestante e o Espírito do Capitalismo*, o conceito de «*stalhartes Gehäuse*», que Talcott Parsons traduziu por «*iron cage*» (a jaula de ferro), designação que passou a ser usada noutras traduções. Com este conceito, Weber pretendeu designar a condição da pessoa humana sujeita ao capitalismo burocrático, um absoluto confinamento, apesar de criado por ela própria. Por isso, a tradução correcta nunca poderia fazer referência ao ferro, que não é criação humana, mas sim ao aço, esse sim criação humana. Num aparte, podemos especular que Weber pretendeu significar com esta designação o que Marx pretendeu com o conceito de alienação. Ver Peter Baehr, «The "Iron Cage" and the "Shell as Hard as Steel": Parsons, Weber, and the Stahlhartes Gehäuse Metaphor in the Protestant Ethic and the Spirit of Capitalism». *History and Theory*, 2001, Vol. 40, No. 2, 153–169. Um outro caso bem revelador das intenções de Parsons é a tradução do conceito de «*Herrschaft*» por «*authority*», e não por «dominação». Esta tradução errada, que elimina o impacto da imposição da dominação, diluiu a veemência do conceito em Weber e acabou por criar um labirinto de confusões com outros conceitos usados por ele, tais como «*Macht*», «*Zwang*» e «*Gewalt*». Ver Michael Th. Greven, «Max Weber's Missing Definition of "Political Action" in his "Basic Sociological Concepts": Simultaneously a Commentary on Some Aspects of Kari Palonen's Writings on Max Weber»: *Max Weber Studies*, 2004, Vol. 4, No. 2, 179–200.

Sobre os problemas de tradução da obra de Weber, a bibliografia é imensa. Ver, a título de exemplo, Alan Sica, «The Unknown Max Weber: A Note on Missing Translations». *Mid-American Review of Sociology*, 1984, Vol. 9, No. 2, 3–25; John Dreijmanis «Reply to Frank J. Lechner's "Versions of Vocation"», *Max Weber Studies*, Vol. 20, No. 1, 82–86.

PREFÁCIO   11

A importância deste livro deve ser avaliada à luz do conjunto da obra de Weber. A primeira parte de *Economia e Sociedade* contém a arquitectura conceptual da sociologia weberiana. De facto, a série onde ela seria originalmente publicada tinha objectivos didácticos, exposição acessível dos fundamentos das disciplinas da «socio--economia». Claro que falar de texto acessível no caso de Max Weber é uma ousadia insensata. Mas o valor da obra de Weber é incalculável, quaisquer que sejam as preferências teóricas ou políticas de quem lê. A complexidade inesgotável da realidade social tem em Max Weber o seu melhor analista. Por isso, não faz muito sentido salientar uma ou outra temática. Faz mais sentido identificar os momentos ou temas mais significativos do encontro sempre renovado com Weber por parte dos cientistas sociais que vieram depois. No meu caso, selecciono três temas entre os mais relevantes para o meu trabalho de investigação.

Relações com Karl Marx. Como referi acima, comecei a estudar Weber como a grande alternativa ou o máximo opositor nas ciências sociais a Karl Marx. Progressivamente, fui-me dando conta de que Weber nunca se concebeu desta forma. Para ele, a obra de Marx era de grande importância e, aliás, chegou a dizer que sem ler Marx não seria possível entender o século xx. As limitações de Marx eram também evidentes para quem, como Weber, fiel ao seu individualismo meto-dológico, construía toda a reflexão sociológica a partir do conceito de acção social. A partir desta premissa e com recurso a uma erudição histórica espantosa, Weber percorre muitas das preocupações de Marx: a emergência do capitalismo no Ocidente, a racionalização da sociedade moderna, a alienação, o resgate da liberdade humana ante as estruturas de dominação, as desigualdades e hierarquias sociais. As afinidades entre Weber e Marx foram identificadas muito cedo na Alemanha, por exemplo, por Karl Löwith, em 1932, num livro que só cinquenta anos depois seria acessível ao público de língua inglesa (*Max Weber and Karl Marx*. Londres, Allen & Unwin, 1982).

As diferenças entre os dois grandes cientistas sociais são muito importantes e foram elas que balizaram a pluralidade interna das ciências sociais (um conceito de Adérito Sedas Nunes na obra acima mencionada) ao longo dos últimos cem anos. Ao analisarmos as diferenças, temos de ter em mente que ao tempo de Weber apenas uma parte da obra de Marx era conhecida. Muitas das contraposições fazem todo o sentido se limitarmos a obra de Marx à que ficou conhecida aquando da publicação dos três volumes de *Das Kapital* (1867–1894), sendo que só o primeiro volume foi finalizado por Marx para publicação. A descoberta e publicação, nos últimos cinquenta anos, de milhares de páginas deixadas manuscritas por Marx entre 1867 e 1883, ano da sua morte, permite-nos ter uma imagem muito mais rica e complexa da teoria de Marx. As diferenças principais são as seguintes. Weber, ao contrário de Marx, pensava que não era possível estabelecer leis gerais de desenvolvimento histórico das sociedades. Acreditava que era possível formular conceitos trans-temporais capazes de dar conta da evolução histórica das sociedades. Para Weber, as hierarquias e os conflitos sociais tinham várias causas possíveis e, por isso, ao contrário de Marx, não se devia privilegiar o conflito de classes. Para Weber, as classes eram um dos vectores de hierarquia e conflito social, ao lado de outros, como os grupos de *status* ou estamentos, as ordens e os partidos. Também concebia a dominação social de modo muito mais amplo do que acontecia no conceito de exploração proposto por Marx. Weber não aceitava que as ideias dominantes fossem determinadas pelas relações económicas dominantes e, na sua obra *A Ética Protestante*, procurou mesmo mostrar que, pelo contrário, as ideias religiosas do protestantismo (sobretudo na versão calvinista) tinham sido fundamentais para a emergência do capitalismo na Europa. Enquanto Marx defendia que o capitalismo não era o fim da história e que a ele sucederia o socialismo, Weber, embora pessoalmente angustiado com a perda de autonomia do indivíduo moderno, não acreditava que o socialismo fosse a solução. Este certamente criaria uma estrutura burocrática que acabaria por reproduzir uma jaula de aço semelhante à que confinava a pessoa humana moderna na sociedade capitalista. Enquanto para Marx a posição dos indivíduos na sociedade era ditada pelas relações de produção, para Weber essa posição era ditada pelos tipos e relações de mercado.

A análise das diferenças entre Weber e Marx é extremamente enriquecedora e ajuda-nos a ver com mais clareza o mundo em

PREFÁCIO 13

que vivemos e os desafios que enfrentamos. Seria mesmo possível imaginar um diálogo entre eles.[4] Mas, em última instância, a opção entre eles não pode ser decidida cientificamente. É que, no fundo, estão em causa diferentes valores, diferentes avaliações do mundo em que vivemos, diferentes visões e aspirações de um mundo futuro. E como Weber repetidamente nos adverte, não dispomos de nenhum procedimento de decisão científica racional que nos possa salvar da dificuldade de escolher entre valores em conflito ou em competição. O pessimismo existencial de Weber, certamente relacionado com a sua personalidade depressiva, levou-o a formular o conceito de «desencantamento do mundo», um desencantamento que resultara dos processos de racionalização e de secularismo que tinham caracterizado o Ocidente nos últimos séculos. Pelo contrário, Marx via nesses processos a possibilidade e a potencialidade de sociedades mais livres e mais justas e acreditava na capacidade do ser humano para lutar por elas. A credibilidade de um ou do outro depende, em última instância, dos valores de quem a avalia.

Para quem, como eu, se considera um optimista trágico, Marx tende a ser o guia (ou, pelo menos, um dos guias) da viagem, mas Weber tem de ir sempre na bagagem. Optimismo trágico implica, por um lado, a recusa em aceitar que não há alternativa à sociedade injusta, desigual e discriminadora em que vivemos, e, por outro, o reconhecimento vigilante das dificuldades que sempre desaconselharão excessivos espontaneísmos e romantismos. À luz desta postura existencial, Marx foi sempre mais convincente para mim no que respeita à necessidade e à possibilidade da luta por uma sociedade melhor, e foi com base nessa convicção que analisei criticamente a sociedade em que vivemos. Mas o lado trágico do optimismo sempre me puxou para não descurar as dificuldades, as frustrações e as derrotas. E para isso Weber foi sempre um amparo precioso. Devo, no entanto, reconhecer que esse amparo tinha as suas

---

[4] De facto, um tal diálogo imaginário centrado na questão da burocracia pode ser lido em C. David Rodriquez e Ronald J. Stupak, «On the Public Sector: A Dialogue between Karl Marx and Max Weber», *International Review of Modern Sociology*, primavera de 1992, Vol. 22, No. 1, 1–11.

14 ECONOMIA E SOCIEDADE

raízes mais profundas no filósofo que influenciou Weber de modo mais ou menos clandestino, Friedrich Nietzsche, segundo o qual estávamos destinados a viver «num mundo sem deuses nem profetas». O mais significativo é que Weber se apercebeu de que esse mesmo mundo ficaria disponível para se encher de falsos deuses e de falsos profetas.

As ciências sociais e os valores. Este tema foi inicialmente o que mais me chamou a atenção para Weber. Herdeiro do debate alemão sobre a natureza e valor epistemológico das ciências sociais e humanas em seu sentido mais amplo (*Geisteswissenschaften*), Max Weber entendia que a análise dos fenómenos pertencia ao campo da compreensão do sentido atribuído à acção (*verstehen*). Como a compreensão interpretativa envolvia construção de sentidos e atribuição de valores, Max Weber viveu intensamente as dificuldades analíticas decorrentes do facto de as sociedades a estudar serem criadas e movidas por indivíduos que conferem sentido às suas acções e atribuem valores às suas condutas, não podendo, por isso, ser estudadas com base na mera exterioridade material ou comportamental dos factos e acções. Mas, por outro lado, isso não impedia a possibilidade de explicação (*erklären*) dos fenómenos, isto é, de análises de causalidade (não leis de causalidade, mas conexões de causalidade, afinidades electivas). Acresce que o próprio cientista social é tão humano quanto os humanos que ele estuda, e o seu trabalho científico não está livre das mesmas referências a valores. Para tornar as coisas ainda mais difíceis, Weber considerava que o pluralismo dos valores era uma das características fundamentais da sociedade moderna e, aliás, uma das razões do desencantamento do mundo. Além de tudo, Weber tinha de quadrar as suas investigações científicas com a intervenção social e política. Aliás, foi sempre um interveniente activo nos debates do seu tempo.

Nestas condições, será possível falar de objectividade, de neutralidade na análise dos fenómenos sociais no mesmo sentido em que falamos de explicação dos fenómenos naturais? As reflexões de Weber sobre este tema são muito complexas, e mesmo contraditórias, e evoluíram ao longo do tempo. As publicações especificamente centradas no tema pertencem ao período posterior ao colapso nervoso

PREFÁCIO

que o impediu de escrever entre 1897 e 1902 e, segundo alguns, como veremos adiante, no período anterior, as posições de Weber sobre ciência e valores eram significativamente diferentes. Max Weber defende a possibilidade de uma ciência da sociedade isenta ou neutra em relação a valores (*Wertfrei*). Ao distinguir a ciência da política, afirma que a ciência analisa o que existe, enquanto a ética e a moral analisam o que devia existir, a distinção kantiana entre ser e dever ser. É possível fazer uma análise científica de valores, mas não uma análise científica da sua valoração. Num dos textos, afirma que a análise causal dos fenómenos não permite nenhum juízo de valor e, inversamente, os juízos de valor não permitem análises causais. Há, pois, uma heterogeneidade absoluta entre o científico e o político. Para ilustrar a sua posição, Weber afirmava, em 1913, que nada impedia um anarquista de ser professor de direito.

Por outro lado, Weber afirma que a investigação dos fenómenos depende da cultura do investigador ou da investigadora e que, quanto maior é o significado cultural de um problema, tanto maior é a probabilidade de as crenças e os valores terem um papel na sua análise. Se os valores são importantes na escolha dos objectos de análise, o que Weber reconhece, como se pode garantir que tais valores estejam totalmente ausentes quando a análise tem lugar? Afinal, a escolha do problema acarreta com ela a identificação potencial dos dados a obter e a selectividade em função de critérios de relevância. Weber acreditava que as regras da lógica e a metodologia permitiam garantir a objectividade do cientista social. O conceito de tipo-ideal foi um procedimento usado por Weber para controlar a presença de valores, tendo criticado os investigadores do seu tempo por se dizerem objectivos sem se darem conta das suas opções axiológicas, sequer para as disfarçarem. Mas as posições de Weber tornam-se a cada passo nebulosas, por exemplo, quando distingue entre juízos de valor e proposições relativas a valores.

Não admira, pois, que este seja um dos campos de maior debate e contestação sobre Max Weber nos últimos cem anos. Uma das críticas mais convincente é de Adérito Sedas Nunes nas já referidas «Questões preliminares», onde, com fina argúcia, desfia as contradições de Weber sem nunca lhe regatear o mérito de ter levantado

16 ECONOMIA E SOCIEDADE

questões que talvez não tenham resposta. Escreve Sedas Nunes a certa altura: «Em rigor, Max Weber não chegou, portanto, a enfrentar propriamente o grande problema que incessantemente rodeou e o preocupou; o da *objectividade* do conhecimento nas Ciências Sociais. Escapou-se-lhe através de uma profissão de fé na *vocação* do cientista, na *paixão* do sábio pela verdade — paixão que não poderia afastá-lo da *lógica*, do *método* e dos *factos*, instrumentos bastantes da objectividade. Ora surpreendentemente, a paixão pela verdade, a curiosidade estritamente científica, não a admitira Weber como motivação suficiente para o trabalho científico, no domínio das Ciências do Homem.»[5] Mais corrosiva foi a crítica de Wolfgang Mommsen, que, a partir do estudo dos arquivos de manuscritos não publicados de Weber, chegou à conclusão de que Weber era um nacionalista radical com tendências imperialistas, para quem as categorias científicas eram meramente argumentos técnicos para apoiar a política do império alemão.[6]

Quando comecei a estudar Max Weber nos EUA, não havia dúvidas sobre a sociologia *value-free* de Weber, contraposta à sociologia *value-laden* de Karl Marx. E, naturalmente, só Weber era um verdadeiro sociólogo, porque só ele separava a ciência da ideologia. Nada se dizia (ou conhecia) sobre a relação complexa entre os dois gigantes a que acima me referi. Eram vistos como centros de dois mundos incomunicáveis. Acontece que a minha geração era produto do seu tempo, e este, como o próprio Weber sempre defendera, condicionava o modo como víamos a contraposição entre ele e Marx. A sociedade norte-americana vivia então momentos de forte agitação social, com o movimento pelos direitos cívicos e políticos e com a luta contra a guerra no Vietname. A nossa posição poderia formular--se assim: num tempo tão conflitual com este, é muito duvidoso

---

[5] Sedas Nunes, *op.cit.*, p. 278.

[6] Gregor Fitzi, «Sovereignty, Legality and Democracy: Politics in the Work of Max Weber», *Max Weber Studies*, 2009, Vol. 9, No. 1/2, p. 35. Wolfgang Mommsen, *Max Weber und die deutsche Politik. 1890–1920.* Tübingen: Siebeck, 2.ª edição, 1974. Mommsen chega a insinuar uma relação indirecta entre as posições de Weber sobre o *Reich* e a teoria política de Carl Schmitt que viria a legitimar a ditadura nazi.

que, por maior que seja a vigilância metodológica, se possa atingir a neutralidade em relação a valores. Mas se ela for possível, será uma posição eticamente responsável? A radicalidade da posição consistia em virar Weber contra Weber.

Os limites da objectividade com que Weber se torturara deviam ser vistos como parte da nossa condição e convertidos em algo positivo. O próprio Weber, antes do seu colapso nervoso, não tivera dúvidas de que a sua investigação científica contribuía para resolver problemas sociais e políticos, por exemplo, os que decorriam da industrialização da Alemanha.[7] Para encurtar razões, a posição que veio a prevalecer, sobretudo entre os jovens sociólogos críticos, marxistas e não marxistas, assentava em quatro pilares. Primeiro, a opção entre Weber e Marx não era entre ciência e ideologia (não--ciência), mas entre duas possíveis vias de fazer ciência social — a ideia da pluralidade interna das ciências sociais já referida. Segundo, qualquer destas vias tem pressupostos ideológicos ou valorações que a condicionam intrinsecamente e definem preferências, por exemplo, entre ordem social (Weber) ou transformação social (Marx). Bastaria assistir às aulas ou ouvir o discurso público de weberianos e marxistas para chegar a esta conclusão. Terceiro, dada a omnipresença dos pressupostos ideológicos (éticos ou políticos), a posição epistemológica e metodológica mais correcta é a de explicitar, em vez de ocultar tais pressupostos. Não esqueçamos que uma das críticas mais veementes de Weber aos cientistas sociais do seu tempo era a de disfarçarem as suas preferências ideológicas sob a capa da análise científica. Como vimos, esta foi uma das críticas que acabaram por se virar contra o próprio Weber. Por último, a transformação dos limites da objectividade em factor positivo deve ser feita por via da distinção entre objectividade e neutralidade. Devemos ser objectivos, mas nunca neutros. Numa sociedade caracterizada por tanta injustiça social, ser neutro equivale a estar do lado dos que causam a injustiça ou são cúmplices com ela. A objectividade impõe que usemos de

---

[7] Allan N. Sharlin, «Max Weber and the Origins of the Idea of Value-free Social Science», *European Journal of Sociology / Archives Européennes de Sociologie / Europäisches Archiv für Soziologie*, 1974, Vol. 15, No. 2, 337–353.

boa-fé as metodologias disponíveis e não que «massajemos» os dados até eles darem os resultados que queremos. A não-neutralidade consiste em tornar claro de que lado estamos nos conflitos sociais, mesmo sabendo que, em certas circunstâncias, isso nos pode trazer dissabores e fazer correr riscos. Não se trata de sermos as duas coisas (objectivos e não-neutros) em momentos ou contextos diferentes, mas as duas coisas ao mesmo tempo no mesmo contexto.

Como se pode imaginar, em matéria de epistemologia e metodologia, é muito mais fácil proclamar orientações do que segui-las. Mas a dificuldade, uma vez assumida, pode ela própria ser um acicate para aprofundar a qualidade do trabalho científico. A distinção entre objectividade e neutralidade foi fundamental para garantir a pluralidade interna das ciências sociais. As coisas viriam a ser mais complicadas quando passámos da pluralidade interna à pluralidade externa, ou seja, quando passámos a reconhecer que a ciência, sendo um conhecimento válido e mesmo precioso, não é o único conhecimento válido e precioso, e deve saber dialogar e articular-se com outros conhecimentos que circulam na sociedade — o que designo por ecologia de saberes. A proposta das epistemologias do Sul que tenho vindo a defender levanta novos desafios metodológicos que não cabe aqui analisar.[8]

A originalidade do Ocidente. Com a expansão colonial, a Europa afirmava desde o século XV uma superioridade que inicialmente era sobretudo marítima e militar, ainda que se adornasse com a ideia da superioridade religiosa. Sobretudo no Oriente, os Europeus defrontavam-se com realidades políticas e culturais que contradiziam a ideia de superioridade da civilização ocidental. Aliás, eram a Índia e a China que forneciam os bens de consumo mais exigentes das nobrezas europeias. Só a partir de meados do século XIX, com a primeira revolução industrial e o aumento das rivalidades entre países imperiais, é que a ideia da superioridade civilizacional da Europa se converteu numa atmosfera ideológica totalizante que permeava todos

---

[8] Ver os capítulos da segunda parte (metodologias pós-abissais) de *O Fim do Império Cognitivo. A Afirmação das Epistemologias do Sul.* Coimbra: Almedina, 2020.

PREFÁCIO 19

os domínios da vida social, da economia à política, dos costumes à cultura. Para construir retrospectivamente essa superioridade, a filosofia grega foi separada das suas raízes mediterrânicas, egípcias e persas, e transformada na raiz única e exclusiva da superioridade filosófica do Ocidente. A curiosidade pelas terras longínquas, que dominara nos séculos XVII e XVIII, transformava-se agora na busca da explicação do excepcionalismo europeu, a originalidade que explicava a superioridade.

Max Weber, como muitos outros autores do seu tempo, empenhou-se nessa explicação. Encontrou-a na investigação das origens do capitalismo moderno, que designou por capitalismo racional. Como sempre, complexo e extremamente erudito, Weber entendia que tinha havido no passado outros tipos de capitalismo, mas que só o capitalismo racional nascera e florescera no Ocidente e seria ele a testemunhar a originalidade e o avanço da civilização ocidental. Os traços mais gerais dessa originalidade seriam: a racionalidade formal do direito; a autonomia política e administrativa das cidades medievais; a organização burocrática formal; o tipo de relações entre poderes políticos e religiosos; a racionalidade formal da organização económica capitalista. Na *Ética Protestante*, Weber considera que o protestantismo permitira uma combinação sem precedentes na história entre desejo de acumulação de riqueza e frugalidade nos hábitos de consumo. Foi desta combinação que emergiu o «espírito do capitalismo». Como referi, a ideia da originalidade desliza sempre e sub-repticiamente para a ideia de superioridade. O diálogo subjacente com Marx é aqui particularmente evidente.

Não vem ao caso analisar criticamente a posição de Weber.[9] Na segunda metade do século passado, os movimentos emancipadores das então colónias e os avanços na investigação histórica permitiram questionar as ideias de originalidade e de superioridade do Ocidente. A violência do colonialismo histórico, em termos do inenarrável sacrifício de vidas humanas, do racismo, da brutal espoliação de recursos naturais e da destruição maciça de conhecimentos, filosofias e culturas, passou a ser um factor importante na

---

(9) Ver Anthony Giddens, *Sociology*. Cambridge: Polity, 1989, 715.

20 ECONOMIA E SOCIEDADE

avaliação da modernidade ocidental. Tanto mais que essa violência colonial persistiu sob outras formas, depois do fim do colonialismo histórico, com as independências políticas das colónias. Por outro lado, a historiografia dos últimos cinquenta anos — onde se incluem as obras de Joseph Needham([10]) e Jack Goody([11]) entre muitos outros — veio mostrar que a «originalidade» da civilização ocidental fora construída com contributos por vezes decisivos provindos do Oriente. Só o preconceito eurocêntrico que se instalara no século XIX tornara impossível durante muito tempo identificar e muito menos valorizar esses contributos. Deve, no entanto, reconhecer-se que, embora produto do seu tempo, Weber é talvez o cientista social europeu que mais se esforçou por compreender as diferentes civilizações nos seus próprios termos.([12]) O limite, que sempre nos remete para as questões epistemológicas e metodológicas, residiu em que, apesar do esforço gigantesco para compreender as outras civilizações, Weber sempre o fez com base no seu individualismo metodológico e nos conceitos que este lhe proporcionava. Por mais que se afirme que o individualismo metodológico não acarreta consigo o individualismo ontológico, a verdade é que o individualismo metodológico é inerentemente desadequado e limitativo quando aplicado à investigação de sociedades ou civilizações que não se reconhecem no individualismo ontológico. Pode permitir algum *erklären* mais ou menos superficial e talvez sempre tendencioso, mas nunca permitirá um *verstehen* profundo.

Como comecei por dizer, Max Weber é um cientista social fascinante, cuja leitura continua a ser obrigatória e frutífera cem anos passados da sua publicação. O seu trabalho é tão vasto, tão erudito e tão angustiado e angustiante na ambição de abranger a diversidade da

---

([10]) *Science and Civilization in China*. 6 vols. Cambridge: Cambridge University Press, 1954.

([11]) *The East in the West*. Cambridge: Cambridge University Press 1996; *Renaissances*. Cambridge: Cambridge University Press, 2010; *The Eurasian Miracle*. Cambridge: Cambridge University Press, 2010.

([12]) Este tema é salientado, entre outros, por Stephen Kalberg em «Max Weber's Sociology of Civilizations: The Five Major Themes». *Max Weber Studies*, Vol. 14, No. 2, 205–232.

PREFÁCIO

experiência humana — que ele próprio reconhece ser infinita — que não é preciso estar de acordo com ele para se aprender com ele. É esta a marca do grande autor que Max Weber é.

BOAVENTURA DE SOUSA SANTOS

Nota biobibliográfica

Max Weber nasceu em Erfurt, na Turíngia, em 21 de abril de 1864, filho de Max Weber sénior (1836–1897) — membro do Partido Nacional-Liberal e deputado na Dieta prussiana e no Reichstag — e de Helena Fallenstein (1844–1919). Concluído o liceu em 1882, inscreveu-se na Faculdade de Jurisprudência da Universidade de Heidelberga, onde cursou também História, Filosofia e Economia Política. Prosseguiu depois os estudos em Berlim e em Gotinga, onde, em maio de 1886, defendeu a tese de licenciatura. Retomou os estudos em Berlim, e, em 1888, entrou no Verein für Sozialpolitik, fundado pelos «socialistas da cátedra» (G. Schmoller, A. Wagner e L. Brentano) em 1872. Em 1889, obteve o doutoramento em Direito Comercial com uma dissertação intitulada *Sobre a História das Sociedades Comerciais na Idade Média*. Em 1890, aderiu ao movimento «evangélico-social» de Adolf Stocker, ligando-se a Paul Gohre e a Friedrich Naumann. Nessa altura foi encarregado pelo Verein, que tinha projetado uma grande pesquisa sobre as condições dos trabalhadores agrícolas na Alemanha, de se ocupar da situação nas províncias a leste do Elba: tarefa que se traduziu num importante contributo sobre *A Situação dos Trabalhadores Agrícolas na Alemanha a Leste do Elba* (1892).

Também em 1892, Weber diplomou-se em Direito Comercial Germânico e Romano com uma dissertação sobre a *História Agrária Romana. Do Ponto de Vista do Direito Público e Privado* (1891). Em 1893, casou com Marianne Schnitger (1870–1953). No mesmo ano, aderiu à Liga Pangermânica e foi encarregado pelo Congresso Evangélico-Social de elaborar uma segunda pesquisa sobre a situação dos trabalhadores agrícolas, que deu os seus frutos numa nova série de intervenções, entre as quais o ensaio *Tendências de Desenvolvimento das Condições dos Trabalhadores Agrícolas a Leste do Elba* (1894). Em 1894, foi chamado a assumir a cátedra de Economia Política da Universidade de Friburgo, onde, em maio de 1895, proferiu a lição inaugural sobre *O Estado Nacional e a Política Económica Alemã*. Em 1896, sucedeu a K. Knies na cátedra de Economia Política da Universidade de Heidelberga e tornou-se membro do National-Sozial Verein. São deste mesmo período os seus ensaios sobre *A Bolsa* (1894–1896).

Entre 1897 e 1898, após ter recusado a proposta de uma candidatura para o Reichstag e depois de ter publicado a primeira edição de *As Relações Agrárias no Mundo Antigo* (1897–1898), Weber foi atingido por uma grave doença nervosa, que durante anos o impediu de desenvolver qualquer atividade política e intelectual. Em abril de 1899, distanciou-se definitivamente da Liga Pangermânica. A partir desse ano, conseguiu ser dispensado de toda a obrigação académica. Recuperado da fase mais aguda da doença, Weber retomou, entre 1902 e 1903, uma intensa atividade de pesquisa, publicando a primeira parte do ensaio *Roscher e Knies e os Problemas Lógicos da Escola Histórica da Economia* (1903–1906). Em 1904, juntamente com Werner Sombart e Edgar Jaffé, tornou-se codiretor do *Archiv für Sozialwissenschaft und Sozialpolitik*, no qual publicou, nos mesmos anos, *A Objetividade Cognoscitiva da Ciência Social e da Política Social* (1904), *Estudos Críticos acerca da Lógica das Ciências da Cultura* (1906) e o célebre ensaio *A Ética Protestante e o Espírito do Capitalismo* (1904–1905), que fixou no centro do seu programa de investigação o tema do capitalismo moderno e das particularidades do moderno racionalismo ocidental.

Convidado para se deslocar aos Estados Unidos, juntamente com Ernst Toelstsche, ao *Congress of Arts and Sciences*, que se realizou em 1904, por ocasião da Exposição Universal de Saint-Louis, Weber pronunciou uma conferência sobre *As Ciências Sociais Frente às Comunidades Rurais*, que, retomando alguns temas da sua «lição

NOTA BIOBIBLIOGRÁFICA

inaugural» de Friburgo, dava início à elaboração da tese do carácter estruturalmente «autoritário» da civilização do capitalismo maduro. Permaneceu na América entre agosto e dezembro de 1904, e ali pôde recolher materiais para os seus trabalhos sobre a ética, cuja segunda parte foi publicada no *Archiv* após o seu regresso dos Estados Unidos, seguida do ensaio sobre *Igrejas e Seitas na América do Norte* (1906). Na onda desta experiência americana, publicou também as *Anotações* (1904–1905) a um ensaio de R. Blank sobre o eleitorado social-democrata, que contêm já, na esteira das obras de James Bryce e de Moisei Ostrogorski, diversos elementos importantes das suas reflexões sobre o moderno partido político de massa. Precisamente nestes anos, deu-se o início da sua relação intelectual com Robert Michels (1876–1936), que se desenrolou, em grande parte, sobre temas do partido político e das características da democracia moderna. Em 1905–1906, seguiu com grande participação o desenrolar da revolução russa, publicando no *Archiv* duas longas intervenções: *A Situação da Democracia Burguesa na Rússia* e *A Transição da Rússia para o Pseudoconstitucionalismo.*

Em 1907, e graças a uma elevada herança, Weber pôde dedicar-se inteiramente à investigação. Nesse mesmo ano, publicou o ensaio *Rudolf Stammler e a Superação da Conceção Materialística da História.* Em 1908, aceitou dirigir para o editor Paul Siebeck o gigantesco empreendimento editorial e científico *Grundriss der Sozialökonomik*, para o qual depois — mercê de sucessivas redações — compôs os diversos textos que formam as atuais edições de *Economia e Sociedade* (o primeiro dos quais, a atual «segunda parte» da obra, foi composto com toda a probabilidade entre 1909 e 1913).

Nos mesmos anos, Weber iniciou a elaboração do seu projeto de reforma institucional do *Reich* e tornou-se ponto de referência numa ampla camada de intelectuais, entre os quais, M. Tobler, R. Michels, Karl Jaspers, W. Sombart, G. Simmel, P. Honigsheim, E. Lask, E. Bloch, Georg Lukács e S. George. Continuou a sua atividade em torno do Verein e colaborou na fundação da Deutsche Gesellschaft für Soziologie (1910). Interveio depois, por diversas vezes, nos debates suscitados pelas suas teses sobre *A Ética Protestante*, e publicou outros dois importantes trabalhos: *Sobre a Psicofísica do Trabalho*

Industrial (1908-1909) e o ensaio *Algumas Categorias da Sociologia Compreensiva* (1913), que fixava o léxico e os critérios sociológicos fundamentais da primeira versão de *Economia e Sociedade*.

Ao deflagrar o primeiro conflito mundial, Weber foi chamado como oficial de reserva à direção do hospital militar de Heidelberga. Durante a guerra, a sua atividade seguiu três direções fundamentais. Primeiro, mas com dificuldades práticas cada vez maiores, na reelaboração do texto de *Economia e Sociedade* e no trabalho editorial para o *Grundriss*. Em segundo lugar, no aprofundamento dos grandes estudos sobre a ética económica das religiões universais — *Introdução, O Confucionismo, Intermezzo, Hinduísmo e Budismo* e *O Judaísmo Antigo* — que apareceram no *Archiv* entre 1915 e 1919. E, por fim, num intensíssimo trabalho de divulgação do liberalismo alemão nos grandes diários — especialmente no *Frankfurter Zeitung*, no qual se concentra a grande parte da sua reflexão política.

Desta vastíssima produção, vale a pena recordar, a par, naturalmente, dos dois contributos mais relevantes do ponto de vista teórico — *Direito Eleitoral e Democracia na Alemanha* (1917) e *Parlamento e Governo* (1918) —, *A Política Externa Bismarckiana e o Tempo Presente* (dezembro de 1915), *Entre Duas Leis* (1916), *A Alemanha Entre as Grandes Potências Europeias* (1916), *A Política Externa e a Política Interna Prussiana* (1917), *Uma Lei Eleitoral Excecional para o* Reich (1917), *A Transição da Rússia para a Pseudodemocracia* (1917), *A Modificação do Artigo 9.º da Constituição do* Reich (1917), *A Pátria e o Partido da Pátria* (1917) e, ainda, *A Herança de Bismarck na Constituição do* Reich (1917). Deve também acrescentar-se a estes escritos a sua intervenção sobre *O Significado da Neutralidade Axiológica nas Ciências Sociológicas e Económicas* (1917) e a conferência sobre *A Ciência como Profissão*, pronunciada em novembro de 1917.

Convidado para a cátedra de Economia Política da Universidade de Viena, no segundo semestre de 1918, Weber retomou a atividade académica com um curso intitulado «Crítica Positiva da Conceção Materialista da História». Sempre em Viena, em julho de 1918, organizou a conferência sobre *O Socialismo*. A seguir à derrota da Alemanha, ao eclodir da revolução e à queda da

NOTA BIOBIBLIOGRÁFICA

monarquia, orientou-se para as hipóteses de uma constituição republicana, definida na série de artigos depois reunidos no ensaio sobre *A Futura Forma Institucional da Alemanha* (1918–1919). Em finais de 1918, participou nas consultas que Hugo Preuss organizou junto do Ministério do Interior para discutir a futura Constituição de Weimar. Candidato, por pressões de Naumman e do irmão Alfred, pelo Partido Democrático Alemão às eleições da Assembleia Nacional, no princípio de 1919, a sua candidatura, em parte pelo tom da sua campanha eleitoral e em parte por razões internas do partido, seria abandonada mesmo antes da consulta eleitoral.

Regressado a Munique, onde, no início de 1919, organizou a conferência *A Política como Profissão*, Weber pôde seguir os desenvolvimentos e o dramático epílogo da experiência política de Kurt Eisner. Em abril de 1919, no mesmo dia em que Ebert foi eleito presidente da Assembleia Nacional, interveio ainda uma vez a propósito dos futuros arranjos constitucionais com o breve, mas denso, artigo *O Presidente do* Reich. Ao mesmo tempo, tomou parte nos debates sobre a questão da responsabilidade alemã na guerra, participando, em maio de 1919, na qualidade de perito, nos trabalhos da comissão para as indemnizações dos danos de guerra em Versalhes, e colaborando depois na preparação do *Livro Branco Alemão*.

Empenhado na reelaboração dos escritos sobre *Sociologia da Religião* e *Economia e Sociedade* (publicados pela mulher depois da sua morte), em junho de 1919, Weber mudou-se para Munique onde, no semestre de inverno, pronunciou as lições que foram depois recolhidas na *História Económica* (1923). Profundamente perturbado pela paz «cartaginesa» imposta pelos aliados, em choque com os estudantes pan-alemães e com as forças da direita, envolvido em acalorados debates, Weber pode assistir, em março de 1920, ao *putsch de Kapp*. Em abril, distanciou-se do Partido Democrático Alemão. No semestre de verão de 1920, proferiu ainda duas lições sobre «socialismo» e sobre «doutrina do Estado». Morreu em Munique, em 14 de junho de 1920, de complicações pulmonares, consequência de uma epidemia gripal que começara a espalhar-se em toda a Europa nos últimos anos da guerra.

28 ECONOMIA E SOCIEDADE

A partir de 1920, a sorte editorial da obra de Weber desenrolou-se resumidamente em três fases distintas:

A primeira está sobretudo ligada, embora não exclusivamente, ao nome de Marianne Weber, que, logo após a morte do marido e no decurso dos anos vinte e trinta, reuniu e publicou os textos principais do *corpus* weberiano. É desta primeira fase a publicação dos *Gesammelte Aufsätze zur Religionssoziologie*, 3 vols., Mohr, Tubinga 1920–1921 (com várias reimpressões até hoje); dos *Gesammelte Politische Schriften*, Drei Masken, Munique 1921; dos *Gesammelte Aufsätze zur Wissenschaftslehre*, Mohr, Tubinga 1922; das primeiras três edições do *Wirtschaft und Gesellschaft*, Mohr, Tubinga 1922, 1925, 1947; da *Wirtschaftsgeschichte: Abriss der Universalen Sozial- und Wirtschaftsgeschichte*: Duncker & Humblot, Munique-Lípsia 1923; dos *Gesammelte Aufsätze sur Sozial- und Wirtschaftsgeschichte*, Mohr, Tubinga 1924; dos *Gesammelte Aufsätze zur Soziologie und Sozialpolitik*, Mohr, Tubinga 1924; e ainda de *Jugendbriefe* (1876–1893), Mohr, Tubinga 1936.

A segunda fase incide particularmente na infatigável atividade científica e editorial que Johannes Winckelmann desenvolveu entre o início dos anos cinquenta e princípio dos anos oitenta. A ele se devem sobretudo: a quarta e a quinta edições de *Wirtschaft und Gesellschaft*, Mohr, Tubinga 1956, 1972–76, e também as ulteriores edições dos *Gesammelte Politische Schriften*, Mohr, Tubinga 1958, 1971, 1980 e dos *Gesammelte Aufsätze zur Wissenschaftslehre*, Mohr, Tubinga 1951, 1968, 1973, 1982.

A terceira fase está ligada ao gigantesco projeto da *Max Weber Gesamtausgabe*, publicada pela casa editora Mohr de Tubinga, com o apoio da Academia das Ciências da Baviera, sob a direção de Horst Baier, M. Rainer Lepsius, Wolfgang J. Mommsen, W. Schluchter e, até à sua morte (1986), do próprio J. Winckelmann. Segundo o plano anunciado em maio de 1981, a MWG subdividiu-se em três grandes secções: *Schriften und Reden* (23 vols.), *Briefe* (8 vols.) e *Vorlesungsmanuscripte und Vorlesungsnachschriften* (2 vols.). Até hoje, foram publicados os seguintes volumes: *Zur Politik im Weltkrieg. Schriften und Reden*, 1914–1918, organização de W. J. Mommsen, em colaboração com G. Hubinger (I/15, 1984); *Die Lage*

NOTA BIOBIBLIOGRÁFICA

der Landarbeiter im Ostelbischen Deutschland, 1982, 2 vols., organização de M. Riesebrodt (I/3, 1984); *Die römische Agrargeschichte in ihrer Bedeutung für das Staats und Privatrecht*, organização de J. Deininger (I/2, 1896); *Zur Neuordnung Deutschlands. Schriften und Reden* 1918–1920, organização de W. J. Mommsen, em colaboração com D. Dahlmann (I/10, 1989); *Die Wirtschaftsethik der Weltreligionen. Konfuzianismus und Taoismus. Schriften*, 1915––1920, organização de H. Schmidt-Glintzer, em colaboração com P. Kolonko (I/19, 1989); *Briefe*, 1906–1908, com organização de M. Rainer Lepsius e W. J. Mommsen, em colaboração com B. Rudhard e M. Schon (II/5, 1990); *Wissenschaft als Beruf* (1917–1919); *Politik als Beruf* (1919), organização de W. J. Mommsen e de W. Schluchter, em colaboração com B. Morgenbrodt (I/17, 1992); *Landarbeiterfrage, Nationalstaat und Volkswirtschaftspolitik. Schriften und Reden*, 1892–99, 2 vols., organização de W. J. Mommsen, em colaboração com R. Aldenhoff (I/4, 1993).

Para a bibliografia dos escritos de Max Weber, devem consultar--se as últimas páginas de *Max Weber, Ein Lebensbild*, de Marianne Weber, edição Mohr, Tubinga 1984; a utilíssima «Zeittafel», que encerra o livro de E. Baumgarten, *Max Weber, Werk und Person*, Mohr, Tubinga 1964; «Max Weber Bibliographie», de D. Kasler, em colaboração com H. Folg, *in Kölner Zeitschrift für Soziologie und Sozialpsychologie*, XXVII, 1975, pp. 703–30; e também a «Bibliographie zur Max Weber Gesamtausgabe», de M. Riesebrodt, em apêndice ao *Prospekt der Max Weber Gesamtausgabe*, Mohr, Tubinga 1981.

ARTUR MORÃO

CAPÍTULO 1

Conceitos sociológicos fundamentais

Advertência do tradutor do primeiro capítulo

Dos múltiplos prismas que compõem — em grau elevado — a personalidade científica de Max Weber (historiador, sociólogo, economista e político), o de teorizador sociológico não é dos menores, como se pode comprovar no presente escrito. Difícil será, de facto, ultrapassar a densidade, o rigor, a riqueza de matizes, a variedade de acentos, a exatidão do contorno com que aqui se persegue a natureza da ação social.

Se na conceção metodológica Weber realça a autonomia lógica e teórica da ciência, se na visão histórica combate o materialismo histórico por causa da sua teorização rígida da relação entre estrutura económica e superstrutura social e realça antes o papel possível das formas culturais (por exemplo, da religião), se na visão epistemológica não reconhece ciências privilegiadas, mas atribui a todas elas — tarefa infinita — a demanda da explicação e da verdade, no trabalho sociológico de definição de conceitos consegue uma acribia quase cirúrgica. Na ação social, de que discrimina os tipos fundamentais, situa a base do método individualizante que confere às ciências humanas a sua especificidade e lhes concede o estatuto de saber.

Nada melhor, para tal comprovar, do que a leitura apurada destas páginas coesas e descritivas da dimensão social da ação que tem esse nome. Constituem elas o primeiro capítulo da grande obra sociológica *Wirtschaft und Gesellschaft* (*Economia e Sociedade*). E serão também uma ocasião para ficar a conhecer o estilo empenhadamente sério, intrincado e sem concessões, de Max Weber.

ARTUR MORÃO

Observação preliminar

O método destas definições introdutórias de conceitos, de que não se pode com facilidade prescindir, ainda que inevitavelmente abstratas e de efeito estranho à realidade, não pretende de modo algum ser novo. Pelo contrário, só deseja formular — como se espera — de modo mais conveniente e, porventura, mais correto (talvez por isso com algum pedantismo) o que toda a sociologia empírica intenta de facto, ao falar de coisas semelhantes. Isto também onde se empregam expressões aparentemente não habituais ou novas. Em contraste com o ensaio em *Logos* (IV, 1913, p. 253 ss.), a terminologia foi, sempre que possível, simplificada e, por isso, muitas vezes modificada para tornar fácil a sua compreensão na maior medida possível. Sem dúvida, a exigência de uma vulgarização incondicionada nem sempre é compatível com a de uma máxima precisão conceptual e deve, se for necessário, retroceder perante esta.

Sobre a «compreensão» (*Verstehen*), ver a *Allgemeine Psychopathologie*, de K. Jaspers; também algumas observações de Rickert na segunda edição de *Grenzen der Naturwissenschaftlichen Begriffsbildung* (*Limites da Formação Conceptual das Ciências Naturais*) e, sobretudo, de Simmel em *Probleme der Geschichtsphilosophie* (*Problemas de Filosofia da História*) aqui se inscrevem. Metodologicamente, remeto também aqui, como já muitas vezes aconteceu, para o antecedente de F. Gottl, na obra *Die Herrschaft des Worts* (*O Domínio da Palavra*), escrita decerto num estilo difícil e que talvez não chegue à plena forma do seu pensamento. Quanto ao conteúdo, aponto a bela obra de F. Tönnies, *Gemeinschaft und Gesellschaft* (*Comunidade e Sociedade*). Além disso, remeto para o livro

36   ECONOMIA E SOCIEDADE

fortemente equívoco de R. Stammler, *Wirtschaft und Recht Nach der Materialistischen Geschichtsauffassung* (*Economia e Direito Segundo a Conceção Materialista da História*), e para a minha crítica a seu respeito no *Archiv für Sozialwissenschaft* (XXIV, 1907), que já continha, em grande medida, os fundamentos do que se expõe em seguida. Do método de Simmel (em *Soziologie* e em *Philosophie des Geldes* (*Filosofia do Dinheiro*)) divirjo na separação exequível entre sentido intentado e sentido objetivamente válido, que Simmel nem sempre distingue, mas, muitas vezes, até permite intencionalmente a sua mescla recíproca.

§ 1. Conceito da sociologia e do «sentido» da ação social

Sociologia (na aceção aqui aceite desta palavra, empregada com tão diversos significados) designará: uma ciência que pretende compreender, interpretando, a ação social e, deste modo, explicá-la causalmente no seu decurso e nos seus efeitos. Por «ação» deve entender-se um comportamento humano (quer consista num fazer externo ou interno, quer num omitir ou permitir), sempre que o agente ou os agentes lhe associem um *sentido* subjetivo. Mas deve chamar-se ação «social» aquela em que o sentido intentado pelo agente ou pelos agentes está referido ao comportamento de *outros* e por ele se orienta no seu decurso.

I. *Fundamentos metodológicos*

1. «Sentido» é aqui ou *a)* o sentido subjetivamente *intentado* de modo efetivo *1)* por um agente, num caso historicamente dado, ou *2)* por agentes, como média e de um modo aproximado numa determinada massa de casos, ou *b)* num tipo *puro* construído conceptualmente pelo agente ou pelos agentes *pensados* como tipo. Nunca se trata, decerto, de um sentido objetivamente «justo» ou de um sentido «verdadeiro» metafisicamente fundado. Aqui radica a diferença entre as ciências empíricas da ação, a Sociologia e a História, frente a todas as ciências dogmáticas — Jurisprudência, Lógica, Ética e Estética — que pretendem investigar nos seus objetos o sentido «justo» e «válido».

CONCEITOS SOCIOLÓGICOS FUNDAMENTAIS

2. Os limites entre uma ação significativa e um modo de conduta simplesmente reativo (como aqui o denominaremos), não ligado a um sentido subjetivamente intentado, são de todo fluidos. Uma parte muito importante de toda a conduta própria sociologicamente relevante, sobretudo a ação puramente tradicional (ver *infra*), encontra-se na fronteira de ambos. Uma ação significativa, isto é, compreensível, não se dá em muitos casos de processos psicofísicos, e noutros só existe para os peritos; os processos místicos e, por isso, não adequadamente comunicáveis por meio de palavras não são de todo compreensíveis para os que não estão abertos a semelhantes vivências. Em contrapartida, a capacidade de produzir por si mesmo um agir análogo não é pressuposto da inteligibilidade: «Não é necessário ser César para compreender César.» A plena possibilidade de «revivência» é importante para a evidência da compreensão, mas não é condição absoluta da interpretação do sentido. Elementos compreensíveis e não compreensíveis de um processo estão muitas vezes mesclados e conexos.

3. Toda a interpretação, como toda a ciência no geral, aspira à «evidência». A evidência da compreensão pode ser ou *a)* racional (e é então lógica ou matemática), ou *b)* de carácter empaticamente revivente (emocional, receptivo-artística). No domínio da ação, é racionalmente evidente sobretudo o que, na sua conexão significativa intentada, se compreende *intelectualmente* de um modo exaustivo e diáfano. Evidente de um modo empático na ação é o plenamente revivido na sua *conexão emocional* que foi objeto de vivência. Racionalmente compreensíveis, ou seja, aqui, intelectualmente apreensíveis no seu sentido de um modo imediato e unívoco, são sobretudo, e em grau máximo, as conexões significativas, reciprocamente referidas, contidas nas proposições matemáticas ou lógicas. Compreendemos de uma maneira inteiramente unívoca o que se dá a entender quando alguém, pensando ou argumentando, emprega a proposição $2 \times 2 = 4$ ou o Teorema de Pitágoras, ou leva a cabo «corretamente» — de acordo com os nossos hábitos mentais — uma cadeia ilativa lógica. De igual modo, quando alguém, a partir de «factos da experiência» tidos por «conhecidos» e de fins dados, deduz no seu agir as consequências claramente inferíveis (segundo as nossas experiências) acerca da classe de «meios» a empregar. Toda a interpretação de um agir teleológico racionalmente orientado possui — para a compreensão dos *meios* empregados — o grau máximo de evidência. Com não idêntica evidência, mas suficiente para a nossa necessidade de explicação, compreendemos também aqueles «erros» (inclusive «confusões de problemas») em que nós próprios podemos incorrer ou de cuja origem poderíamos ter uma vivência empática. Pelo contrário, muitos «fins» e

«valores» últimos, pelos quais se pode orientar, quanto à experiência, o agir de um homem, não os podemos amiúde compreender com plena evidência, mas, em certas circunstâncias, só apreendê-los intelectualmente e, por outro lado, torná-los compreensíveis *na revivência*, por meio da fantasia empática, com tanta mais dificuldade quanto eles mais radicalmente se afastam dos nossos próprios valores derradeiros. Temos então de nos contentar, segundo o caso, com a sua interpretação exclusivamente *intelectual* ou, em determinadas circunstâncias — se tal também nos falhar —, com aceitar esses fins ou valores apenas como dados e tornar para nós compreensível o decurso da ação por eles motivada, a partir da melhor interpretação intelectual possível ou mediante uma revivência aproximativa e o mais empática possível dos seus pontos de orientação. Aqui se integram, por exemplo, muitas ações virtuosas, religiosas e caritativas, para quem a elas é insensível. O mesmo vale para fanatismos extremamente racionalistas («direitos humanos») para aquele que, da sua parte, radicalmente se aborrece com eles. Afetos reais (angústia, cólera, ambição, inveja, ciúmes, amor, entusiasmo, orgulho, vingança, piedade, devoção e apetências de toda a índole) e as reações irracionais (do ponto de vista do agir teleológico racional) deles derivadas, conseguimos revivê-los emocionalmente de um modo tanto mais evidente quanto mais a eles nós próprios tivermos acesso; em todo o caso, porém, ainda que excedam absolutamente, quanto ao seu grau, as nossas possibilidades, podemos compreendê-los empaticamente no seu sentido e calcular intelectualmente o seu efeito sobre a orientação e os meios da ação.

A consideração científica constitutiva de *tipos* indaga e expõe, muito de relance, todas as conexões significativas irracionais e afetivamente condicionadas do comportamento que influenciam o agir enquanto «desvios» de um seu decurso construído como puramente racional e teleológico. Por exemplo, na explicação de um «pânico bolsista», será conveniente estabelecer primeiro como se desenvolveria a ação *sem* a influência de afetos irracionais e, em seguida, introduzir como «perturbações» as componentes irracionais. Numa ação política ou militar, estabelece-se também primeiro, de modo apropriado, como teria decorrido a ação com o conhecimento de todas as circunstâncias e de todos os propósitos dos protagonistas e numa escolha dos meios rigorosamente racional quanto aos fins e orientada pela experiência que se nos afigura válida. Só assim seria possível a imputação causal dos desvios às irracionalidades que a condicionaram. A construção de um agir estritamente racional quanto aos fins é, pois, útil nestes casos à sociologia — em virtude da sua evidente inteligibilidade e

CONCEITOS SOCIOLÓGICOS FUNDAMENTAIS 39

da sua univocidade afixa à racionalidade — como tipo (e «tipo ideal») para compreender a ação real, influenciada por irracionalidades de toda a espécie (afetos, erros), como «desvio» do decurso esperado num comportamento puramente racional.

Desta forma, e só por força do fundamento de adequação metodológico, é que o método da sociologia «compreensiva» é «racionalista». Este procedimento, porém, não deve, naturalmente, interpretar-se como um preconceito racionalista da sociologia, mas só como recurso metódico e, por conseguinte, não decerto em prol da crença na predominância efetiva do racional sobre a vida. Com efeito, não deve dizer minimamente até que ponto considerações racionais de fins determinam ou não, na realidade, o agir *efetivo*. (Não há que negar, assim, a ocorrência do perigo de interpretações racionalistas em lugares inadequados. Infelizmente, toda a experiência confirma a sua existência.)

4. Os processos e os objetos estranhos ao sentido são considerados no âmbito das ciências da ação como ocasião, resultado, estímulo ou obstáculo da ação humana. «Estranho» ao sentido não é idêntico a «inanimado» ou «não humano». Todo o artefacto, por exemplo, uma «máquina», só é interpretável e compreensível a partir do sentido que a ação humana (com metas possivelmente muito diversas) conferiu (ou quis conferir) à produção e ao uso deste artefacto; sem o recurso a tal sentido, permanece de todo incompreensível. O que nele há de compreensível é, pois, a referência ao agir humano, como «meio» ou como «fim», imaginado pelo agente ou pelos agentes e que orientou a sua ação. Só nestas categorias tem lugar uma compreensão de semelhantes objetos. Em contrapartida, permanecem alheios ao sentido todos os processos ou estados — animados, inanimados, extra-humanos, humanos — sem conteúdo significativo intentado, enquanto não entram na relação de «meio» e «fim» para o agir, mas representam somente uma sua ocasião, estímulo ou obstáculo. A inundação do golfo Dollart, no final do século XIII [1277], tem (talvez!) significado «histórico» como desencadeamento de certos processos de restabelecimento de considerável alcance histórico. O sistema da morte e o ciclo orgânico da vida no geral — desde a impotência da criança até à do ancião — têm, naturalmente, um alcance sociológico de primeira classe graças aos diferentes modos como a ação humana se orientou e orienta por tal estado de coisas. Por seu turno, uma outra categoria, constituem-na proposições da experiência não compreensíveis sobre o decurso de fenómenos psíquicos ou psicofisiológicos (cansaço, exercício, memória, etc.), mas também, por exemplo, euforias típicas em determinadas formas de mortificação, diferenças típicas dos modos

de reação segundo o ritmo, a índole, a claridade, etc. Finalmente, porém, o estado de coisas é o mesmo que noutros factos oclusos à compreensão: a consideração compreensiva, tal como o agente prático, aceita-os como «dados» com que importa contar.

Existe agora a possibilidade de que a investigação futura encontre também regularidades não passíveis de compreensão para um comportamento *significativo* particular, por pouco que tal tenha até agora acontecido. Diferenças na hereditariedade biológica (das «raças»), por exemplo — se e no sentido em que se fornecesse a prova estatisticamente conclusiva da influência no modo de conduta sociologicamente relevante, por conseguinte, sobretudo na ação social quanto à índole da sua referência ao *sentido* — deveriam aceitar-se para a sociologia como dados, tal como se aceitam os factos fisiológicos do tipo da necessidade de alimentação ou do efeito da senescência sobre o agir. E o reconhecimento da sua significação causal em nada alteraria, naturalmente, as tarefas da sociologia (e das ciências da ação em geral): compreender interpretativamente as ações orientadas por um sentido. Haveria de inserir em certos pontos, nas suas conexões motivacionais, compreensíveis e interpretáveis, apenas factos não compreensíveis (por exemplo, conexões típicas da frequência de determinadas finalidades da ação ou do grau da sua racionalidade típica, como o índice craniano, a cor da pele ou quaisquer outras qualidades fisiológicas hereditárias), com que hoje já aí se nos deparam.

5. Compreensão pode querer dizer: *a)* a compreensão *atual* do sentido intentado de uma ação (inclusive de uma manifestação). «Compreendemos», por exemplo, de um modo atual o sentido da proposição $2 \times 2 = 4$, que ouvimos ou lemos (compreensão racional atual de pensamentos), ou uma explosão de cólera que se manifesta na expressão facial, em interjeições e movimentos irracionais (compreensão irracional atual de afetos), ou o comportamento de um lenhador ou de alguém que pega no trinco para fechar a porta ou que dispara sobre um animal (compreensão racional atual de ações). No entanto, compreensão pode também querer dizer: *b)* compreensão *explicativa*. «Compreendemos», quanto à *motivação*, que sentido a tal associa quem expressou ou escreveu a proposição $2 \times 2 = 4$, para que o fez justamente agora e neste contexto, quando o vemos ocupado num cômputo comercial, numa demonstração científica, num cálculo técnico ou noutra ação em cujo contexto se «inscreve» aquela proposição, segundo o seu *sentido* acessível à nossa compreensão; ou seja, [tal] proposição obtém uma conexão de sentido que nos é inteligível (compreensão racional da motivação). Compreendemos o lenhador ou o

CONCEITOS SOCIOLÓGICOS FUNDAMENTAIS 41

apontar de uma arma não só de um modo atual, mas também segundo a sua motivação, ao sabermos que o lenhador executa essa ação por um salário, ou para cobrir as suas necessidades, ou para sua recreação (racional) ou, porventura, «porque reagiu a uma excitação» (irracional), ou quando aquele que dispara o faz por uma ordem com o fim de executar alguém ou de combater os inimigos (racional) ou por vingança (afetiva e, nesse sentido, irracional). Compreendemos, finalmente, a cólera quanto à sua motivação, ao sabermos que lhe está subjacente o ciúme, a vaidade doentia ou a honra lesada (afetivamente condicionada, por conseguinte, compreensão irracional da motivação). Em tudo isto se trata de *nexos de sentido* compreensíveis; olhamos a sua compreensão como uma *explicação* do decurso efetivo da ação. «Explicar» significa, pois, para uma ciência que se ocupa do sentido do agir, tanto como: apreensão do *contexto* significativo em que se inscreve, segundo o seu sentido subjetivamente intentado, uma ação já atualmente compreendida. (Sobre a significação causal deste «explicar», ver n.º 6.) Em todos estes casos, também nos processos afetivos, queremos designar o sentido subjetivo do acontecer, inclusive do contexto significativo, como o sentido «intentado» (indo, pois, além do uso linguístico habitual que costuma falar de «intentar», nesta aceção, apenas em referência ao agir racional e intencionalmente referido a fins).

6. «Compreensão», em todos estes casos, quer dizer: apreensão interpretativa do sentido ou da conexão de sentido: *a)* realmente intentado no caso particular (na consideração histórica); ou *b)* intentado na média e de modo aproximativo (na consideração sociológica de massas); ou *c)* do sentido («típico-ideal») ou do contexto significativo a construir cientificamente para o tipo *puro* (tipo ideal) de um fenómeno frequente. Semelhantes construções típico-ideais são, por exemplo, os conceitos e «leis» estabelecidos pela teoria pura da doutrina da economia política. Expõem como decorreria uma forma específica de ação humana, se fosse racional e estritamente ideológica, sem ser perturbada pelo erro e pelos afetos, e se, além disso, estivesse orientada de um modo inteiramente unívoco apenas por um só fim (economia). Mas a ação real só em casos raros (Bolsa), e então apenas de modo aproximado, transcorre tal como foi construída no tipo ideal. (Acerca do fim de semelhantes construções, ver o meu ensaio *in Archiv für Sozialwissenschaft*, e *infra*, n.º 11.)

Toda a interpretação aspira decerto à evidência [n.º 3]. Mas nenhuma interpretação de sentido, por evidente que seja, pode pretender como tal, e por mor desse carácter de evidência, ser também a interpretação causal *válida*. É em si sempre apenas uma *hipótese* causal particularmente evidente:

a) Bastantes vezes, «motivos» pretextados e «repressões» (isto é, motivos não aceites) encobrem de tal modo, ao próprio autor, o nexo real da orientação da sua ação, que autotestemunhos subjetivamente sinceros têm apenas um valor relativo. Neste caso, a sociologia encontra-se perante a tarefa de indagar e estabelecer interpretativamente esta conexão, *embora* não tenha sido elevada à *consciência* ou, na maior parte das vezes, não o tenha sido com a plenitude com que foi «intentada» *in concreto*: um caso limite da interpretação de sentido.

b) Processos externos do agir, que se nos afiguram como «iguais» ou «semelhantes», podem fundar-se em nexos significativos muitíssimo diversos no agente ou nos agentes, e «compreendemos» também um agir fortemente diverso, amiúde de sentido cabalmente oposto, perante situações que divisamos como entre si «similares» (exemplos em Simmel, *Probleme der Geschichtsphilosophie*).

c) Em situações dadas, os agentes humanos encontram-se expostos a impulsos, muitas vezes, opostos e antagónicos, que «compreendemos» no seu conjunto.

Qual seja, porém, a *intensidade* relativa com que se costumam expressar na ação as diferentes referências de sentido que residem na «luta de motivos», motivos esses para nós *igualmente* compreensíveis, é coisa que, segundo toda a experiência, em muitíssimos casos, nunca se pode apreciar com toda a segurança, nem sequer de um modo aproximado. O resultado efetivo da luta de motivos só por si não fornece a tal respeito nenhuma elucidação. Como em toda a hipótese, é indispensável o controlo da interpretação compreensiva do sentido pelo efeito: o resultado no decurso efetivo. Só nos casos, infelizmente escassos, especialmente suscetíveis a experimentação psicológica se pode alcançar um controlo com relativa precisão. Por meio da estatística, e numa aproximação imensamente diversa, só nos casos (também limitados) de fenómenos em massa computáveis e inequívocos na sua atribuição. De resto, existe apenas a possibilidade de comparar o maior número possível de processos da vida histórica ou quotidiana que, análogos entre si, diferem apenas num ponto decisivo: num «motivo» ou numa «ocasião» que, pelo seu significado prático, indagamos: eis uma importante tarefa da sociologia comparada. Muitas vezes, só resta, infelizmente, o meio inseguro da «experiência mental», isto é, pensar como não presentes componentes singulares da cadeia motivacional e construir, em seguida, o decurso provável, para alcançar uma imputação causal.

A chamada «Lei de Gresham», por exemplo, é uma interpretação racional evidente da ação humana em determinadas condições e sob o

CONCEITOS SOCIOLÓGICOS FUNDAMENTAIS

pressuposto típico-ideal de uma ação puramente teleológico-racional. Até que ponto se age *efetivamente* de um modo a ela correspondente é coisa que só nos pode ensinar a experiência (ao fim e ao cabo, expressável, em princípio, em qualquer forma «estatística») relativa ao desaparecimento efetivo, no tráfico, dos tipos de moeda de valor demasiado baixo na estrutura monetária: ensina-nos, de facto, sobre a sua ampla validade. Em boa verdade, a marcha do conhecimento foi esta: *primeiro*, houve as observações da experiência e, em seguida, formulou-se a interpretação. Sem a consecução desta interpretação, ficaria manifestamente insatisfeita a nossa necessidade causal. Por outro lado, sem a prova de que o decurso — como uma vez quisemos supor — mentalmente desfraldado da conduta ocorre também em alguma medida na realidade, semelhante «lei», em si ainda tão evidente, seria uma construção sem valor para o conhecimento da ação efetiva. Neste exemplo, é concludente a concordância entre adequação de sentido e prova empírica, e os casos são suficientemente numerosos para considerar a prova como assaz segura. A hipótese de Eduard Meyer sobre a significação causal das batalhas de Maratona, Salamina e Plateias para a peculiaridade do desenvolvimento da cultura helénica (e, assim, ocidental) — hipótese inferida pela adequação de sentido e apoiada engenhosamente em processos sintomáticos (conduta dos oráculos e profetas helénicos para com os Persas) — só pode corroborar-se mediante prova que se pode obter dos exemplos do comportamento dos Persas no caso da vitória (Jerusalém, Egito, Ásia Menor) e, em muitos aspetos, deve permanecer necessariamente incompleta. A evidência racional sugestiva da hipótese deve aqui servir forçosamente de apoio. Em muitíssimos casos de imputação histórica, aparentemente de grande evidência, falta até toda a possibilidade de uma prova como a que ainda era possível neste caso. Por conseguinte, a imputação permanece definitivamente como «hipótese».

7. «Motivo» quer dizer uma conexão de sentido que surge ao próprio agente ou ao observador como «fundamento» significativo de um comportamento. Deve dizer-se «adequado quanto ao sentido» um comportamento que decorre de modo coerente, uma vez que afirmamos que a relação das suas componentes constitui um nexo significativo típico (costumamos dizer «correto»), de harmonia com os hábitos mentais e afetivos médios. Em contrapartida, deve designar-se «causalmente adequada» uma sucessão de processos na qual, segundo as regras da *experiência*, existe uma probabilidade (*Chance*) de ela transcorrer sempre e efetivamente de modo igual. (Adequada *quanto ao sentido* nesta aceção é, por exemplo, a solução *correta* de um problema aritmético, de acordo com as *normas* habituais do cálculo

ou do pensamento. *Causalmente* adequada — no âmbito do acontecer estatístico — é a probabilidade, segundo as regras comprovadas da experiência, de existir uma solução «correta» ou «errada» — do ponto de vista das normas que hoje nos são correntes —, por conseguinte, também de um «erro de cálculo» típico ou de uma «confusão de problemas» também típica.) A explicação causal significa, pois, a asserção de que, de harmonia com uma *regra* de probabilidade — avaliável seja de que modo for e numericamente especificável só num raro caso ideal —, a um processo determinado (interno ou externo) observado, um outro processo determinado se segue (ou com ele juntamente aparece).

Uma correta *interpretação* causal de uma ação concreta significa que o decurso externo e o motivo são conhecidos de um modo justo e, simultaneamente, *compreendidos* quanto ao sentido na sua conexão. Uma interpretação causal correta de ação *típica* (o tipo de ação compreensível) significa que o acontecer considerado típico surge com adequação de sentido (em algum grau) e se pode estabelecer como causalmente adequado (em algum grau). Se falta a adequação de sentido, depara-se-nos então apenas uma probabilidade *estatística incompreensível* (ou só imperfeitamente compreensível), mesmo se conhecermos a regularidade máxima e especificável com precisão numérica na sua probabilidade do decurso (tanto interno como psíquico). Por outro lado, até a mais evidente adequação de sentido só significa uma correta proposição causal para o alcance dos conhecimentos sociológicos na medida em que se fornece a prova da existência de *uma probabilidade* (determinável de qualquer modo) de que a ação *costuma* efetivamente tomar o decurso, que se afigura dotado de sentido, com determinável frequência ou aproximação (por média ou no caso «puro»). Somente regularidades estatísticas que correspondem ao sentido intentado *compreensível* de uma ação social são tipos de ação suscetíveis de compreensão (na aceção aqui usada), por conseguinte, «regras sociológicas». Somente tais construções racionais de uma ação compreensível pelo sentido são tipos sociológicos do acontecer real e que se podem observar na realidade, pelo menos numa aproximação qualquer. Está-se muito longe de poder afirmar que, paralelamente à desvendável adequação de sentido, cresça também *sempre* a probabilidade efetiva da frequência do decurso que lhe corresponde. Só a experiência externa pode, em cada caso, mostrar que assim acontece. Há *estatística* tanto de processos *estranhos* ao sentido (estatística da mortalidade, da fadiga, do rendimento das máquinas, da quantidade de chuva) como de processos com sentido. Mas a estatística *sociológica* (estatística criminal, de profissões, de preços, de cultivo) é só a dos últimos. (Casos

CONCEITOS SOCIOLÓGICOS FUNDAMENTAIS 45

que incluem ambas: estatísticas de colheitas, por exemplo, são obviamente frequentes.)

8. Processos e regularidades que, por serem incompreensíveis na aceção aqui utilizada do termo, não podem designar-se como «factos sociológicos» ou «regras sociológicas» não são, por isso, menos *importantes*. Nem sequer para a sociologia, na aceção aqui adotada do termo (que implica uma limitação à «sociologia *compreensiva*», a qual não deve nem pode impor-se a ninguém). Deslocam-se apenas, e tal é metodologicamente inevitável, para um lugar diverso do da ação compreensível: para o das suas «condições», «ocasiões», «obstáculos» e «estímulos».

9. A ação, na aceção de orientação significativamente compreensível do comportamento próprio, só existe para nós sempre como comportamento de uma ou de várias pessoas *singulares*.

Para outros fins de conhecimento, pode ser útil ou necessário conceber o indivíduo singular, por exemplo, como uma associação de «células» ou como um complexo de reações bioquímicas, ou a sua vida «psíquica» como constituída por elementos individuais (seja qual for o modo como se qualifiquem). Obtêm-se assim, sem dúvida, conhecimentos valiosos (regras causais). Mas não *compreendemos* o comportamento destes elementos expresso em regras. Nem sequer em elementos psíquicos e, claro está, tanto *menos* quanto mais exatamente se concebem de um modo científico-natural: nunca é este o caminho para uma interpretação derivada do *sentido* intentado. Para a sociologia (na aceção aqui usada do termo e, igualmente, para a história), a conexão de *sentido* da ação é o objeto da apreensão. Podemos observar (pelo menos em princípio) o comportamento das unidades fisiológicas, por exemplo, das células ou de quaisquer elementos psíquicos, ou tentar inferir a partir de observações, e obter para eles regras («leis») e «explicar» causalmente com a sua ajuda processos particulares, isto é, incluí-los em regras. No entanto, a interpretação da ação só se interessa por estes factos e regras enquanto e no sentido em que o faz relativamente a quaisquer outros factos (por exemplo, físicos, astronómicos, geológicos, meteorológicos, geográficos, botânicos, zoológicos, fisiológicos, anatómicos, psicopatológicos alheios ao sentido, ou relacionados com as condições científico-naturais dos factos técnicos).

Por seu turno, para outros fins de conhecimento (por exemplo, jurídicos) ou para metas práticas pode, por outro lado, ser conveniente e até inevitável tratar determinadas formações sociais («Estado», «cooperativa», «sociedade anónima», «fundação») como indivíduos singulares (por exemplo, como sujeitos de direitos e deveres, ou como autores de ações *juridicamente*

46 ECONOMIA E SOCIEDADE

relevantes). Pelo contrário, para a interpretação compreensiva da ação mediante a sociologia, essas formações são simplesmente decursos e entrosamentos do agir específico de homens *singulares*, já que só estes são para nós portadores compreensíveis de um agir orientado segundo o sentido. Apesar de tudo, a sociologia não pode decerto *ignorar*, mesmo para os seus fins, aquelas formações conceptuais coletivas de outros modos de consideração. Com efeito, a interpretação da ação tem com esses conceitos coletivos as seguintes três relações:

a) É muitas vezes forçada a trabalhar com conceitos coletivos muito semelhantes (designados amiúde com os mesmos nomes), a fim de obter em geral uma *terminologia* inteligível. A linguagem jurídica e a quotidiana designam, por exemplo, como «Estado» tanto o *conceito* jurídico como aquele estado de coisas da ação social, para o qual as regras jurídicas pretendem vigorar. Para a sociologia, a realidade «Estado» não é constituída apenas nem necessariamente por componentes *juridicamente* relevantes. Em todo o caso, não existe para ela uma personalidade coletiva como «agente». Quando fala de «Estado» ou de «nação», ou de «sociedade anónima», ou de «família», ou de «corpo militar», ou de «formações» semelhantes refere-se antes *apenas* ao decurso, de índole determinada, da ação social, efetiva ou construída como possível, dos indivíduos, por isso, introduz no conceito jurídico, que emprega por causa da sua precisão e aclimatização, um sentido inteiramente diverso.

b) A interpretação da ação deve tomar nota de que aquelas entidades coletivas pertencentes ao pensar quotidiano ou ao jurídico (ou a outro ramo) são *representações* de algo que, em parte, existe e, em parte, surge como um dever-ser nas cabeças de homens reais (não só de juízes e funcionários, mas também do «público»), pelas quais se *orienta* a sua ação; e deve também tomar nota de que, enquanto tais, essas representações têm uma significação causal poderosa, muitas vezes até dominante, no decurso do agir dos homens concretos. Sobretudo, como representações de algo que *deve ser* (ou também que *não deve ser*). (Um «Estado» moderno — como complexo de uma ação conjunta específica de homens — subsiste em parte muito considerável desta forma, *porque* determinados homens orientam a sua ação pela *representação* de que ele *deve* existir ou existir assim ou assado; por conseguinte, de que *vigoram* ordenamentos de índole juridicamente orientada. A tal respeito, ver mais à frente.) Ainda que fosse possível, se bem que de um modo extremamente pedante e prolixo, eliminar inteiramente da terminologia própria da sociologia estes conceitos da linguagem usual, que se empregam não só para o dever-ser jurídico, mas também para o acontecer

CONCEITOS SOCIOLÓGICOS FUNDAMENTAIS

real, e substituí-los por palavras de cunho inteiramente novo, tal ficaria naturalmente excluído, pelo menos, para este importante estado de coisas.

c) O método da chamada sociologia «orgânica» (tipo clássico: o engenhoso livro de Schaffle, *Bau und Leben des sozialen Körpers*) procura explicar, partindo de um «todo» (por exemplo, uma «economia política»), a ação social conjunta; em seguida, no seu seio, interpreta-se o indivíduo e o seu comportamento tal como, de igual modo, a fisiologia trata a posição de um «órgão» na «economia» do organismo (isto é, do ponto de vista da sua «conservação»). (Ver o famoso mote de um fisiólogo: «§ 10: O Baço: do baço nada sabemos, meus senhores. Quanto ao baço, é tudo!» Na realidade, o implicado «sabia», naturalmente, bastantes coisas acerca do baço: posição, volume, forma, etc. — apenas não conseguia especificar a «função», e a tal incapacidade chamava «nada saber»).

Não se pode aqui discutir até que ponto, noutras disciplinas, deve ser definitiva (necessariamente) esta espécie de consideração *funcional* das «partes» de um «todo»: sabe-se que a abordagem bioquímica e biomecânica não gostaria fundamentalmente de com tal se contentar. Para uma sociologia interpretativa, semelhante modo de expressão: *1)* pode servir para fins de ilustração prática e de orientação provisória (e ser nesta função altamente útil e necessária — mas também, decerto, desvantajosa, na sobrevalorização do seu valor cognoscitivo e de um falso realismo conceptual); e *2)* em determinadas circunstâncias, só ela nos pode ajudar a descobrir aquela ação social cuja compreensão interpretativa é importante para a explicação de uma conexão. Mas só neste ponto é que *começa* o trabalho da sociologia (tal como aqui se entende a aceção do termo). Nas «formações sociais» (em contraste com os «organismos») encontramo-nos, *para lá* da simples determinação das suas conexões e regras funcionais («leis»), na situação de cumprir algo de eternamente inacessível (no sentido da especificação de regras causais para fenómenos e formações, e da «explicação» de acordo com estas dos acontecimentos singulares): a «compreensão» da conduta dos *indivíduos* participantes, ao passo que, pelo contrário, *não* podemos «compreender» o comportamento, por exemplo, das células, mas apreendê-lo só funcionalmente e, em seguida, determiná-lo segundo as *regras* do seu decurso. Esta maior prestação da explicação interpretativa em relação à observadora tem, sem dúvida, como preço o carácter essencialmente mais hipotético e fragmentário dos resultados a alcançar por meio da interpretação. Ela é, contudo, o conhecimento sociológico específico.

Até que ponto nos pode também ser «compreensível» pelo sentido o comportamento dos animais e, inversamente — ambas as coisas num

48 ECONOMIA E SOCIEDADE

sentido altamente impreciso e num âmbito problemático —, até que ponto pode existir, portanto, uma sociologia das relações do homem com os animais (animais domésticos, animais de caça) fica aqui inteiramente por explicar (muitos animais «entendem» ordens, cólera, amor, intenção agressiva e reagem-lhes claramente — e, muitas vezes, não só de modo instintivo e mecânico, mas de certa maneira também com consciência de sentido e orientação pela experiência). Em si, a medida da nossa sensibilidade, no comportamento dos «homens primitivos», não é essencialmente superior. Ou não possuímos, ou só possuímos de um modo muito insuficiente meios *seguros* para estabelecer no animal os factos subjetivos: os problemas da psicologia animal são, como se sabe, tão interessantes quão espinhosos. Existem e são particularmente conhecidas associações animais do tipo mais diverso: «famílias» monogâmicas e poligâmicas, rebanhos, enxames e, finalmente, «Estados» com divisões funcionais. (O grau de diferenciação funcional destas associações animais não corre de modo algum paralelamente ao grau da diferenciação evolutiva, organológica e morfológica da espécie animal em questão. Assim, a diferenciação funcional nas térmitas e, por conseguinte, a dos seus artefactos é muito maior do que entre as formigas e as abelhas.) É evidente que aqui a indagação deve contentar-se, aceitando-a pelo menos por agora como definitiva, com a consideração puramente funcional, a saber, com a descoberta das funções decisivas que têm os tipos singulares de indivíduos («reis», «rainhas», «operários», «soldados», «zangãos», «rainhas substitutas», etc.) na conservação da sociedade animal, isto é, na alimentação, defesa, propagação e renovação dessas sociedades. Tudo o que foi mais além não passou, durante muito tempo, de simples especulações ou investigações sobre o grau em que a hereditariedade, por um lado, e o meio, por outro, poderiam participar no desdobramento dessas disposições «sociais». (Por exemplo, as controvérsias entre Weismann e Gotte, em que o primeiro elaborou fortemente no seu fundamento a «omnipotência da criação da natureza» com deduções inteiramente extraempíricas.) Porém, na mais séria investigação existe um acordo completo a respeito do qual, na restrição ao conhecimento funcional, se trata somente de uma satisfação forçada e, como se espera, apenas provisória (ver, por exemplo, para o estado da investigação das térmitas, o escrito de Escherich, 1909). Seria desejar precisamente não só discernir a «importância para a conservação» das funções de cada um daqueles tipos diferenciados — coisa relativamente fácil — e especificar o modo como se explica aquela diferenciação, sem suposição da hereditariedade das propriedades adquiridas ou, inversamente, no caso de tal suposição (e, então,

CONCEITOS SOCIOLÓGICOS FUNDAMENTAIS 49

seja qual for o modo de interpretação dessa suposição), mas saber também: *1)* o que é que *decide* o começo da diferenciação a partir do indivíduo originário ainda neutro e indiferenciado, e *2)* o que é que *induz* o indivíduo diferenciado a comportar-se (na média) da forma que, de facto, é útil ao interesse de conservação do grupo diferenciado. Sempre que o trabalho avançou nesta direção, tal aconteceu por meio da demonstração, por via experimental (ou suspeita), de estímulos químicos ou factos fisiológicos (processos digestivos, castração parasitária, etc.) nos indivíduos *singulares*. Até que ponto subsiste a esperança problemática de tornar verosímil, por meios experimentais, também a existência de uma orientação «psicológica» e «dotada de sentido» é coisa que nem sequer um especialista o poderia hoje dizer.

Uma descrição controlável da psique desses animais sociais com base na «compreensão» de sentido surge como meta ideal alcançável só em limites extremos. Em todo o caso, não há que esperar daí a «compreensão» da ação social humana, mas, ao invés, trabalha-se e deve ali trabalhar-se com analogias humanas. Pode talvez esperar-se que essas analogias nos sejam alguma vez úteis na formulação da questão seguinte: como apreciar nos estádios primitivos da diferenciação social humana o domínio da diferenciação puramente mecânico-instintiva na relação com o que é individual e significativamente compreensível e, em seguida, com o que foi criado de um modo *conscientemente* racional.

A sociologia compreensiva deve, evidentemente, dar conta de que, nas épocas primitivas, predomina pura e simplesmente nos homens a primeira componente, e deve igualmente permanecer consciente da sua contínua cooperação (e, claro está, cooperação decisivamente importante) nos estádios ulteriores da evolução. Toda a ação «tradicional» (§ 2) e amplos estratos do «carisma» (Capítulo 3), enquanto germes do «contágio» psíquico e, deste modo, portadores de «estímulos evolutivos» sociológicos, estão muito próximos, com transições insensíveis, daqueles processos que só biologicamente se pode apreender e que não são, ou são só de um modo fragmentário, interpretáveis compreensivamente e explicáveis segundo a sua motivação. Todavia, tudo isto não dispensa a sociologia compreensiva da tarefa de, na consciência dos estreitos limites em que se encontra confinada, realizar o que, por seu turno, só ela *pode* levar a cabo.

Os distintos trabalhos de Othmar Spann — muitas vezes ricos de boas ideias ao lado de equívocos sem dúvida ocasionais, e sobretudo de argumentações baseadas em puros juízos de valor que não pertencem à investigação empírica — são, sem dúvida, corretos quanto à acentuação do significado, decerto por ninguém seriamente contestado, da questão preliminar funcional (chama ele a isto: «método universalista») para toda a sociologia. Devemos, com certeza, saber primeiro que ação é funcionalmente *importante*, do ponto de vista da «conservação» (mas, além disso e sobretudo, também da peculiaridade cultural!) e de uma prossecução, numa direção determinada, de um tipo de ação social para, em seguida, podermos perguntar: como é que tal ação tem lugar? Que motivos a determinam? Importa primeiro saber que serviços presta um «rei», um «funcionário», um «empresário», um «rufia», um «mago» — que «ação» típica (aquilo que somente o insere numa destas categorias) é *importante*, pois, para análise, e considerá-la antes de se poder abordar tal análise («referência ao valor», no sentido de Heinrich Rickert). Por outro lado, só esta análise proporciona o que a compreensão sociológica da ação dos homens singulares tipicamente diferenciados (e só entre os homens) pode e, por conseguinte, deve facultar. Em todo o caso, há que excluir tanto o enorme mal-entendido de pensar que um *método* «individualista» significa uma valoração individualista (em qualquer sentido possível), como também a opinião de que uma construção *conceptual* de carácter inevitavelmente (em termos relativos) racionalista significa a crença no *predomínio* dos motivos racionais ou até uma *valoração* positiva do «racionalismo».

Uma economia socialista pode também, no plano sociológico, *compreender-se* tão «individualisticamente», isto é, a partir da *ação* dos indivíduos — os tipos de «funcionários» que nela aparecem — como, por exemplo, os processos de troca mediante a doutrina da utilidade marginal (ou um método «melhor» a encontrar ainda, mas, *neste* ponto, semelhante). Com efeito, também aí o trabalho empírico-sociológico decisivo começa sempre com a questão: que motivos *determinaram* e *determinam* os funcionários e membros singulares desta «comunidade» a comportar-se de maneira a ela ter *surgido* e *subsistir*? Toda a construção conceptual e funcional (partindo de um «todo») proporciona para tal apenas um trabalho prévio, cuja utilidade e indispensabilidade — quando se leva a cabo de modo correto — é, naturalmente, incontestável.

10. As «leis», como é hábito designar muitas proposições da sociologia compreensiva — por exemplo, a «lei» de Gresham — são *probabilidades* típicas, corroboradas pela observação, de um transcurso *esperado* na ocorrência de certos estados de coisas, das ações sociais que são *compreensíveis* a partir de motivos típicos e do sentido tipicamente intentado do agente. São compreensíveis e claras no seu mais alto grau quando motivos puramente racionais relativos a fins estão subjacentes ao decurso tipicamente observado

CONCEITOS SOCIOLÓGICOS FUNDAMENTAIS 51

(ou são, por razões de conveniência, postos como fundamento do tipo metodicamente construído) e, por isso, a relação entre meio e fim é, de acordo com as proposições da experiência, unívoca (o meio é «inevitável»). Neste caso, é admissível a afirmação de que, quando se agir de um modo estritamente racional e teleológico, se *teve* de atuar *assim* e não de outro modo (porque, por razões «técnicas», os participantes, no serviço dos seus fins — claramente aduzíveis —, só dispunham destes e não de outros meios). Este caso mostra precisamente, ao mesmo tempo, como é errado ver qualquer «psicologia» como «fundamento» derradeiro da sociologia compreensiva. Cada qual entende hoje por «psicologia» coisas distintas. Objetivos metódicos específicos justificam, para uma abordagem científico--natural de certos processos, a separação do «físico» e do «psíquico», que, *neste* sentido, é estranha às disciplinas da ação. Os resultados de uma ciência psicológica que apenas investigue o «psíquico» na aceção da metodologia científico-natural com os meios da ciência da natureza e, por conseguinte, *não* — o que é algo inteiramente distinto — interprete, por seu turno, o comportamento humano pelo seu *sentido* intentado, seja qual for a índole metodológica dessa psicologia, podem, como para qualquer das outras ciências, ganhar importância, no caso singular, para uma indagação sociológica e, muitas vezes, possuem-na em alta medida. Contudo, a sociologia não tem com ela relações, em geral, mais estreitas do que com todas as outras disciplinas. O erro reside no conceito de «psíquico»: o que não é «físico» é «psíquico». Porém, o *sentido* de um exemplo aritmético, que alguém intenta, não é «psíquico». A reflexão racional de um homem sobre se determinada ação é ou não exigida para interesses definidos quanto às consequências a esperar, e a decisão tomada em harmonia com o resultado, são coisas que não se tornam minimamente compreensíveis mediante considerações «psicológicas». É exatamente sobre tais pressupostos racionais que a sociologia (incluindo a economia política) constrói a maior parte das suas «leis». Pelo contrário, na explicação sociológica das *irracionalidades* da ação, a psicologia *compreensiva* pode, sem dúvida, prestar um serviço decisivo e importante, sem que tal em nada altere a situação metodológica fundamental.

11. A sociologia — como já repetidamente se pressupôs evidente — constrói conceitos *típicos* e demanda regras *gerais* do acontecer, em contraste com a história, que aspira à análise e à imputação causais das ações, estruturas e personalidades *individuais, culturalmente* importantes. A construção conceptual da sociologia vai buscar o seu *material*, como paradigmas, muito essencialmente, se bem que não de modo exclusivo, às

realidades da ação, igualmente relevantes do ponto de vista da história. Constrói os seus conceitos e busca as suas regras sobretudo também a partir do ângulo de estas poderem prestar um serviço à imputação causal histórica dos fenómenos culturalmente importantes. Como em toda a ciência generalizadora, é condição da peculiaridade das suas abstrações o facto de os seus conceitos serem por força relativamente *vazios* de conteúdo em comparação com a realidade concreta do histórico. O que ela tem a oferecer como contrapartida é a *univocidade* intensificada dos seus conceitos. Esta univocidade acrescentada é obtida em virtude da melhor adequação de *sentido* possível, como é intentado pela conceptualização sociológica. Esta — e de tal se tratou sobretudo até agora — pode alcançar-se de um modo particularmente completo em conceitos e regras racionais (quanto a valores ou fins). Porém, a sociologia procura também apreender em conceitos teoréticos e, claro está, adequados pelo seu sentido fenómenos irracionais (místicos, proféticos, pneumatológicos, afetivos).

Em *todos* os casos, racionais e irracionais, ela afasta-se da realidade e contribui para o seu conhecimento de como, dependendo da indicação do grau de *aproximação* de um fenómeno histórico de um ou de vários destes conceitos, esta realidade se pode ordenar. O mesmo fenómeno histórico pode, por exemplo, especificar-se numa parte das suas componentes como «feudal», noutra como «patrimonial», noutra ainda como «burocrático» e, de novo, noutra como «carismático». Para que com estas palavras se expresse algo de *unívoco*, a sociologia deve, por sua vez, projetar tipos «puros» (*ideais*) dessas estruturas que mostrem em si a unidade consequente de uma adequação de *sentido* o mais completa possível, mas que, justamente por isso, provavelmente não emergirão na realidade nesta forma *pura* absolutamente ideal, tal como uma reação física que é calculada sob o pressuposto de um espaço absolutamente vazio. Ora, a casuística sociológica só é possível a partir do tipo *puro* («ideal»). Em todo o caso, é *per se* evidente que a sociologia emprega, ocasionalmente, também o tipo *médio* do género dos tipos empírico-estatísticos: uma construção que não carece particularmente da elucidação metodológica. Ao falar de casos «típicos», refere-se sempre, na dúvida, ao tipo *ideal* que, por seu lado, *pode* ser racional ou irracional, embora, na maioria das vezes (por exemplo, na teoria económico-política sempre), seja racional e se construa incessantemente com adequação de *sentido*.

Importa ficar claro que, no domínio sociológico, só podem construir-se com alguma univocidade «médias» e, também, «tipos médios» quando se trata unicamente de diferenças *de grau* em comportamento determinado

CONCEITOS SOCIOLÓGICOS FUNDAMENTAIS 53

pelo sentido e qualitativamente análogo. Ainda que isto aconteça, na maioria dos casos, a ação histórica ou sociologicamente relevante é influenciada por motivos qualitativamente *heterogéneos*, entre os quais não se pode obter uma «média» em sentido genuíno. As construções típico-ideais da ação social, como as que a teoria económica prefere, são, pois, «estranhas à realidade» no sentido de que — neste caso — indagam, sem exceção, como se procederia no caso ideal de uma pura racionalidade económica relativa a fins de modo a *1)* poder compreender a ação real codeterminada, pelo menos, por obstáculos tradicionais, afetos, erros, ou a introdução de finalidades ou considerações não económicas, *dado que* foi, de facto, no caso concreto, codeterminada por uma consideração racional económica relativa a fins ou — numa consideração média — o costume ser; mas também *2)* facilitar o conhecimento dos seus motivos reais consoante a *distância* entre o seu transcurso real e o típico-ideal. Teria de proceder de modo completamente análogo uma construção típico-ideal de uma atitude consequente acósmica relativamente à vida (por exemplo, relativamente à política e à economia) misticamente condicionada. Quanto mais precisa e mais unívoca é a construção dos tipos ideais, por conseguinte, quanto mais *estranhos* eles são, nesse sentido, ao mundo, tanto melhor é o serviço que prestam, quer no plano terminológico e classificatório, quer também no heurístico. A imputação causal concreta dos acontecimentos singulares graças ao trabalho da história não procede, na realidade, de outro modo. Para explicar, por exemplo, o decurso da batalha de 1866, deve-se investigar, (como ela pura e simplesmente deve fazer) primeiro (idealmente), como Moltke e Benedek, no pleno conhecimento da situação própria e da do adversário, teriam atuado no caso de ideal racionalidade teleológica, para estabelecer uma comparação com a atuação real e, em seguida, *explicar* causalmente a distância observada (condicionada pela informação falsa, por erros efetivos, por equívocos, pelo temperamento pessoal ou por considerações extraestratégicas). Também aqui se aplica (de modo latente) uma construção racional teleológica típico-ideal.

Os conceitos construtivos da sociologia são não só extrínseca, mas também intrinsecamente típico-ideais. A ação real decorre, na grande massa dos seus casos, em obscura semiconsciência ou na inconsciência do seu «sentido intentado». O agente «sente-o» mais indeterminado e mais indeterminadamente do que o conhece ou dele tem uma clara ideia, e atua, na maior parte dos casos, de um modo impulsivo ou por hábito. Só ocasionalmente, e na repetição em massa de uma ação análoga apenas por indivíduos, se eleva à consciência um sentido (quer racional, quer irracional) da ação. Uma ação efetivamente significativa, isto é, plenamente consciente e clara, é na realidade sempre apenas um caso limite. Toda a consideração histórica e sociológica, na análise da *realidade*, tem de ter sempre em conta este facto. Não obstante, tal não deve impedir que a sociologia construa os seus *conceitos* por meio de uma classificação do possível «sentido intentado», portanto, como se a ação transcorresse conscientemente orientada pelo sentido. Deve sempre ter em conta e fixar, quanto à medida e ao modo, a distância perante a realidade, quando se trata da consideração desta na sua concreção. Muitíssimas vezes, do ponto de vista metodológico, há apenas que escolher entre termos obscuros ou claros, estes últimos, então, irreais e «típico-ideais». Neste caso, porém, devem preferir-se cientificamente os últimos.

II. Conceito de ação social

1. A ação social (inclusive a omissão ou tolerância dela) pode orientar--se para o passado, o presente ou o futuro esperado dos outros (vingança por ataques prévios, defesa do ataque presente, regras de defesa contra ataques futuros). Os «outros» podem ser individuais e conhecidos ou indeterminadamente muitos e de todo desconhecidos (o «dinheiro», por exemplo, significa um bem de troca que o agente admite no tráfico porque orienta a sua ação pela expectativa de que muitos outros, desconhecidos e indeterminados, estarão também, por seu turno, dispostos a aceitá-lo numa troca futura).

2. Nem toda a classe de ação — inclusive de ação externa — é «social», na aceção aqui estabelecida. Não o é a ação exterior quando se orienta simplesmente pelas expectativas da conduta de objetos materiais. O comportamento íntimo é ação social só quando se orienta pelo comportamento de outros. Não o é, por exemplo, a conduta religiosa quando permanece contemplação, oração solitária, etc. A atividade económica (de um indivíduo) só o é na medida em que toma em consideração o comportamento de terceiros. De um modo inteiramente geral e formal, quando tem em conta o respeito por terceiros do seu próprio poder efetivo de disposição sobre bens económicos. Do ponto de vista material, quando, por exemplo, no consumo entra a consideração das futuras necessidades de terceiros e por elas se orienta o modo da «poupança» própria. Ou quando na produção se põe, como fundamento da sua orientação, a necessidade futura de terceiros, etc.

CONCEITOS SOCIOLÓGICOS FUNDAMENTAIS   55

3. Nem toda a classe de contacto entre os homens é de carácter social, mas apenas um comportamento próprio orientado, quanto ao sentido, pelo comportamento de outros. Um choque de dois ciclistas, por exemplo, *é* um simples acontecimento, como uma ocorrência natural. Mas a sua tentativa de se esquivar ao outro e os insultos, a rixa ou a explicação amistosa subsequentes ao choque seriam «ação social».

4. A ação social não é idêntica *a)* nem a uma ação *homogénea* de muitos, *b)* nem à ação *influenciada* pelo comportamento de outros.

a) Quando na rua, no início de uma chuvada, uma quantidade de homens abre ao mesmo tempo o guarda-chuva, a ação de um (normalmente) não está orientada pela ação dos outros, mas sim a de todos homogeneamente pela necessidade de proteção contra a chuva.

b) Sabe-se que a ação do indivíduo é fortemente influenciada pelo simples facto de ele se encontrar no meio de uma «massa» apinhada num lugar (objeto da investigação da «psicologia das massas», por exemplo, à maneira dos trabalhos de Le Bon): ação *condicionada* pela massa. E massas dispersas podem também condicionar o comportamento dos indivíduos, mediante uma conduta que atua simultânea ou sucessivamente sobre os indivíduos (por exemplo, por meio da imprensa) e enquanto tal é percebida como de muitos. Determinadas formas de reação são possibilitadas, outras dificultadas pelo simples facto de que o indivíduo se sente como parte de uma «massa». Consequentemente, um determinado evento ou comportamento humano pode suscitar sensações da natureza mais díspar: regozijo, furor, entusiasmo, desespero e paixões de toda a índole, que não ocorreriam (ou não com tanta facilidade) no isolamento — sem que exista, no entanto (pelo menos, em muitos casos), uma relação *significativa* entre o comportamento do indivíduo e o facto de se encontrar numa situação de massa. Uma ação assim originada ou codeterminada só reativamente no seu decurso pela influência da «massa» como tal e sem nenhuma referência ao sentido não se conceberia como «ação social», na aceção aqui estabelecida. De resto, a distinção é, naturalmente, muitíssimo fluida. Com efeito, não só no demagogo, mas muitas vezes também no público numeroso podem existir medidas de diferentes grandezas e diversamente interpretáveis em referência ao sentido da «massa».

Além disso, a simples «imitação» do comportamento alheio (em cuja importância insiste Gabriel Tarde) não seria, do ponto de vista conceptual, uma «ação social» *específica*, quando ocorre de um modo simplesmente reativo, sem orientação significativa da ação própria pela alheia. A fronteira é de tal modo fluida que, muitas vezes, dificilmente parece possível uma distinção. O simples facto de alguém aceitar para si uma disposição que lhe parece adequada a um fim, mas que aprendeu de outros, não é uma ação social na nossa aceção. Não se orientou pelo comportamento do outro, mas *por meio* da observação de tal conduta o agente deu conta de determinadas probabilidades objetivas e *por estas* se orienta. A sua ação foi determinada *casualmente*, mas não pelo sentido, através do agir alheio. Quando, pelo contrário, se imita a ação alheia porque é «moda», enquanto vigora como tradicional, exemplar ou «distinta» como própria de uma classe, ou por motivos semelhantes, temos, então, a relação de sentido ou com o comportamento de quem é imitado, ou com terceiros, ou com ambos. Naturalmente, há entre eles transições. Ambos os casos — condicionamento pela massa e imitação — são fluidos e casos-limites da ação social, como ainda muitas vezes se nos deparam, por exemplo, na ação tradicional. O fundamento da fluidez, nestes e noutros casos, estriba-se em a orientação pela conduta estranha e o sentido da ação própria de nenhum modo se poder sempre precisar inequivocamente, nem ser sempre consciente e ainda menos plenamente consciente. Por isso, nem sempre é seguro separar a simples «influenciação» e a «orientação» pelo sentido. No entanto, devem separar-se conceptualmente, embora, como é evidente, a imitação puramente «reativa» tenha, *pelo menos*, o mesmo *alcance* sociológico que a «ação» social apresenta em sentido genuíno. A sociologia não tem de modo algum só que ver com a «ação social», mas esta constitui unicamente (para o tipo de sociologia aqui desenvolvida) o seu dado central, aquele que para ela enquanto ciência é, por assim dizer, *constitutivo*. Mas com isto nada se afirma acerca da *importância* deste [dado] na sua relação com outros dados.

§ 2. Fundamentos determinantes da ação social

Como toda a ação, também a ação social pode ser: *1) racional quanto a fins*: determinada por expectativas do comportamento de objetos do mundo exterior e dos outros homens, utilizando estas expectativas como «condições» ou «meios» para *fins* próprios racionalmente intentados e ponderados como resultado; *2) racional quanto a valores*: determinada pela crença consciente no valor — ético, estético, religioso ou de qualquer outra forma que se interprete — específico e incondicionado de uma determinada conduta puramente

CONCEITOS SOCIOLÓGICOS FUNDAMENTAIS

como tal e independentemente do resultado; *3) afetiva*: sobretudo *emocional*, determinada por afetos e estados sentimentais atuais; *4) tradicional*: determinada como um hábito vital.

1. O comportamento estritamente tradicional — tal como a imitação puramente reativa (ver § anterior) — encontra-se inteiramente na fronteira e, muitas vezes, além do que em geral se pode chamar uma ação orientada «pelo sentido». Com efeito, muitíssimas vezes, é apenas uma obscura reação a estímulos habituais, que decorre na direção da atitude inscrita na vida. A massa de todo o agir quotidiano e habitual aproxima-se deste tipo, o qual não só como caso limite se inclui na sistemática, mas também porque a vinculação ao habitual (de tal se falará mais tarde) se pode manter consciente em diversos graus e sentidos: e então este tipo aproxima-se do n.º 2) (*supra*).

2. O comportamento estritamente afetivo encontra-se de igual modo na fronteira e, muitas vezes, além do que é conscientemente orientado «pelo sentido»; pode ser um reagir irrestrito a um estímulo fora do quotidiano; é uma *sublimação*, quando a ação afetivamente condicionada surge como descarga *consciente* do estado sentimental: encontra-se, então, na maior parte dos casos (não sempre), já no caminho para a «racionalização axiológica», ou para a ação teleológica, ou para ambas.

3. A orientação afetiva e a orientação racionalmente axiológica da ação distinguem-se entre si pela elaboração consciente, na última, das metas derradeiras da ação e pela consequente orientação planificada. Por outro lado, têm em comum o facto de, para elas, o sentido da ação não residir no resultado que fica para lá dela, mas na própria ação especificada de modo determinado. Age afetivamente quem satisfaz a sua necessidade atual de vingança, de gozo, de entrega, de beatitude contemplativa ou de ab-reação de emoções atuais (de natureza tosca ou sublime). Age estritamente de um modo racional axiológico quem, sem consideração pelas consequências previsíveis, atua ao serviço da sua convicção sobre o que o dever, a dignidade, a beleza, a sapiência religiosa, a piedade ou a importância de uma «causa», seja qual for a sua índole, lhe parecem ordenar. Uma ação racional e axiológica é sempre (no sentido da nossa terminologia) uma ação segundo «mandamentos» ou de acordo com «exigências» que o agente julga a si dirigidas. Só no sentido em que a ação humana se orienta por tais exigências — o que sempre acontece só numa fração maior ou menor e quase sempre bastante modesta — falaremos de racionalidade axiológica. Como se mostrará, advém-lhe significado bastante para a realçar como

tipo particular, embora aqui, de resto, não se pretenda facultar alguma classificação exaustiva dos tipos de ação.

4. Age racionalmente com vista a fins quem orienta a sua ação por uma meta, meios e consequências laterais e pondera racionalmente, para tal, os meios com os fins, os fins com as consequências secundárias, como, finalmente, também os diferentes fins possíveis entre si: em todo o caso, pois, quem não atua nem *afetivamente* (e, sobretudo, de modo não emotivo), nem tradicionalmente. Por seu lado, a decisão entre fins e consequências concorrentes e em conflito pode orientar-se de modo racional e axiológico: a ação é então apenas teleologicamente racional nos seus meios. Ou o agente, sem orientação axiológico-racional por «mandamentos» e «exigências», pode integrar os fins concorrentes e conflitantes simplesmente como moções dadas da necessidade subjetiva numa escala de urgência conscientemente *ponderada*, e orientar assim por ela a sua ação de modo que se satisfaçam, quanto possível, nesta sua escala (princípio da «utilidade marginal»). A orientação axiológico-racional da ação pode, pois, encontrar-se em relações muito diversas com a teleológico-racional. Do ponto de vista da racionalidade teleológica, porém, a racionalidade axiológica é sempre *irracional* e, claro está, tanto mais quanto o valor que orienta o agir se eleva a valor absoluto, porque a reflexão sobre as consequências da ação é tanto menor quanto mais incondicionada é, para ela, a atenção concedida ao seu valor *específico* (por disposição de ânimo, beleza, vontade absoluta, absoluta obrigatoriedade). A racionalidade teleológica absoluta da ação é, porém, somente um caso limite essencialmente construtivo.

5. A ação, sobretudo a ação social, só rarissimamente está orientada apenas por um *ou* por outro destes tipos. Estas formas de orientação também não podem, naturalmente, considerar-se de modo algum como classificações exaustivas dos tipos de orientação da ação, tão-somente como puros tipos conceptuais para fins sociológicos, dos quais a ação real se aproxima mais ou menos, ou neles — o que é ainda mais frequente — se encontra mesclada. A sua conveniência para nós, só no-la pode dar o resultado.

§ 3. A relação social

Denominar-se-á «relação social» um comportamento de várias pessoas que, quanto ao seu conteúdo de sentido, se *apresenta* como reciprocamente referido e, deste modo, orientado. A relação social

CONCEITOS SOCIOLÓGICOS FUNDAMENTAIS

consiste, pois, plena e exclusivamente na *probabilidade* (*Chance*) de que se atuará socialmente numa forma (com sentido) indicável, não interessando agora em que se funda esta probabilidade.

1. Um mínimo de recíproca bilateralidade na ação será, portanto, uma característica conceptual. O conteúdo pode ser o mais diverso: conflito, inimizade, amor sexual, amizade, piedade, troca mercantil, «cumprimento» ou «não-cumprimento» ou «rutura» de um pacto, «concorrência» económica, erótica ou outra, comunidade de ordens, nacional ou de classes (se, nestes últimos casos, se produzem «ações sociais» além das simples situações comuns — de que mais tarde se falará). Por conseguinte, o conceito *nada* diz sobre se existe «solidariedade» entre os atores ou o seu contrário.

2. Trata-se sempre de um conteúdo significativo empírico, *intentado* pelos participantes — ou no caso singular concreto, ou numa média, ou no tipo «puro» construído —, e nunca num sentido normativamente «justo» ou metafisicamente «verdadeiro». A relação social *consiste* só e exclusivamente — ainda que se trate de «formações sociais» como «Estado», «Igreja», «Corporação», «Matrimónio», etc. — na *probabilidade* de que tenha existido, exista ou venha a existir uma ação de carácter recíproco quanto ao seu conteúdo de sentido. Tal é sempre de ter em conta para evitar uma conceção «substancial» destes conceitos. Um «Estado» deixa, pois, de «existir» sociologicamente logo que se desvanece a probabilidade de ocorrerem determinadas espécies de ação social orientada por um sentido. Esta probabilidade pode ser muito grande ou desvanecer-se até ao mínimo. No sentido e na medida em que ela subsistiu ou subsiste efetivamente (segundo a estimativa), subsistiu ou subsiste também a concernente relação social. Nenhum outro sentido mais claro se pode pura e simplesmente associar à afirmação de que, por exemplo, um determinado «Estado» ainda «existe» ou já deixou de existir.

3. De nenhum modo se diz que, num caso singular, os participantes na ação reciprocamente referida ponham o *mesmo* conteúdo significativo na relação social ou que se comportem de um modo significativo e correspondente à atitude do parceiro oposto, e que, portanto, exista «reciprocidade» *neste* sentido. A «amizade», o «amor», a «piedade», a «fidelidade» contratual, o «sentimento» da comunidade nacional de um lado pode, no outro, embater numa atitude de todo diversa. Os participantes associam, então, à sua ação um sentido diferente: a relação social é, de ambos os lados, objetivamente «unilateral». Ela está também reciprocamente orientada no

sentido em que o agente pressupõe uma determinada atitude do parceiro (talvez de um modo erróneo no todo ou em parte) perante ele (o agente) e por estas expectativas orienta a sua ação própria, o que pode ter, e na maior parte dos casos terá, consequências para o decurso da ação e a configuração da relação. Naturalmente, só é objetivamente «bilateral» quando o conteúdo significativo «corresponde» em ambos — segundo as *expectativas* médias de cada um dos participantes — por conseguinte, a atitude do filho, por exemplo, contrapõe-se, pelo menos aproximadamente, à atitude do pai, como este (no caso singular, na média ou tipicamente) espera. Uma relação social apoiada totalmente e sem resquícios numa atitude recíproca e de sentido *correspondente* é, na realidade, apenas um caso limite. A ausência de mutualidade só excluirá, segundo a nossa terminologia, a existência de uma «relação social» quando tem a seguinte consequência: falta efetivamente a *referência* recíproca da ação de ambos os lados. Na realidade, todas as espécies de transições são aqui, como sempre, a regra.

4. Uma relação social pode ter um carácter inteiramente transitório ou implicar uma permanência tal que exista a probabilidade do *retorno* contínuo de uma conduta de sentido correspondente (ou seja, tida por tal e, desse modo, esperada). Só a presença de tal plausibilidade — da maior ou menor *probabilidade* de que tenha lugar uma ação de sentido correspondente e *nada* mais — assinala a «existência» da relação social: algo que importa ter sempre presente para evitar ideias falsas. Que uma «amizade» ou um «Estado» *exista* ou existisse significa, pois, pura e exclusivamente: nós (os *observadores*) julgamos que existe ou existiu uma *probabilidade* de que, com base numa certa atitude de homens determinados, se *aja* num sentido *medianamente intentado* e nada mais. A alternativa inevitável na consideração jurídica de que uma *máxima de direito* de determinado sentido tem ou não validade (em sentido jurídico), de que existe ou não uma relação *jurídica*, não vale, pois, para a consideração sociológica.

5. O conteúdo significativo de uma relação social pode variar — por exemplo, uma relação política de solidariedade pode transformar-se num choque de interesses. É então apenas uma questão de conveniência terminológica e do grau de *continuidade* na transformação se, em semelhantes casos, se diz que foi criada uma «nova» relação, ou que a que persiste recebeu um novo «conteúdo de sentido». Também o conteúdo significativo pode ser, em parte, permanente e, em parte, variável.

6. O conteúdo de significado que constitui *perenemente* uma relação social pode ser formulado em «máximas», cuja observância média ou significativamente aproximada os participantes *esperam* do ou dos parceiros,

CONCEITOS SOCIOLÓGICOS FUNDAMENTAIS

e pelas quais eles, por seu turno (na média e aproximadamente), orientam a sua ação. Quanto mais racionalmente — do ponto de vista teleológico ou axiológico — é orientada, quanto ao seu carácter geral, a ação concernente, tanto mais isto acontece. Naturalmente, numa relação erótica ou, em geral, afetiva (por exemplo, de «piedade»), a possibilidade de uma formulação racional do conteúdo de sentido intentado é muito menor do que numa relação contratual de negócios.

7. O conteúdo significativo de uma relação social pode ser *estipulado* mediante um acordo recíproco. Tal significa que os que nele participam fazem *promessas* relativas à sua conduta futura (quer entre si, quer de outro modo). Cada um dos participantes — na medida em que racionalmente delibera — conta normalmente (com distinta segurança) que o outro orientará a sua ação por um sentido da estipulação por ele próprio (o agente) entendido. Orienta a sua ação por esta expectativa, em parte, de um modo teleologicamente racional (com maior ou menor «lealdade» ao sentido), em parte, de um modo racionalmente axiológico, pelo «dever» de, por seu turno, também se «ater» à estipulação aceite, de acordo com o sentido por ele intentado. Quanto ao mais, ver § 9 e § 13.

§ 4. Tipos de ação social: uso, costume

No interior da ação social, podem observar-se regularidades efetivas, isto é, decursos da ação que, num *sentido intentado* de modo tipicamente homogéneo, se repetem no mesmo agente ou se encontram difundidos (eventualmente também ao mesmo tempo) em numerosos agentes. A sociologia ocupa-se destes *tipos* do decurso da ação, por oposição à história, interessada nas conexões singulares, mais importantes para a imputação causal, isto é, mais carregadas de destino.

A probabilidade realmente existente de uma *regularidade* da instauração da ação social chamar-se-á *uso*, quando e no sentido em que a probabilidade da sua persistência, dentro de um grupo de pessoas, é *simplesmente* dada pelo exercício efetivo. O uso chamar-se-á *costume* quando o exercício efetivo se apoia numa *aclimatação* longa. Em contrapartida, deve designar-se como «condicionado por uma situação de interesses» («condicionado pelo interesse») quando

62 ECONOMIA E SOCIEDADE

e na medida em que a probabilidade da sua existência empírica depende só da orientação puramente teleológico-racional da ação dos indivíduos por expectativas similares.

1. Ao uso pertence também a «moda». O uso deve denominar-se «moda», em contraposição ao «costume», quando (ao invés do que acontece no costume) a novidade da conduta em questão se torna a fonte da orientação da ação. Tem o seu lugar na vizinhança da «convenção», já que, como esta, brota (quase sempre) dos interesses prestigiantes de uma classe social. Aqui, nada mais acerca dela se dirá em pormenor.

2. Por oposição à «convenção» e ao «direito», o «costume» significará para nós uma regra *não* externamente garantida, a que o agente de facto se atém livremente, quer apenas de modo «inconsiderado», quer por «comodidade» ou por quaisquer outros motivos, e cuja observância provável pode, em virtude de tais motivos, esperar de outros homens que pertencem ao mesmo círculo. Nesta aceção, o costume nada seria, pois, de «válido»; a ninguém se «exige» que o siga. Naturalmente, a transição daí para a *convenção* válida e para o *direito* é absolutamente fluida. Em toda a parte, o que de facto se fez foi o pai do que tem validade. É hoje «costume» tomarmos de manhã um pequeno-almoço de carácter mais ou menos especificável; mas não existe para tal nenhuma «obrigação» (exceto para os hóspedes de um hotel); e nem sempre foi costume. Em contrapartida, o modo de vestir, ainda que tenha nascido do «costume», já não é hoje, num âmbito vasto, apenas costume, mas convenção. Sobre uso e costume podem ainda ler-se com proveito as secções atinentes do livro de Jhering, *Zweck im Recht* (vol. II). Ver também P. Oertmann, *Rechstsordnung und Verkehrssitte* (1914) e, mais recentemente, E. Weigelin, *Sitte, Recht und Moral* (1919) — em concordância comigo contra Stammler.

3. Diversas regularidades muito visíveis do decurso da ação social, sobretudo (mas não só) da ação económica, de nenhum modo se fundam na orientação por qualquer norma considerada como «válida», nem no costume, mas simplesmente no facto de a índole da ação social dos participantes corresponder, segundo a sua natureza, na média e da melhor maneira, aos seus *interesses* normais subjetivamente apreciados, e de eles orientarem a sua ação por esta opinião e conhecimento subjetivos: por exemplo, as regularidades da formação de preços no mercado «livre». Os interessados no mercado orientam justamente a sua conduta, enquanto «meio», por peculiares interesses económicos *típicos* e subjetivos como

CONCEITOS SOCIOLÓGICOS FUNDAMENTAIS

«fim», e por determinadas expectativas típicas que acalentam, a partir do comportamento previsível dos outros, como «condições» para alcançar aquele fim. Quanto mais estrito o carácter racional teleológico da sua ação, tanto mais semelhante é o modo como eles reagem a dadas situações; surgem desta forma homogeneidades, regularidades e continuidades na atitude e na ação que, muitíssimas vezes, são muito mais estáveis do que quando a ação se orienta por normas e deveres, tidos efetivamente por «obrigatórios» num grupo de pessoas. Este fenómeno — de a orientação por uma situação de meros interesses, próprios e alheios, produzir efeitos semelhantes aos que se tenta extorquir por normas prescritas (muitas vezes, em vão) — suscitou uma grande atenção, sobretudo no âmbito económico, e foi uma das fontes da origem da economia política como ciência. Porém, vale igualmente para todos os domínios da ação. Constitui na sua deliberação e íntima liberdade a oposição polar a toda a espécie de vinculação interna por meio do ajustamento ao mero «costume» arraigado e também, por outro lado, à dedicação a normas que são objeto de uma crença axiologicamente racional. Uma componente essencial da «racionalização» da ação é a substituição do ajustamento íntimo no costume arraigado pela adaptação planificada a situações de interesses. Sem dúvida, este processo não esgota o conceito de «racionalização» da ação. Com efeito, ela pode, além disso, decorrer positivamente na direção da consciente racionalização de valores, mas, negativamente, à custa do costume e também da ação afetiva, e, por último, à custa de uma ação racional ligada a valores, se bem que em prol de uma axiologicamente incrédula e puramente racional com vista a fins. Ocupar-nos-emos ainda muitas vezes desta *ambiguidade* do conceito de «racionalização» da ação. (Aspetos conceptuais a tal respeito na *conclusão!*)

4. A estabilidade do (simples) *costume* baseia-se essencialmente no facto de que quem por ele não orienta a sua ação age «de um modo não ajustado», isto é, deve aceitar de antemão pequenas e grandes incomodidades e inconveniências, enquanto a ação da maioria pertencente ao seu meio ambiente contar com a subsistência do costume e a ele se ajustar. A estabilidade da *situação de interesses* funda-se, de igual modo, no facto de que quem não orienta a sua ação pelo interesse dos outros — não «conta» com estes — provoca a sua resistência ou tem um resultado por ele não querido e não previsto e, por conseguinte, corre o perigo de prejudicar o seu interesse próprio.

§ 5. Conceito de ordem legítima

A ação, em especial a ação social e, sobretudo, a relação social, pode, nos participantes, orientar-se pela *representação* da existência de uma *ordem legítima*. A probabilidade de tal efetivamente acontecer chamar-se-á «validade» da ordem em questão.

1. «Validade» de uma ordem significará, para nós, mais do que uma simples regularidade do decurso da ação social condicionada pelo costume ou por uma situação de interesses. Quando as sociedades de transporte de móveis inserem regularmente cláusulas relativas ao tempo da mudança, tal regularidade é condicionada por uma «situação de interesses». Quando um bufarinheiro visita uma determinada clientela em certos dias do mês ou da semana trata-se ou de um costume arraigado ou do resultado de uma situação de interesses (rotação da sua zona comercial). Mas quando um funcionário se apresenta diariamente em hora fixa no escritório, tal não é condicionado *apenas* por um hábito arraigado (costume) e (também) não *somente* por uma situação de interesses a que ele, por seu bel-prazer, se poderia ou não conformar, mas (regra geral) em virtude da «validade» da ordem (regulamento de serviço) como mandamento, cuja transgressão não só traria desvantagens, mas — normalmente — causaria também horror, do ponto de vista racional e axiológico (embora efetivamente em graus muitíssimo diversos), ao seu «sentimento de dever».

2. Ao conteúdo significativo de uma relação social queremos *a)* chamar somente uma «ordem», quando a ação se orienta (na média e aproximadamente) por «máximas» que se pode assinalar. Falaremos *b)* de uma «validade» desta ordem quando a orientação efetiva por estas máximas tem, pelo menos, lugar *também* (ou seja, num grau que tem peso prático) unicamente porque elas se divisam como de algum modo válidas, *para* a ação, como obrigatórias ou exemplares. De facto, a orientação da ação por uma ordem ocorre, naturalmente, nos participantes por motivos muito diferentes. Mas a circunstância de, a par dos outros motivos, pelo menos para uma parte dos atores, a ordem pairar também como exemplar ou obrigatória e, por conseguinte, como algo que *deve ser* intensifica, naturalmente, a probabilidade de a ação por ela se orientar e, claro está, muitas vezes em medida muito considerável. Uma ordem observada apenas por motivos teleológico-racionais é em geral muito mais lábil do que outra derivada de uma orientação para ela, apenas por força do costume e em virtude do

CONCEITOS SOCIOLÓGICOS FUNDAMENTAIS 65

arraigamento de uma conduta: esta é, de todas, a espécie mais frequente de atitude íntima. Mas é ainda incomparavelmente mais lábil do que a que surge com o prestígio da exemplaridade ou da obrigação, queremos dizer, da «legitimidade». As transições da orientação por uma ordem, motivada de modo simplesmente tradicional ou apenas teleológico-racional, para a crença na legitimidade são na realidade absolutamente fluidas.

3. Não é só mediante a adesão ao seu sentido (entendido numa certa média) que se pode «orientar» a sua ação pela validade de uma ordem. Também no caso da «evasão» ou «transgressão» do seu sentido (entendido numa certa média) pode *atuar* a probabilidade da sua validez (como norma obrigatória) num âmbito qualquer, em primeiro lugar, de um modo puramente teleológico-racional. O ladrão orienta a sua ação pela validade da lei penal, porquanto a oculta. Que a ordem é «válida» para um grupo de pessoas manifesta-se no caso de *ter* de ocultar a transgressão. No entanto, prescindindo deste caso limite, a transgressão da ordem restringe-se, com muita frequência, a contravenções parciais mais ou menos numerosas, ou pretende-se, com diferente grau de boa-fé, apresentá-la como legítima. Ou existem de facto, lado a lado, diversas conceções do sentido da ordem, as quais, em seguida — para a sociologia — «valem» todas no âmbito em que determinam o comportamento efetivo. Para a sociologia não constitui dificuldade alguma a vigência paralela de diversos ordenamentos entre si contraditórios dentro do mesmo grupo de pessoas. Com efeito, até o indivíduo pode orientar a sua ação por ordenamentos que entre si se contradizem. Não só de modo sucessivo, como quotidianamente acontece, mas também na mesma ação. Quem leva a cabo um duelo orienta a sua ação pelo código de honra, mas, ao ocultar esta ação, ou, inversamente, ao apresentar-se ao tribunal, orienta-se pelo código penal. Quando a evasão ou a transgressão do sentido (professado na média) de uma ordem se converte em regra, então a validade de tal ordem é apenas limitada ou, por fim, já nem sequer existe. Entre a validade e a não-validade de um determinado ordenamento não existe, pois, para a sociologia, como para a jurisprudência (segundo o seu fim inevitável), uma alternativa absoluta. Existem transições fluidas entre ambos os casos e podem «vigorar», como se indicou, lado a lado ordenamentos entre si contraditórios, cada qual no âmbito em que existe a *probabilidade* de a ação se orientar *efetivamente* por eles.

Os conhecedores da bibliografia lembrar-se-ão do papel que o conceito de «ordem» desempenha no livro de R. Stammler (citado na *Observação Preliminar*, página 36), escrito, decerto — como todos os seus trabalhos —, com brio, mas profundamente equivocado e confundindo de modo funesto os problemas. (Ver a tal respeito a minha crítica aí citada — infelizmente bastante dura, pelo desgosto que me produziu a confusão gerada.) Em Stammler, não só não se distingue entre a validade empírica e a normativa, como se desconhece que a ação social não se orienta *apenas* por «ordenamentos»; transforma-se sobretudo, de um modo, logicamente, inteiramente errado, o ordenamento em «forma» da ação social e, em seguida, atribui--se-lhe um papel quanto ao «conteúdo» semelhante ao que a «forma» desempenha no sentido teórico-cognoscitivo (prescindindo inteiramente de outros erros). De facto, a ação (primariamente) económica orienta-se pela representação da escassez de determinados meios disponíveis para a satisfação das necessidades em relação com a carência «representada» e pela ação presente e futuramente previsível de terceiros que refletem sobre os mesmos meios; além disso, orienta-se, na *eleição* das suas medidas «económicas», por aqueles «ordenamentos» que o agente conhece como lei e convenções «vigentes», isto é, sabe a seu respeito que surgiria uma determinada reação de terceiros, no caso da sua transgressão. Stammler confundiu do modo mais irremediável este estado de coisas empírico extremamente simples e afirmou que é conceptualmente impossível uma relação causal entre «ordenamento» e ação real. Entre a validade dogmático--jurídica e normativa do ordenamento e um processo empírico não há, de facto, nenhuma relação causal, mas surge apenas a questão: será o processo empírico juridicamente «apreendido» pelo ordenamento *corretamente* interpretado? Deve este, pois, valer (normativamente) para ele? E, no caso afirmativo, o que deve ser o seu conteúdo para que seja normativamente válido? Mas entre a probabilidade de a ação se orientar pela *representação* da validade de um ordenamento entendido na média de uma certa forma e a ação económica existe evidentemente (no seu caso) uma relação causal, no sentido habitual da palavra. Para a sociologia, a probabilidade de orientação por esta *representação* «é» justa e simplesmente «o» ordenamento válido.

§ 6. Géneros de ordem legítima

A legitimidade de uma ordem pode ser *garantida*:

I.   De modo puramente íntimo e, claro está,

   1)   puramente afetivo: por devotamento sentimental;

CONCEITOS SOCIOLÓGICOS FUNDAMENTAIS 67

2) axiológico-racional: pela crença na sua validade absoluta enquanto expressão de valores supremos vinculatórios (morais, estéticos ou quaisquer outros);

3) religioso: pela fé que se tem na dependência que há entre a posse de um bem salvífico e a sua observância.

II. Também (ou apenas) por meio das expectativas de consequências externas específicas, por conseguinte, por uma situação de interesses; mas por expectativas de índole particular.

Uma ordem deve chamar-se:

a) *convenção*, quando a sua validade está externamente garantida pela probabilidade de que, no interior de um determinado grupo de pessoas, uma deflexão [na conduta] irá esbarrar numa *reprovação* relativamente geral e praticamente sensível;

b) *direito*, quando está externamente garantida pela probabilidade de *coação* física ou psíquica, mediante a ação de um corpo de homens expressamente dirigida a forçar a sua observância ou a castigar a sua transgressão.

Sobre a convenção, ver, além de Jhering, *op. cit.*, Weigelin, *op. cit.*, e F. Tönnies, *Die Sitte* (1909).

1. *Convenção* deve chamar-se ao costume que, *dentro de um grupo de pessoas*, se considera como «válido» e garantido, por meio da reprovação, contra o incumprimento. Contrariamente ao direito (no sentido aqui usado da palavra), falta o corpo de homens especialmente dedicado à coação. Quando Stammler pretende distinguir a convenção do direito pelo absoluto «carácter voluntário» da sujeição, isso não está em consonância com o habitual uso linguístico e nem sequer é correto para os seus próprios exemplos. A observância da «convenção» (na aceção habitual do termo) — por exemplo, da saudação habitual, do vestuário tido por decente, dos limites de forma e conteúdo no trato humano — torna-se para o indivíduo uma «exigência» muito séria enquanto obrigatória ou modelar, e não se lhe deixa — como, porventura, o simples «costume» de preparar de determinada maneira os seus alimentos — nenhum espaço livre. Uma infração da

convenção («costume de uma classe») é muitas vezes sancionada com mais força pelas consequências altamente eficazes e sensíveis do boicote social dos correligionários do que o conseguiria qualquer coação jurídica. O que falta é unicamente o corpo particular de homens instituído para uma ação específica que garante a observância (entre nós: juízes, fiscais, funcionários administrativos, executivos, etc.). Mas a transição é fluida. O caso limite da garantia convencional de uma ordem, na transição para a garantia jurídica, é a aplicação do boicote formal, proclamado, ameaçado e *organizado*. Este, na nossa terminologia, seria já um meio de coação jurídica. Não interessa aqui que a convenção possa estar protegida por outros meios além da *simples* reprovação (por exemplo, o uso do direito doméstico no comportamento que infringe a convenção). Com efeito, decisivo é que seja, então, o *indivíduo*, decerto em consequência da reprovação convencional, a empregar os meios repressivos (amiúde drásticos), e não um *corpo* de homens para tal expressamente preparado.

2. Para nós, decisivo no conceito de «direito» (que, para outros fins, se pode delimitar de um modo inteiramente diverso) será a existência de um *corpo* coercivo. Este, naturalmente, de nenhum modo precisa de ser análogo ao que hoje nos é habitual. Não é, em especial, forçoso que exista uma instância «judicial». O próprio clã (na vingança de sangue e na contenda) é esse corpo *quando*, para o modo da sua reação, são efetivamente vigentes ordenamentos de qualquer natureza. Sem dúvida, este caso encontra-se na fronteira mais extrema do que se pode apelidar ainda de «coação jurídica». Como se sabe, ao «direito internacional» sempre se contestou repetidamente a qualidade de «direito», por carecer de um poder coativo supraestatal. Segundo a terminologia aqui escolhida (como conveniente), não pode, de facto, designar-se como «direito» uma ordem que, externamente, está garantida só por expectativas da reprovação e das represálias dos lesados, portanto, convencionalmente e consoante a situação de interesses, sem que exista um corpo de homens cuja ação é expressamente instituída para a sua observância. No entanto, para a terminologia jurídica, pode muito bem vigorar o contrário. Os *meios* da coerção são irrelevantes. Até a «admoestação fraterna», que era corrente em muitas seitas como primeiro meio de coação suave contra os pecadores, se conta entre eles — sempre que esteja ordenada por uma regra e seja levada a cabo por um corpo de homens. Assim como a repreensão do censor como meio de garantir as normas «éticas» do comportamento, por exemplo. Também a coação psíquica, graças ao genuíno meio disciplinar eclesial. Existe, pois, naturalmente, um direito garantido tanto hierocraticamente como de modo político, ou

CONCEITOS SOCIOLÓGICOS FUNDAMENTAIS 69

por meio dos estatutos de uma associação, ou pela autoridade doméstica, ou ainda por meio de cooperativas e uniões. As regras de um *Komment*([13]) inserem-se também nesta determinação conceptual como «direito». O caso do § 888, secção 2 do «RZPO» — Lei de procedimentos civis (direitos inexecutáveis) — integra-se evidentemente aqui. As *leges imperfectae* e as «obrigações naturais» são formas da *linguagem jurídica* em que se expressam indiretamente limites ou condições no uso da coação. Um «costume de trato humano» coercivamente imposto é, por isso, *direito* (§§ 157, 242 BGB). Sobre o conceito dos «bons costumes» (= merecedores de aprovação e, por isso, sancionados pelo direito), ver Max Rumelin *in Schwab. Heimatgabe für Th. Häring* (1918).

3. Nem todo o ordenamento válido tem necessariamente um carácter geral e abstrato. O «preceito» jurídico válido e a «decisão» jurídica de um caso concreto, por exemplo, de nenhum modo estiveram em todas as circunstâncias tão separados como hoje normalmente se vê. Um «ordenamento» *pode*, pois, aparecer também como ordenamento apenas de um estado de coisas concreto. Todo o pormenor pertence à sociologia do direito. Quando nada mais se disser, ater-nos-emos, por conveniência, à conceção moderna sobre a relação entre preceito jurídico e decisão jurídica.

4. Ordenamentos «externamente» garantidos também podem, além disso, estar garantidos ainda de um modo «interno». A relação entre direito, convenção e «ética» não constitui, para a sociologia, problema algum. Uma medida «ética» é *per se* uma medida que impõe como norma à ação humana um modo específico de fé axiológico-racional dos homens, a qual exige o predicado de «moralmente boa», tal como exige o predicado «bela» a ação que se mede por critérios estéticos. Neste sentido, representações normativas de carácter ético podem influenciar muito profundamente a ação e, no entanto, carecer de toda a garantia externa. Costuma dar-se este último caso quando, pela sua transgressão, se afetam em escassa medida interesses alheios. Por outro lado, estão amiúde garantidos no plano religioso. Podem também encontrar-se garantidos de modo convencional (na aceção da terminologia aqui empregada) pela reprovação da sua transgressão e boicote — ou ainda juridicamente, mediante a reação penal ou policial, ou por certas consequências civis. Toda a ética «vigente» — no sentido da sociologia — costuma estar amplamente garantida por meio

---

([13]) A palavra alemã *Komment* é a transcrição do francês *comment* (ou seja, o modo de fazer algo) e indicava, em determinadas situações, a totalidade dos usos e costumes de uma associação estudantil. (*N. do T.*)

da probabilidade da reprovação da sua transgressão, portanto, de modo convencional. Contudo, por outro lado, todos os ordenamentos garantidos convencional ou juridicamente não pretendem (pelo menos, não necessariamente) o carácter de normas *éticas*; em conjunto, ainda muito menos as normas jurídicas — muitas vezes puramente teleológico-racionais — do que as convencionais. Se uma representação normativa difundida entre os homens se deve ou não olhar como pertencente ao domínio da «ética» (é, então, «simples» convenção ou «pura» norma jurídica), é coisa que a *sociologia* empírica só pode decidir segundo aquele conceito do «ético» que tenha efetivamente vigorado ou vigore no grupo de pessoas em questão. Todavia, a tal respeito não se pode fazer afirmações gerais.

§ 7. Fundamentos de validade da ordem legítima: tradição, fé, estatuto

A validade *legítima* pode ser atribuída pelos agentes a uma ordem:

a) por força da *tradição*: validade do que sempre existiu;

b) em virtude da crença *afetiva* (sobretudo emocional): validade do recentemente revelado ou do que é exemplar;

c) graças à fé *axiológico-racional*: validade do que se tem por absolutamente valioso;

d) por efeito de estatutos positivos, em cuja *legalidade* se acredita.

Esta legalidade [*d*)] pode [para os participantes] valer como *legítima*:

α) em virtude de um acordo dos interessados;

β) por meio da imposição (com base numa dominação de homens sobre homens como *legitimamente* válida) e da obediência.

Todo o pormenor (com a exceção de alguns conceitos ainda a definir ulteriormente) pertence à sociologia da denominação e do direito. Aqui tenha-se apenas em conta:

CONCEITOS SOCIOLÓGICOS FUNDAMENTAIS

1. A validade de ordens em virtude do carácter sagrado da tradição é a mais universal e a mais originária. O temor perante desvantagens mágicas fortaleceu a inibição psíquica face a toda a modificação de hábitos aclimatados da ação, e os múltiplos interesses que costumam estar associados à manutenção da obediência à ordem vigente couberam no sentido da sua conservação.

2. Criações novas e *conscientes* de ordens foram, originariamente, quase sempre oráculos proféticos ou, pelo menos, proclamações profeticamente sancionadas e, como tal, objeto de uma fé sagrada, até aos estatutos dos aisimnetas([14]) helénicos. A obediência dependia, em seguida, da fé na legitimação do profeta. Em épocas de vigência do tradicionalismo estrito, a emergência de novas ordens, isto é, daquelas *consideradas* «novas», só era possível, na ausência de revelação, se se afirmasse terem sido válidas desde sempre e apenas ainda não *corretamente* reconhecidas, ou terem estado por algum tempo obscurecidas, mas doravante redescobertas.

3. O tipo mais comum da validade axiológico-racional está representado pelo «direito natural». Fosse qual fosse a sua limitação diante das suas pretensões ideais, não pode, no entanto, pôr-se em questão um considerável grau de influência real das suas proposições logicamente dedutíveis sobre a ação, proposições que importa separar tanto do direito revelado como do estatuído ou do tradicional.

4. A forma hoje mais corrente de legitimidade é a crença na *legalidade*: a obediência perante *estatutos formalmente* corretos e que se vieram a materializar na forma usual. A oposição entre ordenamentos pactuados e impostos é só relativa. Já que a validade de um ordenamento pactuado não se baseia num acordo por unanimidade — como muitas vezes se requeria no passado para haver legitimidade efetiva —, mas na submissão de um grupo de pessoas cuja vontade se desviava das maiorias — como muitíssimas vezes acontece —, existe, na realidade, uma imposição sobre a minoria. Por outro lado, acontece com muitíssima frequência minorias poderosas ou sem escrúpulos e firmes no seu propósito imporem ordenamentos que, em seguida, vigoram como legítimos também para os que originariamente se lhes opunham. Quando as «votações» são legais como meio para a criação ou a variação de ordenamentos, é muito frequente que a vontade minoritária alcance a maioria formal e que a maioria se acomode; portanto, o carácter maioritário é somente uma aparência. A fé na legalidade dos ordenamentos pactuados remonta a épocas bastante longínquas e encontra-se, por vezes,

---

([14]) Juiz ou legislador constituinte (*N. do T.*)

72 ECONOMIA E SOCIEDADE

também nos chamados povos primitivos, quase sempre suplementada pela autoridade de oráculos.

5. A submissão perante ordenamentos impostos por indivíduos singulares ou por vários supõe sempre — dado que para tal são decisivos não o simples temor ou motivos teleológico-racionais, mas conceções da legalidade — a fé em qualquer *autoridade* legítima do ou dos impositores; disto se tratará em pormenor (§§ 13 e 16).

6. Sempre que não se trate de estatutos inteiramente novos, a obediência em ordenamentos é, regra geral, condicionada por uma mescla de vinculação à tradição e de ideia de legitimidade, além de o ser por situações de interesses da mais diversa espécie. Em muitíssimos casos, naturalmente, os agentes obedientes nem sequer estão conscientes de se tratar de um costume, de uma convenção ou de um direito. A sociologia tem então de descobrir a índole *típica* da validade em questão.

§ 8. Luta, concorrência e seleção social

Denominar-se-á *luta* uma relação social quando a ação se orienta pelo propósito de impor a própria vontade contra a resistência do ou dos parceiros. Chamar-se-ão meios «pacíficos» de luta os que não consistem na violência física efetiva. A luta «pacífica» chamar-se-á «concorrência» quando, enquanto competição formalmente pacífica, se trava em vista do poder próprio de dispor sobre oportunidades (*Chancen*) que também os outros desejam. A «concorrência regulada» chamar-se-á concorrência se está orientada, nos fins e nos meios, por uma ordem. A luta (latente) pela existência que, sem um propósito combativo e significativo contra os outros, tem lugar entre indivíduos ou tipos humanos em vista das oportunidades de vida ou sobrevivência denominar-se-á «seleção»: «seleção social» quando se trata de oportunidades dos viventes na vida, ou «seleção biológica» se se trata das probabilidades (*Chancen*) de sobrevivência da hereditariedade.

1. Desde a luta sangrenta, dirigida à aniquilação da vida do adversário, desligada de toda a vinculação às regras do combate, até à peleja entre cavaleiros convencionalmente regulada (o convite do arauto antes da batalha

CONCEITOS SOCIOLÓGICOS FUNDAMENTAIS

de Fontenoy: «*Messieurs les Anglais, tirez les premiers*») e à contenda desportiva com as suas regras; desde a «concorrência» sem nenhum controlo, por exemplo, de competidores eróticos com vista aos favores de uma mulher, desde a luta concorrencial associada à ordem do mercado em vista das possibilidades de troca, até às «concorrências» artísticas regulamentadas ou à «luta eleitoral», existem as mais diversas transições sem solução de continuidade. A delimitação conceptual da luta [não] violenta justifica-se pela peculiaridade dos seus meios normais e pelas particularidades derivadas das consequências sociológicas da sua ocorrência.

2. Toda a luta e concorrência típicas e em massa levam, a longo prazo, não obstante os muitos e decisivos acasos e destinos, a uma seleção dos que, em média, possuem em maior medida as qualidades pessoais mais importantes para a vitória no combate. Que qualidades são essas — se a maior força física ou a astúcia sem escrúpulos, se a maior intensidade na realização espiritual ou força pulmonar e técnica demagógica, se maior devoção pelos chefes ou pelas massas aduladoras, se uma mais original capacidade criadora ou maior capacidade de adaptação social, se mais qualidades que se afiguram como extraordinárias ou que não vão além da média da massa — é coisa que decidem as condições da luta e da concorrência entre as quais, além de todas as possíveis qualidades individuais e de massa que se podem pensar, se contam também os ordenamentos pelos quais se orienta o comportamento na luta, quer seja tradicional, quer axiológica ou teleologicamente racional. *Cada* um deles tem influência nas probabilidades da seleção social. Nem *toda* a seleção social é, na nossa aceção, «luta». «Seleção social», pelo contrário, significa, antes de mais, apenas que determinados tipos de comportamento próprio e, por conseguinte, porventura, de qualidades pessoais, são privilegiados na possibilidade de conseguir uma determinada relação social (como «amante», «marido», «funcionário», «mestre de obras», «diretor geral», «empresário bem-sucedido»). Nada em si diz se esta probabilidade social de preferência se obtém mediante a «luta» nem se ela, além disso, melhora ou não as probabilidades de *sobrevivência* biológica do tipo em questão.

Só falaremos de «luta» onde realmente tem lugar a *concorrência*. Segundo toda a experiência anterior, a luta é efetiva só no sentido de «seleção» e é unicamente ineliminável, *por princípio*, na aceção de seleção *biológica*. A seleção é «eterna» porque não se pode inventar meio algum para a excluir. Um ordenamento pacifista de observância estrita só consegue regular determinados meios, objetos e direções de luta no sentido da exclusão de alguns deles. Tal significa que *outros* meios de combate levam

ECONOMIA E SOCIEDADE

à vitória na concorrência (aberta) ou — se esta se imaginar como eliminada (o que só seria possível de modo teórico e utópico) — na seleção (latente) das probabilidades de vida e de sobrevivência, e favorecem os que os têm à disposição, quer como bem hereditário, quer como produto da educação. No plano empírico, a seleção social e, por princípio, a biológica constituem os limites da eliminação da luta.

3. Naturalmente, há que separar a luta dos *indivíduos* pelas oportunidades de vida e sobrevivência da «luta» e «seleção» das relações sociais. Só num sentido metafórico se podem aqui aplicar estes conceitos. Com efeito, as «relações» *existem* só como *ação* humana de determinado conteúdo significativo. E uma «seleção» ou uma «luta» entre elas significa, pois, que um modo determinado de ação foi, no decurso do tempo, *deslocado* por outro, seja ela do mesmo homem ou de outros. Isto é possível de diversas maneiras. A ação humana pode *a)* visar *conscientemente perturbar* determinadas relações sociais concretas ou ordenadas segundo uma determinação geral, isto é, perturbar o decurso da ação correspondente ao seu conteúdo de sentido; ou impedir o seu nascimento ou subsistência (um «Estado» por meio da guerra ou da revolução, ou uma «conjura» mediante repressão sangrenta, ou «concubinato» graças a medidas policiais; relações comerciais «usurárias» pela recusa da proteção jurídica e mediante penalizações); ou favorecer conscientemente a subsistência de uma categoria em detrimento das outras: podem propor-se a semelhantes fins indivíduos isolados ou multiplamente associados. Pode também acontecer *b)* que o decurso da ação social e das suas condições determinantes de toda a índole tenham como resultado acessório, não desejado, o facto de que determinadas relações concretas, ou muito específicas (isto é, a *ação* concernente), tenham uma probabilidade menor de persistir ou de surgir novamente. Todas as condições naturais e culturais de qualquer espécie levam de algum modo, no caso de alteração, tais probabilidades a deslocar-se para os mais diversos tipos de relações sociais. Em semelhantes casos, cada qual tem a liberdade de falar de uma «seleção» das relações sociais — por exemplo, federações estatais — em que triunfa o «mais forte» (no sentido de «mais adaptável»). Importa apenas estabelecer que esta chamada seleção nada tem que ver com a seleção dos *tipos* humanos, nem no sentido social, nem no biológico; que, em cada caso singular, é necessário indagar a *causa* que suscitou o deslocamento das probabilidades para uma ou outra forma da ação social e das relações sociais, ou destruiu uma relação social, ou lhe assegurou a persistência em relação às demais; e que estas causas são tão múltiplas que, para elas, se afigura inadequada uma expressão unitária. Também aqui

CONCEITOS SOCIOLÓGICOS FUNDAMENTAIS 75

existe sempre o perigo de introduzir na investigação empírica valorações incontroladas e, sobretudo, de promover a apologia do *resultado*, que amiúde está individualmente condicionado no caso particular e é, portanto, na aceção do termo, puramente «casual». Os últimos anos forneceram e fornecem muitíssimos exemplos. Com efeito, a exclusão de uma relação social (concreta ou qualitativamente especificada) ocasionada, muitas vezes, por causas puramente concretas nada demonstra em si contra a sua «viabilidade» geral.

§ 9. Comunalização e socialização: luta e seleção

Denominar-se-á «comunalização» (*Vergemeinschaftung*, «constituição de comunidade») uma relação social quando e na medida em que a atitude na ação social — no caso particular, na média ou no tipo puro — se funda na solidariedade sentida (afetiva ou tradicional) dos participantes.

Denominar-se-á «socialização» (*Vergesellschaftung*, «formação de sociedade») uma relação social quando a atitude na ação social se baseia no *ajustamento* de interesses por motivos racionais (de carácter axiológico ou teleológico), ou também numa *união* de interesses por motivos idênticos. A socialização pode, de um modo típico, basear-se de modo particular (mas não apenas) num *acordo* racional por declaração recíproca. Então, a ação socializada orienta-se, em matéria de racionalidade: *a)* de um modo axiológico-racional pela crença na vinculação *própria*; *b)* de um modo teleológico-racional pela expectativa da lealdade do *parceiro*.

1. A terminologia lembra a distinção estabelecida por Ferdinand Tönnies, na sua obra fundamental *Gemeinschaft und Gesellschaft*. No entanto, de acordo com os seus fins, Tönnies logo deu a esta distinção um conteúdo essencialmente mais específico do que o que aqui seria útil para os nossos propósitos. Os tipos mais puros de socialização são *a)* a *troca* estritamente teleológico-racional e livremente pactuada no mercado: um compromisso real entre interessados antagónicos, mas complementares; *b)* a pura *união com vista a fins*, livremente pactuada, isto é, um acordo sobre uma ação permanente orientada no seu propósito e nos seus meios

76 ECONOMIA E SOCIEDADE

pela prossecução de interesses objetivos (económicos ou outros); *c)* a união de *disposição anímica* axiológico-racionalmente motivada: a seita racional, uma vez que prescinde do fomento de interesses emotivos e afetivos e só quer estar ao serviço da «causa» (o que sem dúvida apenas ocorre, num tipo inteiramente puro, em casos muito particulares).

2. A *comunalização* pode assentar em toda a espécie de fundamentos afetivos, emocionais ou tradicionais: uma confraria pneumatológica, uma relação erótica, uma relação de piedade, uma comunidade «nacional», uma tropa unida por sentimentos de camaradagem. A comunidade familiar é a que expressa de modo mais conveniente este tipo. Mas a grande maioria das relações sociais tem, em parte, o carácter da comunalização e, em parte, o da socialização. Toda a relação social, mesmo a teleológico-racional, prosaicamente criada e intentada (a clientela, por exemplo) *pode* produzir valores afetivos que vão além do fim simplesmente querido. Toda a relação social que exceda uma imediata união de fins, por conseguinte, estabelecida para longa duração, que institua relações sociais entre as mesmas pessoas e não se limite de antemão a tarefas individuais concretas — como, porventura, a socialização na mesma associação militar, na mesma classe da escola, no mesmo escritório, na mesma oficina — tende para tal, ainda que, sem dúvida, em grau muitíssimo diverso. Pelo contrário, uma relação social que, pelo seu sentido normal, é comunalização pode ser orientada por todos ou por alguns dos participantes de um modo total ou parcialmente teleológico--racional. É muito diversa a extensão em que, por exemplo, uma associação familiar é sentida pelos partícipes como «comunidade» ou utilizada como «sociedade». O conceito de «comunalização» (*Vergemeinschaftung*) é aqui definido intencionalmente de modo inteiramente geral e, portanto, compreendendo factos muitos heterogéneos.

3. A comunalização é normalmente, quanto ao sentido intentado, a contraposição mais radical da «luta». Isto não deve iludir-nos sobre o facto de que, na realidade, a violentação de toda a espécie é inteiramente normal também no interior dos mais íntimos processos da comunidade perante os animicamente flexíveis, e de que a «seleção» dos tipos tem também lugar no seio das comunidades e leva, aliás, à diferença das oportunidades (*Chancen*) de vida e sobrevivência por eles criadas. Por outro lado, os processos de socialização são, muitíssimas vezes, *simplesmente* compromissos de interesses antagónicos, os quais neutralizam apenas uma *parte* do objeto ou dos meios de luta (ou tal pretendem fazer), mas deixam, de resto, subsistir a oposição de interesses e a concorrência em torno das oportunidades. «Luta» e comunidade são conceitos relativos; a luta configura-se de modo muito

CONCEITOS SOCIOLÓGICOS FUNDAMENTAIS 77

diverso, segundo os meios (violentos ou «pacíficos») e a inconsideração da sua aplicação. E como se afirmou, o ordenamento da ação social, seja qual for a sua espécie, deixa mesmo assim subsistir a pura *seleção* efetiva na competição dos diferentes tipos humanos em torno das oportunidades da vida.

4. Nem toda a mutualidade de qualidades, de situação ou de conduta *é* comunalização. Por exemplo, a mutualidade de hereditariedade biológica, que se olha como característica «racial», não é em si ainda, naturalmente, uma constituição da comunidade dos que possuem tais características. Por via da restrição do *commercium* e do *connubium*, por parte do mundo circundante, podem desembocar — por isolamento perante o ambiente — numa situação homogénea. Contudo, mesmo que reajam de modo análogo a esta situação, isso não é ainda comunalização, e também não gera o simples «sentimento» da situação comum e das suas consequências. Só quando, em virtude deste sentimento, eles de algum modo *orientam* uns pelos outros o seu comportamento é que surge entre eles uma relação social — e não apenas cada um deles perante o meio ambiente —, e é «comunidade» só se esta documenta uma copertença sentida. Entre os judeus, por exemplo, tal acontece em grau relativamente escasso — fora dos círculos de orientação sionista e da ação de algumas associações para o fomento dos interesses judeus — e é por eles de muitos modos recusado. A comunidade da *linguagem*, originada numa tradição homogénea por parte da família e da vizinhança, facilita em altíssimo grau a compreensão recíproca, por conseguinte, a instituição de todas as relações sociais. Em si, porém, não significa ainda uma constituição de comunidade, mas apenas a facilitação do intercâmbio no seio dos grupos referidos, como tal, da origem de relações de sociedade. Antes de mais, entre os *indivíduos*, e *não* na sua propriedade de participantes do mesmo idioma, mas como interessados de toda a espécie: a orientação pelas regras da linguagem comum constitui primariamente, pois, apenas um meio de entendimento, e não o conteúdo significativo de relações sociais. Só a emergência de oposições conscientes perante terceiros é que pode criar, para os partícipes na comunidade linguística, uma situação homogénea, um sentimento de comunidade e processos de socialização, cujo fundamento consciente da sua existência é a língua comum. A participação num «mercado» tem, por seu turno, uma outra índole. Cria uma forma de sociedade entre os parceiros individuais da troca e uma relação social (sobretudo «concorrência») entre os competidores no mercado, que têm de orientar a sua conduta pela sua referência recíproca. Além disso, surge um processo de socialização só quando, porventura, alguns partícipes realizam

78 ECONOMIA E SOCIEDADE

acordos tendo como fim a luta bem-sucedida dos preços, ou quando todos concordam com vista ao fim da regulamentação e da segurança do comércio. (O mercado, e a economia comercial nele fundada, é, de resto, o tipo mais importante da influenciação recíproca da ação pela pura e simples situação de interesses, tal como ela é característica da economia moderna.)

§ 10. Relação social aberta e fechada

Uma relação social (seja ela uma constituição de comunidade ou de sociedade) dir-se-á «aberta» ao exterior quando a participação na ação social recíproca orientada pelo conteúdo significativo que a constitui não é recusada, segundo os seus ordenamentos vigentes, a ninguém que efetivamente esteja em situação de nela tomar parte e tal pretenda. Pelo contrário, dir-se-á «fechada» ao exterior quando o seu conteúdo significativo ou os seus ordenamentos vigentes excluem ou limitam a participação, ou a submetem a condições. A abertura e a oclusão podem ser condicionadas de modo tradicional, afetivo, axiológico ou teleológico-racional. O fechamento racional é condicionado sobretudo pelo seguinte estado de coisas: uma relação social pode proporcionar aos partícipes oportunidades (*Chancen*) de satisfação de interesses internos ou externos, seja quanto ao fim ou resultado, seja através da ação solidária ou mediante compensação de interesses. Quando os participantes esperam da expansão da relação uma melhoria das suas oportunidades próprias em quantidade, espécie, garantia ou valor, estão interessados na abertura; se, pelo contrário, a esperam da sua monopolização, interessa-lhes o fechamento *ao exterior.*

Uma relação social fechada pode garantir aos seus participantes a fruição de oportunidades monopolizadas *a) livremente,* ou *b) reguladas* ou racionadas quanto ao modo e à espécie, ou *c)* por meio de uma apropriação por indivíduos ou grupos permanente e relativa ou plenamente inalienável (fechamento para *dentro*). As oportunidades apropriadas chamar-se-ão «direitos». A apropriação, quanto ao ordenamento, pode corresponder *1)* aos partícipes de determinadas comunidades e sociedades — por exemplo, comunidades domésticas —,

CONCEITOS SOCIOLÓGICOS FUNDAMENTAIS

ou *2)* a indivíduos e, neste caso, *a)* de um modo puramente pessoal, ou *b)* de modo que, em caso de morte, se apropriem dessas oportunidades um ou vários indivíduos unidos ao que até então fora o seu titular por meio de uma relação social ou por nascimento (parentesco), ou os outros que por ele foram designados (apropriação hereditária). Por último, pode acontecer *3)* que o titular esteja habilitado a, com maior ou menor liberdade, ceder, mediante um pacto, as oportunidades a outros *a)* determinados ou, por fim, *b)* discricionários (apropriação alienável). O participante numa relação fechada chamar-se-á *companheiro*, ou *membro* (*Genosse*), mas, no caso da regulamentação da participação, dado que esta lhe assegura oportunidades, denominar-se-á *companheiro legal*, ou *sócio*. As oportunidades hereditariamente apropriadas por um indivíduo ou por comunidades ou sociedades hereditárias *chamar-se-ão propriedade* (dos indivíduos ou das referidas comunidades ou sociedades) e propriedade livre, no caso de ser alienável.

A «penosa» definição destes factos, aparentemente inútil, é um exemplo de que o «autoevidente» (porque intuitivamente vivido) é o que menos costuma ser «pensado».

1. *a)* Fechadas em virtude da tradição costumam ser, por exemplo, as comunidades em que a participação se funda em relações familiares.

b) Fechadas no plano afetivo costumam ser as relações pessoais baseadas no sentimento (por exemplo, erótico ou, muitas vezes, de piedade).

c) Axiológico-racionalmente fechadas (de um modo relativo) costumam ser as estritas comunidades de fé.

d) Tipicamente fechadas do ponto de vista teleológico-racional são as associações económicas de carácter monopolista ou plutocrático.

Alguns exemplos coligidos ao acaso: a abertura ou oclusão de uma reunião coloquial concreta depende do seu conteúdo de sentido (conversa, em contraste com uma comunicação íntima ou de negócios); a relação de mercado costuma ser primariamente, pelo menos muitas vezes, aberta. Em inúmeras formações de comunidades e sociedades, observamos uma oscilação entre expansão e fechamento. Assim, por exemplo, nas guildas, nas cidades democráticas da Antiguidade e da Idade Média, os seus membros aspiravam, por vezes, ao maior crescimento possível, no interesse da garantia das suas oportunidades pelo mercado e, noutras alturas, à limitação

80 ECONOMIA E SOCIEDADE

do número de membros, no interesse do valor do seu monopólio. Também não é raro encontrar este fenómeno em comunidades monacais e em seitas que transitaram da propaganda religiosa para o isolamento no interesse da manutenção de um elevado padrão ético, ou também por razões materiais; o alargamento do mercado, em prol do interesse de um aumento das transações, ou a sua limitação monopolista encontram-se igualmente lado a lado; a propagação de um idioma uniforme, consequência normal dos interesses de editores e escritores, encontra-se hoje em oposição às antigas línguas secretas, estas não raro fechadas no interior de uma classe.

2. O grau e os meios de regulação e de isolamento do exterior podem ser muito diversos, de modo que a transição da abertura para a regulamentação e o fechamento é fluida: provas de admissão e noviciados, ou aquisição da posição, condicionalmente alienável, de membro, *ballotage* para cada admissão, pertença ou admissão por nascimento (herança) ou em virtude de participação livre em determinados serviços; ou — no caso de apropriação e isolamento para dentro — graças à aquisição de um direito apropriado, encontrando-se as mais diversas gradações nas condições de participação. «Regulamentação» e «oclusão» para fora são, pois, conceitos relativos. Entre um clube elegante, uma representação teatral acessível a todos mediante um bilhete, e uma assembleia partidária interessada em ganhar militantes, ou entre um culto religioso de livre acesso e os de uma seita, ou os mistérios de uma sociedade secreta, há todas as transições pensáveis.

3. O fechamento para dentro — entre os próprios partícipes e na sua relação recíproca — pode também tomar a forma mais diversa. Por exemplo, uma casta fechada, uma guilda ou, porventura, uma sociedade financeira podem permitir aos seus membros a livre concorrência entre si em torno de todas as oportunidades monopolizadas, ou podem limitar estritamente cada membro à apropriação de determinadas oportunidades, por exemplo, clientelas ou objetos mercantis, ou por toda a vida, ou, ainda (sobretudo na Índia), de modo hereditário e alienável; uma associação de marca, fechada para o exterior, pode garantir a um membro seu ou a livre utilização ou um contingente rigorosamente conexo com a unidade familiar, e uma associação de colonos, fechada ao exterior, pode conceder e garantir a livre utilização do solo ou determinadas jeiras de apropriação permanente — tudo isto com todas as transições e graus intermédios concebíveis. Historicamente, por exemplo, a oclusão da elegibilidade para feudos, benefícios e cargos, e a sua apropriação pelos detentores assumiram formas extremamente diversas; de igual modo, a elegibilidade e a ocupação dos postos de trabalho — para o que *poderia* (mas não *deve*) ser o primeiro passo no desenvolvimento dos

CONCEITOS SOCIOLÓGICOS FUNDAMENTAIS 81

«conselhos de trabalhadores» — pode aumentar desde o *closed shop* até ao direito a um lugar singular (estádio prévio: proibição de despedimento sem aprovação dos representantes do operariado). Todos os pormenores cabem dentro da análise singular concreta. O grau mais elevado de apropriação permanente existe naquelas oportunidades que estão de tal modo garantidas ao indivíduo (ou a determinadas associações de indivíduos, por exemplo, comunidades domésticas, clãs, famílias) que *1)* em caso de morte, a sua transição para outras mãos está regulada e assegurada por ordenamentos; *2)* o detentor das oportunidades pode transmiti-las livremente a quaisquer terceiros, que se tornam assim partícipes da relação social: esta, no caso de semelhante apropriação plena para *dentro*, é ao mesmo tempo uma relação relativamente *aberta* para *fora* (ao passo que a aquisição do carácter de membro não depende do assentimento dos outros sócios).

4. O *motivo* do fechamento pode ser *a)* a manutenção da qualidade e, por isso (possivelmente), do prestígio e das oportunidades inerentes de honra e (talvez) do ganho. Exemplos: comunidades de ascetas, de monges (sobretudo, por exemplo, na Índia, de monges mendicantes), congregações de seitas (puritanos!), sociedades de guerreiros, associações de funcionários, associações de cidadãos de carácter político (por exemplo, na Antiguidade), uniões de trabalhadores; *b)* escassez das oportunidades relativamente à necessidade (do consumo) («espaço vital alimentar»): monopólio de consumo (arquétipo: a comunidade da marca); *c)* escassez das oportunidades lucrativas («âmbito do lucro»): monopólio lucrativo (arquétipo: as uniões de guildas ou as antigas comunidades de pescadores, etc.). Na maior parte dos casos, o motivo *a)* encontra-se combinado com o *b)* ou o *c)*.

§ 11. Relação social e imputação

Uma relação social pode ter para os seus partícipes, de acordo com o seu ordenamento tradicional ou estatuído, as seguintes consequências: *a)* que determinado tipo de ação de cada um dos participantes na relação seja imputado a *todos* eles («sócios solidários»); ou *b)* que a ação de determinados participantes («representantes») seja *imputada* aos outros («representados»), que, portanto, tanto as oportunidades como as consequências, para o bem ou para o mal, recaiam sobre eles. O poder representativo (pleno poder) pode, segundo os ordenamentos vigentes, *1)* ser apropriado em todos os graus e qualidades (pleno poder por direito próprio); ou *2)* ser atribuído segundo características várias, de um modo permanente ou temporal; ou *3)* ser transferido, temporária ou permanentemente, por atos determinados dos participantes ou de terceiros (pleno poder estatuído). Quanto às condições nas quais as relações sociais (comunidades ou sociedades) se tratam como relações de solidariedade ou de representação, só pode, em geral, dizer-se que nisso é, antes de mais, decisivo o grau em que a sua ação visa como fim *a)* a luta violenta, ou *b)* a troca pacífica; e que, quanto ao mais, inúmeras circunstâncias particulares a estabelecer só eram e são relevantes na análise singular. Naturalmente, esta consequência costuma ocorrer menos nas relações sociais que perseguem bens puramente *ideais* com meios pacíficos. Paralelo ao grau de fechamento para fora, corre muitas vezes, embora não sempre, o fenómeno da solidariedade ou o poder de representação.

1. A «imputação» pode significar na prática *a)* solidariedade ativa e passiva: da ação de um dos participantes são todos tão responsáveis como ele próprio; por outro lado, pela sua ação, estão todos legitimados como ele para a fruição das oportunidades assim garantidas. A responsabilidade pode existir perante espíritos ou deuses, portanto, estar religiosamente orientada; ou perante os homens (em prol deles ou contra eles) e, neste caso, convencionalmente (vingança de sangue contra e por meio de membros de um clã, represálias contra cidadãos e compatriotas), ou juridicamente (penas contra parentes, membros da comunidade doméstica, ou da comunidade local; corresponsabilização pessoal por dívidas dos membros da comunidade doméstica e de uma sociedade mercantil, de uns para com os outros e em favor recíproco). Também a solidariedade perante os deuses teve historicamente consequências muito importantes (para as comunidades dos antigos israelitas, dos cristãos primitivos e dos velhos puritanos). *b)* Por outro lado, a imputação pode também significar (no seu grau mínimo!) que, para os participantes numa relação fechada, vale *legalmente* como sua própria, de harmonia com o ordenamento tradicional ou estatuído, uma disposição sobre oportunidades de qualquer espécie (especialmente económicas) tomada por um representante («validade» das disposições da «presidência» de uma «união» ou do representante de uma associação política ou económica sobre bens materiais, os quais, segundo o ordenamento, devem servir os «fins da associação»).

CONCEITOS SOCIOLÓGICOS FUNDAMENTAIS

2. A «solidariedade» existe tipicamente *a)* nas tradicionais comunidades de nascimento ou de vida (tipo: casa e clã), *b)* nas relações fechadas que mantêm, pela sua força própria, o monopólio de determinadas oportunidades (tipo: associações políticas, especialmente no passado; mas, no âmbito mais vasto, sobretudo na guerra, e isso ainda na atualidade), *c)* em associações lucrativas com a atividade pessoalmente exercida pelos participantes (tipo: sociedade comercial aberta), *d)* em determinadas circunstâncias, nas sociedades de trabalhadores (tipo: o *artel* russo).

— A situação de «representação» existe tipicamente nas uniões com vista a um propósito e nas associações estatuídas, sobretudo quando se reuniu e administra um «património ligado a um fim» (a este respeito, mais tarde, na sociologia do direito).

3. Existe uma atribuição do poder representativo segundo «características» quando, por exemplo, este se confere segundo a sequência da idade ou de acordo com estados de coisas semelhantes.

4. As particularidades deste estado de coisas não se podem formular de modo geral, mas só no interior de uma análise sociológica particular. O facto mais antigo e mais geral é aqui a represália, quer como vingança, quer como penhor.

§ 12. Associação e ação associativa

Por *associação* (*Verband*) entender-se-á uma relação social regulativamente limitada para fora ou fechada, quando a manutenção do seu ordenamento é garantida pelo comportamento de determinados homens destinado, em especial, à sua execução: um *dirigente* e, porventura, um elemento de pessoal administrativo que, se for necessário, tem, normalmente, ao mesmo tempo, o poder representativo. O exercício da direção ou de uma participação na ação do pessoal administrativo — os «poderes do governo» — pode ser *a)* apropriado, ou *b)* atribuído pelos ordenamentos vigentes da associação, de um modo permanente ou temporário, ou, para casos específicos, a pessoas determinadas, ou a escolher segundo características definidas, ou em formas determinadas. Denominar-se-á «ação associativa» *a)* a ação legítima do pessoal administrativo referida à execução do ordenamento por força dos poderes de governo ou de representação; *b)* a ação [associativa (ver n.º 3, *infra*)] dos participantes na associação por ele *dirigida* por meio de instruções.

1. É, antes de mais, indiferente para o conceito se se trata de comunalização ou de socialização. Basta a presença de um «dirigente» — chefe de família, presidência da união, gerente comercial, príncipe, presidente do Estado, chefe da Igreja — cuja ação se dirija à execução do ordenamento da associação, porque esta índole específica da *ação*, não meramente orientada pelo ordenamento, mas dirigida à sua *imposição*, acrescenta sociologicamente à «relação social» fechada uma nova característica importante. Com efeito, nem toda a constituição de uma comunidade ou sociedade fechada é uma «associação»: por exemplo, não o é uma relação erótica ou uma comunidade de clã sem chefe.

2. A «existência» da associação depende inteiramente da «presença» de um dirigente e, talvez, de pessoal administrativo. Ou seja, em termos mais exatos, da existência da *oportunidade* de ter lugar uma *ação* de pessoas especificáveis; de, portanto, haver pessoas «recrutadas» para, se for necessário, agir nesse sentido. É, antes de mais, *conceptualmente* indiferente qual a base deste recrutamento: se a dedicação tradicional, afetiva ou axiológico-racional (dever feudal, de cargo ou de serviço), se *interesses* teleológico-racionais (interesse salarial, etc.). Do ponto de vista sociológico, e para a nossa terminologia, a associação não consiste em algo de diverso da probabilidade do decurso da ação orientada daquele modo. Se faltar a oportunidade de ação de um *quadro* especificável de pessoas (ou de uma dada pessoa), existe, para a nossa terminologia, apenas uma «relação social», mas nenhuma «associação». Porém, enquanto existir a oportunidade daquela ação, «existe» também, do ponto de vista sociológico, a associação, *não obstante a mudança das pessoas* que orientam a sua ação pelo ordenamento em questão. (O tipo da definição propõe-se incluir de imediato *este* facto.)

3. *a)* Além da ação do próprio pessoal administrativo ou sob a sua direção, pode também decorrer tipicamente uma específica ação dos demais participantes orientada pelo ordenamento da associação, e cujo sentido é a garantia da execução do ordenamento (por exemplo, tributos ou prestações pessoais litúrgicas de toda a espécie: serviço de jurados, serviço militar, etc.). — *b)* A ordem vigente pode também conter normas pelas quais se deve orientar *noutras* coisas a ação dos membros da associação (por exemplo, na união estatal, a ação de economia privada, que não está ao serviço da

CONCEITOS SOCIOLÓGICOS FUNDAMENTAIS

imposição da vigência do ordenamento associativo, mas dos interesses individuais): deve regular-se pelo direito «civil». Aos casos em *a)* pode chamar-se «ação referida à associação»; aos casos de *b)*, «ação regulada pela associação». Somente a ação do próprio pessoal administrativo e, além disso, toda a ação referida à associação e por ele plenamente planificada se deverá chamar «ação da associação». Uma «ação da associação» seria, por exemplo, para todos os participantes, uma guerra que um Estado «trave», ou uma «contribuição» decidida pela presidência da união, um «contrato» que o dirigente celebra e cuja «validade» é imposta e atribuída aos membros da associação (§ 11); além disso, o decurso de toda a «atividade judicial» e «administração». (Ver também § 14.)

Uma associação pode ser: *a)* autónoma ou heterónoma; *b)* autocéfala ou heterocéfala. Autonomia, ao contrário de heteronomia, significa que o ordenamento da associação não é estatuído por alguém que está de fora, mas pelos seus próprios membros e em virtude desta sua qualidade (seja qual for a forma em que, de resto, ela tenha lugar). Autocefalia significa que o dirigente e o corpo administrativo da associação são nomeados segundo os ordenamentos próprios da associação e não, como na heterocefalia, por elementos estranhos (seja qual for, aliás, o modo de semelhante nomeação).

Há heterocefalia, por exemplo, na nomeação dos governadores das províncias canadianas (pelo governo central do Canadá). Uma associação heterocéfala também pode ser autónoma, e uma autocéfala, heterónoma. Uma associação pode, sob ambos os aspetos, ser, em parte, uma coisa e, em parte, outra. Os Estados autocéfalos membros do Império Alemão, não obstante a autocefalia, eram heterónomos no seio da competência do *Reich*, e autónomos no interior da sua competência própria (em questões eclesiásticas e escolares, por exemplo). A Alsácia-Lorena, dentro da Alemanha [antes de 1918], era autónoma dentro de certos limites e, no entanto, heterocéfala (o imperador nomeava o governador). Todos estes estados de coisas podem igualmente apresentar-se de modo parcial. Uma associação plenamente heterónoma e heterocéfala (como, por exemplo, um «regimento» dentro de uma associação militar) caracteriza-se, regra geral, como «parte» de uma associação mais ampla. Se assim acontece, depende do *grau* efetivo de autonomia na orientação da ação no caso singular e é, terminologicamente, uma questão de pura conveniência.

§ 13. Génese dos ordenamentos associativos

Os ordenamentos estatuídos da constituição de uma sociedade podem surgir *a)* por pacto livre, ou *b)* por imposição e obediência. Um poder governamental numa associação pode pretender o poder legítimo para a imposição de novos ordenamentos. Chamar-se-á *constituição* de uma associação a probabilidade (*Chance*) *efetiva* da submissão diante do poder *impositivo* do governo existente, segundo o grau, o modo e os pressupostos. Entre estes pressupostos podem contar-se, segundo a ordem vigente, sobretudo a audição ou assentimento de determinados grupos ou frações dos membros da associação, além, naturalmente, de outras e muito diversas condições.

Os ordenamentos de uma associação podem ser impostos, não só aos sócios, mas também aos que não são membros, e nos quais existam determinados *estados de coisas*. Semelhante estado de coisas pode consistir especialmente numa relação territorial (presença, nascimento, empreendimento de certas ações dentro de um território): «validez territorial». Uma associação cujos ordenamentos impõem fundamentalmente validade territorial chamar-se-á associação territorial, sendo indiferente que o seu ordenamento *só* pretenda ter validade regional também para dentro, perante os membros da associação (o que é possível e, pelo menos, acontece em extensão limitada).

1. Imposto, no sentido desta terminologia, é *todo* o ordenamento que não ocorra mediante um acordo livre e pessoal de todos os participantes. Por conseguinte, também a «decisão maioritária», a que a minoria se submete. A legitimidade da decisão maioritária foi, pois, muitas vezes desconhecida ou problemática em vastas épocas (ainda nas ordens da Idade Média, e até à atualidade na *obshchina* (comuna) russa).

2. Com muita frequência, também os acordos formalmente «livres» são, como em geral se sabe, impostos (por exemplo, na *obshchina*). É então relevante para a sociologia apenas o estado de coisas *efetivo*.

3. O conceito de «constituição» aqui utilizado é o mesmo usado por Lassalle. Não se identifica com a constituição «escrita» ou, em geral, com a constituição no sentido jurídico. O problema sociológico é apenas este: quando, para que objetos, *dentro de que limites* e — porventura — sob

CONCEITOS SOCIOLÓGICOS FUNDAMENTAIS 87

que pressupostos particulares (por exemplo, consentimento dos deuses ou sacerdotes, ou aprovação de corpos eleitorais, etc.) se *submetem* ao dirigente os membros da associação e tem ele à sua disposição o pessoal administrativo e a ação da associação, quando «dá ordens» e sobretudo impõe ordenamentos.

4. O tipo principal da «validade territorial» imposta é representado por normas penais e muitos outros «preceitos jurídicos» nos quais a presença, o nascimento, o lugar do ato, o local de cumprimento, etc., dentro do território da associação são pressupostos da aplicação do ordenamento, nas associações políticas. (Ver o conceito de «corporação territorial» de Gierke — Preuss.)

§ 14. Ordem administrativa

Um ordenamento que regula a ação da associação chamar-se-á *ordem administrativa*. *Ordem reguladora* denominar-se-á aquela que regula outras ações sociais e *garante*, por meio desta regulação, as oportunidades facultadas aos agentes. Na situação em que uma associação se orienta simplesmente por ordenamentos da primeira espécie, chamar-se-á uma associação administrativa, e quando se orienta apenas pelos ordenamentos da última, chamar-se-á uma associação de carácter regulativo.

1. É evidente que todas as associações, na sua maioria, são tanto uma coisa como a outra; uma associação *simplesmente* reguladora seria, porventura, um puro «Estado de direito» teoricamente pensável do absoluto *laissez-faire* (o que pressuporia decerto também o abandono da regulamentação do sistema monetário à pura economia privada).

2. Sobre o conceito de «ação de associação», ver § 12, n.º 3. No conceito de «ordem administrativa» incluem-se todas as regras que pretendem valer tanto para a conduta do pessoal administrativo como para a dos membros «perante a associação» ou, como se costuma dizer, para todos aqueles fins cuja obtenção procuram assegurar os ordenamentos da associação mediante uma ação planificada, e positivamente por eles prescrita, do seu quadro administrativo e dos seus membros. Numa organização económica de absoluto carácter comunista, toda a ação social seria aproximadamente deste tipo; num absoluto Estado de direito, por outro lado, apenas o seria

88 ECONOMIA E SOCIEDADE

a atuação dos juízes, das polícias, dos jurados, dos soldados e a atividade como legislador e eleitor. Geralmente — mas nem sempre particularmente — a fronteira da ordem administrativa e reguladora coincide com a separação, numa associação política, entre direito «público» e «privado».

§ 15. Empresa, união e instituição

Chamar-se-á *empresa* (*Betrieb*) a um tipo determinado de ação contínua orientada para fins; e *associação de empresa* (*Betriebsverband*) a constituição de uma sociedade com pessoal administrativo continuamente ativo com vista a um fim. Chamar-se-á *união* (*Verein*) a uma associação concertada cujos ordenamentos estatuídos pretendem validade unicamente para os participantes em virtude de acesso pessoal. Denominar-se-á *instituição* (*Anstalt*) uma associação cujos ordenamentos estatuídos, dentro de um domínio especificável, são impostos de modo (relativamente) eficaz a toda a ação segundo determinadas características dadas.

1. No conceito de «empresa» inclui-se, naturalmente, também a realização de atividades políticas e eclesiásticas, operações de uma união, etc., sempre que diga respeito à característica da continuidade com vista a um fim.

2. «União» e «instituição» são ambas associações com ordenamentos estatuídos racionalmente (segundo um plano). Ou, mais exatamente, uma associação que tem ordenamentos racionalmente estatuídos chamar-se-á união ou instituição. Uma «instituição» é, antes de tudo, o Estado, juntamente com todas as suas associações heterocéfalas e — sempre que os seus ordenamentos são racionalmente estatuídos — a Igreja. As ordenações de uma «instituição» têm a pretensão de valer para todo aquele a que se *aplicam* determinadas características (nascimento, presidência, utilização de determinadas organizações), e é indiferente se o implicado entrou ou não pessoalmente — como na união —, ou se colaborou nos estatutos. São, pois, em sentido plenamente específico, ordenações *impostas*. A instituição pode ser especialmente uma associação *territorial*.

3. A oposição entre união e instituição é *relativa*. As ordenações de uma união podem afetar os interesses de terceiros e, em seguida, impor-lhes o reconhecimento da validade destas ordenações tanto por usurpação e força

CONCEITOS SOCIOLÓGICOS FUNDAMENTAIS 89

própria da união, como mediante ordenações legalmente estatuídas (por exemplo, direito das sociedades anónimas).

4. Dificilmente será necessário acentuar que «união» e «instituição» não repartem entre si a *totalidade* das associações concebíveis. Além disso, são apenas oposições «polares» (assim, no domínio religioso, «seita» e «Igreja»).

§ 16. Conceitos de poder, dominação e disciplina

Poder significa toda a oportunidade (*Chance*) de, dentro de uma relação social, impor a vontade própria mesmo contra a resistência, seja qual for o fundamento dessa oportunidade. *Dominação* denominar-se-á a oportunidade de encontrar obediência a uma ordem de determinado conteúdo em dadas pessoas; *disciplina* chamar-se-á a probabilidade (*Chance*) de, numa multidão dada de homens, encontrar uma obediência pronta, automática e esquemática a uma ordem, em virtude de uma atitude adestrada.

1. O conceito de «poder» é sociologicamente amorfo. Todas as qualidades imagináveis de um homem e todas as constelações concebíveis podem colocar alguém na posição de impor a sua vontade numa dada situação. O conceito sociológico de «dominação», porém, tem de ser mais preciso e só pode significar a probabilidade de encontrar submissão a uma *ordem*.

2. O conceito de «disciplina» engloba o «treino» da obediência acrítica e sem resistência das *massas*.

A dominação está relacionada com a presença atual de *alguém* que manda eficazmente *noutro*, mas não está ligada incondicionalmente nem à existência de um quadro administrativo, nem à de uma associação; pelo contrário, está decerto relacionada — pelo menos em todos os casos normais — com a de *um* dos dois. Uma associação chamar-se-á associação de dominação quando os seus membros estão sujeitos a relações de dominação em virtude da ordenação vigente.

1. O patriarca domina sem pessoal administrativo. O chefe beduíno que levanta contribuições das caravanas, pessoas e bens que passam pelo

seu povoado rochoso domina graças ao seu séquito que, se for necessário, lhe serve de quadro administrativo com vista à coação, sobre todas aquelas pessoas mutáveis e indeterminadas, não inseridas reciprocamente numa associação logo que e enquanto se encontram enredadas numa situação determinada. (Teoricamente, poder-se-ia pensar uma dominação assim também por parte de um indivíduo, sem nenhum quadro administrativo.)

2. Uma associação em virtude da existência de pessoal administrativo é sempre, em algum grau, *associação de dominação*. Só que o conceito é relativo. A associação de dominação normal é, enquanto tal, também associação administrativa. A peculiaridade da associação é determinada pelo modo como se administra, pelo carácter do círculo de pessoas que exercem a administração, pelos objetos administrados e pelo alcance da validade da dominação. Os dois primeiros factos são substanciados em grau muito elevado pela índole dos fundamentos de *legitimidade* da dominação.

§ 17. Associação política e Estado

Uma associação de dominação chamar-se-á uma associação *política* quando e porquanto a sua existência e a validade das suas ordenações, dentro de um *âmbito* geográfico determinável, forem garantidas de um modo contínuo pela aplicação e ameaça de coação *física* por parte do seu quadro administrativo. Por Estado entender-se-á uma função institucional (*Anstaltsbetrieb*) política, quando o seu quadro administrativo reclama com êxito o *monopólio legítimo* da coação física para a manutenção das ordenações. Uma ação social, e também uma ação associativa, dir-se-á «politicamente orientada» quando intenta influenciar a direção de uma associação política, em especial, a apropriação, expropriação, redistribuição ou atribuição de poderes governamentais [mas de modo não violento].

Por associação *hierocrática* entender-se-á uma associação de dominação, sempre que se aplica, para garantia dos seus ordenamentos, a coação psíquica mediante a distribuição ou a recusa de bens salvíficos (coação hierocrática). Denominar-se-á *Igreja* uma *instituição* hierocrática quando o seu pessoal administrativo reclama legitimamente o monopólio da coação hierocrática.

CONCEITOS SOCIOLÓGICOS FUNDAMENTAIS 91

1. É evidente que, nas associações políticas, a violência não é o único meio administrativo, nem sequer o normal. Pelo contrário, os seus dirigentes servem-se de todos os meios possíveis para a realização dos seus fins. Mas a sua ameaça e eventual utilização é, sem dúvida, o seu *meio* específico e, em toda a parte, a última *ratio*, quando os outros meios fracassam. Não foram só as associações políticas que utilizaram e utilizam a força como meio *legítimo*, mas igualmente o clã, a casa, as corporações e, na Idade Média, em certas circunstâncias, todos os que tinham autorização para porte de arma. *Além* do uso da violência (pelo menos também) para a garantia das «ordenações», a associação política também se caracteriza por reclamar e garantir pela força a dominação do seu quadro administrativo e dos seus ordenamentos para um determinado *território*. Sempre que tal característica se reconheça em quaisquer associações que utilizam a coação física — sejam comunidades aldeãs, ou até comunidades domésticas singulares, ou associações de guildas ou de trabalhadores («conselhos») — devem considerar-se associações políticas.

2. Não é possível definir uma associação política — nem sequer o «Estado» — identificando os *fins* da ação associativa. Desde a solicitude pelos meios de subsistência até à proteção da arte, desde a garantia da segurança pessoal até à administração da justiça, não houve fim algum que ocasionalmente não tenha sido perseguido pelas associações políticas. Por isso, só pode definir-se o carácter «político» de uma associação pelo *meio* — elevado, em certas circunstâncias, ao fim em si — que, sem lhe ser peculiar, é decerto específico e *indispensável* à sua essência: a violência. Isto não corresponde inteiramente ao uso linguístico, mas não pode utilizar--se sem uma maior precisão. Fala-se de «política de divisas» do Banco Nacional, da «política financeira» da gerência de uma união [de empresas], de «política escolar» de uma comuna e alude-se sempre assim ao tratamento planificado e à *gestão* de um determinado negócio concreto. De um modo essencialmente mais característico, separa-se o lado ou o alcance «político» de um assunto, ou os funcionários «políticos», o jornal «político», a revo-lução «política», a união «política», o partido «político», as consequências «políticas», das outras características e aspetos — económicos, culturais, religiosos, etc., das pessoas, coisas e processos em questão — e sugere-se, assim, tudo o que tem que ver com as relações de dominação no interior da associação «política» (segundo a nossa terminologia) do Estado, cuja manutenção, deslocamento ou transformação podem suscitar, impedir ou fomentar, em oposição a pessoas, coisas e processos que nada têm que ver com isso. Por conseguinte, neste uso linguístico, busca-se também o comum

92   ECONOMIA E SOCIEDADE

no *meio*, a «dominação», e sobretudo no modo como esta é exercida pelos poderes estatais, com exclusão do fim a cujo serviço está a dominação. Por isso, pode afirmar-se que a definição, aqui tomada como base, contém apenas uma precisão do uso linguístico, porquanto acentua energicamente o que de facto é específico: a violência (atual ou possível). Sem dúvida, o uso linguístico chama «associações políticas» não só aos portadores da própria força considerada legítima, mas também, por exemplo, aos partidos e clubes que intentam (expressamente sem violência) influenciar a ação política da associação. Queremos separar esta espécie de ação social enquanto «politicamente orientada» da genuína ação «política» (da ação *associativa* das próprias associações políticas, na aceção de § 12, n.º 3).

3. É conveniente definir o conceito de *Estado* em correspondência com o seu tipo moderno, já que ele é inteiramente moderno no seu pleno desenvolvimento — mas, mais uma vez, abstraindo dos seus fins variáveis nele contidos, tais como os que agora vivemos. O que caracteriza formalmente o Estado hodierno é uma ordem administrativa e jurídica que pode modificar-se mediante estatutos, pela qual se orienta a utilidade da ação associativa do quadro administrativo (igualmente regido por estatutos) e que reclama validade não só perante os membros da associação — nela integrados essencialmente por nascimento — mas, num âmbito vasto, em relação a toda a ação ocorrida no território dominado (portanto, de harmonia com a instituição territorial). Além disso, é característico que hoje só exista violência «legítima» no sentido em que a ordenação estatal a permita ou prescreva (por exemplo, concede ao pai de família o «direito de correção», um resquício do que outrora fora o poder do senhor da casa, que chegava a dispor da morte e da vida do filho ou dos escravos). Este carácter monopolista da dominação violenta do Estado é uma característica tão essencial da sua situação atual como o seu carácter de «instituição» racional e de «empresa» contínua.

4. Para o conceito de associação hierocrática não pode constituir nenhuma característica decisiva o *tipo* de bens salvíficos propostos — deste mundo ou do outro, externos ou internos —, mas o facto de que a sua administração é o fundamento da *dominação* espiritual sobre os homens. Em contrapartida, é específico do conceito de «Igreja», segundo o uso linguístico corrente (e adequado), o seu carácter de instituição e de empresa (relativamente) racional, o que se exterioriza no modo de ordenações e do seu pessoal administrativo, assim como a dominação monopolística que reivindica. À *tendência* normal da instituição eclesiástica corresponde a sua dominação territorial hierocrática e a sua articulação territorial (paroquial),

CONCEITOS SOCIOLÓGICOS FUNDAMENTAIS

embora, segundo os casos concretos, se tenha de responder de modo diverso à questão de quais os meios que dão força a semelhante pretensão monopolista. Na realidade, o monopólio de dominação *territorial* nunca foi tão essencial para as igrejas como para a associação política, e hoje de nenhum modo o é. O carácter «institucional», sobretudo a condição de se «nascer» na Igreja, separa-a da «seita», cuja característica é ser «união» que só acolhe em si de um modo pessoal os religiosamente qualificados.

CAPÍTULO 2

Categorias sociológicas básicas da ação económica

Observação preliminar

O objetivo das considerações que se seguem não consiste em elaborar uma «teoria económica», mas sim em definir alguns conceitos que serão utilizados frequentemente e em identificar algumas relações sociológicas muito simples no âmbito da economia. A forma de definir os conceitos é determinada aqui, tal como no capítulo anterior, única e exclusivamente por motivos práticos. Permite evitar terminologicamente o conceito bastante controverso de «valor». Quanto à terminologia de Karl Bücher, só foram introduzidas algumas alterações em passagens relevantes (sobre a divisão do trabalho) que se afiguraram desejáveis para os fins aqui pretendidos. Por enquanto, a questão da «dinâmica» não será mencionada.

§ 1. Conceito de ação económica

Uma ação será designada como «economicamente *orientada*» na medida em que a sua intenção consista na satisfação de um desejo de utilidades. «Ação económica» designará um exercício *pacífico* do poder de disposição, referindo-se, *primariamente*, a uma «ação económica racional», uma ação dirigida para um propósito, logo, *planeada*, orientada para fins económicos. Por «economia» entende-se uma ação económica autocéfala; «a prossecução de atividade económica» (*Wirtschaftsbetrieb*) consiste numa atividade económica ordenada *continuamente* em termos operacionais.

98 ECONOMIA E SOCIEDADE

1. Já foi sublinhado anteriormente (Capítulo 1, § 1, Secção II, n.º 2) que, em si, uma ação económica não é necessariamente uma ação social.

A definição de ação económica deve ser tão geral quanto possível e deve exprimir que todos os processos e objetos «económicos» são caracterizados como tais completamente pelo *sentido* que a ação humana lhe atribui — como fim, meio, obstáculo ou subproduto. Porém, não se deve dizer, como por vezes acontece, que a ação económica é um fenómeno «psíquico». A produção de bens, o preço ou a própria «valorização subjetiva» dos bens — tratando-se de processos *reais* — são mais do que «psíquicos». Esta expressão, embora equívoca, sugere algo correto: eles possuem um *sentido* intentado especial e apenas este constitui a unidade dos processos em causa, tornando-os compreensíveis. Além disso, a definição de «ação económica» deve ser concebida de modo a abranger a economia aquisitiva moderna; logo, não se pode *basear em* «necessidades de consumo» e na «satisfação» das mesmas. Em vez disso, a definição deverá basear-se em dois factos: primeiro (aplicável também ao puro esforço de ganhar dinheiro), que as utilidades são *desejadas* e, segundo (aplicável também à pura economia de subsistência, a forma económica mais primitiva), que se procurará assegurar a *satisfação* deste desejo (por mais primitiva e tradicional que seja a forma de o fazer).

2. A «ação economicamente orientada», ao contrário da «ação económica», designará qualquer ação que *a)* esteja orientada primariamente para outros fins, mas que, no seu decurso, tome em consideração a «situação económica» (a necessidade reconhecida subjetivamente de provisão económica), ou *b)* esteja orientada primariamente desta forma, mas utilize diretamente a *violência* como meio. Portanto, inclui qualquer ação que não tem uma orientação primariamente económica, nem é pacífica, mas é influenciada pela mesma circunstância económica. Por conseguinte, uma «ação económica» é definida como uma orientação *subjetiva* e *primariamente* económica. (Subjetiva, uma vez que o que importa é acreditar na necessidade da provisão, e não na necessidade objetiva da mesma.) Robert Liefmann enfatiza acertadamente a natureza «subjetiva» do conceito, isto é, o *sentido intentado* da ação que a transforma numa ação económica. Contudo, na minha opinião, ele não tem razão ao sugerir que todos os outros pensam o contrário.

3. Toda a ação pode ser economicamente *orientada*, mesmo as ações violentas (por exemplo, bélicas, como guerras de pilhagem ou guerras comerciais). Franz Oppenheimer opôs muito acertadamente o meio «económico» ao meio «político». Com efeito, é apropriado distinguir este último

CATEGORIAS SOCIOLÓGICAS BÁSICAS DA AÇÃO ECONÓMICA 99

da «economia». A pragmática da violência opõe-se fortemente ao espírito da economia no sentido habitual do termo. Por isso, *nem a apropriação violenta e direta de bens alheios, nem a imposição violenta real e imediata de comportamentos aos outros devem ser consideradas ações económicas.* É óbvio que a *troca* não corresponde a isto. É apenas *um dos* vários meios económicos, embora seja um dos mais importantes. E também é óbvio que a *provisão* economicamente orientada e formalmente pacífica dos meios e sucessos de atos de violência intencional (armamento, economia de guerra) é considerada «economia», tal como qualquer outra ação deste tipo. Toda a «política» racional recorre a uma orientação económica e qualquer política pode estar ao serviço de fins económicos. Embora, teoricamente, nem todas as economias necessitem da coação jurídica do *Estado*, as condições particulares da nossa economia moderna requerem esta garantia no que diz respeito ao poder de disposição que o Estado proporciona. Portanto, a ameaça de uma eventual violência assegura a manutenção e a execução da garantia de poderes de disposição «legítimos» do ponto de vista formal. Porém, uma economia protegida deste modo *não constitui*, em si, uma instância de uso da força. Nada revela melhor o equívoco existente na afirmação de que a economia (qualquer que seja a sua definição) não passa conceptualmente de um meio — *ao contrário*, por exemplo, do «Estado» — do que o facto de ser precisamente *apenas* o Estado a poder definir-se através da indicação do meio que este utiliza hoje em regime de monopólio (a violência). Se a economia significa algo, então, na prática, é a escolha cuidadosa dos *fins*, embora se *oriente* pela escassez dos meios que parecem estar disponíveis ou acessíveis para estes diversos fins.

4. Nem todas as ações racionais, no que diz respeito aos seus meios, devem ser designadas como «ações económicas racionais» ou sequer simplesmente como «ações económicas». As expressões «economia» e «técnica», em especial, não devem ser usadas como se fossem idênticas. A «técnica» de uma ação significa para nós o epítome dos *meios* empregados naquela ação, ao contrário do sentido ou do fim pelo qual, em última análise, se orienta (*in concreto*); técnica «racional» significa a utilização de meios que se orienta, de forma consciente e planeada, pela experiência e pela reflexão — e, ao nível supremo de racionalidade, pelo pensamento científico. Deste modo, o que se entende concretamente por «técnica» é fluido: o sentido último de uma ação *concreta*, num contexto *geral*, pode ser de natureza «técnica», isto é, um meio no sentido de um contexto mais abrangente. No entanto, para a ação *concreta*, este desempenho técnico

(visto a partir daquele) constitui o «sentido» e os meios que utiliza para tal, a sua «técnica». Neste sentido, todo o tipo de ação possui uma técnica: técnica da oração, técnica da ascese, técnica do pensamento e da pesquisa, mnemotécnica, técnica da educação, técnica da dominação política ou hierocrática, técnica administrativa, técnica erótica, técnica da guerra, técnica musical (de um virtuoso, por exemplo), técnica de um escultor ou pintor, técnica jurídica, etc., e todas elas são capazes dos mais variados graus de racionalidade. A existência de uma *«questão* técnica» implica sempre a existência de dúvidas no que diz respeito aos *meios* mais racionais. O critério de racionalidade para a técnica é, entre outros, *também* o famoso princípio do «mínimo esforço»: o resultado ótimo em *comparação* com os meios a serem utilizados (não «com os meios absolutamente mínimos»). Este princípio aparentemente igual aplica-se, naturalmente, também à economia (assim como a qualquer ação racional), ainda que num *sentido* diferente. Enquanto a técnica, tal como entendemos a palavra, continuar a ser pura «técnica», procurará apenas meios mais apropriados para alcançar *este* resultado, um resultado que é dado como algo que deve ser alcançado e que é indiscutível. Comparativamente, esses meios têm de ser os mais económicos quanto ao *esforço* exigido para alcançar *este* resultado, garantindo a *mesma* perfeição, segurança e durabilidade. Por «comparativamente» entende-se aqui que existe um grau diretamente *comparável* de esforço associado à escolha de vários caminhos. Enquanto a técnica continuar a ser *pura* técnica, ignorará outras necessidades. Por exemplo, ela decidiria se um componente de uma máquina, indispensável do ponto de vista técnico, deve ser fabricado em ferro ou em platina — *desde que* houvesse *realmente* a quantidade necessária para a última atingir *este* resultado concreto — tendo *apenas* em conta a forma como se consegue chegar ao resultado da maneira mais perfeita e qual dos dois caminhos implicaria os menores esforços *comparáveis* (por exemplo, o trabalho) necessários para tal. No entanto, no momento em que ela reflita também a diferença entre o ferro e a platina do ponto de vista da *raridade* em relação à necessidade global — como hoje em dia qualquer «técnico» está habituado a fazer, mesmo num laboratório de química —, deixa de se orientar por critérios «puramente técnicos» (no sentido em que a palavra é aqui utilizada), adotando também critérios *económicos*. Do ponto de vista da «ação económica», as questões «técnicas» significam que os *custos* são discutidos. Trata-se de uma questão que é sempre de importância fundamental para a economia, mas que surge sempre no *seu* círculo de problemas sob a seguinte forma: como serão satisfeitas *outras* necessidades (quer se trate de necessidades atuais diferentes do

CATEGORIAS SOCIOLÓGICAS BÁSICAS DA AÇÃO ECONÓMICA 101

ponto de vista qualitativo, quer de necessidades futuras semelhantes deste mesmo ponto de vista) se estes meios forem utilizados agora para *esta* necessidade. (A discussão do tema por von Gottl, no segundo volume de *Grundriss der Sozialökonomik* [1914], é semelhante, pormenorizado e muito bom; as exposições de Robert Liefmann, em *Grundsätze der Volkswirtschaftslehre*, vol. I, pp. 336s, não trouxeram *nada* de novo em relação a von Gottl. É incorreto reduzir todos os «meios» ao «esforço laboral».)

A questão de saber quanto «custa», comparativamente, a aplicação de diversos meios para *um* determinado fim técnico poderá depender, em última análise, da aplicabilidade dos meios (incluindo, sobretudo, a força de *trabalho*) na concretização de diversos *fins*. Do ponto de vista «técnico» (no sentido da palavra aqui adotado), o problema é, por exemplo: que tipo de mecanismos têm de ser encontrados para mover determinado tipo de carga ou para extrair produtos mineiros a uma determinada profundidade, e quais são os mais «adequados», isto é, quais requerem, *comparativamente*, a quantidade mínima de trabalho *efetivo* para atingir este fim? O problema torna-se «económico» quando se levanta a questão de saber se, numa economia *de troca*, estes gastos financeiros serão *compensados* pela venda de produtos ou se (numa economia *planificada*) é possível disponibilizar a força de trabalho e os meios de produção necessários para tal, sem prejudicar outros interesses de abastecimento considerados *mais importantes*. Em ambos os casos, trata-se de um problema de comparação de *objetivos*. A economia orienta-se, em primeiro lugar, pelos fins utilizados; a técnica, pelo contrário, orienta-se pelo problema dos *meios* a serem aplicados (para um determinado fim). O facto de uma ação técnica basear-se em determinado fim, em princípio, é indiferente, do ponto de vista puramente *conceptual* (mas, naturalmente, não o é na realidade), para a questão da racionalidade *técnica*. Existem técnicas racionais (de acordo com a definição aqui utilizada) que estão ao serviço de fins para os quais não existe qualquer *necessidade*. Por exemplo, alguém poderia produzir *ar atmosférico*, por pura paixão pela «técnica», utilizando todos os recursos técnicos mais modernos, sem que se pudesse levantar a mínima objeção à racionalidade *técnica* do seu empreendimento. Do ponto de vista *económico*, tal projeto, em todas as circunstâncias normais, seria irracional, uma vez que não existiria qualquer necessidade a ser satisfeita através do fornecimento desse produto (sobre esta questão, ver von Gottl-Ottlilienfeld em *Grundriss der Sozialökonomik*, II). A orientação económica do chamado desenvolvimento tecnológico atual para as oportunidades de lucro constitui um dos factos fundamentais da história da técnica. Porém, *não* foi exclusivamente esta orientação económica, por muito importante que tenha sido, que apontou o caminho do desenvolvimento da técnica. Em parte, também houve o jogo e a ruminação de ideólogos alheios ao mundo, bem como interesses no Além ou outras fantasias, e, por outra parte, problemas artísticos e outros motivos alheios à economia. No entanto, a ênfase está colocada desde sempre e, sobretudo, hoje em dia no condicionamento económico do desenvolvimento técnico. Sem o cálculo racional enquanto base da economia e sem condições histórico-económicas de natureza extremamente concreta, a técnica racional não teria nascido.

A razão pela qual, nos conceitos iniciais, não abordámos *expressamente* este contraste entre a economia e a técnica prende-se com o ponto de partida sociológico. Para a sociologia, a existência de «continuidade» resulta pragmaticamente na avaliação dos fins entre si e em relação aos «custos» (dado que isto envolve algo diferente da renúncia a um fim, a favor de algo mais urgente). Pelo contrário, uma teoria *económica* faria bem em incluir este aspeto *desde o princípio.*

5. O atributo do poder de *disposição* não deve ser omitido no conceito sociológico de «ação económica», já que pelo menos a economia aquisitiva opera totalmente sob a forma de contratos de troca, logo, na aquisição planeada de poderes de disposição. (É daqui que resulta o estabelecimento de uma relação com o «direito».) No entanto, qualquer outra organização da economia também implica *alguma* distribuição efetiva dos poderes de disposição, embora de acordo com princípios completamente diferentes daqueles que prevalecem na economia privada atual, em que os poderes de disposição providenciam uma garantia *legal* a economias *autónomas* e autocéfalas. Os *dirigentes* (socialismo) ou os *membros* (anarquismo) têm de se basear no poder de disposição sobre a mão de obra e sobre a prestação de utilidades; tal pode ser disfarçado terminologicamente, porém, não pode ser eliminado por via interpretativa. É, em si, irrelevante do ponto de vista *conceptual* o que esta disposição garante exatamente — quer de forma convencional, quer juridicamente — ou se esta nem sequer está garantida exteriormente, podendo apenas ser considerada (relativamente) segura, graças aos costumes ou aos interesses, apesar de as garantias *legais* com carácter coercivo serem, sem dúvida, indispensáveis para a economia moderna. Portanto, a indispensabilidade conceptual daquela categoria para que uma ação social seja económica não implica uma indispensabilidade *conceptual* da ordem *jurídica* dos poderes de disposição, por mais indispensável que esta possa parecer do ponto de vista empírico.

CATEGORIAS SOCIOLÓGICAS BÁSICAS DA AÇÃO ECONÓMICA 103

6. O conceito de «poder de disposição» significa aqui também a possibilidade (efetiva ou garantida de qualquer outra forma) de dispor da própria *força de trabalho* (algo que não é garantido aos escravos).

7. Uma teoria *sociológica* da economia vê-se obrigada a introduzir *desde logo* o conceito de «bens» nas suas categorias (como acontece no § 2), uma vez que ela está relacionada com o tipo de *ação* que recebe o seu *sentido* específico do *resultado* das considerações (apenas teoricamente isoláveis) dos agentes económicos. A teoria económica, cujas perceções teóricas constituem a base da sociologia económica — por mais que possa ser obrigada a criar estruturas próprias —, pode (possivelmente) proceder de outra forma.

§ 2. Conceito de utilidade

Por «utilidades» entende-se sempre oportunidades (*Chancen*) (reais ou supostas), concretas e *particulares*, de possível uso, presente ou futuro, que um ou vários agentes económicos consideram apropriados *unicamente* para se tornarem objetos de provisão, cuja importância presumida enquanto meios capazes de servir para fins do (ou dos) agente(s) económico(s) orienta, consequentemente, a sua ação económica.

As utilidades podem ser serviços realizados por intermediários humanos ou não humanos (materiais). Designamos estes últimos intermediários *materiais* de utilidades, seja de que tipo for, como «bens», ao passo que designamos como «serviços» utilidades humanas que derivam da ação efetiva. As relações sociais também são objeto de provisão económica, sendo consideradas uma fonte de possível poder de disposição, presente ou futuro, sobre utilidades. Denominamos como «oportunidades económicas» as oportunidades estabelecidas pelos costumes, pelo interesse ou pela ordem (convencional ou juridicamente) garantida, em prol de determinada *economia*.

Compare-se von Böhm-Bawerk, *Rechte und Verhältnisse vom Standpunkt der volkswirtschaftlichen Güterlehre* (Innsbruck, 1881).

104   ECONOMIA E SOCIEDADE

1. Os bens materiais e os serviços não esgotam o âmbito das condições do mundo circundante que podem ser importantes para uma pessoa economicamente ativa e que podem ser objeto de provisão para essa pessoa. A relação de «fidelidade do cliente» ou a tolerância de medidas económicas por parte daqueles que as poderiam obstruir, assim como muitas outras formas de comportamento, podem ter igual importância para a ação económica e podem ser objeto de provisão económica e, por exemplo, de contratos. Mas, se incluíssemos estes fatores numa destas duas categorias, obteríamos conceitos imprecisos. Portanto, a nossa conceptualização é determinada exclusivamente por razões práticas.

2. Os conceitos tornar-se-iam igualmente imprecisos (como enfatizou acertadamente v. Böhm-Bawerk) se designássemos indistintamente como «bens» todos os fenómenos percetíveis da vida e da linguagem quotidiana, equiparando, assim, o conceito de bem às utilidades materiais. Recorrendo ao conceito de utilidade no sentido rigoroso da palavra, não se pode dizer que um «cavalo» ou uma «barra de ferro» sejam «bens»; um «bem», neste caso, consiste na possibilidade específica, desejável ou criada, desses objetos — por exemplo, como força de tração ou de sustentação ou semelhante. Muito menos podem considerar-se bens, segundo esta terminologia, as oportunidades que funcionam como objetos de *transação* económica (na compra e venda, etc.), tais como «clientes», «hipoteca» e «propriedade». Antes, àquilo que essas oportunidades, estabelecidas ou garantidas pela ordem (tradicional ou estatutária), oferecem a uma economia, no sentido da obtenção de poderes de disposição sobre utilidades objetivas e pessoais, chamamos, *para simplificar*, «oportunidades económicas» (ou simplesmente «oportunidades», quando não existe perigo de equívocos).

3. O facto de só designarmos como «serviço» uma ação efetiva (e não atos de «tolerância», «permissão» ou «omissão») deve-se a razões de conveniência. Consequentemente, as categorias de «bens» e «serviços» não constituem uma classificação exaustiva de *todas as utilidades* com significado económico.

Sobre o conceito de «trabalho», ver § 15.

§ 3. Orientação económica da ação

A orientação da economia pode ser tradicional ou propositadamente racional. A influência da orientação tradicional continua a ser relativamente importante apesar da considerável racionalização

CATEGORIAS SOCIOLÓGICAS BÁSICAS DA AÇÃO ECONÓMICA 105

da ação. Em regra, a orientação racional determina primariamente a ação *diretiva* (ver § 15), seja qual for a natureza da mesma. O desenvolvimento da ação económica racional com base numa busca instintiva e reativa de alimento ou numa utilização de uma técnica tradicional herdada e de relações sociais habituais *também* era condicionada, em grande parte, por acontecimentos e atos não económicos, nem quotidianos, assim como pela pressão da necessidade numa situação de restrição absoluta ou (recorrentemente) relativa do espaço de subsistência.

1. *Em princípio*, para a ciência não existe, naturalmente, algo como um «estado económico primordial». Seria possível, por convenção, considerar e analisar a situação da economia a um determinado nível *técnico*: um nível imaginável com um equipamento mínimo de *ferramentas*. Porém, não temos nenhum direito de presumir, a partir dos rudimentos atuais existentes entre povos primitivos pobres em ferramentas, que a ação económica de todos os grupos humanos do passado com o mesmo nível de desenvolvimento técnico tenha tido a mesma forma (como, por exemplo, os vedas ou algumas tribos no interior do Brasil). Nessa fase, do ponto de vista puramente económico, existia a possibilidade tanto de uma acentuada acumulação de trabalho em grandes grupos (ver § 16), como, pelo contrário, de uma grande fragmentação em pequenos grupos. Além das circunstâncias económicas condicionadas pela natureza, as circunstâncias extraeconómicas (por exemplo, militares) também podem oferecer estímulos muito diversos para a decisão entre ambas as possibilidades.

2. A guerra e a migração não constituem, em si mesmas, processos económicos (apesar de a orientação económica de ambas ter predominado, especialmente nas épocas primitivas), embora tenham resultado frequentemente, desde sempre e até ao presente, em mudanças radicais na economia. Na situação de uma crescente restrição *absoluta* do espaço de subsistência (condicionada por fatores climáticos, ou por assoreamento ou desflorestação crescentes), os grupos humanos reagiram de forma muito diversa, conforme a estrutura de interesses e o tipo de interferência de interesses não económicos. Porém, a reação típica consistiu na diminuição da satisfação das necessidades e na redução absoluta de seu número. Na situação de uma restrição *relativa* do espaço de subsistência (condicionado por um determinado nível na satisfação das necessidades e da distribuição das oportunidades de *ganho*, ver § 11), as reações também foram muito diversas; no entanto, com

maior frequência do que no primeiro caso, estas reações consistiram em racionalização crescente da economia. Contudo, nem nesse ponto é possível generalizar. O tremendo crescimento da população na China (a fazer fé nas «estatísticas» nesse país) do século XVIII em diante produziu efeitos contrários aos do fenómeno paralelo observado na Europa (por razões sobre as quais poderíamos dizer alguma coisa); a limitação crónica do espaço de subsistência no deserto árabe não suscitou a modificação da estrutura económica e política senão em fases pontuais, sendo que o estímulo mais forte proveio de um desenvolvimento extraeconómico (religioso).

3. O acentuado e prolongado tradicionalismo do estilo de vida, por exemplo, das camadas de trabalhadores no início dos tempos modernos não impediu um forte crescimento da racionalização das economias aquisitivas através da gestão capitalista, o que não aconteceu, contudo, no caso da racionalização fiscal e socialista no Egito. (Todavia, foi a superação, pelo menos relativa, dessa atitude tradicionalista no Ocidente que permitiu o *desenvolvimento* no sentido de uma economia especificamente moderna, racional e capitalista.)

§ 4. Medidas típicas da ação económica racional

As medidas típicas da ação económica *racional* são as seguintes:

1) Distribuição planeada, entre o presente e o futuro (poupança), das utilidades com cuja disponibilidade o agente económico acredita poder contar, seja por que motivo for.

2) Distribuição planeada das utilidades disponíveis entre várias possibilidades de uso ordenadas de acordo com a importância estimada das mesmas — segundo a sua utilidade marginal.

Estes casos (em rigor, «estáticos») atingiram o seu auge em tempos de paz e surgem hoje, mais frequentemente, sob a forma de uma gestão de rendimentos monetários.

3) Abastecimento planeado — produção e obtenção — das utilidades cujos meios de fornecimento estão *todos* à disposição dos agentes económicos. Um ato específico é racional quando a urgência estimada da procura é considerada *superior* ao

CATEGORIAS SOCIOLÓGICAS BÁSICAS DA AÇÃO ECONÓMICA   107

presumível esforço para obter o resultado esperado, isto é: *a)* ao esforço dos serviços provavelmente necessários e *b)* aos outros usos possíveis dos bens em causa, logo, ao produto final que se poderia obter tecnicamente (produção em sentido amplo, incluindo os serviços de *transporte*).

4) Aquisição planeada de um poder garantido de disposição sobre as utilidades ou de uma participação nesse mesmo poder quando *a)* elas próprias ou *b)* os meios para o seu abastecimento se encontram num poder de disposição alheio, ou *c)* estão expostas à concorrência de terceiros, ameaçando o abastecimento próprio — mediante a formação de uma relação associativa com os atuais detentores do poder de disposição ou com os fornecedores concorrentes.

A relação associativa com detentores atuais do poder de disposição que sejam alheios pode realizar-se *a)* por meio da criação de uma associação por cuja ordenação o abastecimento com utilidades ou a sua utilização deve orientar-se, ou *b)* pela *troca*.

No que diz respeito a *a)*, o sentido que ordena a associação pode ser o seguinte:

α) Racionamento do abastecimento, do uso ou do consumo, para limitar a concorrência no abastecimento (associação reguladora).

β) Criação de um poder de disposição unitário para a administração *planeada* das utilidades que se encontrassem até então em âmbitos de disposição separados (associação administrativa).

No que diz respeito a *b)*, a troca é um compromisso de interesses entre os participantes dessa troca através do qual bens ou oportunidades se entregam como retribuição recíproca. A troca pode ser ambicionada e realizada:

1) De forma tradicional ou convencional, ou seja, não racional do ponto de vista económico (nomeadamente no segundo caso), ou

108 ECONOMIA E SOCIEDADE

2) De forma racional, de acordo com a orientação económica. Toda a troca orientada racionalmente resulta de uma luta de interesses prévia, aberta ou latente, através de um compromisso. A luta dos interessados numa troca, cuja conclusão constitui um compromisso, orienta-se sempre, por um lado, enquanto luta pelo preço, contra aqueles que estão interessados na qualidade de parceiros de troca (meio típico: regateio); e, por outro lado, talvez, enquanto luta de concorrência, contra terceiros, reais ou possíveis (atuais ou futuros) interessados na troca, concorrentes no que diz respeito ao abastecimento (meio típico: apresentação de propostas mais baixas e mais altas).

1. As utilidades (bens, trabalho ou outros portadores das mesmas) recaem no âmbito de disposição de um agente económico quando este pode *verdadeiramente* contar com a possibilidade de usá-las à vontade (pelo menos relativamente), sem interferência de terceiros, seja qual for o fundamento desta oportunidade: ordem jurídica, convenção, costume ou situação de interesses. A segurança jurídica do poder de disposição não é, de modo algum, *conceptualmente* (nem efetivamente) condição exclusiva da ação económica, embora esta, atualmente, seja uma condição empiricamente indispensável no que diz respeito aos meios *materiais* de abastecimento.

2. A falta de predisposição para o consumo também pode consistir na distância espacial entre os bens prontos a consumir e o local de consumo. Por isso, o *transporte* de bens (que se deve distinguir, obviamente, do *comércio* de bens, que envolve uma troca do *poder de disposição*) pode ser tratado aqui como parte da «produção».

3. No caso de falta de poder de disposição próprio, em princípio, é irrelevante se é a ordem jurídica, a convenção, a situação de interesses, o costume estabelecido ou as conceções de moral cultivadas conscientemente que impedem *tipicamente* ações violentas contra o poder de disposição alheio por parte do agente económico.

4. A concorrência no abastecimento pode existir nas mais variadas condições. Em especial, por exemplo, no caso de um abastecimento baseado na ocupação: caça, pesca, abate de árvores, pastoreio e desmatamento. Pode existir também, e precisamente, dentro de uma associação fechada ao exterior. A ordem contra esta situação consiste sempre no racionamento do abastecimento, combinado, em regra, com a apropriação das oportunidades

CATEGORIAS SOCIOLÓGICAS BÁSICAS DA AÇÃO ECONÓMICA   109

de abastecimento garantidas dessa forma, para um número rigorosamente limitado de indivíduos ou (na maior parte das vezes) para associações domésticas. As cooperativas de agricultores ou pescadores, a regulação dos direitos de desmatar, pastar e lenhar em terras comuns, assim como a repartição dos pastos alpestres, etc., são todas deste tipo. As formas de «propriedade» hereditária de terras e de solos aproveitáveis propagaram-se através desse processo.

5. A troca pode abranger tudo aquilo que possa ser «transferido» de alguma forma para o âmbito de disposição de outra pessoa e pelo qual um parceiro esteja disposto a dar uma retribuição. Portanto, não apenas «bens» e «serviços», mas também oportunidades económicas de toda a espécie, trocadas, por exemplo, com uma «clientela» disponível apenas graças ao costume ou à situação de interesses, sem qualquer tipo de garantia. Tal aplica-se, naturalmente, ainda mais a todas as oportunidades *garantidas* de alguma forma por uma dada ordem. Desta forma, os objetos de troca não correspondem apenas a utilidades atuais. Para o que nos interessa aqui, definiremos provisoriamente como troca, no sentido mais amplo da palavra, *qualquer* oferta relacionada com utilidades atuais, contínuas, presentes ou futuras, de qualquer natureza, baseada num acordo formalmente voluntário, em troca de contraprestações de qualquer espécie: por exemplo, a entrega ou a disposição da utilidade de bens ou dinheiro para a retribuição futura de bens da mesma espécie, assim como para a obtenção de alguma licença ou cedência do «uso» de um objeto contra pagamento de um «aluguer» ou de uma «renda», bem como o aluguer de serviços de qualquer espécie contra um salário ou uma remuneração. Por agora, deixaremos de lado o facto de, hoje, do ponto de vista sociológico, este último processo significar para os «trabalhadores», tal como definidos no § 15, o ingresso numa associação de gestores, assim como as diferenças entre «empréstimo» e «compra», etc.

6. As condições da troca podem estar determinadas pela tradição e, consequentemente, pela convenção, ou podem ser determinadas racionalmente. As trocas de presentes entre amigos, heróis, caciques, príncipes (ver a troca de armas entre Diomedes e Glauco) podem ser considerados atos convencionais de troca, já possuindo essas trocas, muitas vezes, uma orientação e um controlo racional significativo (ver as cartas de Tel el-Amarna). A troca racional só é possível quando *ambas* as partes esperam beneficiar da mesma ou quando uma das partes está sob coação de um poder económico ou de uma necessidade. A troca pode servir para fins de abastecimento natural ou para fins de aquisição, podendo estar orientada para o abastecimento pessoal de uma ou de várias partes relacionadas com um bem ou por uma

110   ECONOMIA E SOCIEDADE

oportunidade de lucro no mercado (ver § 11). No primeiro caso, as condições da troca estão determinadas, em grande parte, individualmente, e, *neste* sentido, esta troca é irracional: a importância dos excedentes da gestão doméstica, por exemplo, é avaliada segundo a utilidade marginal *individual* dessa economia doméstica, em particular, e estes excedentes são trocados possivelmente abaixo do seu valor; em determinadas circunstâncias, há procuras ocasionais que fixam num nível muito alto a utilidade marginal dos bens pretendidos na troca. Portanto, os limites de troca determinados pela utilidade marginal oscilam muito. Só se desenvolve uma competição de troca *racional* no caso de bens trocados no mercado (sobre o conceito, ver § 8) e a sua forma só é mais elevada quando se trata de bens trocados ou usados numa gestão económica aquisitiva (sobre o conceito, ver § 11).

7. As intervenções de uma associação reguladora referidas em *a)*, *α)* não constituem a única *possibilidade*. Contudo, serão aquelas sobre as quais nos debruçaremos aqui, uma vez que resultam de forma mais imediata de uma situação em que a satisfação das necessidades como tal está ameaçada. Sobre a regulação das vendas, ver mais adiante.

§ 5. Tipos de associação economicamente orientada

Uma associação economicamente orientada, dependendo da sua relação com a economia, pode ser:

a) Uma associação com atividade económica, quando a sua ação, primariamente extraeconómica e orientada de acordo com a sua ordenação, também inclui ação económica.

b) Uma associação económica, quando a sua ação, de acordo com a ordenação das associações, é primariamente uma ação económica autocéfala de determinado tipo.

c) Uma associação reguladora da economia, quando e na medida em que a ação económica autocéfala e autónoma dos seus membros se orienta, de forma *material* e heterónoma, pelas ordens da associação.

d) Uma associação ordenadora, quando o seu ordenamento se limita apenas a oferecer normas *formalmente*, sob a forma de regras para a ação económica e autónoma dos seus membros, garantindo as oportunidades daí resultantes.

CATEGORIAS SOCIOLÓGICAS BÁSICAS DA AÇÃO ECONÓMICA   111

As *regulações* materiais da atividade económica atingem os seus limites factuais quando a continuação de determinado comportamento económico ainda é compatível com os interesses de abastecimento vitais das economias reguladas.

1. Associações com atividade económica são o «Estado» (*não* socialista ou comunista) e todas as outras associações (igrejas, uniões, etc.) com finanças próprias, mas também, por exemplo, as comunidades educativas, que não são primariamente cooperativas económicas, etc.

2. Associações económicas, de acordo com esta terminologia, não são, naturalmente, apenas aquelas que é habitual designar assim, como, por exemplo, associações empresariais e sociedades de capitais, associações de consumidores, *artels*, cooperativas e cartéis, mas todas as «empresas» económicas que englobam a atividade de várias pessoas, desde a utilização partilhada de uma oficina com dois artesãos, até uma imaginável associação comunista mundial.

3. Associações reguladoras da economia são, por exemplo, as cooperativas rurais, as corporações, as guildas, os sindicatos, as associações patronais, os cartéis e todas as associações cuja direção regula, materialmente, o conteúdo e a orientação da ação económica, exercendo uma «política económica», isto é, tanto as aldeias e cidades da Idade Média, como qualquer Estado atual que leve a cabo tal política.

4. Uma associação puramente ordenadora é, por exemplo, o puro Estado de direito, que, do ponto de vista material, concede uma autonomia total à ação económica dos agregados e das empresas individuais, regulando apenas formalmente, isto é, arbitrando o cumprimento das obrigações resultantes das trocas pactuadas livremente.

5. A existência de associações reguladoras da economia e de associações ordenadoras pressupõe, em princípio, a autonomia (com vários graus) dos agentes económicos. Portanto, pressupõe a liberdade de disposição dos mesmos, apenas limitada em diversos graus (pelas ordens que orientam as ações), e, por conseguinte, a apropriação (pelo menos relativa) de oportunidades económicas sobre as quais estes dispõem de modo autónomo. O tipo mais puro de associação ordenadora existe, pois, quando todas as ações *humanas* se realizam de modo autónomo, no que diz respeito ao seu conteúdo, e se orientam apenas por disposições formais estabelecidas pela respetiva ordem, enquanto todos os portadores *materiais* de utilidades são completamente *apropriados*, de modo que se pode dispor deles

112 ECONOMIA E SOCIEDADE

livremente, em especial através de troca, correspondendo, assim, à ordem de propriedade tipicamente moderna. Qualquer outro tipo de limitação da apropriação e da autonomia implica uma regulação da economia, uma vez que constrange a orientação da ação humana.

6. A distinção entre a regulação económica e uma mera associação ordenadora é fluida, uma vez que, naturalmente, o próprio tipo de ordem «formal» pode (e deve), de alguma forma, influenciar a ação do ponto de vista material, e fá-lo, por vezes, profundamente. Muitas disposições legais modernas, que se apresentam como normas puramente «ordenadoras», são concebidas para exercer tal influência (voltaremos a esta questão na Sociologia do Direito). Além disso, a limitação verdadeiramente rigorosa a disposições *puramente* ordenadoras só é possível na teoria. Muitas disposições jurídicas «obrigatórias» — e estas nunca são dispensáveis — contêm, de alguma maneira, restrições que também são importantes para a forma da ação económica *material*. Porém, são precisamente as disposições jurídicas de «habilitação» que contêm, em determinadas circunstâncias (por exemplo, no direito das sociedades anónimas), restrições bastante percetíveis à autonomia económica.

7. A *limitação* dos efeitos da regulação económica material pode manifestar-se: *a)* na cessação de vários tipos de atividade económica (o cultivo de terras apenas para satisfazer as necessidades próprias, no caso de aplicação de taxas sobre preços) ou *b)* no incumprimento efetivo das regulações (comércio clandestino).

§ 6. Meios de troca, meios de pagamento, dinheiro

Designamos como *meio de troca* um objeto material de troca, no sentido em que a sua aceitação na troca esteja orientada, *primariamente*, de forma típica, pela possibilidade (*Chance*) do aceitante, que consiste na oportunidade (*Chance*) duradoura — isto é, num futuro previsível — de trocar o objeto numa proporção correspondente ao seu interesse por outros bens, quer sejam bens de qualquer espécie (meio de troca geral) quer sejam bens específicos (meio de troca específico). A probabilidade (*Chance*) da sua aceitação, numa proporção de troca calculável, por outros bens (especificáveis) será designada como validade material do meio de troca em relação a estes bens e o seu emprego em si como validade *formal*.

CATEGORIAS SOCIOLÓGICAS BÁSICAS DA AÇÃO ECONÓMICA   113

Designamos como *meio de pagamento* um objeto típico, dado que a validade da sua entrega, enquanto cumprimento de determinadas obrigações, pactuadas ou impostas, é convencional ou garantida juridicamente (validade *formal* do meio de pagamento que *pode* significar simultaneamente validade *formal* enquanto meio de troca).

Designamos como *cartais* meios de troca ou meios de pagamento quando se trata de artefactos que, graças à forma que obtiveram, possuem um determinado valor formal — convencional, jurídico, pactuado ou imposto — dentro de determinado âmbito pessoal ou regional, e que estão *divididos em parcelas*, isto é, possuem um determinado valor nominal, ou representam um múltiplo ou uma fração deste valor, permitindo fazer um *cálculo* puramente mecânico.

Designamos como *dinheiro* os meios de pagamento do tipo cartal, que consistem num meio de troca.

Por associação monetária de meios de troca ou de meios de pagamento entende-se uma associação relacionada com meios de troca, meios de pagamento ou dinheiro quando e porquanto a vigência convencional ou jurídica (*formal*) destes, no âmbito da vigência das ordens da associação, se impõe com alguma eficácia, em virtude destas ordens: dinheiro interno, e meios de troca ou pagamento internos. Designamos como meios de troca externos aqueles que são utilizados em transações com não-sócios.

Designamos como meios de troca ou de pagamento *naturais* aqueles que não são cartais. Estes distinguem-se:

1) Do ponto de vista técnico: *a)* de acordo com o bem natural que representam (em especial joias, vestuário, objetos úteis e aparelhos), ou *b)* de acordo com o seu uso ou não, conforme o seu peso (*ponderados*).

2) Do ponto de vista económico: de acordo com a sua utilização *a)* primariamente para fins de troca ou para fins de estatuto (prestígio conferido pela posse); ou *b)* primariamente enquanto meios de troca internos ou externos ou meios de pagamento.

Os meios de troca e de pagamento, ou o dinheiro, possuem uma qualidade simbólica uma vez que não têm (em regra, já não têm) primariamente valor em si, além do seu uso enquanto meios de troca ou de pagamento; têm qualidade material porque o seu valor *material*, como tal, está ou *pode* estar influenciado pela avaliação da sua aplicabilidade enquanto bens utilizáveis.

O *dinheiro* é *a)* monetário: moeda, ou *b)* em notas: certificados.

O dinheiro em notas costuma estar adaptado à divisão em parcelas, sob a forma de moeda, ou estar historicamente relacionado com esta no que diz respeito ao seu valor nominal.

O dinheiro em forma de moeda constitui:

1) *Dinheiro livre* ou *dinheiro em circulação* quando, por iniciativa de qualquer possuidor de material monetário, a instituição encarregada da emissão transforma este material, em qualquer quantidade solicitada, em «moedas» cartais, orientando-se, assim, a emissão material pelas necessidades de meios de pagamento dos interessados na troca.

2) *Dinheiro bloqueado* ou *dinheiro administrativo* quando a transformação em forma cartal se realiza de acordo com disposição da *direção* administrativa de uma associação, sendo essa vontade formalmente livre e materialmente orientada, em primeiro lugar, pelas necessidades de meios de pagamento dessa direção.

3) *Dinheiro regulado* quando, embora limitadas, a natureza e a dimensão da criação da moeda são reguladas efetivamente por normas.

Designamos como *meio de circulação* um título com a função do dinheiro em forma de nota quando a sua aceitação como dinheiro «provisório» se orienta pela probabilidade de a sua conversão em dinheiro «definitivo», em todas as condições normais, estar sempre garantida: moedas ou meios de troca metálicos ponderados. Denominamo-lo *certificado* quando se baseia em regulações que garantem o armazenamento de fundos em moedas ou metal para a sua *plena* cobertura.

Designamos como *escalas* dos meios de troca ou de pagamento as classificações recíprocas, convencionais ou impostas

CATEGORIAS SOCIOLÓGICAS BÁSICAS DA AÇÃO ECONÓMICA 115

juridicamente dos meios de troca e de pagamento naturais dentro de uma associação.

Designamos como *dinheiro corrente* as espécies de dinheiro que, de acordo com a ordem de uma associação monetária, possuem uma validade ilimitada quanto a espécie e quantidade, enquanto meios de pagamento; denominamos *material monetário* o material do qual este é feito e *metal monetário* o material do qual é feito o dinheiro usado no comércio; denominamos como *tarifação monetária* a valorização — base da divisão em parcelas e da denominação — das diversas espécies de dinheiro natural ou administrativo de material diferente, e *relação monetária* o mesmo processo, referente às diversas espécies de dinheiro usado no comércio de material diferente.

Designamos como *meio de pagamento intercambiário* aquele meio de pagamento que serve, em última instância, para a compensação do saldo de pagamento entre diversas associações monetárias — ou seja, quando o pagamento não se protela por meio de uma prorrogação.

Qualquer nova ordem de uma associação referente ao setor monetário parte, inevitavelmente, do facto de determinados meios de pagamento terem sido utilizados na liquidação de dívidas. Esta contenta-se com a sua legalização enquanto meio de pagamento ou — em caso de imposição de novos meios de pagamento — converte determinadas unidades naturais, ponderadas ou cartais, existentes até então em novas unidades (princípio da chamada «definição histórica» do dinheiro enquanto *meio de pagamento*; ignoramos aqui completamente até que ponto esta afeta a relação de troca do dinheiro, enquanto *meio de troca*, e os bens).

Queremos enfatizar que não pretendemos apresentar aqui uma «teoria do dinheiro», apenas fixar de forma tão simples quanto possível a terminologia que utilizaremos frequentemente mais adiante. Além do mais, a nossa primeira preocupação está nas consequências *sociológicas* elementares do uso do dinheiro. (Na minha opinião, a teoria material do dinheiro mais aceitável é a de Mises. A *Staatliche Theorie* de G. F. Knapp — a obra mais relevante nesta área — resolve brilhantemente a sua tarefa *formal*. No que diz respeito a problemas materiais do dinheiro, é incompleta; ver mais adiante. *Nesta fase*, deixamos de parte a sua casuística louvável e valiosa do ponto de vista terminológico.)

1. É frequente os meios de troca e os meios de pagamento coincidirem. Todavia, isso nem sempre acontece: nomeadamente, nas fases primitivas. Os meios de pagamento de dotes, tributos, ofertas obrigatórias, multas e impostos pessoais, por exemplo, estão muitas vezes claramente determinados do ponto de vista convencional ou jurídico, mas não têm em conta os meios de *troca* que circulam efetivamente. A afirmação de Mises na sua obra *Theorie des Geldes und der Umlaufsmittel* (Munique, 1912), segundo a qual o Estado também procura meios de pagamento apenas enquanto meios de troca, só é correta quando o orçamento da associação está expresso em termos *monetários*, mas não nos casos em que a posse de determinados meios de pagamento constituía sobretudo uma característica relacionada com o estatuto social. (Sobre este tema, ver Heinrich Schurtz, *Grundriss einer Entstehungsgeschichte des Geldes*, 1918). Desde os primeiros *regulamentos* estatais relativos ao dinheiro que o meio de pagamento se tornou um conceito jurídico, e o meio de troca, um conceito económico.

2. O limite entre uma «mercadoria» que *só* é comprada porque se pensa em futuras oportunidades de venda e um «meio de troca» é aparentemente fluido. No entanto, há realmente determinados objetos que costumam monopolizar a função de meios de troca de uma maneira tão exclusiva — já nas condições mais primitivas — que a sua posição como tal é inequívoca. (Neste sentido, os «produtores finais» estão destinados a encontrar um *comprador definitivo*, não sendo, portanto, nem «meio de pagamento», nem «meio de troca», e ainda menos «dinheiro».)

3. A origem e o desenvolvimento dos meios de troca, desde que não exista dinheiro cartal, são determinadas primariamente por costumes, situações de interesses e convenções de todos os tipos pelos quais os acordos dos parceiros de troca se orientam. Essas razões (que não serão debatidas aqui de forma mais pormenorizada), a partir das quais os meios de troca começaram a possuir esta qualidade, eram muito diversas e também dependentes do tipo de troca em causa. Nem todos os meios de troca eram adequados universalmente para todas as trocas (nem mesmo dentro do círculo de pessoas que os utilizava como tal — por exemplo, o dinheiro de «conchas» não constituía um meio de troca específico para mulheres e para gado).

4. Os «meios de pagamento» que *não* eram os «meios de troca» habituais também desempenharam um papel significativo no desenvolvimento do dinheiro até este chegar à posição particular que ocupa agora. Por

CATEGORIAS SOCIOLÓGICAS BÁSICAS DA AÇÃO ECONÓMICA   117

existirem obrigações (G. F. Knapp) — tributárias, de dote e de preço da noiva, convencionais, de oferendas aos reis ou dos reis entre si, de imposto pessoal, etc. — e de estas, muitas vezes (embora nem sempre), terem de ser cumpridas em determinadas espécies de bens (de acordo com convenções ou devido a coação jurídica), criou uma posição especial para estas espécies de bens (artefactos especificados frequentemente pela sua forma).

5. As moedas com valor de um «quinto de um *shekel*» com um cunho da casa (comercial), referidas nos documentos babilónicos, também podiam designar-se como «dinheiro» (no sentido da presente terminologia), supondo que seriam meios de troca. Pelo contrário, os lingotes utilizados pura e simplesmente como unidades de determinado peso, e não divididos em parcelas, não são considerados aqui como «dinheiro», mas apenas como meios de troca e de pagamento que podem ser pesados, por mais importante que esta *ponderabilidade* seja para o desenvolvimento da «calculabilidade». As transições (aceitação de moedas unicamente de acordo com o seu peso, etc.) são, naturalmente, numerosas.

6. «Cartal» é um conceito introduzido por Knapp, na sua obra *Staatliche Theorie des Geldes*. Segundo ele, esta categoria inclui todos os tipos de dinheiro, cunhados e divididos em parcelas, metálicos e não metálicos, dotados de validade por ordem jurídica ou por um acordo. No entanto, não é óbvio por que razão o conceito deriva apenas da proclamação por parte de um *Estado*, excluindo, desse modo, a aceitação garantida por uma convenção ou uma coação pactuada. Tão-pouco podia ser decisiva, obviamente, a produção com recursos próprios ou sob o controlo do poder político — algo completa e repetidamente ausente na China, e existente na Idade Média apenas parcialmente —, desde que houvesse algumas *normas* para a forma monetária decisiva (uma opinião com que Knapp concorda). A validade, enquanto meio de pagamento, e a utilização *formal*, enquanto meio de troca na transação *dentro* do âmbito do poder da associação política, podem ser impostas pela ordem jurídica. Ver mais adiante.

7. Os meios de troca e de pagamento naturais têm, antes de mais, em parte, a primeira função e, por outro lado, a segunda; são, em parte, mais meios de troca e de pagamento internos e, em parte, mais externos. A casuística não está aqui incluída, nem, *por enquanto*, a questão da validade *material* do dinheiro.

8. Tão-pouco será abordada aqui uma teoria *material* do dinheiro no que diz respeito aos preços (se é que esta faz, *sequer*, parte da *sociologia económica*). Para já, basta constatar o uso do dinheiro (nas suas formas mais importantes), uma vez que nos interessam as consequências sociológicas

gerais deste facto em si, do ponto de vista económico, puramente formal. Antes de mais, temos de constatar que o «dinheiro», como tal, *nunca* será, nem pode ser, uma simples «ordem de pagamento» ou uma «unidade de cálculo» puramente nominal. A estimativa do seu valor é sempre (de uma forma muito complexa) *também* uma estimativa de *escassez* (ou, no caso de «inflação», da abundância), como a situação presente, do mesmo modo que todos os tempos passados demonstraram.

Um «vale» socialista, emitido, por exemplo, com base numa determinada quantidade de trabalho feito (e considerado «útil») e referente a determinados bens, poderia tornar-se um objeto de entesouramento ou de troca, mas seguiria as regras de uma troca *natural* (possivelmente indireta).

9. As relações entre a utilização monetária e não monetária de um *material* monetário técnico podem ser observadas com muita clareza na história monetária chinesa e nas consequências para a economia, uma vez que ali, utilizando moedas de cobre, com elevado custo de produção e com grande flutuação no aproveitamento do *material monetário*, estas condições revelam-se com particular clareza.

§ 7. Consequências primárias do uso típico do dinheiro. Crédito

As consequências primárias do uso *típico* do dinheiro são:

1) A chamada «troca indireta» enquanto meio de satisfação das necessidades dos consumidores. Isto é, a possibilidade de *separação: a)* local, *b)* temporal, *c)* pessoal e *d)* (também muito importante) quantitativa entre os bens destinados à troca e os bens procurados na troca. Daí resulta a expansão extraordinária das possibilidades de troca existentes e, simultaneamente,

2) O cálculo em dinheiro do valor de prestações *prorrogadas*, em especial, das contraprestações na troca (dívidas).

3) A chamada «reserva de valor», isto é, o entesouramento de dinheiro *in natura* ou sob a forma de créditos pecuniários executáveis em qualquer momento como meio de garantir o futuro poder de disposição sobre *oportunidades* de troca.

CATEGORIAS SOCIOLÓGICAS BÁSICAS DA AÇÃO ECONÓMICA 119

4) A transformação crescente de oportunidades económicas em oportunidades de poder dispor de quantias de dinheiro.

5) A individualização qualitativa e, portanto, indiretamente, a extensão da satisfação das necessidades por parte daqueles que dispõem de dinheiro, de créditos pecuniários ou de oportunidades de ganhar dinheiro e que podem oferecê-lo por *qualquer tipo* de bens e serviços.

6) A orientação, típica hoje em dia, para a obtenção de utilidades pela utilidade marginal das quantias de dinheiro sobre as quais o dirigente de uma economia acredita poder dispor, provavelmente, num futuro previsível.

7) A consequente orientação da aquisição para todas as oportunidades oferecidas por uma possibilidade de troca multiplicada temporal, local, pessoal e materialmente (acima, ponto *1)*). Tudo isto com base no elemento, em princípio, mais importante de todos, nomeadamente:

8) A possibilidade de *avaliar* em dinheiro todos os bens e serviços suscetíveis de troca: *cálculo monetário*.

Cálculo monetário significa, *materialmente*, antes de mais, que os bens não são avaliados apenas segundo a sua utilidade atual, local e pessoal, mas sim que, considerando-se a forma da sua utilização (quer como meios de consumo, quer como meios de produção), também se têm em conta todas as oportunidades futuras de utilização e avaliação, em certas circunstâncias, para os fins de um número indeterminado de terceiros, visto que estas se expressam na forma de uma oportunidade de troca por dinheiro acessível ao detentor do poder de disposição. Designamos como *situação de mercado* a forma como isto ocorre no cálculo monetário típico.

O que foi referido acima enumera apenas os elementos mais simples e conhecidos dos debates sobre «dinheiro», pelo que não necessita de qualquer comentário especial. Ainda não nos debruçamos aqui sobre a sociologia do «mercado» (sobre os conceitos formais, ver §§ 8, 10).

Denominamos como «crédito», no sentido mais geral, qualquer troca de poderes de disposição atuais sobre bens materiais de qualquer tipo pela promessa de transferência de tal poder de disposição no futuro. A concessão de crédito significa, antes de mais, a orientação pela possibilidade (*Chance*) de realização efetiva dessa transferência no futuro. Crédito, neste sentido, significa primariamente a troca do poder de disposição de uma economia sobre bens materiais ou dinheiro — poder que não detém atualmente, mas que espera obter em excesso no futuro — pelo poder de disposição que outra economia possui atualmente, mas cujo uso não lhe está destinado. No caso da racionalidade, ambas as economias esperam oportunidades mais favoráveis (seja qual for a natureza das mesmas) do que aquelas que a distribuição atual ofereceria sem essa troca.

1. As oportunidades tidas em conta não têm de ser necessariamente de natureza económica. O crédito pode ser concedido e obtido para todos os fins imagináveis (caritativos, bélicos).

2. O crédito pode ser concedido e obtido em espécie ou em dinheiro, e em ambos os casos contra a promessa de prestações em espécie ou em dinheiro. No entanto, a forma em dinheiro implica o *cálculo* monetário da concessão e da aceitação do crédito, com todas as suas consequências (sobre as quais nos debruçaremos a seguir).

3. Aliás, esta definição corresponde às conceções comuns. É óbvio que o crédito também é possível entre associações de todos os tipos, em especial socialistas ou comunistas (sendo indispensável no caso da coexistência de associações deste tipo que não possuem autonomia económica). No entanto, no caso de ausência total de uso de dinheiro, a base racional do cálculo constitui um problema, dado que a simples (e indiscutível) possibilidade de «transações de compensação» não daria nenhuma informação aos envolvidos sobre a racionalidade das condições oferecidas, sobretudo no caso de crédito a longo prazo. Estariam, mais ou menos, na mesma situação das economias domésticas do passado (ver mais adiante), que trocavam os seus excedentes por artigos úteis, com a diferença, no entanto, de que, atualmente, estariam em jogo enormes interesses de massas e, em especial, interesses *a longo prazo*, quando, para as massas mal abastecidas, é precisamente a utilidade marginal da satisfação *atual* que é particularmente elevada. É, assim, possível a existência de trocas *des*favoráveis para obter bens *urgentemente* necessários.

4. O crédito pode ser pedido para satisfazer necessidades atuais de abastecimento com uma cobertura insuficiente (crédito de consumo).

CATEGORIAS SOCIOLÓGICAS BÁSICAS DA AÇÃO ECONÓMICA   121

Havendo racionalidade económica, o crédito só é concedido contra a concessão de vantagens. Porém, esta não é a atitude originária (nos primórdios do crédito de consumo, especialmente no caso de crédito de emergência). A atitude originária constituía um apelo aos deveres de fraternidade (sobre esta questão, ver considerações sobre grupos de vizinhança, Capítulo 5)[15].

5. A base mais geral do crédito *não gratuito*, em espécie ou em dinheiro, é óbvia: a utilidade marginal da expectativa futura é mais elevada para o *credor* do que para o *devedor*, devido ao melhor *abastecimento* do primeiro (o que, note-se bem, é um conceito relativo).

§ 8. Situação de mercado, comerciabilidade, liberdade de mercado, regulação do mercado

Designamos como:

a) *Situação de mercado* de um objeto de troca a totalidade das oportunidades de troca do mesmo por dinheiro que *podem ser identificadas* pelos interessados na troca no momento da sua orientação na luta de preços e de concorrência.

b) *Comerciabilidade*, o grau de regularidade com que um objeto tende a tornar-se objeto de troca no mercado.

c) *Liberdade de mercado*, o grau de autonomia de cada potencial participante na troca no âmbito da luta de preços e de concorrência.

d) *Regulação do mercado*, pelo contrário, a situação em que a comerciabilidade de possíveis objetos de troca ou a liberdade de mercado para potenciais participantes na troca estão *materialmente* limitadas por normas para potenciais participantes na troca.

A regulação do mercado pode ser condicionada:

1) De modo puramente tradicional, pela habituação a limitações tradicionais de troca ou a condições tradicionais de troca.

---

[15] O autor refere-se provavelmente ao Capítulo 3, § 2 da Segunda Parte, não incluído na presente edição. (*N. do R.*)

2) De modo convencional, pela desaprovação social da comerciabilidade de determinadas utilidades ou da livre luta de preços ou de concorrência para determinados objetos de troca ou para determinados círculos de pessoas.

3) De modo jurídico, pela restrição jurídica efetiva da troca ou da liberdade da luta de preços ou de concorrência, em geral ou para determinados círculos de pessoas ou objetos de troca, no sentido da influência da situação de mercado de objetos de troca (regulação de preços) ou da limitação da posse, aquisição ou transferência do poder de disposição sobre bens para determinados círculos de pessoas (monopólios garantidos legalmente ou restrições legais à liberdade da atividade económica).

4) De modo voluntário, pela situação de interesses — regulação material do mercado e, simultaneamente, liberdade formal do mercado. Esta situação tende a surgir quando determinados interessados na troca, devido à sua possibilidade efetiva, total ou aproximadamente exclusiva, de posse ou aquisição do poder de disposição sobre determinadas utilidades (monopólio), estão em posição de influenciar a situação de mercado, eliminando efetivamente a liberdade de mercado para outros. Em especial, podem criar, para este fim, *acordos reguladores do mercado* (monopólios voluntários e cartéis de preços) entre si ou (porventura, ao mesmo tempo) com parceiros de troca típicos.

1. É conveniente (embora não absolutamente necessário) falar de situação de mercado apenas no caso da troca de dinheiro, uma vez que só nesse caso é possível uma *expressão* numérica uniforme. Para as «oportunidades de troca» *em espécie* é preferível utilizar este termo. No caso de troca típica em dinheiro, os diversos tipos de objetos de troca possuíam e possuem comerciabilidade — não cabe aqui debater pormenorizadamente esta questão — em graus muito diversos e variáveis. Em grau máximo, objetos de produção e de consumo em massa que podem ser classificados, em geral, segundo espécies; em grau mínimo, objetos singulares de procura ocasional; meios de abastecimento com períodos de uso e de consumo repetidos a longo prazo, e meios de produção e obtenção com período de

CATEGORIAS SOCIOLÓGICAS BÁSICAS DA AÇÃO ECONÓMICA 123

emprego e de rendimento de longo prazo — sobretudo terras usadas para agricultura ou silvicultura — são muito menos comercializáveis do que bens de consumo quotidianos prontos a usar ou meios de produção ou obtenção que servem para consumo imediato, têm uso único ou dão rendimento imediato.

2. O sentido económico racional das *regulações* do mercado cresceu historicamente com o aumento da liberdade formal de mercado e da universalidade da comerciabilidade. As regulações *primárias* do mercado estavam condicionadas, em parte, por conceitos tradicionais e mágicos, em parte, por interesses de clãs, de estados sociais, interesses militares ou sociopolíticos e, por fim, em parte, pela necessidade daqueles que dominavam as associações em causa. Em todo o caso, eram determinadas por interesses que não estavam orientados pela tendência para alcançar o máximo de oportunidades de lucro ou de abastecimento de bens puramente racionais e de acordo com o *mercado*, dos interessados no mercado, colidindo, muitas vezes, com este máximo. Estas regulações *a)* excluíam permanentemente da comerciabilidade determinados objetos, como faziam as limitações por motivos máximos, de clã ou estamentais (por exemplo, na esfera da magia, o tabu, na do clã, os bens hereditários, na do estamento, o feudo), ou faziam-no temporariamente, como nas regulações políticas em situações de carestia (por exemplo, para os cereais); ou ligavam a venda a determinadas preferências (de parentes, membros do mesmo estamento ou da mesma corporação, concidadãos), ou especificavam preços máximos (por exemplo, em tempos de guerra), ou, pelo contrário, preços mínimos (por exemplo, honorários regulados estamentalmente de magos, advogados, médicos). Ou *b)* excluíam determinadas categorias de pessoas (nobres, camponeses ou, por vezes, artesãos) da aquisição baseada no mercado em geral ou no que dizia respeito a determinados objetos. Ou *c)* limitavam a liberdade de mercado dos consumidores através de regulações de consumo (ordens estamentais de consumo, racionamentos por razões de economia da guerra ou da política de preços). Ou *d)* limitavam a liberdade de mercado dos concorrentes por motivos estamentais (por exemplo, em profissões liberais), ou relacionados com as políticas de consumo, de aquisição ou sociais («política de alimentação das corporações»). Ou *e)* reservavam para o poder político (monopólio dos príncipes) ou para os seus concessionários (típico dos monopolistas na fase inicial do capitalismo) o aproveitamento de determinadas oportunidades económicas. Destas categorias de regulações de mercado, a quinta, *e)*, era a mais racional do ponto de vista de mercado, sendo a primeira, *a)*, a menos racional; isto é, a quinta categoria era aquela

que mais fomentava a orientação da atividade económica dos diversos grupos interessados na compra e venda de bens no mercado conforme a situação do mesmo, enquanto as outras, na ordem inversa, o impediam. Perante estas regulações de mercado, os *interessados na liberdade do mesmo* eram todos aqueles participantes na troca com interesse na maior expansão possível da comerciabilidade dos bens, quer na qualidade de interessados no consumo, quer na de interessados na venda. As regulações *voluntárias* do mercado apareceram primeiro e surgiram, em seguida, com maior frequência, por parte dos interessados no *lucro*. Estas, servindo os interesses monopolistas, podiam *a)* limitar-se a regular as oportunidades de venda e de troca (monopólios mercantis universais típicos), ou estender-se *b)* às oportunidades de lucro nos transportes (monopólios de navegação e ferroviários), *c)* à produção de bens (monopólios de produção) ou *d)* à concessão de créditos e de financiamentos (monopólios no setor bancário). Os dois últimos implicam, habitualmente, um maior grau de envolvimento de associações na regulação do mercado. Contudo, ao contrário das regulações de mercado primárias e irracionais, aqui trata-se de uma regulação planeada que se orienta pela *situação do mercado*. As regulações do mercado que são voluntárias provieram regularmente, conforme a sua natureza, daqueles interessados cujo poder de disposição efetivo sobre os meios de produção ou de obtenção dos mesmos lhes permitia a exploração monopolista da liberdade de mercado do ponto de vista formal. As associações voluntárias dos interessados no consumo (associações de consumidores, cooperativas de compra), pelo contrário, em regra, tinham origem em interessados fracos do ponto de vista económico que, por conseguinte, embora conseguissem uma redução de custos para os envolvidos, só conseguiam uma regulação efetiva do mercado em casos isolados e limitados localmente.

§ 9. Racionalidade formal e material da ação económica

Denominamos como racionalidade *formal* da ação económica o grau de *cálculo* possível do ponto de vista técnico e com um grau de aplicabilidade efetivo. Pelo contrário, designamos como *racionalidade* material o grau em que o abastecimento de bens de determinados *grupos* de pessoas (seja qual for a sua definição) através de uma ação social orientada economicamente se concretiza de acordo com determinados *postulados valorativos (qualquer*

CATEGORIAS SOCIOLÓGICAS BÁSICAS DA AÇÃO ECONÓMICA   125

que seja a sua natureza) que constituem o ponto de referência pelo qual este foi, será ou poderá ser considerado. Estes postulados são extremamente *ambíguos*.

1. A designação proposta (aliás, tão-somente uma formulação mais precisa daquilo que aparece repetidamente como problema nas considerações sobre «socialização», cálculo «em dinheiro» e «em espécie») pretende apenas contribuir para uma utilização mais clara da palavra «racional» nesta área.

2. Uma ação económica é *formalmente* «racional» já que a «previdência» essencial para qualquer economia racional pode exprimir-se e expressa-se, realmente, em considerações numéricas, «calculáveis» (por enquanto, independentemente da forma técnica destes cálculos, isto é, quer se trate de cálculos em dinheiro ou em espécie). Portanto, este conceito é *inequívoco* (embora, como veremos, nem sempre) pelo menos, no sentido em que a forma monetária representa o máximo desta calculabilidade *formal* (naturalmente, *ceteris paribus!*).

3. O conceito de racionalidade *material*, pelo contrário, é completamente ambíguo. Ele exprime apenas o seguinte atributo comum: *não* basta contar com o facto puramente formal e (relativamente) inequívoco de que *se calcula* de maneira propositadamente racional, utilizando-se os meios tecnicamente mais adequados. Este conceito estabelece *exigências* éticas, políticas, utilitaristas, hedonistas, estamentais, igualitárias ou outras, como padrão dos resultados da ação económica — por mais «racional», isto é, calculável que esta seja do ponto de vista formal —, procedendo, assim, de modo *racional no que diz respeito a valores* ou com racionalidade *material* referente a fins. Existe, em princípio, um número ilimitado de padrões de valores racionais, sendo que os padrões socialistas e comunistas, heterogéneos entre si e sempre de alguma maneira éticos e igualitários, constituem apenas *um* entre os muitos grupos possíveis (a graduação estamental, o empenho para fins do poder político, especialmente para fins bélicos atuais e todos os outros aspetos imagináveis, neste sentido, também são «materiais»). Por outro lado, também devemos ter em conta que, *independentemente* desta crítica material ao *resultado* económico, também é possível uma crítica ética, ascética e estética da *atitude* económica, assim como dos *meios* económicos. A implementação «puramente formal» do cálculo monetário *pode* parecer a todas elas algo subalterno ou até adverso aos seus princípios (para não falar das consequências do tipo de cálculo especificamente moderno). Neste caso, não é possível uma decisão, mas

126 ECONOMIA E SOCIEDADE

apenas a constatação e a delimitação daquilo que deve ser considerado «formal». Portanto, o próprio conceito de «material» tem aqui um carácter «formal», ou seja, trata-se de um termo *genérico*, abstrato.

§ 10. Racionalidade do cálculo em dinheiro

Do ponto de vista puramente técnico, *dinheiro* é o meio de cálculo económico «mais perfeito», isto é, o meio formalmente mais racional de orientação da ação económica.

Por consequência, o *cálculo* em dinheiro, não o *uso* efetivo de dinheiro, constitui o meio específico de uma economia de produção orientada racionalmente. No entanto, no caso de uma plena racionalidade, o cálculo em dinheiro significa, *em primeiro lugar*:

1) A avaliação, de acordo com a *situação de mercado* (atual ou esperada), de todas as utilidades ou meios de produção e obtenção, assim como de todas as oportunidades económicas de alguma maneira relevantes, consideradas atual ou futuramente necessárias para um determinado fim de produção e obtenção, que efetiva ou possivelmente estejam disponíveis ou, quando se encontram em poder de disposição alheio, possam ser obtidos ou estejam perdidos ou ameaçados.

2) A determinação numérica *a)* das oportunidades de toda a ação económica intencional e *b)* do resultado de toda a ação económica realizada sob a forma de um cálculo em dinheiro de «custo» e de «rendimento», e uma avaliação que compara entre si os «rendimentos líquidos» de diversos comportamentos possíveis com base nestes cálculos.

3) A comparação periódica da totalidade dos bens e oportunidades disponíveis numa economia com os bens e oportunidades de que esta dispunha no início do período, expressos em dinheiro em ambos os casos.

4) A estimativa prévia e a confirmação subsequente das entradas e saídas consistentes ou calculáveis em dinheiro das quais a economia — conservando-se a quantia estimada em dinheiro

CATEGORIAS SOCIOLÓGICAS BÁSICAS DA AÇÃO ECONÓMICA 127

do conjunto dos seus meios disponíveis (ponto *3)*) — tem a oportunidade de dispor durante um determinado período de tempo.

5) A orientação da satisfação das necessidades por estes dados (pontos *1)* a *4)*), utilizando-se o dinheiro disponível em determinado período de cálculo (segundo o ponto *4)*) para as utilidades desejadas, segundo o princípio da utilidade marginal.

Por *orçamento*, ou *gestão patrimonial* (*Haushalt*), entende-se a utilização e a obtenção (através de produção ou de troca) de bens para *a)* abastecimento próprio ou *b)* conseguir outros bens para utilização própria. A sua base, para um indivíduo ou para um grupo cuja atividade económica possui este carácter, é constituída, no caso de procedimento racional, pelo plano orçamental no qual se expressa como é que as necessidades previstas de um período orçamental (utilidades ou meios de obtenção para uso próprio) devem ser cobertas pelos rendimentos esperados.

Designamos como *rendimento* de um orçamento a soma de bens calculada em dinheiro da qual se dispôs num período passado, calculando-se de maneira racional segundo o princípio referido no ponto *4)*, ou da qual se tem a possibilidade de dispor para o período atual ou futuro, calculando de forma racional.

Por *património* entende-se a soma total estimada de bens do poder de disposição de um orçamento que — em condições normais — se utilizam permanentemente e de forma direta ou com a finalidade de conseguir rendimento (avaliados segundo as oportunidades no mercado, ponto *3)*).

O pressuposto do cálculo *puramente* monetário de um *orçamento* é que o rendimento e o património consistam em dinheiro ou em bens transformáveis (em princípio) em dinheiro, *a qualquer momento*, através de troca, ou seja, que apresentam o grau máximo de comerciabilidade.

O orçamento e (desde que se proceda de forma racional) o plano orçamental incluem, igualmente, o *cálculo em espécie*, assunto ao qual voltaremos. Este cálculo desconhece tanto um «orçamento»

128 ECONOMIA E SOCIEDADE

uniforme no sentido de uma estimativa em dinheiro, como um «rendimento» uniforme (estimado em dinheiro). Ele conta com a *posse* de bens em espécie e (em caso de limitação a uma aquisição pacífica) com «rendimentos» concretos resultantes do emprego, em forma natural, dos bens e da força de trabalho disponíveis que administra, estimando o máximo de satisfação possível de necessidades, como meio para tal. Quando se trata de necessidades *dadas* e *fixas*, a forma de utilização constitui um problema puramente técnico de relativa simplicidade, enquanto a situação de abastecimento *não* requeira uma determinação calculada com precisão do máximo de utilidade no emprego de meios para satisfazer as necessidades, em comparação com outros modos possíveis de emprego muito heterogéneos. Caso contrário, surgem problemas na própria gestão patrimonial individual simples, sem troca, cuja solução (formalmente exata) *calculada* é muito limitada e cuja solução efetiva costuma basear-se, por um lado, na tradição e, por outro, em estimativas bastantes grosseiras, ainda que completamente suficientes se as necessidades e condições de obtenção forem relativamente típicas e compreensíveis. Se a propriedade for constituída por bens heterogéneos (como acontece necessariamente no caso de atividade económica *sem* troca), só é possível uma *comparação* calculada e formalmente exata da propriedade no início e no fim de um período orçamental, assim como só é possível uma comparação entre as respetivas oportunidades de rendimentos entre bens *iguais* do ponto de vista qualitativo. Nestas circunstâncias, é típico constituir um *conjunto de bens possuídos* em espécie e fixar determinados *contingentes* em espécie destinados ao consumo, dos quais se pressupõe uma disponibilidade permanente sem diminuição do conjunto de bens possuídos. No entanto, qualquer alteração da situação de abastecimento (por exemplo, devido a más colheitas) ou das necessidades requer novas disposições, uma vez que a utilidade marginal se altera. Em condições simples e facilmente compreensíveis, a adaptação não é difícil. Contudo, em casos mais complexos, é *tecnicamente* mais difícil do que no cálculo puramente em dinheiro, no qual todas as alterações nas probabilidades de preços (em princípio) só influenciam a satisfação das necessidades marginais na escala da urgência com as últimas unidades dos rendimentos em dinheiro.

CATEGORIAS SOCIOLÓGICAS BÁSICAS DA AÇÃO ECONÓMICA 129

Além do mais, no cálculo em espécie completamente *racional* (logo, não vinculado à tradição), o cálculo da utilidade marginal — que, quando se dispõe de um património e de um rendimento em dinheiro, é relativamente simples, baseando-se na escala de urgência das necessidades — é muito complexo. Enquanto ali o problema «marginal» se apresenta apenas sob a forma de *trabalho* adicional ou de satisfação ou sacrifício de uma *necessidade* em prol de outra (ou de outras) (pois é *nisso* que exprimem, em última análise, os «custos» numa *gestão patrimonial* monetária pura), o cálculo em espécie é obrigado a considerar, para lá da escala de urgência das necessidades: *a)* as múltiplas aplicações dos meios de produção, incluindo a quantidade de trabalho total existente até então, portanto, uma *relação* diferente (e variável) entre a satisfação das necessidades e o *dispêndio*; dessa forma, *b)* a quantidade e o tipo do novo trabalho a que o gestor patrimonial se veria obrigado para conseguir novos rendimentos; e *c)* a forma de despender e aplicar bens materiais quando existem *várias* possibilidades de obtenção dos mesmos.

Uma das questões mais importantes da teoria económica consiste em analisar a *forma* racionalmente possível destas considerações, assim como o é, para a história económica, seguir, através das épocas históricas, o modo como as questões patrimoniais calculadas em espécies foram tratadas *na realidade*. No essencial, podemos afirmar: *a)* que o grau de racionalidade formal na realidade (em geral) *não* alcançou o nível *realmente* possível (e, muito menos, o teoricamente postulável), mas que os cálculos em espécie dessas economias, na sua grande maioria, permaneceram, em muitos aspetos, vinculados necessariamente à tradição e *b)* que, assim sendo, as gestões patrimoniais em grande escala, precisamente *porque* o aumento e o refinamento das necessidades quotidianas não se verificou, tenderam para a utilização não quotidiana (sobretudo artística) dos seus excedentes (base da cultura artística, vinculada a um certo estilo, na época das economias de troca em espécies).

1. O «património» não é constituído, naturalmente, apenas por bens materiais, é também por *todas* as oportunidades nas quais existe um poder de disposição garantido, com alguma segurança, pelo costume, pela

situação de interesses, pela convenção, pelo direito ou de uma outra maneira (incluindo a «clientela» de uma propriedade — quer se trate da propriedade de um médico, de um advogado, ou de um comerciante retalhista —, que faz parte do «património» do proprietário, quando, por quaisquer motivos, é *estável*: no caso da apropriação jurídica, a clientela pode ser «propriedade» nos termos da definição no Capítulo 1, § 10).

2. O *cálculo* em dinheiro sem uso efetivo do mesmo ou, pelo menos, com uso limitado a excedentes das quantidades de bens trocados que não puderam ser compensadas em espécie, constitui um fenómeno típico mencionado nos documentos egípcios e babilónicos; encontramos o cálculo em dinheiro como medida de uma prestação em espécie, por exemplo, tanto no código de Hamurábi, como no direito romano vulgar e no dos inícios da Idade Média, na autorização típica ao devedor de pagar a respetiva importância em dinheiro: *in quo potuerit*. (A conversão só podia efetuar-se, nestes casos, sobre a base de preços internos tradicionais ou impostos à força.)

3. De resto, esta exposição só inclui coisas já conhecidas, no interesse de uma fixação inequívoca do conceito de «gestão patrimonial» (*Haushalt*) racional em oposição ao conceito de economia racional aquisitiva, que mencionaremos adiante. O objetivo é afirmar explicitamente que *ambas* são possíveis numa forma racional, que a «satisfação das necessidades», desde que proceda de maneira racional, não constitui algo «mais primitivo» do que a «aquisição», nem o «património» é uma categoria necessariamente «mais primitiva» do que o «capital», nem o é a «renda» mais do que o «lucro». Do ponto de vista histórico e com referência à forma predominante de considerar assuntos económicos no passado, é evidente que primeiro vem a «gestão patrimonial».

4. Não importa quem é o portador da «gestão patrimonial». O «plano orçamental» de um Estado e o «orçamento» de um trabalhador pertencem ambos à mesma categoria.

5. A gestão patrimonial e a gestão aquisitiva não são alternativas exclusivas. Uma «cooperativa de consumo», por exemplo, está (normalmente) *ao serviço* da primeira, mas não constitui um empreendimento com carácter de gestão patrimonial. Dada a *forma* das suas atividades, é um empreendimento aquisitivo sem *finalidade* material aquisitiva. A gestão patrimonial e a aquisitiva podem interpenetrar-se (e este é o caso típico em épocas passadas) de tal forma na ação do indivíduo que só o ato final (uma venda aqui, um consumo ali) decide qual o sentido da ação (caso típico especialmente entre os pequenos camponeses). A troca característica da gestão patrimonial (aquisição de bens para consumo, venda de excedentes)

CATEGORIAS SOCIOLÓGICAS BÁSICAS DA AÇÃO ECONÓMICA   131

constitui um elemento integrante dessa gestão. Uma gestão patrimonial (de um príncipe ou de um latifundiário) pode incluir empresas aquisitivas, no sentido do parágrafo seguinte, tal como era típico no passado: desenvolveram-se verdadeiras indústrias a partir daquelas «empresas acessórias», heterocéfalas e heterónomas, que utilizaram produtos próprios das florestas e dos campos de latifundiários, mosteiros ou príncipes. Hoje em dia, há «empresas» de todas as espécies que fazem parte de gestões patrimoniais, especialmente municipais, mas também estatais. O «rendimento» inclui, naturalmente, com base no cálculo racional, apenas as «receitas líquidas» dessas empresas de que a gestão patrimonial pode dispor. Pelo contrário, as empresas aquisitivas podem estabelecer unidades fragmentárias de gestão patrimonial de carácter heterónomo, por exemplo, para a alimentação dos seus escravos ou trabalhadores assalariados («instituições de beneficência», habitações, cozinhas). O «rendimento líquido» (n.º 2) é constituído pelos excedentes *em dinheiro*, descontados todos os custos *monetários*.

6. A referência ao significado do cálculo em espécie para o desenvolvimento geral da cultura ficará por aqui, limitando-nos a fazer algumas indicações iniciais.

§ 11. Conceito e forma de aquisição, cálculo de capital

Chamamos *gestão aquisitiva* a um comportamento orientado pelas oportunidades de ganhar (uma só vez ou repetidamente, com uma certa regularidade, isto é, continuamente) novos poderes de disposição sobre bens; *atividade aquisitiva* consiste na atividade que, entre outros fatores, *também* se orienta pelas oportunidades de aquisição; *gestão económica aquisitiva* é aquela que se orienta por possibilidades pacíficas; *gestão aquisitiva segundo o mercado* é aquela que se orienta pela situação de mercado; *meios de aquisição* são aqueles bens e possibilidades que estão ao serviço da gestão económica aquisitiva; *troca aquisitiva* é a troca orientada pela situação de mercado para fins de aquisição, em oposição à troca para fins de satisfação de necessidades (*troca típica da gestão patrimonial*); *crédito de aquisição* consiste no crédito que se concede ou se aceita a fim de se obterem poderes de disposição sobre meios de aquisição.

A forma específica de cálculo em dinheiro, própria da gestão económica aquisitiva de carácter racional, consiste no *cálculo de capital*.

O *cálculo de capital* é a avaliação e o controlo de oportunidades e de resultados da gestão aquisitiva através de uma comparação, por um lado, da importância estimada em dinheiro de todos os bens de aquisição (em espécie ou em dinheiro) à partida, com todos os bens de aquisição (ainda existentes ou obtidos recentemente) na conclusão da respetiva atividade, ou, no caso de um empreendimento aquisitivo contínuo, com referência a um período de cálculo, mediante um *balanço* inicial e final. Por *capital* entende-se a importância estimada em dinheiro, verificada com o objetivo de, no cálculo de capital, fazer um balanço dos meios de aquisição disponíveis para fins de empreendimento. *Lucro e perda* são, respetivamente, o aumento e a diminuição da importância estimada, verificados no balanço final, em relação à importância do balanço inicial. A probabilidade estimada de ocorrer uma perda no balanço constitui o chamado *risco de capital*. Por *empreendimento económico* entende-se uma ação que, de forma autónoma, pode ser orientada pelo cálculo do capital. Essa orientação ocorre com recurso ao *cálculo*: o cálculo prévio do risco e do lucro a serem esperados caso sejam tomadas determinadas medidas, e o cálculo posterior, para controlar os resultados, ou seja, os lucros ou perdas reais. *Rendibilidade* significa (em caso de procedimento racional) o lucro de um período que *a)* se considera possível na base do cálculo prévio e que o empresário pretende atingir fazendo uso de determinadas medidas; e que *b)* conforme o cálculo posterior, se concretiza efetivamente e do qual a *gestão patrimonial* do empresário (ou dos empresários) pode dispor sem prejudicar possibilidades futuras de rendibilidade, e que geralmente se expressa pelo quociente entre este e o balanço do capital inicial (ou, hoje em dia, pela percentagem correspondente).

Os empreendimentos baseados no cálculo de capital podem ser orientados pelas oportunidades de *aquisição no mercado* ou pelo aproveitamento de outras possibilidades de aquisição — oriundas, por exemplo, de relações de poder (arrendamento do direito de receber tributos, compra de serviços).

As medidas particulares de empreendimentos racionais orientam-se, mediante o cálculo, pela rendibilidade prevista. No caso de *aquisições no mercado*, o cálculo de capital pressupõe: *a)* que existam

CATEGORIAS SOCIOLÓGICAS BÁSICAS DA AÇÃO ECONÓMICA 133

possibilidades de venda suficientemente amplas e seguras para os bens produzidos pelo empreendimento aquisitivo, estimáveis por meio de um cálculo, ou seja (em condições normais), que haja mercantilidade; *b)* que, além disso, os meio de gestão aquisitiva — meios de obtenção materiais e produtividade — possam ser adquiridos no mercado com suficiente segurança e com «custos» calculados previamente; e, por fim, *c)* que as condições técnicas e jurídicas das medidas a serem tomadas, desde as relativas aos meios de obtenção até às referentes à venda dos objetos (transporte, elaboração, armazenamento, etc.) também tenham custos (em dinheiro) calculáveis previamente. O significado extraordinário de uma *calculabilidade* ideal com fundamento do cálculo de capital ótimo aparecerá de novo e repetidamente nas condições sociológicas da economia. Ao contrário da ideia de que aqui só podem ser equacionados aspetos económicos, veremos que a circunstância de o cálculo de capital como uma das formas fundamentais do cálculo económico se ter desenvolvido apenas no Ocidente deve-se a obstruções de natureza mais diversa, tanto externas *como* internas.

O cálculo de capital e os cálculos do empresário, ao contrário do cálculo da gestão patrimonial, não se orientam pela «utilidade marginal», e sim pela *rendibilidade*. A oportunidade de haver rendibilidade está condicionada, em última instância, pelas condições do rendimento e, através destas, pelas constelações de utilidade marginal dos rendimentos em *dinheiro* dos quais podem dispor os consumidores *últimos* dos bens prontos para consumo (ou, como se costuma dizer, pela «capacidade aquisitiva» destes no que diz respeito às mercadorias de que necessitam). Contudo, tecnicamente, o cálculo do empreendimento aquisitivo e da gestão patrimonial são tão radicalmente diferentes quanto a aquisição ou a satisfação das necessidades a que atendem. Para a teoria económica, é o *consumidor* marginal que determina a orientação da produção, dependendo da situação de poder (atualmente, isto é parcialmente verdade, uma vez que é o «empresário» que «desperta» e «dirige», em grande parte, as necessidades do consumidor — quando este *pode* comprar).

Todo o cálculo racional em dinheiro e, por consequência, todo o cálculo de *capital*, está orientado, no caso do mercado de aquisição, pelas oportunidades de preços baseadas no conflito de interesses (relacionado com os preços e com a concorrência) e no compromisso entre os diversos interesses que surgem no mercado. Isso reflete--se no cálculo da rendibilidade de uma maneira particularmente visível na forma tecnicamente (até agora) mais desenvolvida da contabilidade (a chamada contabilidade «por partidas dobradas»): através de determinado sistema de contas, toma-se por base a ficção de processos de troca entre as diversas secções da empresa ou entre diversas verbas do cálculo, o que permite tecnicamente a forma mais perfeita de controlo da rendibilidade de cada uma das medidas tomadas. O cálculo de capital, na sua configuração mais racional do ponto de vista *formal*, pressupõe, desde logo, a *luta dos homens entre si*. E isso deve-se ainda a uma outra condição muito peculiar. A «sensação de necessidade» existente subjetivamente não pode ser igual à necessidade efetiva para *nenhuma* economia, isto é, à necessidade que se deve tomar por base para a satisfação através da obtenção de bens. Se aquela sensação subjetiva pode ser satisfeita ou não depende, por um lado, da escala de urgência e, por outro, dos bens (existentes ou, em regra, ainda a serem obtidos, segundo a urgência) disponíveis provavelmente para a sua satisfação. A satisfação é frustrada quando, estando cobertas as necessidades precedentes em termos de urgência, as utilidades necessárias para *esta* satisfação não existem, não podem ser obtidas de modo algum, ou só o podem ser com tal sacrifício da força de trabalho ou de bens materiais que prejudicariam as necessidades futuras já consideradas mais urgentes pela estimativa precedente. Isso acontece em toda a economia de consumo, mesmo na comunista.

Numa economia com cálculo de capital — *logo*, com apropriação dos meios de obtenção por economias particulares e, *portanto*, com «propriedade» (ver Capítulo 1, § 10) —, significa isso que a rendibilidade depende dos preços que os «consumidores» podem e querem pagar (segundo a utilidade marginal do dinheiro e de acordo com os seus rendimentos); só se pode produzir de forma rendível para consumidores que disponham (conforme aquele princípio) de *rendimentos* correspondentes. A satisfação das necessidades não deixa de se concretizar apenas quando há necessidades (*próprias*)

CATEGORIAS SOCIOLÓGICAS BÁSICAS DA AÇÃO ECONÓMICA   135

mais urgentes. Também se concretiza quando existe uma capacidade aquisitiva (*alheia*) mais forte do que a própria, com respeito a necessidades de *todas* as espécies. O pressuposto do conflito entre homens no mercado como condição da existência de um cálculo racional em dinheiro pressupõe, por sua vez e de forma absoluta, a influência decisiva do resultado pelas possibilidades de oferecer preços mais elevados por parte dos consumidores que dispõem de maiores rendimentos, ou ainda pelas possibilidades de vender a preços mais baixos por parte dos produtores mais equipados para a obtenção de bens — especialmente por parte daqueles que possuem poderes de disposição sobre dinheiro ou outros bens importantes para a sua obtenção. Pressupõe especialmente preços *efetivos* — e não apenas preços fictícios, estabelecidos convencionalmente para quaisquer fins técnicos — e, portanto, dinheiro *efetivo* que circule como meio de troca (e não apenas com carácter simbólico, para cálculos técnicos nas empresas). A orientação pela probabilidade de determinados preços em dinheiro e pela rendibilidade implica, desse modo, *a)* que as diferenças entre os diversos interessados na troca no que diz respeito ao abastecimento em dinheiro ou em outros bens especificamente comercializáveis se tornem decisivas para a direção que toma a obtenção ou produção de bens, desde que esta tenha uma finalidade lucrativa, uma vez que as necessidades só são e podem ser satisfeitas com «poder aquisitivo». Implica, também, *b)* que a questão das necessidades a serem cobertas mediante a obtenção de bens dependa inteiramente da rendibilidade ou da obtenção dos respetivos bens. Esta, por sua vez, constitui uma categoria *formalmente* racional, mas que, por isso, se comporta com indiferença no que concerne aos postulados *materiais*, a não ser que estes sejam incapazes de se apresentar no mercado na forma de *poder aquisitivo suficiente.*

Consideramos *bens de capital* (em oposição a objetos possuídos ou a parcelas de património) todos os bens dos quais se dispõe sob orientação de um cálculo de capital. Chamamos *juros de capital* (em oposição a juros de empréstimo de diversas espécies possíveis) *a)* à possibilidade mínima de rendibilidade considerada normal, na base do cálculo de rendibilidade, com respeito a determinados meios de

136   ECONOMIA E SOCIEDADE

aquisição materiais e *b)* aos juros pelos quais os empreendimentos *aquisitivos* obtêm dinheiro ou bens de capital.

A exposição contém apenas factos já conhecidos numa forma um tanto mais especificada. Quanto ao carácter técnico do cálculo de capital, basta comparar com as exposições correntes, por vezes excelentes, da teoria do cálculo (Leitner, Schär, etc.).

1. O conceito de capital tem aqui um sentido rigorosamente «contabilístico» e privado por razões de conveniência. Esta terminologia colide menos com o uso corrente do que com aquela de que costuma servir-se a linguagem científica, aliás, de maneira pouco homogénea. Para comprovar a aplicabilidade da terminologia referida rigorosamente à economia privada, cada vez mais utilizada pela linguagem científica, basta colocar estas simples perguntas: O que significa *1)* uma sociedade por ações possuir um «capital nominal» de um milhão, *2)* este capital «reduzir-se» e *3)* as leis conterem regulamentos referentes ao capital nominal que determinam, por exemplo, o que deve ser investido a favor desse capital e como isso deve ser feito. Significa que (com respeito ao item *1)*), na distribuição do lucro se procede de tal modo que só se pode registar como «lucro» o excedente total do «ativo» sobre o «passivo», averiguado em inventário, estimado corretamente em dinheiro e que *supera* um milhão, podendo este ser *distribuído* entre os interessados para uma qualquer aplicação (no caso de uma empresa individual, que só esse excedente pode ser *consumido* para fins da gestão patrimonial da empresa). Significa que (com respeito ao item *2)*), em caso de grandes prejuízos, não se deve esperar o momento em que, quiçá só muitos anos depois, dependendo da acumulação de possíveis lucros, se chega, novamente, a um excedente total de mais de um milhão, ou que se pode distribuir o «lucro» na base de um excedente total mais baixo e que, *para isso*, é necessário reduzir o «capital», sendo esta a finalidade da operação. A finalidade (com respeito a *3)*) dos regulamentos referentes ao modo como o capital nominal deve ser coberto e ao momento e ao modo como este deve ser «reduzido» ou «aumentado» é a seguinte: dar aos credores e aos acionistas a garantia de que a distribuição do lucro ocorre «corretamente», de acordo com as regras do cálculo racional da empresa, isto é, *a)* mantendo a rendibilidade e *b)* não reduzindo a garantia real dos credores. Os regulamentos concernentes aos «rendimentos» referem-se todos à inclusão de objetos como sendo «capital». *4)* O que significa dizer: «o capital volta-se para outros investimentos» (por falta de rendibilidade)? Isso pode referir-se ao «património», pois «investir» é uma categoria da

CATEGORIAS SOCIOLÓGICAS BÁSICAS DA AÇÃO ECONÓMICA 137

administração de bens, e não da atividade aquisitiva. Pode também significar (raramente) que os *bens* de capital perdem essa qualidade, em parte, por serem vendidos como refugo ou ferro-velho, em parte, por voltarem a ser adquiridos. *5)* O que significa «poder do capital»? Significa que os que têm poderes de disposição sobre meios de aquisição e oportunidades económicas utilizáveis num empreendimento aquisitivo como *bens* de capital, em virtude desses poderes de disposição e em virtude da orientação da gestão económica pelos princípios do cálculo aquisitivo capitalista, ocupam uma posição de poder específica diante de outros.

O capital (não com este nome) já aparece nos primórdios de atos aquisitivos racionais como uma conta *calculada* em dinheiro, por exemplo, na *comenda*. Bens de diversas espécies eram entregues a um comerciante viajante para venda num mercado estrangeiro e — possivelmente — para compra de outros bens destinados ao mercado próprio, repartindo-se os lucros e os prejuízos em determinada proporção entre os envolvidos no empreendimento: o comerciante viajante e o dono do capital. Para que assim fosse, os bens tinham de ser estimados em dinheiro — fazendo-se, por isso, um *balanço* inicial e um balanço final do empreendimento: o «capital» da *comenda* (ou *societas maris*) consistia num montante que servia *única e exclusivamente* para fins de cálculo entre os envolvidos.

O que significa «mercado de capital»? Significa que há bens — especialmente dinheiro —, solicitados para serem utilizados como *bens* de capital, e empreendimentos aquisitivos (particularmente «bancos» de determinado tipo) encarregados de colocá-los à disposição (especialmente dinheiro) para aquele fim, obtendo lucro daí. No caso do chamado «capital de empréstimo» — entrega de dinheiro contra devolução do mesmo montante, com ou sem «juros» —, *nós* só falaremos de «capital» quando o empréstimo constitui a atividade essencial de um empreendimento aquisitivo; em todos os outros casos, falaremos simplesmente de «empréstimo em dinheiro». No uso corrente fala-se de «capital» sempre que se pagam «juros», uma vez que estes costumam ser calculados como uma determinada quota do montante total: é *só* por causa desta função *de cálculo* que o montante em dinheiro de um empréstimo ou de um depósito é chamado «capital». No entanto, não há dúvida de que esta é a origem do termo (*capitale* = montante total do empréstimo; segundo se afirma — embora sem provas —, significa a soma de «cabeças» nos contratos sobre empréstimo de gado). Em todo o caso, isto é irrelevante. Nos primórdios da história encontramos a entrega de bens em espécie *estimados* segundo o seu valor em dinheiro, na base do qual se calculavam os juros, de modo que, também neste caso, os «bens de

138   ECONOMIA E SOCIEDADE

capital» e o «cálculo de capital» começaram a partir daí a aparecer lado a lado numa forma que, desde então, se tornou típica. No caso de um simples empréstimo, que, como é sabido, faz parte de toda a administração de *bens*, *não* falaremos de «capital de empréstimo» do ponto de vista do credor, quando serve para fins de gestão patrimonial. Assim como não o fazemos, naturalmente, quando falamos do ponto de vista do beneficiário.

O conceito de «empreendimento» corresponde ao seu uso habitual; contudo, salientaremos expressamente a orientação pelo cálculo de capital (que, na maior parte das vezes, é pressuposta como evidente), a fim de indicar que nem toda a atividade aquisitiva como tal pode ser considerada «empreendimento», a menos que seja suscetível de se orientar pelo cálculo de capital (tratando-se de capitalismo em grande ou em pequena escala). Por outro lado, é indiferente se esse cálculo de capital se realiza efetivamente de maneira *racional*, seguindo princípios racionais. Do mesmo modo, só falaremos de «lucro» e de «prejuízo» com referência a empreendimentos com cálculo de capital. É claro que, para nós, as atividades aquisitivas sem interferência de capital (de escritores, médicos, advogados, funcionários públicos, professores, empregados, técnicos, trabalhadores) constituem um «ganho», mas não lhe chamaremos «lucro» (também não é uso corrente fazê-lo). «Rendibilidade» é um conceito aplicável a *todo* o ato aquisitivo suscetível de cálculo, de forma independente, com os meios da técnica da contabilidade comercial (contratação de determinado trabalhador ou instalação de determinada máquina, determinação de pausas no trabalho, etc.).

Não é conveniente partir dos juros estipulados para um empréstimo para definir o conceito de «juros de capital». Quando alguém ajuda um camponês com sementes de cereais, estipulando com ele uma sobretaxa de restituição, ou se o faz com dinheiro, no caso de uma gestão patrimonial que necessita e outra que pode dar, não é oportuno considerar este processo «capitalista». O acréscimo (os «juros») — em caso de procedimento racional — é estipulado porque o *tomador de empréstimo*, considerando as suas probabilidades de abastecimento, caso faça o empréstimo, espera que estas superem o acréscimo estipulado comparadas com as previstas em caso de renúncia ao empréstimo, enquanto o *emprestador* conhece essa situação e tira proveito dela, porquanto a utilidade marginal da sua disposição sobre os bens emprestados, nesse momento, é *superada* pela utilidade marginal do acréscimo estipulado para o momento da devolução. Aqui, ainda se trata de categorias da gestão orçamental e da administração de bens, mas não do cálculo de capital. Do mesmo modo, quem, em caso de necessidade, pede

CATEGORIAS SOCIOLÓGICAS BÁSICAS DA AÇÃO ECONÓMICA 139

um empréstimo a um «judeu do dinheiro» [*sic*] para fins de consumo próprio não paga «juros de capital» no sentido desta terminologia e o emprestador não recebe. Trata-se de um pagamento para reembolsar o empréstimo. O emprestador profissional (no caso de uma gestão económica racional) calcula os «juros» que receberá do seu capital *comercial* e terá «prejuízo» se esse grau de rendibilidade não for atingido, por não serem devolvidos os montantes emprestados. *Estes* juros constituem «juros de capital», na nossa perspetiva. Os outros serão considerados simplesmente «juros». «Juros de capital», no sentido desta terminologia, são, então, sempre juros *do* capital, e não *para* o capital, estando sempre ligados a estimativas em dinheiro e, por conseguinte, ao facto sociológico do *poder de disposição* «privado», isto é, *apropriado, sobre meios de aquisição*, sejam eles sujeitos ao mercado ou não, sem o qual não poderia haver um cálculo de «capital», nem, *por consequência,* um cálculo de «juros». No empreendimento aquisitivo racional, os juros calculados, por exemplo, sobre um item que aparece como «capital» representam o mínimo de rendibilidade; é em função da obtenção ou não deste mínimo que *se avalia* a adequação e idoneidade da respetiva forma de emprego dos *bens* de capital em questão («adequação», naturalmente, do ponto de vista da aquisição, isto é, da rendibilidade). A taxa pela qual se calcula esse mínimo de rendibilidade orienta-se, como é sabido, de forma apenas aproximada, pelas possibilidades de juros para créditos oferecidos no «mercado de capital» nesse momento; apesar de ser, obviamente, a existência desses créditos que suscita essas medidas de cálculo, também é a existência da troca mercantil que suscita o lança-mento em contas. Não obstante, a explicação do fenómeno fundamental da economia capitalista (em que os empresários continuamente *efetuam* pagamentos em remuneração por «capitais de empréstimos») só pode ser obtida respondendo à seguinte pergunta: por que motivo é que os empresários, em média, esperam sempre alcançar uma certa rendibilidade, apesar de pagarem essa remuneração aos emprestadores, ou seja, quais as condições gerais para que, em média, a troca de 100 unidades presentes por 100 + x unidades futuras seja racional? A teoria económica, neste caso, responderá com a relação de utilidade marginal entre bens presentes e bens futuros. Muito bem! Nesse caso, o sociólogo teria interesse em saber em que *ação* humana essa suposta relação se manifesta, podendo as pessoas em causa tomar por base das suas operações as consequências dessa estimativa diferencial, sob a forma de «juros», pois a questão de quando e onde isso ocorre não é de modo algum evidente. Isto acontece realmente, como é sabido, nas economias *aquisitivas*. Decisiva, em primeiro lugar, é a *relação de poder* económica entre os empreendimentos aquisitivos, por um lado, e as gestões patrimoniais, por outro, entre aqueles que consomem os bens oferecidos e aqueles que oferecem certos meios de obtenção (sobretudo trabalho). Os empreendimentos económicos só são fundados e só *continuam* a funcionar (de forma capitalista) *quando* se espera o mínimo dos «juros de capital». A *teoria* económica, que pode ser bem diversa, diria, então, que aquele aproveitamento da situação de poder — consequência da propriedade privada dos meios de produção e dos produtos — só possibilita uma gestão económica, por assim dizer, «adaptada aos juros», a esta categoria de sujeitos económicos.

2. Vista de fora, a administração de património e o empreendimento aquisitivo podem parecer aproximar-se até se identificarem completamente. A primeira só se distingue realmente da segunda pelo *sentido* último concreto da gestão económica: o aumento e a manutenção da rendibilidade e da posição de poder da empresa no mercado, por um lado, e a segurança e aumento do património e da renda, por outro. Na realidade, este último sentido não tende necessariamente de modo exclusivo para uma das alternativas, nem é possível decidir-se, em cada caso, de qual delas se trata. Quando, por exemplo, o património do gerente de uma empresa coincide por completo com o poder de disposição sobre os meios de gestão empresarial e o rendimento é coincidente com o lucro, ambas as coisas parecem andar a par. Contudo, pode haver todo o tipo de circunstâncias da vida pessoal que levem o gerente a tomar um caminho irracional na gestão da empresa, um caminho irracional do ponto de vista da orientação do funcionamento da empresa pela racionalidade. Sobretudo, na maioria dos casos, o património e a disposição sobre a empresa não coincidem. Além disso, dívidas pessoais excessivas do proprietário, interesse pessoal em receitas mais elevadas num determinado momento, partilhas de herança, etc., exercem muitas vezes uma influência altamente irracional — do ponto de vista dos interesses da empresa — sobre a gestão da mesma, o que leva, frequentemente, à adoção de medidas que possam eliminar totalmente esse tipo de influência (fundação de empresas familiares sob a forma de sociedades por ações, por exemplo). Esta tendência para separar a gestão patrimonial e a empresa não é casual. Resulta da circunstância de o *património* e seu destino, do ponto de vista da *empresa*, e os interesses dos proprietários em obter determinados rendimentos serem *irracionais* do ponto de vista da rendibilidade. Assim como o cálculo de rendibilidade de uma empresa diz pouco acerca das possibilidades de provisão das pessoas interessadas, na sua qualidade de trabalhadores ou consumidores, também os interesses no património ou

CATEGORIAS SOCIOLÓGICAS BÁSICAS DA AÇÃO ECONÓMICA 141

nos rendimentos por parte de um indivíduo ou de uma associação com poder de disposição sobre a empresa não se orientam, necessariamente, pelo máximo *sustentável* de rendibilidade da empresa ou pela situação de poder no mercado. (Isto também não acontece — aliás, não costuma ocorrer *precisamente* — quando o poder de disposição sobre a empresa aquisitiva está nas mãos de uma «cooperativa de produção».) Os interesses *objetivos* de uma gestão racional moderna de uma empresa não são, de modo algum, idênticos aos interesses *pessoais* do detentor ou dos detentores do poder de disposição. Muitas vezes, são até contrários, o que significa a separação, em princípio, entre «gestão patrimonial» e «empresa», mesmo nos casos em que sejam idênticos quanto aos detentores do poder de disposição e dos objetos de disposição.

Seria conveniente fazer uma separação entre «gestão patrimonial» e «empresa aquisitiva», mantendo-a também rigorosamente no campo terminológico. A compra de «ações» por um rentista, a fim de desfrutar dos rendimentos em dinheiro, não é investimento de «capital», mas sim de *património*. Um empréstimo em dinheiro concedido por uma pessoa particular, a fim de adquirir direito a juros, não é a mesma coisa, do ponto de vista de um emprestador, que um empréstimo em dinheiro concedido por um banco ao mesmo beneficiário. Um empréstimo em dinheiro concedido a um consumidor ou a um empresário (para fins lucrativos) não são a mesma coisa do ponto de vista do detentor: no primeiro caso, trata-se de um *investimento* de capital por parte do banco, no segundo, da *obtenção* de capital por parte do empresário. Para o beneficiário, o investimento de capital pelo emprestador, no primeiro caso, pode ter o carácter de um simples empréstimo para fins da sua gestão patrimonial; para o emprestador, a aceitação de capital, no segundo caso, pode ter o carácter de um simples «investimento de património». A fixação das diferenças entre património e capital, gestão patrimonial e empresa aquisitiva não é irrelevante, especialmente porque, sem fazer essa distinção, não se pode chegar à compreensão da situação na Antiguidade e dos limites do capitalismo daquela época (os conhecidos estudos de Rodbertus, apesar de todos seus equívocos e apesar de serem incompletos, continuam a ser importantes para esta questão, bem como as exposições acertadas de Karl Bücher).

3. Nem todos os empreendimentos aquisitivos com cálculo de capital estavam ou estão orientados pelo *mercado* «em sentido duplo», isto é, *tanto* comprando no mercado os meios de obtenção ou produção *quanto* oferecendo nele os produtos (ou resultados finais). Há arrendamentos de tributos e financiamentos dos mais diversos tipos que são efetuados com

cálculos de capital sem que ocorra o último processo. As consequências, muito importantes, serão expostas mais adiante. Trata-se, nestes casos, de atividades aquisitivas com cálculo de capital, porém, sem orientação pelo mercado.

4. Distinguimos aqui, por motivos de conveniência, *atividade* aquisitiva e *empresa* aquisitiva. Realiza uma *atividade* aquisitiva aquele que age de determinada forma para, pelo menos *entre outros fins*, adquirir bens (na forma de dinheiro ou em espécie) que ainda não possui. Isto aplica-se tanto ao funcionário público e ao trabalhador como ao empresário. Por outro lado, só chamamos *empresa* aquisitiva de mercado ao tipo de atividade aquisitiva que se orienta continuamente pelas oportunidades no *mercado* mediante o emprego de *bens* como meios de aquisição para obter dinheiro no momento da troca *a)* pela produção e venda de bens procurados, ou *b)* pela oferta de *serviços* procurados — seja através de troca livre ou de aproveitamento de oportunidades apropriadas como nos casos expostos no número anterior. Não apresenta «atividade aquisitiva», no sentido desta terminologia, o rentista, por mais racional que seja a «gestão económica» da sua propriedade.

5. Ainda que seja evidente *do ponto de vista teórico* que as estimativas da utilidade marginal pelos *consumidores* finais, vinculadas aos rendimento destes, determinam a orientação da rendibilidade das empresas aquisitivas produtoras de bens, do ponto de vista da sociologia, não se deve ignorar que a «cobertura de necessidades capitalistas» *a)* «desperta» novas necessidades e leva a que as anteriores desapareçam, e *b)*, através da sua propaganda agressiva, influencia em alto grau a satisfação *qualitativa e quantitativa* das necessidades dos consumidores. Isto constitui precisamente uma das suas características essenciais. Apesar disso, na maioria destes casos, não se trata de necessidades de máxima urgência. Numa economia capitalista, o *tipo* de alimentação ou habitação está determinado, em grande medida, por aqueles que as oferecem.

§ 12. Cálculo em espécie e economia natural

O *cálculo em espécie* pode apresentar-se nas combinações mais diversas. Fala-se de *economia* monetária no sentido de uma economia com uso típico de dinheiro e, portanto, orientada por situações de mercado estimadas em dinheiro; fala-se de economia natural no

CATEGORIAS SOCIOLÓGICAS BÁSICAS DA AÇÃO ECONÓMICA   143

sentido de uma economia sem uso de dinheiro, podendo-se, nesta perspetiva, diferenciar as economias ao longo da história de acordo com o grau em que empregaram ou não dinheiro.

A economia natural, por sua vez, não é algo inequívoco. Pode apresentar estruturas bastante diferentes. Pode significar

a) uma economia absolutamente *sem trocas* ou
b) uma economia *com trocas* em espécie, sem utilização de dinheiro como meio de troca.

No primeiro caso (*a*), tanto pode ser

α) uma economia isolada *1)* completamente comunista ou *2)* cooperativista (com cálculo na base de participação) e, em ambos os casos, sem autonomia ou autocefalia de cada participante: uma *economia doméstica fechada*; como
β) uma combinação de diversas economias individuais, autónomas e autocéfalas em todos os outros aspetos, todas elas obrigadas a prestações em espécie destinadas a uma economia central (existente para satisfazer necessidades senhoriais ou de uma cooperativa): uma *economia de prestações em espécie* (*Oikos*, associação política completamente orientada para o serviço público).

Em ambos os casos, dada a pureza de tipo (ou na medida em que esta seja suficiente), só se conhece o cálculo *em espécie*. No segundo caso (*b*)), ela pode ser

α) uma economia natural com *trocas* puramente em espécie, sem uso de dinheiro e sem cálculo em dinheiro (economia puramente de troca em espécie), ou
β) uma economia de troca em espécie com *cálculo* (ocasional ou típico) em dinheiro (comprovada no antigo Oriente, mas muito divulgada também em outros lugares).

Para os problemas de *cálculo* em espécie apenas interessa o caso *a)*, *α)* nas suas duas formas, ou então uma situação especial do caso *a)*, *β)*, quando as taxas são pagas em unidades racionais *da empresa*, como seria inevitável, mantida a técnica moderna, no caso de uma «socialização total».

Todo o cálculo em espécie está orientado intrinsecamente para o consumo: a satisfação de necessidades. É evidente que, na base natural, pode realizar-se uma atividade correspondente à «aquisitiva». Isso ocorre de forma que *a)* no caso de uma economia natural *sem* troca, os meios disponíveis em espécie de obtenção ou produção e o trabalho são empregados na produção e obtenção de bens, de acordo com um cálculo no qual se compara o estado de satisfação de necessidades a atingir com uma situação em que não existisse satisfação alguma ou em que houvesse uma forma alternativa de aplicar os respetivos meios, considerando-se o primeiro mais vantajoso do ponto de vista da gestão patrimonial. Ou ocorre de forma que *b)*, no caso de uma economia de *troca* em espécie, se procura atingir, de forma planeada, mediante uma troca exclusivamente em espécie (talvez em atos repetidos), um abastecimento de bens que, comparado com o que existia anteriormente, na ausência dessas medidas, é avaliado como uma satisfação mais abundante das necessidades. Contudo, só quando se trata de bens qualitativamente *iguais* é que se pode fazer uma comparação *numérica inequívoca* e sem estimativas completamente subjetivas. Obviamente, é possível criar determinadas *deputações* típicas de consumo, como aquelas em que se baseavam as ordens de salários e prebendas pagas em espécie, particularmente no Oriente (e que até se tornavam objetos de circulação, como os nossos títulos públicos). No caso de bens tipicamente muito semelhantes (cereais do vale do Nilo), o armazenamento com operações de giro (como no Egito) era tão viável do ponto de vista técnico quanto o de barras de prata como cobertura para moeda emitida por um banco. Do mesmo modo (e isto é mais importante), é possível avaliar numericamente o resultado *técnico* de terminado processo de produção e compará-lo com processos técnicos de outro tipo, quer no caso do mesmo produto final, segundo a natureza e quantidade dos meios de produção exigidos, quer no caso de meios de produção ou de obtenção iguais, segundo produtos finais diferentes, resultantes de procedimentos diversos. Nesses casos, nem sempre é possível, ainda

CATEGORIAS SOCIOLÓGICAS BÁSICAS DA AÇÃO ECONÓMICA   145

que o seja muitas vezes, uma comparação numérica em importantes problemas parciais. No entanto, o simples «cálculo» começa a tornar-se problemático no momento em que são considerados meios de produção de natureza diversa e de múltipla aplicabilidade ou produtos finais diferentes do ponto de vista qualitativo.

Aliás, qualquer empreendimento capitalista efetua continuamente operações de contas em espécie nos seus cálculos. Por exemplo, num tear de certa construção, com cordões e fio de determinada qualidade, ponderam-se os seguintes fatores: a capacidade das máquinas, o grau de humidade do ar e de consumo de carvão, lubrificante, material de desbaste, etc., o número de tramas por hora e de trabalhadores — no que diz respeito a cada trabalhador *individual* — e, com base nisso, o número de unidades do produto que o trabalhador produz em determinado espaço de tempo. Nas indústrias cuja produção *implica* sobras ou produtos acessórios, essa avaliação pode ser feita sem cálculo em dinheiro. Do mesmo modo, em determinadas condições, é possível determinar, e determina-se, realmente, mediante o cálculo em espécie, a necessidade normal anual de matéria-prima de uma empresa, estimada de acordo com a sua capacidade técnica de laboração, o período de desgaste de edifícios e máquinas e os prejuízos típicos devidos a estragos, perdas ou desperdício de material. No entanto, a comparação entre processos de produção de *natureza* diversa e meios de produção ou obtenção de espécie diferente, assim como a sua múltipla aplicabilidade, é algo que o cálculo de rendibilidade das empresas modernas realiza facilmente com base nos custos em dinheiro, enquanto o cálculo em espécie depara aqui com problemas difíceis, para os quais não encontra uma solução «objetiva». É certo que — aparentemente sem necessidade — o cálculo de capital, nas suas operações efetivas nas empresas modernas, adota a forma de cálculo em dinheiro, mesmo na ausência destas dificuldades. No entanto, isso não é casual, pelo menos em parte, já que, por exemplo, no caso das «amortizações» para acautelar as futuras condições de produção de uma empresa, esta forma combina a liberdade de ação dotada do máximo de prontidão adaptativa (todo o armazenamento de provisões ou de quaisquer outras medidas de precaução em espécie *sem* este meio de controlo seria uma ação irracional e fortemente inibida) com o máximo de segurança. É difícil imaginar que forma deveriam ter os «fundos de reserva» não *especificados* no cálculo em espécie. Além disso, dentro de uma empresa coloca-se o problema da existência ou não de elementos que, do ponto de vista puramente técnico e concreto, trabalham de um modo irracional (= não rentável), e se estes existem, quem são, e que elementos dos gastos em espécie (custos, do ponto de vista do cálculo de capital) deveriam ser *poupados* ou, sobretudo, como poderiam ser aplicados de modo mais racional por outra parte: problema que pode ser resolvido com relativa facilidade e segurança, recorrendo a uma verificação contabilística das relações, em dinheiro, entre «utilidade» e «custos» — processo em que também entra, como índice, o débito dos *juros* de capital na conta —, que apresenta, contudo, extrema dificuldade mediante um cálculo em espécie de qualquer natureza, só podendo ser resolvido em casos muito simples e de forma muito sumária. (Não se trata aqui, provavelmente, de limites casuais que possam ser superados por um «aperfeiçoamento» do método de cálculo, mas de limitações fundamentais de toda a tentativa de calcular em espécie de maneira realmente *exata*. Contudo, esta questão ainda poderia ser discutida, embora não com argumentos provindos do sistema de Taylor ou da hipótese de alcançar algum «progresso» com recurso a um cálculo qualquer de prémios ou pontos, sem *emprego* de dinheiro; pois o problema é precisamente o de como *descobrir* em que *ponto* de uma empresa esses meios poderiam eventualmente ser aplicados, porque é justamente nele que existem irracionalidades a serem eliminadas — irracionalidades em cuja exata *averiguação* o cálculo em espécie enfrenta dificuldades inexistentes numa verificação com base no dinheiro.) O cálculo em espécie como fundamento do cálculo nas empresas (as quais, neste caso, devem ser consideradas empreendimentos heterocéfalos e heterónomos de uma direção planificada da produção ou obtenção de bens) encontra os seus limites de racionalidade no problema da *imputação*, o qual, para este tipo de cálculo, não se apresenta na simples forma de uma verificação segundo os livros de contabilidade, mas sim na forma extremamente controversa da «teoria da utilidade marginal». O cálculo em espécie, para fins de uma administração

CATEGORIAS SOCIOLÓGICAS BÁSICAS DA AÇÃO ECONÓMICA   147

racional dos meios de produção ou obtenção permanente, teria de estabelecer «índices de *valor*» para cada um dos objetos, os quais teriam de assumir a função dos «preços de balanço» na contabilidade moderna. Além de que não fica claro como esses índices poderiam ser desenvolvidos e *controlados* para empresas diferentes (segundo a sua localização), que, de modo geral, considerando a «utilidade social», referem-se às *necessidades de consumo* (atuais e *futuras*).

Não adianta supor que será «encontrado» ou inventado algum sistema de cálculo, se o problema da economia sem dinheiro for enfrentado de modo resoluto: esse problema constitui uma questão fundamental de toda a «socialização completa», e não se pode falar, de modo algum, de uma «economia planificada» *racional* enquanto nesse ponto, o mais decisivo de todos, não seja conhecido um meio para a organização puramente racional de um «plano».

As dificuldades do cálculo em espécie são ainda maiores quanto é necessário determinar se uma das empresas direcionadas concretamente para a produção possui uma *localização* racional nesta área ou — sempre do ponto de vista da satisfação das necessidades de determinado grupo de pessoas — a teria num outro lugar; e também se, para uma dada associação económica, com uma economia natural — do ponto de vista do emprego mais racional possível da força de trabalho e da matéria-prima de que dispõe —, seria melhor obter determinados produtos por meio de uma «troca de compensação» com outras ou recorrendo a fabrico próprio. É certo que os fundamentos da determinação da localização são puramente naturais e que os seus princípios mais simples também podem ser formulados em dados naturais (ver Alfred Weber a este propósito). Todavia, averiguar *concretamente* se, segundo as circunstâncias características de um lugar concreto, um empreendimento com determinada direção de produção *seria* racional no cálculo em espécie, ou se talvez outro com direção de produção modificada o fosse mais, só é possível com base em estimativas muito grosseiras — salvo no caso de uma localização forçada por ocorrência monopolista de matéria-prima —, enquanto, com base no cálculo em dinheiro, essa averiguação, apesar das incógnitas com as quais se tem de contar sempre, constitui, em princípio, um problema de cálculo, em qualquer caso, suscetível de solução.

Por fim, a comparação, diferente da anterior, a da *importância*, isto é, da *procura* de *tipos* de bens especificamente diferentes, cuja obtenção mediante produção ou troca é igualmente possível nas circunstâncias dadas, constitui uma problema que, em última instância, entra com todas as suas consequências no cálculo de cada empresa, determinando a rendibilidade de modo decisivo, caso se calcule em dinheiro, condicionando, assim, a orientação da produção ou a obtenção de bens dos empreendimentos aquisitivos. Para o cálculo em espécie, este problema só pode ser resolvido, *em princípio*, com apoio ou da tradição ou de um poder ditatorial que regule o consumo de modo inequívoco (seja estamentalmente diferenciado ou igualitário) e, *além disso*, encontre obediência. Contudo, mesmo neste caso, persistiria o facto de o cálculo em espécie *não* ser capaz de resolver o problema da *imputação* do rendimento total de uma empresa a determinados «fatores» e medidas, como o cálculo de rendibilidade em dinheiro consegue, e de ser precisamente o abastecimento atual das *massas* por *empresas* de produção em massa que oferece mais resistência àquela forma de cálculo.

1. Os problemas de cálculo em espécie suscitados pelas tendências «socializadoras» destes últimos tempos são tratados com um aprofundamento singular por Otto Neurath nos seus inúmeros trabalhos. Para uma «socialização total», que conta com o desaparecimento dos *preços* efetivos, este problema é fundamental. (Cabe observar explicitamente que a impossibilidade da sua solução *racional* só indicaria todos os problemas, incluindo os puramente económicos, que semelhante socialização teria de enfrentar, sem poder «refutar», no entanto, a «justificação» dessa tendência, uma vez que ela *não* se apoia em postulados técnicos, mas sim, como todo o socialismo de *convicção*, em postulados éticos e outros igualmente absolutos — coisa que nenhuma ciência é capaz de fazer. Do ponto de vista puramente técnico, porém, poderia ter-se em consideração a *possibilidade* de, em regiões com densidade populacional que só podem ser abastecidas com base num *cálculo* exato, os limites de uma socialização estariam dados, na sua forma e extensão, pela persistência de *preços* efetivos. Contudo, não cabe aqui tratar dessa questão. Limitamo-nos a observar que a existir uma distinção conceptual entre «socialismo» e «reforma social», ela tem de ser feita *neste* ponto.)

CATEGORIAS SOCIOLÓGICAS BÁSICAS DA AÇÃO ECONÓMICA   149

2. Naturalmente, é de todo correto que a existência de cálculos «puramente» em dinheiro, seja numa empresa individual, em muitas empresas ou mesmo em todas, bem como a estatística mais abrangente da circulação de bens, etc., em *dinheiro*, não nos dizem absolutamente nada sobre a natureza do abastecimento de determinado grupo de pessoas com aquilo de que este, em última instância, necessita: bens em espécie. Além disso, as estimativas muito discutidas do «património nacional» em dinheiro só podem ser levadas a sério enquanto sirvam interesses fiscais (isto é, na medida em que fixem o património sujeito a *impostos*). Isto não se aplica, nem por sombras, às estatísticas de renda em dinheiro, mesmo do ponto de vista do abastecimento em bens em espécie, quando os *preços* destes bens em dinheiro são conhecidos estatisticamente. Só que, neste caso, também é impossível a existência de controlo do ponto de vista da racionalidade *material*. Também é certo (o que foi excelentemente exposto por Sismondi e Sombart, com o exemplo da Campagna nos tempos romanos) que a *rendibilidade* satisfatória (como a apresentada pela agricultura extensíssima da Campagna, aliás, para *todos* os participantes), em muitos casos, não tem nada em comum com uma estruturação satisfatória da economia, do ponto de vista da utilização máxima de determinados meios de produção ou da obtenção de bens destinados a satisfazer as necessidades de determinado grupo de pessoas. A forma da *apropriação* (especialmente da apropriação das terras — ponto em que concordamos com Franz Oppenheimer —, mas não só esta apropriação) cria oportunidades de rendas e de ganhos de várias espécies que *podem* obstruir permanentemente a otimização de uma aplicação técnica dos meios de produção. (Apesar disso, isto está *muito* longe de constituir uma característica específica justamente da economia capitalista: as muito discutidas restrições da produção no interesse da rendibilidade dominavam totalmente as constituições económicas da Idade Média, e a posição de poder da classe trabalhadora, no momento atual, pode produzir um efeito semelhante. Todavia, não há dúvida de que esse fenómeno também está presente na economia capitalista.) A existência de estatísticas de movimento do dinheiro ou sob a forma de estimativas em dinheiro não impediu, porém, o desenvolvimento de estatísticas em espécie, como seria de crer segundo algumas exposições, por mais que se desaprovem o estado das mesmas e os serviços que prestam do ponto de vista de postulados ideais. Nove décimos ou mais das nossas estatísticas *não* são estatísticas em dinheiro, mas sim em espécie. Considerado em conjunto, o trabalho de toda uma geração quase não consistiu senão numa crítica das consequências que a orientação da economia puramente para

a rendibilidade traz para a provisão de bens em espécie (pois é isso que, em última instância e de modo deliberado, todo o trabalho dos chamados «socialistas de cátedra» tem em vista). Só que essa crítica considera que a única solução possível reside numa economia de *massas* (seja temporária ou definitiva), não na socialização total, mas numa reforma *político*-social orientada pela conservação dos preços *efetivos*, em oposição à economia baseada no cálculo em espécie. Evidentemente, cada um tem a liberdade de considerar este ponto de vista um «meio-termo», só que, em si, ele não era insensato. É verdade que não se deu muita atenção aos problemas da *economia* natural e, especialmente, à possibilidade de racionalizar o *cálculo* em espécie, exceto como questão histórica, não atual. A guerra — como todas as outras guerras no passado — reativou vigorosamente esses problemas, na forma dos problemas da economia de guerra e do pós-guerra. (E, sem dúvida, foi mérito de Otto Neurath, entre outras coisas, o tratamento *atempado* e incisivo precisamente desses problemas, ainda que de forma discutível, tanto nos princípios, como nos detalhes. Não surpreende que «a ciência» quase não tenha tomado posição diante das suas formulações, uma vez que, até agora, estas só existem na forma de prognósticos muito sugestivos, mas com carácter sobretudo de grandes títulos, o que torna difícil um debate efetivo. O problema começa onde as suas declarações *publicadas* — até agora — terminam.)

3. É necessário que os resultados e métodos da economia de guerra sejam utilizados com muito cuidado na crítica da racionalidade *material* de uma constituição económica. A economia de guerra orienta-se por um *único* objetivo inequívoco (em princípio) e está em condições de tirar proveito dos poderes absolutos de que dispõe a economia em tempo de paz, quando os «súbditos» estão na situação de «escravos do Estado». Além disso, na sua essência mais íntima, ela constitui uma «economia de bancarrota»: o seu objetivo supremo faz desaparecer quase por completo a perspetivação de uma futura economia de paz. Fazem-se cálculos precisos do ponto de vista técnico, porém, economicamente, os cálculos que digam respeito a todos os materiais que não estejam ameaçados de se esgotar e, sobretudo, à força de trabalho, são muito grosseiros. Como tal, os cálculos, na sua maioria (embora não exclusivamente), possuem um cariz técnico. Na medida em que têm carácter económico, aliás, considerando a concorrência dos *fins* — e não só os meios para alcançar determinado fim —, satisfazem-se (do ponto de vista de todo o cálculo exato em dinheiro) com considerações e cálculos bastante primitivos, segundo o princípio da utilidade marginal. São cálculos do tipo da gestão «patrimonial» e não possuem, de modo algum, o objetivo

CATEGORIAS SOCIOLÓGICAS BÁSICAS DA AÇÃO ECONÓMICA   151

de garantir a racionalidade *permanente* da distribuição do trabalho e dos meios de produção selecionados. Desde logo — por mais instrutivas que precisamente as economias de guerra e de pós-guerra possam ser para o conhecimento de «possibilidades económicas» —, é questionável tirar conclusões sobre a adequação à economia permanente em tempos de paz com base nas formas de cálculos em espécie que correspondem às economias em tempos de guerra.

Admitimos: *a)* que o cálculo em dinheiro também se vê obrigado a suposições arbitrárias, no caso dos meios de produção que não têm preço de mercado (o que acontece particularmente na contabilidade da agricultura); *b)* que se aplica algo análogo, ainda que em menor escala, ao cálculo da *distribuição* dos «custos gerais», especialmente de empresas com múltiplas atividades; e *c)* que toda a cartelização, por mais racional que seja, e, como tal, orientada pelas possibilidades de mercado, leva a que se diminua imediatamente o interesse no cálculo exato, mesmo na área do cálculo de capital, pois este só existe quando e se há uma *obrigação* de o fazer. No entanto, no caso do cálculo em espécie, com referência ao ponto *a)*, aquela situação seria universal; com referência ao ponto *b)*, *todo o cálculo* exato dos «custos gerais», mesmo que efetuado pelo cálculo de capital, seria impossível; e com referência ao ponto *c)*, *todo* o interesse no cálculo exato seria eliminado e teria de voltar a ser suscitado artificialmente, através de meios com efeitos duvidosos (ver acima). A ideia de transformar um quadro numeroso de «empregados comerciais» ocupado com a contabilidade num de pessoal de *estatística* universal, que se acreditasse estar apto a *substituir* a contabilidade no que se refere ao cálculo em espécie, desconhece não apenas os impulsos fundamentalmente diferentes, como também as funções completamente diversas da «estatística» e do «cálculo». Elas distinguem-se entre si como o burocrata e o organizador.

4. Tanto o cálculo em espécie como o cálculo em dinheiro são técnicas *racionais*. Contudo, não abrangem, de modo algum, a totalidade da gestão económica. Além destes cálculos, também existe a ação orientada economicamente, embora *alheia* ao cálculo. A ação pode estar orientada pela tradição ou condicionada por fatores afetivos. A procura primitiva de alimentos pelo ser humano é muito semelhante à busca instintiva dos animais. As ações económicas plenamente conscientes, ainda que baseadas na devoção religiosa, na excitação guerreira, em sentimentos de piedade ou em outras emoções semelhantes, apresentam um grau mínimo de desenvolvimento de uma forma de cálculo. «Entre irmãos» (da mesma tribo, corporação ou convicção religiosa), não se «regateia». Dentro do círculo dos

152 ECONOMIA E SOCIEDADE

familiares, dos camaradas ou dos discípulos, não se calcula, ou, se existe cálculo, este é feito de forma muito elástica, «racionando»-se em caso de necessidade, o que constitui um primeiro passo, muito modesto, em direção ao cálculo. Sobre a infiltração do cálculo no comunismo familiar primitivo, ver Capítulo 5. O veículo do cálculo era por toda a parte o dinheiro, o que explica por que razão o cálculo em espécie continuou a ser ainda menos desenvolvido do ponto de vista técnico do que os limites impostos pela sua própria natureza (neste ponto, concorda-se com Otto Neurath).

Durante a impressão desta obra apareceu (em *Archiv für Sozialwissenschaft und Sozialpolitik*, 47) um artigo de L. Mises sobre estes problemas.

§ 13. Condições da racionalidade formal do cálculo em dinheiro

A «racionalidade» *formal* do cálculo em dinheiro está vinculada a condições *materiais* muito específicas que interessam aqui do ponto de vista sociológico. Estas são sobretudo:

1) A *luta* no mercado de economias autónomas (pelo menos, relativamente). Os preços em dinheiro são produtos de lutas e compromissos, consequentemente, de constelações de poder. O «dinheiro» não é uma inofensiva «referência a utilidades indeterminadas» que possa ser alterada arbitrariamente sem eliminar por princípio o carácter dos preços resultantes da luta dos homens uns contra os outros. O dinheiro é, antes de mais, um instrumento de luta e um preço de luta, um meio de cálculo, mas apenas na forma de uma expressão quantitativa da estimativa das probabilidades na *luta* de interesses.

2) O cálculo em dinheiro atinge o grau máximo de racionalidade como meio de orientação de carácter calculável para a gestão económica na *forma* do cálculo de capital e, nesse caso, sob a condição *material* do máximo de liberdade de mercado, isto é, de ausência de monopólios, tanto impostos e economicamente irracionais como voluntaristas e economicamente racionais (isto é, orientados pelas oportunidades de mercado). A luta de concorrência pela venda de produtos

CATEGORIAS SOCIOLÓGICAS BÁSICAS DA AÇÃO ECONÓMICA 153

associada a esta situação gera uma grande quantidade de gastos, especialmente na organização da venda e na publicidade (em sentido muito amplo), gastos que não existiriam se não houvesse concorrência (ou seja, numa economia planificada *ou* em caso de monopólios absolutos de carácter racional). Além disso, o cálculo de capital *rigoroso* está vinculado socialmente à «disciplina da empresa» e à apropriação dos meios materiais de produção, logo, à existência de uma relação de *dominação*.

3) Não é um «desejo» como tal, mas sim uma procura *com poder aquisitivo* de utilidades que regula *materialmente* a produção de bens através do cálculo de capital. O que é decisivo para a produção de bens é a constelação da utilidade marginal nos grupos de rendimento que, segundo a distribuição de propriedade, ainda estão tipicamente em condições e dispostos a adquirir determinada utilidade. Essas circunstâncias, próprias do cálculo em dinheiro, em conexão com a indiferença absoluta — no caso do mercado totalmente livre — da racionalidade formalmente perfeita do cálculo de capital diante de postulados *materiais* de qualquer natureza, constituem os *limites* fundamentais da sua racionalidade. Esta possui um carácter puramente *formal*. A racionalidade formal e a material (seja qual for o valor pelo qual se orientam) divergem, *por princípio*, em todas as circunstâncias, por mais frequentes que sejam os casos em que coincidem empiricamente (mesmo que isto aconteça em alguns casos, é uma possibilidade teórica, construída na base de condições completamente irreais), já que a racionalidade formal do cálculo em dinheiro, em si, não diz *nada* acerca da forma de distribuição material dos bens em espécie. Esta requer sempre uma análise específica. Se considerarmos que o critério da racionalidade significa a produção de um *mínimo* de bens materiais para abastecer um *número* máximo de pessoas, então a racionalidade formal e material, na verdade, coincidem bastante, segundo a experiência das *últimas* décadas, o que se explica pela natureza

dos impulsos que desencadeiam o único tipo de ação social economicamente orientada adequado ao cálculo em dinheiro. De qualquer modo, a racionalidade formal só nos diz alguma coisa sobre a situação do abastecimento material em conexão com a forma de distribuição do *rendimento*.

§ 14. Economia de troca e economia planificada

Consideramos satisfação de necessidades através de uma *economia de troca* toda a satisfação económica de necessidades possibilitada somente por uma *situação de interesses* que se orienta pelas oportunidades de troca e que se torna socializada através de troca. Chamamos satisfação de necessidades através de uma *economia planificada* a toda a satisfação de necessidades que se orienta sistematicamente por regulamentos pactuados ou impostos, de natureza material, dentro de uma *associação*.

A satisfação de necessidades pela economia de troca, normalmente e no caso de existência de racionalidade, pressupõe cálculo em dinheiro e, quando existe cálculo de capital, a *separação* económica *entre gestão patrimonial* e *empreendimento económico*. A satisfação de necessidades pela economia planificada (em sentido e grau diversos, segundo a sua abrangência) não pode prescindir do cálculo em espécie como último fundamento da orientação material da economia, enquanto, *formalmente*, no que se refere às pessoas economicamente ativas, necessita de se orientar pelas instruções de uma administração que é considerada indispensável. Na economia de troca, as ações das economias individuais autocéfalas orientam-se de forma autónoma: no caso da gestão económica patrimonial, pela utilidade marginal da propriedade em dinheiro e da receita monetária esperada; no caso de atividades aquisitivas casuais, pelas oportunidades de mercado; no caso de *empreendimentos* aquisitivos, pelo cálculo de capital. Na economia planificada, toda a ação económica — desde que seja realizada de modo consequente — possui o carácter rigoroso da *gestão económica patrimonial* e é heterónomo, orientando-se por uma ordem permissiva ou proibitiva, em vista

CATEGORIAS SOCIOLÓGICAS BÁSICAS DA AÇÃO ECONÓMICA   155

de presumíveis recompensas ou castigos. Quando a economia planificada oferecer a probabilidade de ganhos extra, como forma de despertar o interesse próprio, a natureza e a *orientação* da ação assim recompensada, no que se refere ao seu aspeto material, continuam a ser reguladas de modo heterónomo. É certo que na economia de troca *pode* ocorrer algo semelhante, ainda que de maneira formalmente voluntária. Tal acontece sempre que a diferenciação patrimonial, especialmente de bens de capital, obriga os não-possuidores a submeterem-se a determinadas *ordenações*, para receber nem que seja algum pagamento para as utilidades que oferecem, sejam estas ordenações de um grande proprietário, sejam orientadas pelo cálculo de capital dos possuidores de bens de capital (ou das pessoas de confiança, designadas pelos últimos para administrar esses bens). Na economia puramente capitalista, é este o destino de todos os trabalhadores.

Nas condições da economia de troca, o estímulo decisivo para todas as ações económicas é normalmente:

1) Para os que não possuem propriedade: *a)* a pressão exercida pelo risco de carecer de qualquer provisão, para si e para os «familiares» (filhos, esposa e, possivelmente, pais), por cujo sustento o indivíduo assume tipicamente a responsabilidade, e *b)*, em grau diverso, também a predisposição íntima para aceitar a atividade económica aquisitiva como forma de vida.

2) Para os efetivamente privilegiados, em virtude da posse de propriedade ou de educação (condicionada, por sua vez, pela propriedade): *a)* possibilidade de obter rendimentos de alto nível, por meio de atividades aquisitivas, *b)* ambição, *c)* valorização do trabalho privilegiado socialmente como «profissão» (profissões intelectuais, artísticas ou técnicas especializadas).

3) Para os envolvidos nas possibilidades de empreendimentos aquisitivos: *a)* risco de capital próprio e oportunidades de lucro próprias, em conexão com *b)* a disposição «profissional» para atividade aquisitiva racional como *a)* «prova» da capacidade pessoal; *β)* forma de mando autónomo sobre as pessoas que dependem das disposições próprias, e, ainda, *γ)* possibilidade de previsão, de interesse vital e cultural, para um número indeterminado de pessoas: o *poder*.

Uma economia planificada orientada pela satisfação de necessidades — no caso de uma implementação radical — tem de diminuir, pelo menos, a *coerção* ao trabalho proveniente do risco de ficar sem meios de subsistência, uma vez que, no caso de uma racionalidade material no setor do abastecimento, não poderia deixar sofrer desmesuradamente os *dependentes* de um trabalhador eventualmente menos eficiente. Além disso, aquela tem de suprimir consideravelmente ou, em última instância, completamente, a autonomia da gestão de empreendimentos produtivos; o capital de risco — e a comprovação, através da ativação formal *autónoma*, assim como a disposição de pessoas e a possibilidade de abastecimento de importância vital — não reconhece a autonomia, ou então, só reconhece uma autonomia muito limitada. Esta economia, para além de possibilidades (eventuais) de ganhos extra de natureza puramente material, dispõe, essencialmente, de estímulos ideais de carácter «altruísta» (no sentido mais amplo da palavra) para conseguir, na satisfação de necessidades, *rendimentos* semelhantes àqueles que, segundo a experiência, conseguem realizar a orientação pelas oportunidades de aquisição, dentro de uma economia aquisitiva que visa à produção de bens procurados por pessoas com poder *aquisitivo*. Além disso, no caso de uma concretização radical, tem de aceitar a diminuição da racionalidade contabilística formal, condicionada (neste caso) pela diminuição inevitável do cálculo em dinheiro e do cálculo de capital. É que a racionalidade material e a formal (no sentido de um *cálculo* exato) são necessariamente discrepantes: essa irracionalidade fundamental e, em última instância, inevitável, constitui uma das origens de toda a problemática «social», particularmente, da problemática de todos os socialismos.

CATEGORIAS SOCIOLÓGICAS BÁSICAS DA AÇÃO ECONÓMICA   157

Com respeito aos §§ 13 e 14:

1. É evidente que as exposições se referem apenas a aspetos conhecidos, em geral, ainda que de forma um pouco mais acentuada do que é normal (ver as frases finais do § 14). A economia de troca é o tipo mais importante de todas as ações sociais típicas e universais que se orientam por «situações de interesses». A forma como ela conduz à satisfação de necessidades é objeto de considerações da teoria económica e um tema que, em princípio, damos por conhecido. A utilização da expressão «economia planificada» não significa, naturalmente, que concordamos com os conhecidos projetos do ex-ministro da Economia. Esta expressão foi escolhida porque, além de não apresentar uma contradição, tornou-se uma expressão usual desde que se começou a utilizar oficialmente (em vez da expressão «economia administrativa», também ela adequada, usada por Otto Neurath).

2. O conceito de «economia planificada», neste sentido, *exclui* todas as economias de cooperativas ou economias reguladas por associações que se orientam por oportunidades de *aquisição* (na forma de corporações, cartéis ou *trusts*). Abrange apenas economias de associações orientadas para a *satisfação de necessidades*. Uma economia orientada pelas possibilidades de aquisição, por mais rigorosa que seja a sua regulação ou por mais que seja dirigida pelo quadro administrativo de uma associação, pressupõe sempre «preços» *efetivos*, seja qual for a maneira como estes são criados formalmente (no caso limite do pancartelismo: mediante compromissos entre os cartéis, taxas salariais estabelecidas por «associações de trabalhadores», etc.), portanto, cálculo de capital e orientação por este. A «socialização plena», no sentido de uma economia planificada em termos de pura gestão patrimonial, e a socialização parcial (de ramos de obtenção de bens) com conservação do cálculo de capital, apesar da identidade do objetivo e de todas as formas mistas, seguem *caminhos* que, do ponto de vista técnico, são fundamentalmente diferentes. O primeiro passo de uma economia planificada com gestão económica patrimonial é todo o racionamento do consumo e, em geral, toda a medida que tende, antes de mais, a influenciar a *distribuição* dos bens em espécie. A orientação por um plano de *obtenção* de bens, quer seja concretizada por cartéis criados voluntariamente ou impostos forçadamente, quer por instâncias estatais, tem como primeiro objetivo a organização racional do emprego dos meios de obtenção e da força de trabalho, e, precisamente por isso, não — ou pelo menos (segundo o seu próprio sentido) *ainda não* — pode prescindir do *preço*. Por isso, não é casual que o socialismo de «racionamento» se dê muito bem com

158   ECONOMIA E SOCIEDADE

o socialismo do «conselho de empresa» que (contra a vontade dos seus dirigentes racional-socialistas) está necessariamente ligado a interesses de *apropriação* dos *trabalhadores*.

3. Não cabe examinar aqui em pormenor a constituição de associações económicas do tipo de cartéis, corporações ou outras associações de artesãos, isto é, a regulação ou utilização monopolista de *oportunidades de aquisição*, quer impostas, quer pactuadas (normalmente, a primeira, mesmo onde a segunda aparece formalmente). Sobre este assunto (de forma muito geral), compare-se o Capítulo 1, § 10, e, mais adiante, o debate sobre a apropriação de oportunidades económicas (este capítulo, §§ 19 e seguintes). A oposição entre as duas formas de socialismo — a evolucionista e orientada pelo problema da produção (sobretudo, a marxista) e a outra que, partindo do problema da distribuição, tende para a economia planificada racional e que, hoje em dia, se voltou a chamar «comunista» —, oposição que existe desde a *Miséria da Filosofia*, de Marx (na edição popular alemã da Internationale Bibliothek, particularmente na página 38, bem como antes e depois), ainda não foi superada. A oposição entre as tendências internas do socialismo russo, com as suas disputas apaixonadas entre Plekhanov e Lenin, também estava condicionada, em última instância, por isto mesmo, e a cisão atual do socialismo, apesar de estar condicionada, primeiramente, por grandes lutas pelas posições de liderança (e as respetivas prebendas), deve-se, também e no fundo, a esta problemática, que, em virtude da economia de guerra, assumiu uma tendência específica, por um lado, a favor da ideia da economia planificada, e, por outro, a favor do desenvolvimento dos interesses de apropriação. A questão de saber se se *deve* ou não criar uma «economia planificada» (qualquer que seja o seu sentido e dimensão) não constitui, naturalmente, nesta forma, um problema científico. Do ponto de vista científico, só cabe perguntar quais as consequências que esta (com determinada forma) teria *provavelmente*, ou seja, o que teria de se aceitar no caso de tal tentativa. Manda a sinceridade, por parte de *todos* os interessados, que seria de contar com *alguns* fatores conhecidos, mas também com o mesmo número de fatores parcialmente desconhecidos. Os detalhes deste problema, no que diz respeito aos seus aspetos materiais decisivos não podem ser aflorados nesta exposição e, nos aspetos que aqui interessam, só podem ser tocados fragmentariamente e em conexão com as formas das associações (particularmente, do Estado). Aqui temos de nos limitar a uma exposição breve (porém, inevitável) da problemática técnica mais elementar. O fenómeno da economia de troca *regulada* também ainda não foi aqui tratado pelos motivos mencionados no início deste parágrafo.

CATEGORIAS SOCIOLÓGICAS BÁSICAS DA AÇÃO ECONÓMICA   159

4. A penetração social da economia de troca na gestão económica pressupõe, por um lado, a *apropriação* dos portadores materiais das utilidades e, por outro, a *liberdade* de mercado. Esta aumenta de importância *a)* à medida que a apropriação dos portadores materiais das utilidades, particularmente dos meios de obtenção (de produção e de transporte) se torna mais abrangente, pois o máximo da sua mercantilidade significa o máximo da orientação da gestão económica pelas situações de mercado. Além disso, essa importância também aumenta *b)* à medida que a apropriação se vai restringindo aos portadores *materiais* de utilidades. Toda a apropriação de pessoas (escravos, servos) ou de possibilidades económicas (monopólios da clientela) significa uma restrição da ação humana orientada pelas situações de mercado. Fichte (na sua obra *Der geschlossene Handelsstaat*) estava correto ao considerar que esta limitação do conceito de «propriedade» a bens materiais (ampliando-se, ao mesmo tempo, o grau de autonomia do poder de disposição inerente à propriedade) constitui uma característica da ordem moderna de propriedade na economia de troca. Esta configuração da propriedade correspondeu aos interesses de todos os *interessados no mercado*, uma vez que favoreceu a sua orientação pelas oportunidades de lucro resultantes da situação de mercado. Além disso, o desenvolvimento no sentido dessa forma característica de ordenação da propriedade foi principalmente obra da sua influência.

5. A expressão, aliás bastante usada, de «economia social» foi evitada por motivos de conveniência, uma vez que faz supor como normal um «interesse comum» ou um «sentimento de comunidade» que não fazem necessariamente parte do conceito: a economia de um senhor feudal ou de um monarca absoluto (do tipo dos faraós do «Novo Império») pertence, ao contrário da economia de troca, à mesma categoria que a economia doméstica familiar.

6. Para o conceito de «economia de troca» é indiferente se nela existem ou não, e em que dimensão, economias «capitalistas», isto é, orientadas pelo cálculo de capital. O tipo normal de economia de troca consiste na satisfação de necessidades com base na economia monetária. Seria errado supor que a existência de economias capitalistas cresce proporcionalmente ao desenvolvimento da satisfação de necessidades com base na economia monetária e, mais ainda, que esta se desenvolve na mesma direção que tomou no Ocidente. Aconteceu precisamente o contrário. O aumento da abrangência da economia monetária: *a)* esteve associado a uma monopolização progressiva das oportunidades aproveitáveis com grandes lucros por parte do *oikos* de um príncipe — foi o que aconteceu no Egito, na época dos

Ptolemeus, que possuíam uma economia monetária bastante desenvolvida, como provam os livros de contabilidade ainda conservados: preservou-se o cálculo em dinheiro em relação à gestão económica patrimonial, sem que este se tenha tornado cálculo de capital; *b)* foi possível graças à ampliação crescente da economia monetária e «emprebendamento» das oportunidades fiscais, resultando na estabilização tradicionalista da economia (como na China, da qual se falará oportunamente); *c)* a utilização capitalista de património em dinheiro pode orientar-se para investimentos em negócios promissores de lucro, e *não* em negócios orientados pelas oportunidades de troca de um mercado de bens livre *nem*, consequentemente, pelas oportunidades de *obtenção de bens* (como aconteceu, quase exclusivamente, em todas as regiões económicas fora do Ocidente moderno, por razões que serão mencionadas mais adiante).

§ 15. Tipos de distribuição económica de desempenhos (em geral)

Qualquer forma típica de ação social orientada economicamente e de relação associativa de conteúdo económico dentro de um grupo de pessoas constitui, independentemente da sua dimensão, um modo específico de distribuir e coordenar desempenhos humanos com o objetivo de obter bens. A realidade da ação económica mostra-nos uma distribuição de desempenhos distintos entre pessoas diversas, bem como a coordenação destes em desempenhos comuns, em combinações muito diversas com meios de obtenção materiais. Apesar disso, é possível distinguir alguns *tipos* na multiplicidade infinita desses fenómenos.

Os desempenhos humanos de natureza económica dividem-se em:

a)   desempenhos disposicionais ou
b)   desempenhos orientados por disposições: *trabalho* (no sentido que daremos a este conceito a partir daqui).

É óbvio que o desempenho disposicional *também* constitui trabalho no mais alto grau concebível, quando implica uma absorção de tempo e esforço. No entanto, o uso do termo que escolhemos, ao

CATEGORIAS SOCIOLÓGICAS BÁSICAS DA AÇÃO ECONÓMICA   161

contrário do desempenho disposicional, corresponde àquele que, por motivos sociais, é comum no uso corrente atual, e é *neste* sentido particular que o empregaremos no que se segue. No entanto, em geral, falaremos de «desempenhos».

As formas como os desempenhos e trabalhos podem ser realizados num grupo de pessoas diferem de acordo com os seguintes tipos:

1) *Tecnicamente* — de acordo com a maneira como os desempenhos de vários colaboradores se distribuem entre estes e se coordenam entre si e com os meios materiais de obtenção para o decurso técnico de processos de obtenção.

2) *Socialmente* — e neste caso:

A) conforme os diversos desempenhos sejam ou não objetos de *economias* autocéfalas e autónomas e de acordo com o carácter económico das mesmas; e, em conexão direta com isso:

B) segundo a forma e extensão em que estejam ou não *apropriados*: *a)* os desempenhos individuais, *b)* os meios materiais de produção, *c)* as possibilidades económicas de aquisição (como fontes ou meios de aquisição); e segundo a forma, condicionada pelos fatores anteriores: *α)* de classificação (social) das *profissões* e *β)* da formação (económica) do *mercado.*

3) Por fim, cabe perguntar, do ponto de vista económico, em relação a todo o tipo de coordenação de desempenhos ou com meios materiais de obtenção, bem como em relação ao modo como são distribuídos entre a gestão económica e a apropriação, se se trata de um emprego em termos de gestão patrimonial ou aquisitiva.

Com respeito a este parágrafo e aos seguintes, deve-se consultar a exposição sempre exemplar de Karl Bücher, no artigo «Gewerbe» do *Handwörterbuch der Staatswissenschaften*, e, do mesmo autor, *Die Entstehung der Volkswirtschaft* — trabalhos fundamentais, de cuja terminologia e estrutura nos afastamos em alguns pontos apenas por motivos de conveniência. Não valeria a pena citar aqui outros autores, uma vez que não apresentamos *novos* resultados, apenas um esquema que serve para os nossos fins.

1. Enfatizamos que aqui — conforme o exige o contexto — só recapitularemos sumariamente o aspeto *sociológico* dos fenómenos. Só teremos em conta o aspeto *económico* no sentido em que este encontra expressão nas categorias sociológicas formais. A exposição só teria carácter económico *material* se incluísse condições de mercado e preços, questões tocadas até aqui apenas do ponto de vista teórico. No entanto, em observações preliminares gerais do nosso tipo, estes aspetos materiais da problemática só poderiam ser incluídos como teses, o que poderia resultar em unilateralidades *muito* questionáveis. E os métodos de interpretação *puramente* económicos são tão sedutores quanto contestáveis. Por exemplo, a época decisiva para o desenvolvimento do «trabalho livre», ainda que regulado por associações da Idade Média, é a época «das trevas» dos séculos X a XII, e nesta é especialmente importante a situação do trabalho qualificado (do camponês, mineiro, artesão), situação essa orientada pelas oportunidades de *renda* dos senhores territoriais, feudais e jurisdicionais — todos eles representando poderes *específicos* em *concorrência*. A época decisiva para o desenvolvimento do capitalismo é a da grande revolução crónica dos preços, no século XVI. Esta significa uma *subida* absoluta e relativa dos *preços* de (quase) todos os produtos *agrícolas* (ocidentais) e, por conseguinte — segundo os conhecidos princípios da economia agrária —, significa também tanto estímulo quanto possibilidade do *empreendimento* comercial e, associado a este, da grande *empresa*, em parte capitalista (em Inglaterra), em parte de carácter feudal (nos territórios situados entre o rio Elba e a Rússia). Por outro lado, significa, em parte (na verdade, na maioria dos casos), uma subida absoluta, ainda que *não relativa* (em geral) dos preços — se não mesmo, pelo contrário, e como é típico, uma descida *relativa* dos preços de importantes produtos *artesanais* e, portanto, um estímulo para criar formas de empresas capazes de concorrer no mercado, *uma vez que existam*, dentro das empresas e fora delas, as condições prévias necessárias para tal —, o que não aconteceu na Alemanha, circunstância que marcou o início do seu «declínio» económico. Mais tarde, seguiram-se-lhes os empreendimentos industriais capitalistas, graças ao desenvolvimento de mercados *em massa*. Houve determinadas transformações na política comercial inglesa (prescindindo-se de outros fenómenos) que constituíram sintomas desse desenvolvimento. Estas e outras afirmações semelhantes

CATEGORIAS SOCIOLÓGICAS BÁSICAS DA AÇÃO ECONÓMICA 163

teriam de ser utilizadas para documentar considerações *teóricas* sobre as condições económicas *materiais* do desenvolvimento da estrutura económica. Contudo, não é possível fazê-lo aqui. Essas teses, bem como muitas outras semelhantes (na sua grande maioria contestáveis), mesmo que não sejam totalmente erróneas, não podem ser incluídas nesses conceitos, que pretendem ser estritamente sociológicos. Com a renúncia a tal tentativa, as subsequentes considerações deste capítulo renunciam, também, por agora e conscientemente, a toda a «explicação» do desenvolvimento de uma teoria do preço e do dinheiro, limitando-se (provisoriamente) à *tipificação* sociológica (tal como aconteceu nas considerações anteriores). Frisa-se energicamente que é «por agora», pois só os factos reais *económicos* fornecem matéria viva para uma verdadeira explicação que inclua também o *decurso* do desenvolvimento relevante também do ponto de vista sociológico. Aqui apenas se oferece, por agora, um quadro básico para operar com conceitos definidos de forma razoavelmente inequívoca.

É claro que, tratando-se aqui de um sistema esquemático, não é possível observar a sequência histórico-empírica ou genético-típica das diversas formas possíveis.

2. É comum e pertinente a crítica à sobreposição terminológica frequente entre conceitos de «empresa» e de «empreendimento». «Empresa», no âmbito da ação orientada economicamente, significa uma categoria *técnica* que designa a forma de articulação contínua entre determinados desempenhos laborais e os meios de obtenção materiais. O seu contrário consiste numa ação *a)* inconstante ou *b)* descontínua do ponto de vista *técnico*, como acontece sempre em qualquer questão patrimonial puramente empírica. O contrário de «empreendimento» — um tipo de orientação *económica* (pelo lucro) — consiste na «gestão patrimonial» (orientação pela satisfação de necessidades). Mas a oposição entre «empreendimento» e «gestão patrimonial» não é exaustiva, pois existem ações *aquisitivas* que não se incluem na categoria de «empreendimento»: a atividade aquisitiva puramente através do *trabalho* — do escritor, do artista, do funcionário público — não é nem uma coisa nem outra, enquanto o recebimento e gasto de *rendas* constitui, evidentemente, uma «gestão patrimonial».

Não obstante as posições contraditórias em causa, falamos de «empresa aquisitiva» sempre que está em causa uma *ação* empresarial, duradoura, coerente e contínua: na verdade, este tipo de ação não é imaginável *sem* a constituição de uma «empresa» (porventura individual, sem quaisquer colaboradores). O que nos interessa é acentuar a separação entre gestão patrimonial e empresa. Porém, é agora evidente que o termo «empresa aquisitiva», e não «empreendimento aquisitivo» contínuo, só é adequado (por ser inequívoco) para o caso mais simples de coincidência da unidade *técnica* da «empresa» com a unidade do «empreendimento». É possível, contudo, que, na economia de troca, várias «empresas», distintas tecnicamente, estejam associadas numa unidade de «empreendimento». Esta associação *não* resulta, como é óbvio, apenas da união pessoal na figura do empresário, mas sim da unidade da orientação por determinado plano formulado *homogeneamente*, referente à exploração para fins aquisitivos (por isso, é possível existirem transições). Quando se fala apenas de «empresa», deve-se entender sempre que nos referimos à unidade técnica — consistente em instalações, meios de trabalho, força de trabalho e direção técnica (eventualmente heterocéfala e heterónoma) — que também existe (segundo o uso corrente do termo) na economia comunista. O termo «empresa aquisitiva» só será utilizado no que segue, quando a unidade técnica e a unidade económica (de «empreendimento») são idênticas.

A relação entre «empresa» e «empreendimento» adquire uma acutilância terminológica especial quando se trata de categorias como «fábrica» e «indústria artesanal». A última é claramente uma categoria relativa ao empreendimento. Do ponto de vista do funcionamento técnico, uma empresa comercial coexiste lado a lado com empresas como *partes* integrantes das unidades de *gestão patrimonial* de trabalhadores (sem haver trabalho numa oficina — a não ser que se trate de uma organização com mestres intermediários), estas com *desempenhos* específicos numa empresa comercial e vice-versa. Deste modo, o processo não é compreensível exclusivamente do ponto de vista do seu funcionamento. É necessário incluir as categorias mercado, empresa, empreendimento, gestão patrimonial (dos trabalhadores individuais), utilização aquisitiva dos desempenhos remunerados. O conceito de «fábrica» *poderia* ser definido — como é proposto frequentemente — de forma indiferente do ponto de vista económico, uma vez que se pode pôr de parte a situação do trabalhador (livre ou não), o tipo de especialização do trabalho (especialização técnica interna ou não) e a natureza dos meios de trabalho usados (máquinas ou não). Poderia, pois, ser apresentado apenas como trabalho de *oficina*. Em todo o caso, *também* deve incluir-se na definição a forma de *apropriação* da oficina e dos meios *de trabalho* (por um proprietário). Caso contrário, o conceito confunde-se com o de ergastério. E, uma vez que tal aconteça, parece, em princípio, mais conveniente considerar tanto a «fábrica» quanto a «indústria domiciliar» como duas categorias estritamente *económicas* do empreendimento *baseado no cálculo de capital*. Numa ordem rigorosamente socialista, não existiriam

CATEGORIAS SOCIOLÓGICAS BÁSICAS DA AÇÃO ECONÓMICA   165

nem «fábricas» nem «indústrias caseiras», mas apenas *oficinas, instalações, máquinas, ferramentas* e desempenhos oficinais e domiciliários de todos os tipos.

3. Quanto ao problema das «etapas de desenvolvimento» económico, por enquanto, não haverá nada a dizer, a não ser o absolutamente imprescindível no respetivo contexto. Limitamo-nos aqui a antecipar o seguinte:

É correto distinguir, como se faz recentemente, entre formas da *economia* e formas de *política* económica. As fases definidas por Schmoller, antecipadas por Schönberg e modificadas desde então: economia doméstica, economia de aldeia — incluindo-se aqui, como outra «etapa», a economia de gestão patrimonial fundiária senhorial ou da nobreza —, economia urbana, economia territorial e economia nacional estavam determinadas, na *sua* terminologia, pela natureza da *associação* reguladora da economia. Nada garante, ainda assim, que a associações de dimensões diferentes correspondam formas de regulação económica diferentes. A «política da economia territorial» alemã, por exemplo, constituiu-se essencialmente apenas de uma adoção ampla das regulações da economia urbana, e as suas «novas» disposições não se distinguiam especificamente da política «mercantilista» de associações *estatais* especificamente patrimoniais, ainda que já relativamente racionais (uma «política económica nacional», segundo a terminologia usual, porém, pouco adequada). Não é explícito que a estrutura interna da economia — a forma em que os desempenhos se especificam, especializam e coordenam, o modo de distribuição dos mesmos em economias independentes, assim como a forma de apropriação da valorização do trabalho, dos meios de obtenção e das possibilidades de aquisição — corresponda à abrangência da associação, portadora (presumível!) de determinada política económica, e também que essa estrutura, quanto ao seu *sentido*, se modifique sempre que esta abrangência se altera. A comparação entre o Ocidente e a Ásia, e entre o Ocidente moderno e o da Antiguidade, demonstraria o quando errada é essa suposição. Mesmo assim, ao considerar a economia, não se pode deixar de lado a existência ou não de associações (e não só) que regulam *materialmente* a economia. Isto não se refere única e exclusivamente a associações *políticas* — e ao *sentido* fundamental da sua regulação. Este é um fator que exerce uma influência muito forte sobre o *modo de aquisição*.

4. O propósito das nossas considerações é, sobretudo, a averiguação da otimização das condições prévias de racionalidade *formal* da economia e a relação destas com «exigências» *materiais* de qualquer natureza.

166 ECONOMIA E SOCIEDADE

§ 16. Tipos de organização técnica de desempenhos

I. Do ponto de vista *técnico*, as formas de organização de desempenhos distinguem-se:

A. De acordo com a divisão e coordenação dos *desempenhos*, nomeadamente:

 1) Segundo a natureza dos desempenhos assumidos pela *mesma* pessoa, isto é,

  a) que podem estar nas mãos de uma única pessoa $\alpha)$ que orienta e chefia simultaneamente, ou $\beta)$ que faz apenas umas destas duas coisas.

Com respeito à situação *a)*: a oposição é, naturalmente relativa, uma vez que, geralmente, a «colaboração» é ocasional, reduzindo-se a desempenhos de orientação (camponeses com grande propriedade, por exemplo). De resto, todo o pequeno agricultor, artesão ou pequeno corresponde ao tipo $\alpha)$.

  b) quando é a mesma pessoa a executar:

   $\alpha)$ desempenhos *heterogéneos* do ponto de vista técnico e que produzem resultados finais diversos (combinação de desempenhos), $\alpha\alpha)$ por falta de especialização do desempenho nos seus componentes técnicos, ou $\beta\beta)$ de modo sazonal, ou $\gamma\gamma)$ em virtude da utilização de capacidades não exigidas pelo desempenho principal (desempenhos acessórios);

   $\beta)$ apenas determinados desempenhos específicos, $\alpha\alpha)$ em virtude da natureza do resultado final: de modo que a mesma pessoa executa todas as tarefas exigidas por esse resultado, tarefas tecnicamente *heterogéneas* entre si, tanto simultânea quanto sucessivamente (tratando-se, *neste* sentido, de uma *combinação* de desempenhos):

CATEGORIAS SOCIOLÓGICAS BÁSICAS DA AÇÃO ECONÓMICA 167

> *especificação de desempenhos*; ou $\beta\beta$) em virtude da natureza do próprio *desempenho*, especializado do ponto de vista técnico, de modo que, em determinados casos, o produto final só pode ser conseguido mediante desempenhos simultâneos ou sucessivos (dependendo do caso) de várias pessoas: *especialização de desempenhos.*

A oposição muitas vezes é relativa, porém existente, em princípio, e importante do ponto de vista histórico.

Com respeito à situação *b)*, *α)*: o caso *αα)* existe tipicamente em economias domésticas primitivas, nas quais — prescindindo-se da divisão típica do trabalho entre os sexos (sobre isso, ver Capítulo 5) — cada qual cuida de todos os serviços, de acordo com a necessidade. Para o caso *ββ)*, era típica a alternância sazonal entre o trabalho agrícola e o industrial, no inverno. Para o caso *γγ)*, o trabalho agrícola acessório de trabalhadores urbanos e os inúmeros «trabalhos acessórios» que são aceites — até hoje, nos escritórios modernos — porque as pessoas têm tempo livre.

Com respeito a *b)*, *β)*: típica para o caso *αα)* é a estruturação das profissões na Idade Média: uma imensa diversidade de ofícios, especificados em função de um produto final, mas sem terem em conta que este exigia, muitas vezes, processos de trabalho heterogéneos do ponto de vista técnico, ocorrendo uma *combinação* de desempenhos. O caso *ββ)* abrange todo o desenvolvimento moderno do trabalho. No entanto, do ponto de vista estritamente psicofísico, quase não existem desempenhos, nem sequer os mais «especializados», que sejam absolutamente *isolados*; incluem sempre um momento de *especificação* do desempenho, embora já não orientados pelo produto final, como na Idade Média.

Além disso, o modo de dividir e coordenar os desempenhos (ver ponto A. acima) difere:

2) Conforme o modo como os desempenhos de várias pessoas se *coordenam* para a obtenção de *um* resultado. É possível:

168 ECONOMIA E SOCIEDADE

a) Uma *acumulação* de desempenhos (uma combinação técnica de desempenhos *homogéneos* de várias pessoas a fim de chegar ao resultado): *α)* mediante desempenhos organizados paralelamente e independentes uns dos outros, do ponto de vista técnico, ou *β)* mediante desempenhos (homogéneos) unidos tecnicamente num desempenho global.

Para o caso *α)*, pensemos, por exemplo, em ceifeiros ou calceteiros a trabalhar em paralelo; para o caso *β)*, no transporte de colossos, em grande escala (milhares de trabalhadores forçados) no antigo Egito, atrelando-se um grande número de pessoas com a mesma função (tração por cordas).

b) *Coordenação* de desempenhos (combinação técnica de desempenhos *heterogéneos* do ponto de vista qualitativo, isto é, especializados (A., *1)*, *b)*, *β)*, *ββ)*), para a obtenção de um resultado):

α) mediante desempenhos independentes uns dos outros do ponto de vista técnico realizados *αα)* em simultâneo, isto é, paralelos, ou *ββ)* sucessivamente, de forma especializada;

β) mediante desempenhos especializados, *unidos* tecnicamente (tecnicamente complementares), em atos simultâneos.

1. Um exemplo muito simples para o caso *α)*, *αα)* são os trabalhos de tecelagem em trama e de remate, além de muitos processos de trabalho semelhantes, na verdade, *todos* aqueles que se realizam de modo paralelo e independente tecnicamente, resultando num produto final comum.

2. Para o caso *α)*, *ββ)*, o exemplo habitual e mais simples, existente em todas as indústrias, é o da relação entre fiar, tecer, pisoar, tingir e aprestar.

3. Típico do caso *β)* são os desempenhos que vão desde o segurar de um pedaço de ferro pelo ajudante ao martelar do ferreiro, isto é, todas as formas de trabalhar «em linha», nas fábricas modernas, para as quais este tipo de desempenho não é específico, mas é característico. Fora da esfera das fábricas, uma orquestra ou uma companhia de teatro também constituem um ótimo exemplo deste tipo de desempenho.

CATEGORIAS SOCIOLÓGICAS BÁSICAS DA AÇÃO ECONÓMICA   169

§ 17. Tipos de organização técnica de desempenhos (conclusão)

(Continuação de § 16, I.)

Além disso, as formas de articulação de desempenhos distinguem-se:

B. Quanto à dimensão e ao modo como se articulam com meios de obtenção materiais complementares. Em primeiro lugar:

1) De acordo com:

    a) Os desempenhos não produtivos que oferecem — Exemplos: lavadeiras, barbeiros, representações artísticas etc.

    b) Se produzem ou transformam bens materiais, isto é, como trabalham as «matérias-primas», ou os transportam. Mais exatamente, conforme sejam $\alpha)$ desempenhos de aplicação, ou $\beta)$ desempenhos de produção, ou $\gamma)$ desempenhos de transporte de bens. A demarcação é muito fluida.

Exemplos de desempenhos de aplicação: caiadores, decoradores, estucadores, etc.

Distinguem-se, além disso:

2) Segundo o grau em que deixem os respetivos bens prontos para consumo; desde o produto bruto da agricultura ou mineração, até ao produto pronto para consumo e transportado atá ao *lugar* de consumo.

3) Por fim, segundo utilizem:

    a) *Instalações* e, neste caso, $\alpha\alpha)$ instalações de energia, ou seja, meios para obtenção de energia aplicável, isto é, energia natural (água, vento, fogo), ou energia mecanizada (sobretudo: a vapor, elétrica, magnética); $\beta\beta)$ oficinas especiais.

b)   Meios de trabalho e, neste caso, *αα)* ferramentas, *ββ)* aparelhos, *γγ)* máquinas.

Porventura, só uma, outra ou nenhuma destas categorias de meios de obtenção. Consideremos «ferramentas» os meios de trabalho cuja criação se orienta pelas condições psicofísicas do trabalho manual; «aparelhos», aqueles cujo funcionamento se orienta para os serviços humanos de «manejo»; «máquinas», os aparelhos mecanizados. As diferenças, muito fluidas, têm determinada importância para a caracterização de determinados períodos da técnica industrial.

A utilização de instalações de energia mecanizada e de máquinas, característica da grande indústria moderna, está condicionada *tecnicamente a)* pela capacidade de desempenho e pelos custos específico da mão de obra; e *b)* pela uniformidade e pela probabilidade específicas do desempenho. Assim, só é racional quando há procura suficientemente generalizada dos respetivos produtos, portanto, nas condições da economia de troca, quando há capacidade de compra suficiente para estes bens, ou seja, quando existe uma confirmação correspondente da renda em dinheiro.

Naturalmente, não poderia ser desenvolvida aqui uma teoria do desenvolvimento da técnica e da economia das ferramentas e das máquinas, nem sequer nos seus aspetos mais rudimentares. Por «aparelhos» entendemos instrumentos de trabalho como o tear movido a pedal e muitos outros semelhantes, nos quais já se manifesta a *autonomia* da técnica mecânica em contraste com o organismo humano (ou animal, em outros casos) e sem a existência dos quais (neles se incluem, particularmente, as diversas «instalações extrativas» da mineração) não teriam surgido as máquinas nas suas funções atuais. (As «invenções» de Leonardo eram «aparelhos».)

§ 18. Formas sociais de distribuição de desempenho

II. Do ponto de vista *social*, as formas de distribuição de desempenho distinguem-se:

A. De acordo com o modo como desempenhos diferentes do ponto de vista qualitativo ou, particularmente, complementares

CATEGORIAS SOCIOLÓGICAS BÁSICAS DA AÇÃO ECONÓMICA   171

são distribuídos entre *economias* autocéfalas ou (mais ou menos) autónomas; e, em seguida, ainda do ponto de vista económico, segundo estas sejam *a)* gestões patrimoniais, ou *b)* empreendimentos aquisitivos. Pode existir:

1) Uma economia unitária com uma especialização (ou especificação) e uma coordenação de desempenhos *puramente interna*, isto é, totalmente heterocéfala e heterónoma e de natureza puramente técnica (distribuição de desempenhos de uma economia unitária). A economia unitária, do ponto de vista económico, pode consistir *a)* numa gestão patrimonial, ou *b)* numa empresa aquisitiva.

Uma *gestão patrimonial* unitária seria, na maior escala possível, uma economia nacional comunista e, na menor, uma economia familiar primitiva que abrange todos os desempenhos dirigidos à obtenção de bens, ou a grande maioria destes (economia doméstica fechada). O tipo de empreendimento aquisitivo com uma especialização e uma coordenação de prestação internas consiste, naturalmente, num empreendimento combinado gigante, porquanto, no setor comercial, aparece contra terceiros exclusivamente como uma unidade. Estes dois extremos abrem e fecham (provisoriamente) o desenvolvimento de «economias unitárias» autónomas.

2) Ou existe uma distribuição de desempenhos *entre* economias autocéfalas. Esta pode ser:

a) Uma especialização ou especificação de desempenhos entre economias heterónomas, porém autocéfalas, que se orientam por determinada ordem pactuada ou imposta. Esta ordem, por seu turno, pode estar materialmente orientada:

1) Pelas necessidades de uma economia dominante, isto é, como: *α)* *gestão patrimonial* de um senhor (desempenho rígido pelo *oikos*); *β)* uma economia aquisitiva senhorial.

172 ECONOMIA E SOCIEDADE

> *2)* Pelas necessidades dos membros de uma associa-
> ção cooperativista (distribuição de desempenhos
> de uma economia corporativa) e, neste caso, do
> ponto de vista económico, *α)* segundo os prin-
> cípios da economia de gestão patrimonial, ou *β)*
> segundo os princípios da economia aquisitiva.

A cooperativa, por sua vez, pode ser pensável, em todos estes
casos, como:

> *i)* uma cooperativa reguladora da economia (materialmente),
> ou, ao mesmo tempo,
> *ii)* uma associação económica.

A par de tudo isto existe:

> *b)* Uma especialização do desempenho da economia de
> *troca* entre economias autocéfalas e autónomas que
> se orientam materialmente apenas por interesses e,
> portanto, formalmente, pela ordem estabelecida por
> uma associação reguladora (I., § 5, *d)*).

1. Exemplo para o caso *i)*: apenas uma associação reguladora da
economia, com carácter de *2)* (associação cooperativista) e *α)* (gestão
patrimonial): artesanato de aldeia na Índia (*establishment*). Para o caso *ii)*:
uma associação económica do tipo *1)* (gestão patrimonial senhorial) consiste na repartição da satisfação de necessidades da gestão patrimonial de
príncipes, senhores territoriais ou feudais (no caso de príncipes, também de
necessidades políticas) entre as economias privadas dos súbditos, vassalos,
servos, escravos, pequenos lavradores e artesãos de aldeia demiúrgicos
(ver adiante), fenómeno que se encontra, numa forma primitiva, no mundo
inteiro. Os serviços artesanais exigidos no caso *1)* possuíam frequentemente
o carácter de reguladores da economia (*i)*), em virtude do direito de proscrição do senhor territorial, e, no caso *2)*, em virtude do direito de proscrição
das cidades (no sentido em que, como acontecia frequentemente, *não*
visavam fins materiais, mas apenas fiscais). No caso da economia aquisitiva
(caso *a), 1), β)*): repartição de prestações industriais caseiras entre gestões
patrimoniais individuais.

CATEGORIAS SOCIOLÓGICAS BÁSICAS DA AÇÃO ECONÓMICA   173

O tipo *a)*, *2)*, *β)*, no caso *ii)*, está representado por todos os exemplos de especialização de desempenhos imposta em diversas pequenas indústrias muito antigas. Na indústria metalúrgica de Solingen existia originalmente uma especialização de desempenhos pactuada entre os participantes que só mais tarde assumiu o carácter de uma indústria domiciliar, sob orientação senhorial.

Para o caso *a)*, *2)*, *β)*, *i)* (associação apenas reguladora), pode tomar-se como exemplo o «comércio de aldeia ou da cidade», já que interferiam *materialmente* na forma de obtenção de bens.

O caso *2)*, *b)* corresponde à economia de troca moderna.

Acrescentaremos ainda os seguintes pormenores:

2. O ordenamento das associações no caso de *a)*, *2)*, *α)*, *i)*, enquanto referente à economia de gestão patrimonial, está orientado de um modo particular pelas necessidades previsíveis de cada *membro*, e não pelos fins de gestão patrimonial da *associação* (da aldeia). Estas obrigações de desempenho com esta orientação específica constituem *liturgias naturais demiúrgicas*, e esta forma de provimento consiste na satisfação de necessidades demiúrgicas. Trata-se sempre de regulações — por uma associação — da distribuição e — possivelmente — da coordenação do trabalho.

Contudo, não utilizamos esta designação quando (caso *a)*, *2)*, *α)*, *ii)*) a própria *associação* (seja senhorial ou cooperativista) possui uma economia própria, em função da qual se distribuem desempenhos especializados. Nestes casos, os tipos estão representados pelas ordens referentes a desempenhos de serviços ou em espécie, especializados ou especificados, em grandes propriedades feudais, senhorios territoriais e outras gestões patrimoniais em grande escala. Porém, o mesmo acontece com os desempenhos repartidos por príncipes ou associações políticas, comunais ou outras *não* orientadas economicamente, em favor da *gestão patrimonial* senhorial ou da associação. A estas obrigações, especificadas qualitativamente, de fornecimento de bens ou serviços por parte de lavradores, artesãos ou comerciantes, chamamos *liturgias naturais da* oikos, quando o recetor é uma grande gestão patrimonial pessoal; quando o recetor é a gestão patrimonial de uma associação, trata-se de *liturgias naturais de associação*; consideramos o princípio desta forma de provisão da gestão patrimonial de uma associação económica uma satisfação *litúrgica* de necessidades. Esta forma de satisfação de necessidades desempenhou um papel histórico extraordinariamente importante que voltaremos a mencionar em várias ocasiões. Em associações políticas, ocupou o lugar das modernas «finanças»; em associações económicas, significou uma «descentralização» das grandes gestões patrimoniais, através da repartição da satisfação das necessidades entre lavradores obrigados a fornecer desempenhos ou bens em espécie, artesãos em serviços da gestão doméstica e outros obrigados a prestar serviços de todas as espécies que deixaram de ser mantidos e empregados na gestão comum, mas que tinham as suas próprias gestões, ainda que permanecendo dependentes da grande gestão patrimonial em virtude das suas obrigações para com a mesma. Quanto à grande gestão patrimonial da Antiguidade, Rodbertus foi o primeiro a utilizar o termo *oikos*, o qual — segundo ele — se caracteriza pela autarquia — em princípio — da satisfação de necessidades por membros da gestão ou dependentes da mesma, que dispõem, sem troca alguma, dos meios de obtenção materiais. As grandes gestões patrimoniais da Antiguidade — as senhoriais e, mais ainda, as principescas (sobretudo, as do Império Novo no Egito) — representam, ainda que em *grau* muito diverso (raramente em estado puro), tipos de gestões cuja satisfação das necessidades se reparte entre dependentes obrigados a determinados desempenhos (de trabalho ou em espécie). Este fenómeno também se encontra, em determinadas épocas, na China e na Índia e, em extensão menor, na nossa Idade Média, começando com o *Capitulare de villis*. Na maioria das vezes, não faltava a troca externa na grande gestão patrimonial, mas possuía o carácter de troca para fins de provimento. Também não havia transações em dinheiro. Estas desempenhavam um papel secundário na cobertura de necessidades e estavam vinculadas à tradição. Nas economias obrigadas a prestações litúrgicas também não faltava a troca externa. Decisivo era que a satisfação de necessidades ocorresse por meio dos bens em espécie recebidos como remuneração por desempenhos repartidos: isto é, por meio de pagamentos em espécie ou prebendas, na forma de terras. É óbvio que as transições são fluidas. Contudo, o que está em causa é sempre uma regulação, por parte de uma associação económica, da orientação dos desempenhos em relação à distribuição e coordenação do trabalho.

3. No caso *a), 2), i)* (associação *reguladora* da economia), estão em causa tipos bastante puros do caso *β)* (orientação pelos princípios da economia aquisitiva): as regulações económicas existentes nas comunas ocidentais da Idade Média, bem como nas corporações e castas da China e da Índia que prescreviam o número e a natureza das funções dos mestres, do mesmo modo que a técnica de trabalho, portanto, o modo de orientação do trabalho nas profissões artesanais. Deste modo, o sentido *não* era a satisfação de necessidades de consumo através dos desempenhos dos artesãos, mas *sim* — o que nem sempre, mas frequentemente acontecia — a

CATEGORIAS SOCIOLÓGICAS BÁSICAS DA AÇÃO ECONÓMICA 175

garantia das possibilidades aquisitivas dos artesãos, especialmente a manutenção da qualidade do desempenho e a repartição da clientela. Tal como em toda a regulação da economia, esta também significava, obviamente, uma limitação da liberdade de mercado e, logo, da orientação autónoma pelos princípios da economia aquisitiva por parte dos artesãos. Esta estava orientada pela garantia do «sustento» para os empreendimentos artesanais existentes e, não obstante a sua forma de empreendimento aquisitivo, internamente, nos seus aspetos materiais, orientava-se pelos princípios da economia de gestão patrimonial.

Para o caso *a)*, *2)*, *β)*, *ii)*, além dos tipos de indústria caseira típica já mencionados, estão em causa essencialmente as grandes propriedades agrárias no Leste da Alemanha, com as pequenas economias de lavradores dependentes, orientadas pelas ordens estabelecidas pela propriedade, assim como as do Nordeste, que possuem um sistema semelhante. Tanto a economia da grande propriedade agrária como a da indústria caseira são empreendimentos aquisitivos do dono da propriedade ou do comerciante empresário; os empreendimentos económicos dos lavradores dependentes ou dos trabalhadores de indústrias caseiras, no que se refere à forma de distribuição e coordenação dos desempenhos que lhes foi imposta, orientam-se, primordialmente, pelas obrigações de serviço impostas pelos regulamentos de trabalho da propriedade ou derivadas da sua situação de trabalhadores em domicílio dependentes. De resto, são gestões patrimoniais. A sua atividade aquisitiva não é autónoma, mas sim heterónoma, em prol do empreendimento aquisitivo do grande proprietário ou do comerciante empresário. A situação, dependendo do grau de uniformização dessa orientação, pode aproximar-se da distribuição de desempenhos puramente técnica *dentro* da mesma empresa, como acontece na «fábrica».

§ 19. Apropriação da utilização de desempenho

(Continuação de § 18, II.)
Do ponto de vista social, as formas de distribuição de desempenhos também se distinguem:

B. Segundo o modo como as oportunidades existentes sob a forma de remuneração por determinados desempenhos são *apropriadas*. Os objetos da apropriação podem ser:

ECONOMIA E SOCIEDADE

1. Oportunidades de utilização de desempenhos.
2. Meios de obtenção materiais.
3. Oportunidades de lucro em virtude de funções de gestão.

Sobre o conceito sociológico de «apropriação», ver acima, Capítulo 1, § 10.

1. Na apropriação de oportunidades de utilização de trabalho é possível:

i) que o desempenho seja prestado a um destinatário individual (senhor) ou a uma associação;

ii) que o desempenho seja deduzido do mercado.

Em *ambos* os casos existem quatro possibilidades radicalmente opostas entre si.

1) Primeira possibilidade:

Apropriação monopolista das oportunidades de utilização de cada trabalhador (*trabalho livre disponível*), nomeadamente: α) apropriação herdada e alienável, ou β) pessoal e inalienável, ou γ) herdada, mas inalienável, e, em todos estes casos, apropriação incondicional ou associada a determinados requisitos materiais.

Exemplos de *1)*, *a)*, α), são: artesão de aldeia, para o caso *i)*; direitos «régios» na Idade Média, para o caso *ii)*; exemplos de *1)*, *a)*, β), no caso *i)*: os «direitos a um cargo»; de *1)*, *a)*, γ), nos casos *i)* e *ii)*: certos direitos artesanais na Idade Média, mas sobretudo na Índia, e «funções» medievais de várias espécies.

2) Segunda possibilidade:

Apropriação da utilização da força de trabalho pelo *proprietário* dos trabalhadores («trabalho dependente»): α) livre, isto é, herdada e alienável (escravidão total), ou β) herdada, mas não alienável ou não *livremente* alienável, por exemplo, em conjunto com os meios de trabalho materiais — particularmente propriedades agrárias e terras (servidão, sujeição herdada).

CATEGORIAS SOCIOLÓGICAS BÁSICAS DA AÇÃO ECONÓMICA   177

A apropriação da utilização do trabalho por um senhor pode ser limitada (*b*), *β*): servidão) materialmente. Nesse caso, o trabalhador nem pode abandonar o seu posto por decisão unilateral, nem pode ser despedido por decisão unilateral do senhor. Essa apropriação da utilização do trabalho pode ser aproveitada pelo proprietário:

a) No interesse da própria gestão patrimonial e, nesse caso, *α)* como fonte de rendas em espécie ou em dinheiro, ou *β)* como força de trabalho nos serviços da gestão patrimonial (escravos da casa ou servos).

b) No interesse de um empreendimento aquisitivo e, nesse caso, *α)* como *αα)* fornecedores de mercadorias, ou *ββ)* transformadores de matéria-prima fornecida para venda (*indústria domiciliar dependente*); *β)* como força de trabalho no empreendimento (empreendimento com trabalho de escravos ou servos).

Por «proprietário» entendemos aqui e no que se segue alguém que, *como tal*, (normalmente) não participa necessariamente no processo de trabalho, seja como diretor, seja como trabalhador. Como proprietário, *pode* ser o «diretor», porém, não necessariamente. É frequente não o ser.

A utilização de escravos e servos (dependentes de todas as espécies) «para fins de gestão patrimonial», *não* como trabalhadores num empreendimento aquisitivo, mas sim como fonte de renda, era típica na Antiguidade e no início da Idade Média. Há documentos cuneiformes que revelam, por exemplo, a existência de escravos de um príncipe persa que foram instruídos em determinados ofícios, *talvez* para servirem de força de trabalho na própria gestão patrimonial, *talvez* também para trabalharem para uma clientela, de forma *materialmente* livre e na base de certas taxas para o proprietário (em grego, ἀποφορά, em russo, *obrok*, em alemão, *Halszins* ou *Leibzins*). Esta foi quase sempre a regra no caso dos escravos helénicos (ainda que com exceções); em Roma, a economia independente institucionalizou-se com *peculium* ou *merx peculiaris* (e, naturalmente, com tributos pagos ao senhor). Na Idade Média, o feudalismo assumiu, em grande parte — regularmente no Oeste e no Sul da Alemanha —, o carácter de um simples direito a certas rendas pagas por indivíduos que, de resto, eram quase independentes. Na Rússia, a limitação efetiva do senhor à

178   ECONOMIA E SOCIEDADE

obtenção do *obrok* por parte dos servos que, ainda que em situação jurídica precária, eram livres para mudar de domicílio, era muito frequente (embora não constituísse regra).

A utilização de trabalhadores dependentes para fins «aquisitivos», especialmente nas indústrias domiciliares dos senhores territoriais (mas também, provavelmente, em algumas brasonadas, por exemplo, no caso dos faraós), assumiu as seguintes formas:

a) Indústria dependente com base no *fornecimento*: entrega de bens em espécie cuja matéria-prima (fibra de linho, por exemplo) era produzida e processada pelos próprios trabalhadores (lavradores servos), ou

b) Indústria dependente com base na *elaboração*: o processamento de material fornecido pelo senhor. É possível que o senhor convertesse o produto em dinheiro, pelo menos em parte. Essa valorização no mercado manteve-se, em muitos casos (na Antiguidade, por exemplo), algo ocasional, o que não aconteceu no início da Idade Moderna, particularmente nas regiões fronteiriças eslavo-germânicas. Foi sobretudo (ainda que não exclusivamente) ali que surgiram indústrias domiciliares mantidas por senhores de dependentes e servos. A gestão aquisitiva do senhor poderia tornar-se uma *empresa* contínua tanto na forma de α) *trabalho dependente com base no domicílio*, como na forma de β) *trabalho dependente com base na oficina*. Estas duas formas encontram-se — a última como *uma* das diversas formas do ergastério, na Antiguidade, nas construções dos faraós e dos templos, tal como (segundo provam os frescos de vários túmulos) nas de grandes senhores feudais, no Oriente. Também existiram na Grécia helénica (Atenas: Demóstenes), nas oficinas associadas às grandes propriedades romanas (ver a exposição de Gummerus), em Bizâncio, no *genitium* (= *gynaikeion*) carolíngio e, na Idade Moderna, por exemplo, nas fábricas russas que trabalhavam com servos (ver o livro de Tugan-Baranovski sobre a fábrica russa).

3) Terceira possibilidade:

Ausência de *qualquer* apropriação (trabalho formalmente «livre», neste sentido da palavra): trabalho em virtude de um contrato formal, bilateral e voluntário. No entanto, o contrato pode ser regulado *materialmente* de muitas maneiras através de ordens referentes às condições de trabalho impostas à força pela tradição ou pela lei.

O trabalho livre baseado em contratos pode ser e é utilizado tipicamente:

CATEGORIAS SOCIOLÓGICAS BÁSICAS DA AÇÃO ECONÓMICA   179

a)   para fins de gestão patrimonial:

   α) como trabalho ocasional (que Bücher considera ser trabalho assalariado): *αα)* na própria unidade doméstica do
   locatário, ou *ββ)* na unidade doméstica do trabalhador
   (considerado trabalho domiciliar por Bücher);
   β) como trabalho permanente: *αα)* na própria unidade
   doméstica do locatário (criado alugado), ou *ββ)* na unidade doméstica do trabalhador (típico: o colono);

b)   para fins aquisitivos e, neste caso,

   α) como trabalho ocasional, ou *β)* como trabalho permanente e, em ambos os casos, também *αα)* na unidade
   doméstica do trabalhador (trabalho domiciliar), ou *ββ)*
   no empreendimento fechado do proprietário (trabalhadores de quinta ou oficina, particularmente de fábrica).

No caso *a)*, o trabalhador, em virtude do contrato de trabalho, está ao
serviço de um *consumidor* que «dirige» o trabalho; no segundo caso, está
ao serviço de um *empresário* com intenções aquisitivas: algo que, apesar
de possuir frequentemente a mesma forma jurídica, é fundamentalmente
diferente do ponto de vista económico. Os colonos *podem* ser ambas as
coisas, mas são *tipicamente* trabalhadores de *oikos*.

4) Quarta possibilidade:
Por fim, a apropriação das oportunidades de utilização do trabalho pode realizar-se por parte de uma *associação* de trabalhadores,
sem que exista apropriação alguma ou, pelo menos, uma apropriação
livre por parte de cada trabalhador, e isto *a)* por fechamento absoluto
ou relativo ao exterior; *b)* por exclusão ou limitação da possibilidade
de o diretor privar os trabalhadores das suas oportunidades de
aquisição pelo trabalho sem envolvimento dos trabalhadores.

Aqui cabe como exemplo toda a apropriação por uma *casta* de trabalhadores ou por uma «comunidade mineira» constituída por trabalhadores
(como ocorreu na mineração da Idade Média) ou por uma associação de

«misteres» sujeita ao direito da corte ou por «ceifeiros» de uma associação rural. Esta forma de apropriação atravessa a história social de todos os lugares em infinitas gradações. A segunda forma, também muito difundida, tornou-se muito moderna em virtude dos *closed shops* dos sindicatos e, principalmente, em virtude dos «conselhos fabris».

Toda a apropriação de postos de trabalho em empreendimentos aquisitivos por parte dos trabalhadores, bem como, contrariamente, a apropriação da utilização de trabalhadores («dependentes») pelo proprietário, significa uma limitação do livre recrutamento da força de trabalho e, portanto, da *seleção* segundo o máximo de desempenho técnico dos trabalhadores, e, por conseguinte, uma limitação da racionalização *formal* da gestão económica. Esta apropriação fomenta materialmente a restrição da racionalidade técnica se:

i)   A utilização dos produtos de trabalho para fins aquisitivos for apropriada por um *proprietário a)* através da tendência para estabelecer determinados contingentes de desempenho laboral a realizar (orientados por uma tradição, convenção ou contrato), ou *b)* através da diminuição — no caso de uma apropriação livre dos trabalhadores pelo proprietário (escravidão total) — ou desaparecimento completo do interesse dos próprios trabalhadores na otimização do desempenho.

ii) A apropriação for dos próprios trabalhadores através de conflitos entre o seu interesse em conservar a situação de vida tradicional e o interesse de quem os utiliza *a)* em forçar a otimização técnica do seu desempenho ou *b)* em empregar meios técnicos na substituição do seu trabalho. Por isso, para o senhor é sempre interessante a transformação da utilização numa simples fonte de *renda*. A apropriação da utilização dos produtos para fins aquisitivos por parte dos trabalhadores, quando outras circunstâncias são propícias, favorece a expropriação mais ou menos total das funções de *direção* do *proprietário*. Porém, em regra, também favorece o desenvolvimento de uma dependência material dos trabalhadores em relação aos participantes na troca que lhes são superiores (os comerciantes empresários), na função de diretores.

CATEGORIAS SOCIOLÓGICAS BÁSICAS DA AÇÃO ECONÓMICA 181

1. As duas orientações da apropriação, opostas do ponto de vista formal — a dos postos de trabalho pelos trabalhadores e a dos trabalhadores por um proprietário —, na prática, têm consequências muito semelhantes, o que não é de estranhar. Primeiro, em regra, as duas estão relacionadas *formalmente* uma com a outra. Isto ocorre quando a apropriação dos trabalhadores por um senhor coincide com a apropriação das oportunidades de aquisição dos trabalhadores por uma *associação* de trabalhadores que é fechada, como no caso de uma associação sujeita ao sistema feudal. Neste caso, a estereotipagem das possibilidades de utilizar os trabalhadores (nomeadamente, a alocação do desempenho, a diminuição do seu próprio interesse e, por conseguinte, a resistência efetiva dos trabalhadores contra qualquer tipo de «inovação» técnica) é evidente. Mesmo quando não é este o caso, a apropriação dos trabalhadores por um proprietário significa, *na realidade*, que este se vê obrigado a utilizar precisamente *esta* força de trabalho, uma vez que não a escolhe num processo de *seleção*, como acontece nas fábricas modernas. Tem de aceitar a força de trabalho sem seleção. Isto aplica-se particularmente ao trabalho escravo. Todas as tentativas de forçar os trabalhadores apropriados a desempenhos que não sejam tradicionais entra em choque com uma obstrução tradicionalista, e esta só seria possível por meio da aplicação de meios brutais, o que, em circunstâncias normais, constituiria um risco para o interesse próprio do senhor, já que os fundamentos tradicionais da sua posição de senhor seriam postos em causa. Por esse motivo, os desempenhos de trabalhadores apropriados mostram, em quase todo o lado, a tendência para o recrutamento e, nos casos em que este foi quebrado pelo poder dos senhores (como aconteceu particularmente na Europa de Leste, no início da Idade Moderna), a ausência de um processo de seleção, assim como de interesse e risco próprio por parte dos trabalhadores apropriados, obstruiu o desenvolvimento de uma otimização técnica. No caso de apropriação formal dos postos de trabalho pelos *trabalhadores*, o resultado foi o mesmo, ainda que mais rápido.

2. O caso mencionado na frase anterior é típico do desenvolvimento no início da Idade Média (séculos X a XIII). Os *Beunden*[16] da época carolíngia e todas as outras tentativas de «empreendimentos agrícolas em grande escala» diminuíram e desapareceram. A renda do proprietário do solo e do senhor feudal foi estereotipada, e, aliás, a um nível muito baixo. O produto em espécie (agricultura, mineração) compartimentou-se cada vez mais e os rendimentos em dinheiro (artesanato) passaram, quase completamente,

---

(16) Explorações agrárias senhoriais. (*N. dos T.*)

para as mãos dos trabalhadores. As «circunstâncias favoráveis» a esta evolução, que só aconteceu *desta forma* no Ocidente, ficaram a dever-se: *a)* à reivindicação política e militar de acesso à camada de proprietários e *b)* à falta de um quadro administrativo competente (relacionada com uma visão do trabalhador que não o reduzisse a uma fonte de rendimento), associada *c)* à liberdade efetiva e não controlável dos trabalhadores para mudarem para concorrentes interessados na apropriação dos mesmos e *d)* às numerosas oportunidades de novos arroteamentos e de exploração de novas minas e de novos mercados locais, em conexão com *e)* a tradição técnica da Antiguidade. Quanto mais a apropriação das possibilidades de aquisição *pelos* trabalhadores (tipos clássicos: a mineração e as corporações inglesas) substituiu a apropriação dos trabalhadores pelo proprietário e, consequentemente, a expropriação dos proprietários avançou, tornando-os, primeiro, puros recebedores de rendas (culminando, como já era frequente naquela época, na dispensa ou na abolição da obrigação da renda por parte dos trabalhadores: «o ar da cidade liberta»), tanto mais ganhou terreno, quase imediatamente, a diferenciação das oportunidades de lucro no *mercado*, dentro do círculo dos próprios trabalhadores (e, a partir de fora, pelos comerciantes).

§ 20. Apropriação dos meios de obtenção

(Continuação de § 19, II., B.)

2. A *apropriação dos meios materiais de obtenção complementares ao trabalho* pode ser feita: *a)* pelos trabalhadores, individualmente ou por associações dos mesmos; *b)* pelos proprietários; *c)* por associações reguladoras de terceiros.

Quanto a *a)* apropriação pelos trabalhadores, esta pode ser: $\alpha)$ pelos trabalhadores individuais que estão então «na posse» dos meios de obtenção materiais, ou $\beta)$ por uma associação de trabalhadores (camaradas), total ou relativamente fechada, de modo que não é o trabalhador individual que está de posse dos meios de obtenção materiais, mas sim uma associação de trabalhadores.

A associação pode ter gestão económica $\alpha\alpha)$ como uma economia unitária (comunista), $\beta\beta)$ com apropriação de partes (cooperativista).

CATEGORIAS SOCIOLÓGICAS BÁSICAS DA AÇÃO ECONÓMICA 183

Em todos estes casos, a apropriação pode ser aproveitada *1)* para fins de gestão patrimonial, ou *2)* para fins de aquisição.

O caso *α)* pode significar uma absoluta liberdade de troca dos pequenos lavradores ou dos artesãos (*Preiswerker*[17]), na terminologia de Bücher), barqueiros ou carroceiros. Ou existem entre eles associações reguladoras da economia (ver adiante). O caso *β)* abarca fenómenos muito heterogéneos, dependendo da existência de uma gestão económica patrimonial ou aquisitiva. A *economia doméstica* — que, em princípio, não é necessariamente comunista, nem nas suas «origens», nem efetivamente (ver o Capítulo 5) — pode estar orientada puramente pelas suas próprias necessidades, ou, numa troca orientada pelas *necessidades*, pode — no início, ocasionalmente — libertar-se dos excedentes de cuja produção possuía o monopólio, em virtude da sua localização privilegiada (matérias-primas específicas) ou da especialização adquirida. É possível que essa troca se transforme numa troca regular para fins de *aquisição*. Neste caso, costumam desenvolver-se indústrias típicas «tribais» com especialização e trocas *interétnicas* — uma vez que as possibilidades de venda se baseiam em monopólios e, na maioria dos casos, em segredos herdados —, que, mais tarde, se tornam indústrias itinerantes e de párias ou (quando se reúnem numa associação política) *castas* (com base numa separação ritual entre etnias), como na Índia. O caso *ββ)* refere-se a «cooperativas de produção». As economias domésticas podem aproximar-se destas quando começam a utilizar o cálculo em dinheiro. Fora disso, este constitui um fenómeno ocasional numa associação de trabalhadores. As *minerações* no início da Idade Média constituem um exemplo típico e muito relevante disto mesmo.

Quanto a *b)* apropriação por parte dos *proprietários* ou de associações dos mesmos, só pode significar aqui — uma vez que já mencionámos a apropriação por uma *associação* de trabalhadores — expropriação dos trabalhadores dos meios de obtenção: não apenas individualmente, mas enquanto um todo. Neste caso, podem ser apropriados:

1) Pelos proprietários, todos, alguns ou um dos seguintes objetos: *α)* o solo (inclusivamente as águas), *β)* os jazigos

---

[17] Artesãos que produziam para o mercado. (*N. dos T.*)

minerais, *γ)* as fontes de energia, *δ)* as oficinas de trabalho, *ε)* os meios de trabalho (ferramentas, aparelhos, máquinas), *ζ)* as matérias-primas. Estes podem ser apropriados por um só proprietário ou por vários.

Os proprietários podem utilizar os meios de obtenção de que se apropriam:

α) Para fins de gestão patrimonial, *αα)* como meios para a cobertura de necessidades próprias, *ββ)* como fontes de renda, emprestando-os: *i)* para utilização numa outra gestão patrimonial; *ii)* para utilização como meio de aquisição e, nesse caso, *ααα)* num empreendimento aquisitivo sem cálculo de capital, *βββ)* como bens de capital (num empreendimento alheio) e, por fim,

β) Como bens de capital próprios (no seu próprio empreendimento).

Além disso, é possível:

2) Uma apropriação por uma *associação* económica para cuja conduta existem as mesmas alternativas que no caso *b).*

Por fim, é possível:

3) Uma apropriação por uma *associação* reguladora da economia que não utiliza ela própria os meios de obtenção com bens de capital, nem faz deles uma fonte de renda, mas os oferece aos associados.

1. A apropriação do solo por economias *individuais* ocorre primordialmente: *a)* com base na duração de tempo entre o *plantio* e a colheita, *b)* quando o solo está trabalhado, isto é, *α)* arroteado, ou *β)* irrigado, pelo tempo que demora o cultivo contínuo. Só mais tarde, quando a escassez de terras se faz sentir, é que ocorre *c)* o encerramento da admissão ao cultivo do solo e ao usufruto do pasto e das florestas, assim como a alocação do grau de utilização dos mesmos para os membros do povoado.

O sujeito da *apropriação* que então ocorre pode ser:

CATEGORIAS SOCIOLÓGICAS BÁSICAS DA AÇÃO ECONÓMICA   185

1) Uma associação — de dimensão variável, segundo a natureza da utilização (para hortas, prados, terras de lavoura, pastos, florestas: associações com uma dimensão crescente, desde famílias individuais a «tribos»). Casos típicos: *a)* um clã (ou grupo perto deste); *b)* uma associação de vizinhos (normalmente, associação de aldeia) para as terras de lavoura, os prados e os pastos; *c)* uma associação da comarca, muito mais ampla, de carácter e dimensão diversos, para as florestas; *d)* economias familiares para hortas e quintas, com celeiros e estábulos, com participação nas terras de lavoura e nos pastos. Essa participação pode manifestar-se $\alpha)$ sob a forma de uma equiparação empírica, quando se trata de cultivo de novas terras numa agricultura de transumância (pastagens), $\beta)$ numa forma de uma distribuição racional, sistemática, na agricultura sedentária, sendo esta, em regra, consequência $\alpha\alpha)$ de exigências *fiscais*, com responsabilidade solidária dos membros da aldeia, ou $\beta\beta)$ de exigências *políticas* de igualdade dos mesmos.

Os responsáveis pelo *empreendimento* são, normalmente, as comunidades domésticas (sobre o desenvolvimento destas, ver o Capítulo 5).

2) Um *senhor fundiário*, tenha essa situação senhorial (da qual trataremos mais adiante) origem numa posição preeminente dentro do clã, na dignidade de chefe do clã, com direito a prestações de serviços pessoais (Capítulo 5), em disposições coativas de natureza fiscal ou militar, ou no cultivo ou irrigação sistemáticos das terras.

A propriedade senhorial pode ser utilizada:

a) com trabalho dependente (de escravos ou servos), *i)* para fins de gestão patrimonial — $\alpha)$ por prestações em espécie, ou $\beta)$ por desempenhos de serviços —, *ii)* para fins de aquisição, como plantação;

b) com trabalho livre: *i)* para fins de gestão patrimonial, como senhorio de renda — $\alpha)$ através de rendas em espécie (participação dos arrendatários no cultivo ou prestações em espécie por parte dos mesmos), ou $\beta)$ através de rendas em dinheiro, pagas pelos arrendatários. Em ambos os casos: $\alpha\alpha)$ com recursos próprios (arrendatários com gestão aquisitiva), ou $\beta\beta)$ com recursos senhoriais (colonos); *ii)* para fins aquisitivos: como uma grande empresa racional.

No caso *a)*, *i)*, o senhor fundiário — no que se refere à forma da utilização — costuma estar vinculado tradicionalmente tanto a determinados trabalhadores (portanto, sem nenhuma seleção) como ao desempenho dos mesmos. O caso *a)*, *ii)* só ocorreu nas plantações cartaginesas e romanas, na Antiguidade, e nas plantações coloniais e norte-americanas; o caso *b)*, *ii)* só se encontra no Ocidente moderno. O tipo do desenvolvimento da propriedade senhorial (e, particularmente, a sua decomposição) foi decisivo

186 ECONOMIA E SOCIEDADE

para a forma das relações de apropriação *modernas*. Nestas, no seu tipo *puro*, só existem as figuras: *a)* do proprietário de terras, *b)* do arrendatário capitalista e *c)* do trabalhador agrícola sem propriedade. Este tipo puro constitui uma exceção (existente em Inglaterra).

2. As riquezas do solo exploradas pela *mineração* podem estar apropriadas: *a)* pelo proprietário do solo (no passado, geralmente, o *senhor* fundiário); *b)* por um senhor político (senhor titular de regalias); *c)* por alguém que «descobre» jazidas aproveitáveis («liberdade de mineração»); *d)* por uma associação de trabalhadores; ou *e)* por um empreendimento aquisitivo.

Os senhores fundiários ou titulares de regalias podiam explorar sob direção própria as jazidas apropriadas (o que ocorreu ocasionalmente na Idade Média) ou utilizá-las como fonte de receita, arrendando-as: $\alpha)$ a uma associação de trabalhadores (comunidade mineira) — caso *d)* — ou $\beta)$ a quem a tivesse encontrado (incluindo no caso de ser um determinado círculo de pessoas). (Como aconteceu nas «minas livres» na Idade Média — o que está na origem da liberdade de mineração.)

As associações de trabalhadores da Idade Média assumiram tipicamente a forma de cooperativas de companheiros sob *obrigação* de extração (em relação aos senhores de minas interessados na renda ou aos companheiros com uma responsabilidade solidária), e com o direito a participar no produto; mais tarde, tomaram a forma de «cooperativas» constituídas única e exclusivamente por proprietários, com participação no produto e nas perdas. Os senhores das minas foram expropriados progressivamente em prol dos trabalhadores, e estes, por sua vez, com a necessidade crescente de instalações, por sindicados em posse de bens de capital, de modo que o «sindicato» capitalista (ou seja, a sociedade por ações) acabou por constituir a forma final de apropriação.

3. Os meios de obtenção com carácter de «instalações» (instalações de energia, especialmente, movidas por água, «moinhos» para fins diversos, de todas as espécies e oficinas, possivelmente com aparelhos fixos) foram apropriados com bastante regularidade no passado, particularmente na Idade Média: *a)* por príncipes e grandes proprietários (caso 1), *b)* por cidades (caso 1 ou 2), *c)* por associações de trabalhadores (corporações, sindicatos, caso 2), *sem* constituição de uma unidade *empresarial*.

Pelo contrário, nos casos *a)* e *b)* ocorre um aproveitamento como fonte de renda, através de uma utilização contra uma remuneração, muitas vezes, forçada, em virtude da situação de monopólio. As instalações eram usadas por turnos ou de acordo com a necessidade; em determinadas circunstâncias,

CATEGORIAS SOCIOLÓGICAS BÁSICAS DA AÇÃO ECONÓMICA   187

constituía o monopólio de uma associação reguladora restrita. Fornos de pão, moinhos de todos os tipos (para cereais e azeite), pisões, amoladoras, matadouros, tinturarias, branquearias (por exemplo, de mosteiros), forjas (servindo estas, regularmente, para arrendamento a empresas), além de cervejarias, destilarias e outras instalações, especificamente também estaleiros (na Hansa, propriedade das cidades), e postos de venda de todos os géneros, foram explorados pelos proprietários (indivíduos ou associações, particularmente de cidades) de modo pré-capitalista, permitindo-se aos trabalhadores a sua utilização por meio de remuneração e constituindo essas instalações *património* dos proprietários, e não bens de capital. A organização e exploração *para fins de gestão patrimonial* daquelas fontes de renda, por proprietários individuais ou por associações, bem como a obtenção de bens por cooperativas de produção, precedeu a transformação de empresas particulares em «capital fixo». Os *usuários* das instalações, por sua vez, utilizavam-nas, em parte, para fins de gestão patrimonial (fornos de pão, além de cervejarias e destilarias), noutra parte, para fins aquisitivos.

4. Para a navegação marítima do passado, era típica a apropriação do navio por vários proprietários, que se afastaram progressivamente dos trabalhadores náuticos. Devido a, mais tarde, se ter desenvolvido na navegação uma participação no *risco* por parte dos fretadores, em que proprietários de navios, diretores náuticos e tripulação também participavam no fretamento, não se criaram relações de *apropriação* fundamentalmente diferentes, mas apenas pormenores no cálculo e nas oportunidades aquisitivas.

5. A apropriação de *todos* os meios de obtenção — instalações (de todos os tipos) e ferramentas — por *um* único proprietário, situação constitutiva para uma fábrica hoje em dia, era uma exceção no passado. O ergastério helénico-bizantino (em Roma, *ergastulum*), particularmente, possuía um significado *económico* muito ambíguo, facto comummente desconhecido dos historiadores. Era *a)* uma «oficina» que podia ser parte integrante de uma *gestão patrimonial* na qual *α)* escravos faziam trabalhos para a necessidade *própria* do senhor (por exemplo, numa economia de grande propriedade), ou que podia ser *β)* o lugar de um «empreendimento acessório» para venda baseado no trabalho de escravos. Ou *b)* a oficina, como fonte de *renda*, podia ser parte da propriedade de um homem particular ou de uma associação (de uma cidade — como era o caso nos ergastérios do Pireu), *arrendada* a troco de remuneração a pessoas individuais ou a cooperativas de trabalhadores. Portanto, quando se trata de trabalho em ergastérios (especialmente em cidades), pergunta-se sempre a quem pertence o próprio ergastério. A quem

ECONOMIA E SOCIEDADE

pertenciam os demais meios de obtenção utilizados no trabalho? Havia trabalhadores livres nos ergastérios? Havia trabalhadores por conta própria? Ou trabalhavam só escravos? *Porventura*: a quem pertenciam os escravos que ali trabalhavam? Trabalhavam por conta própria (por *apophora*) ou por conta do senhor? Cada tipo de resposta a estas perguntas resultava em estruturas económicas de natureza radicalmente diferente. Na maioria dos casos, parece que os ergastérios eram considerados uma fonte de renda, como demonstrado nas instituições bizantinas e islâmicas ainda existentes. Por conseguinte, não eram comparáveis a qualquer «fábrica» ou, sequer, às suas antecessoras. Quando muito, seriam comparáveis aos diversos tipos de economia dos «moinhos» na Idade Média.

6. Mesmo que a oficina e o meio de trabalho estejam apropriados pelo *mesmo* proprietário, que utiliza trabalhadores contratados, do ponto de vista económico, ainda não se chegou à situação a que *hoje* costumamos chamar «fábrica», dado que ainda não existem *a)* fontes mecânicas de energia, *b)* máquinas e *c)* especialização interna e coordenação do trabalho. A «fábrica» constitui, atualmente, uma categoria da economia capitalista. O termo só será utilizado também aqui no sentido de uma empresa que *pode* ser objeto de um empreendimento com capital fixo, portanto, sob a *forma* de uma oficina com repartição interna do trabalho, com apropriação de *todos* os meios materiais de trabalho e com trabalho mecanizado, isto é, orientado para o uso de motores e de máquinas. A grande oficina de Jack de Newbury (século XVI), cantada pelos poetas da época, na qual, segundo parece, havia centenas de teares manuais próprios, nos quais trabalhavam, lado a lado e de forma independente, como em casa, os trabalhadores que recebiam a matéria-prima do empresário e para os quais existiam diversas «instituições beneficentes», não possuía todas as características mencionadas anteriormente. Um ergastério egípcio, helénico, bizantino ou islâmico, propriedade de um senhor de trabalhadores (dependentes) *podia* funcionar — existem casos, sem dúvida — com especialização interna e coordenação do trabalho. Contudo, a própria circunstância de, também nesses casos, o senhor se contentar ocasionalmente com a *apophora* (de cada trabalhador e, mais elevada, dos capatazes) — conforme demonstrado claramente nas fontes gregas — deve prevenir contra uma equiparação, do ponto de vista económico, a uma «fábrica» ou até a uma oficina como a de Jack de Newbury. As manufaturas dos príncipes, como a manufatura imperial de porcelana chinesa, e as oficinas europeias que a imitavam com artigos de luxo destinados ao uso nas cortes, e, *principalmente*, as que produziam artigos para fins militares, seriam as que se aproximavam mais

CATEGORIAS SOCIOLÓGICAS BÁSICAS DA AÇÃO ECONÓMICA   189

da «fábrica», no sentido corrente da palavra. Não se pode impedir ninguém de *as considerar* «fábricas». Mais próximas ainda da fábrica moderna pareciam estar as oficinas russas com trabalho de servos. À apropriação dos meios de obtenção acrescentavam-se a apropriação dos trabalhadores. Por conseguinte, empregamos *aqui* o conceito de «fábrica» *somente* quando se trata de oficinas *a)* com apropriação total dos meios de obtenção materiais pelos *proprietários*, sem apropriação do trabalhador; *b)* com especialização interna dos desempenhos; *c)* com utilização de fontes de energia e máquinas mecanizadas que exigem ser «manejadas». Sobre todos os outros tipos de «oficinas», os respetivos aditamentos serão designados como tal.

§ 21. Apropriação dos desempenhos de coordenação

(Continuação de § 19, II, B.)

3. A *apropriação das funções de coordenação* acontece tipicamente:

1)   Em todos os casos de gestão patrimonial tradicional *a)* em prol do próprio dirigente (chefe da família ou do clã), *b)* em prol do quadro administrativo nomeado para a direção da sua gestão patrimonial (feudo de serviço dos funcionários da casa). Ocorre, além disso:

2)   Nos empreendimentos aquisitivos:

a)   em caso de coincidência absoluta (ou quase absoluta) de direção e trabalho. Neste caso, é tipicamente idêntica à apropriação dos meios de obtenção materiais pelos trabalhadores (B., *2)*, *a)*). Pode tratar-se de:

α)   Uma apropriação ilimitada, ou seja, garantida por herança e alienável, *αα)* com clientela garantida ou *ββ)* sem clientela garantida.

β)   Uma apropriação por uma *associação*, com apropriação pelos indivíduos, apenas pessoal ou regulada materialmente, como tal, condicional ou ligada a determinados pressupostos, com as mesmas alternativas.

b) No caso de uma separação entre a direção e o trabalho, ocorre como uma apropriação monopolista das possibilidades de empreendimento, de acordo com as diversas formas possíveis:

$\alpha)$ Monopólios de cooperativas ou corporações, ou
$\beta)$ Monopólios concedidos pelo poder político.

3) No caso de uma total ausência de apropriação formal da direção, a apropriação dos meios de obtenção — ou dos meios de crédito exigidos para a obtenção dos meios de capital — em empreendimentos com cálculo de capital é praticamente idêntica à apropriação da disposição sobre os cargos de direção pelos respetivos proprietários. Esses proprietários podem exercer aquela disposição *a)* dirigindo pessoalmente a sua própria empresa, ou *b)* selecionando o gerente da empresa (caso haja vários proprietários, participando, porventura, na seleção).

Estas obviedades dispensam comentários.

Toda a apropriação dos meios materiais complementares de obtenção significa, naturalmente, na prática e em condições normais, pelo menos um direito de cogestão decisivo na seleção da gerência e na expropriação (pelo menos relativa) dos trabalhadores desses meios. Contudo, nem toda a expropriação de trabalhadores *individuais* significa expropriação dos trabalhadores *em geral*, desde que uma associação de trabalhadores, não obstante a expropriação formal, esteja em condições de forçar materialmente a participação na direção ou na seleção da gerência.

§ 22. Expropriação dos trabalhadores da posse dos meios de obtenção

A expropriação do trabalhador *individual* da posse dos meios de obtenção materiais está condicionada de modo puramente *técnico*:

CATEGORIAS SOCIOLÓGICAS BÁSICAS DA AÇÃO ECONÓMICA 191

a) Nos casos em que os *meios* de trabalho exigem utilização simultânea e sucessiva por um grande número de trabalhadores.

b) No caso de instalações de *energia* que só podem ser aproveitadas de modo racional quando se emprega simultaneamente um grande número de processos de trabalho homogéneos, organizados uniformemente.

c) Quando a orientação tecnicamente racional do processo de trabalho só pode ser realizada em conexão com processos de trabalho complementares, sob controlo comum e contínuo.

d) Quando existe a necessidade de *instrução* específica para a direção de processos de trabalho conexos que, por sua vez, só são aproveitáveis racionalmente quando se realizam em grande escala.

e) Através da possibilidade de uma *disciplina* de trabalho rigorosa e *controlo* do desempenho, com o subsequente aumento da regularidade da *produção*, em caso de disposição unitária sobre os meios de trabalho e as matérias-primas.

Estes fatores deixariam também em aberto a possibilidade de apropriação por uma *associação* de trabalhadores (cooperativa de produção), o que significaria apenas a separação *de cada* trabalhador dos meios de obtenção.

A expropriação da *totalidade* dos trabalhadores (incluindo aqueles que possuem instrução técnica e comercial) da posse dos meios de obtenção está condicionada *economicamente*, sobretudo:

a) Em geral, e *sendo as demais circunstâncias iguais*, pela maior racionalidade na empresa quando existe uma disposição livre da direção sobre a seleção e o modo de utilização dos trabalhadores, em oposição a obstruções tecnicamente irracionais e a irracionalidades económicas resultantes da apropriação dos postos de trabalho ou do direito de codireção, particularmente, a intervenção de aspetos extra-empresariais, referentes à microgestão patrimonial caseira e à alimentação.

b) Dentro da economia de troca, pelo maior acesso a créditos de uma direção de empresa cujas disposições não são limitadas por direitos próprios dos trabalhadores, pelo que esta tem pleno poder de disposição sobre as garantias materiais do seu crédito e está representada por empresários com formação profissional, considerados «seguros», em virtude da sua gerência contínua da empresa.

c) Pelas suas origens históricas numa economia que foi prosperando desde o século XVI, devido à *ampliação* extensiva e intensiva *do mercado*, em virtude da superioridade absoluta e da indispensabilidade efetiva de uma *direção* cujas disposições se orientam individualmente pelo mercado, por um lado, e devido a puras constelações de *poder*, por outro.

Prescindindo-se destas circunstâncias gerais, o empreendimento orientado pelas possibilidades de mercado também atua em sentido favorável à expropriação:

a) Pela preferência por *cálculo de capital* — que só pode ser tecnicamente racional em caso de apropriação total pelos proprietários — em relação a outra gestão económica cujo cálculo apresenta menos racionalidade.

b) Pela preferência por qualidades puramente comerciais da direção em relação às técnicas e pela preservação de segredos técnicos e comerciais.

c) Pelo favorecimento de uma gestão baseada numa especulação que pressupõe expropriações. Esta forma de gerência é possibilitada, em última instância, sem ter em consideração o *grau* da sua racionalidade técnica.

d) Pela superioridade possuída *α)* em virtude da propriedade detida, no mercado de trabalho em relação ao parceiro de troca (os trabalhadores); *β)* graças a uma economia aquisitiva que opera com cálculo de capital, no mercado de bens, bens de capital e crédito para aquisição, em relação a qualquer concorrente na troca que calcule de forma menos racional ou esteja menos equipado e com menos possibilidades de

CATEGORIAS SOCIOLÓGICAS BÁSICAS DA AÇÃO ECONÓMICA 193

crédito. O facto de o máximo de racionalidade *formal* no cálculo de capital ser apenas possível em caso de submissão dos trabalhadores à dominação dos empresários constitui outra irracionalidade *material* específica da ordem económica. Por fim, *e)* porque o trabalho livre e a apropriação total dos meios de obtenção formam as condições mais favoráveis para a *disciplina*.

§ 23. Expropriação dos trabalhadores da posse dos meios de obtenção (conclusão)

A expropriação de *todos* os trabalhadores dos meios de obtenção, na prática, *pode* significar:

1) A direção pelo quadro administrativo de uma associação: também (e precisamente) toda a economia unitária socialista *racional* manteria a expropriação de todos os trabalhadores, completando-a pela expropriação dos proprietários privados.

2) A direção pelos proprietários *ou* seus representantes, em virtude da apropriação dos meios de obtenção pelos primeiros.

A apropriação por interessados em propriedade do poder de disposição sobre a pessoa do gestor pode significar:

a) A direção por um (ou vários) empresários que são *simultaneamente* proprietários: apropriação direta da posição de empresário. Contudo, esta não exclui a possibilidade de que a disposição sobre a forma de direção — em virtude do *poder de crédito* ou *financiamento* (ver adiante) — esteja consideravelmente nas mãos de interessados em aquisição, alheios à empresa (por exemplo, bancos de crédito ou *financiadores*).

b) A separação entre direção da empresa e propriedade, limitando, especialmente, aos interessados em propriedade a designação de empresário e a apropriação livre (alienável) e por quotas da propriedade sob a forma de participação no capital de cálculo (ações, ações de minas). Essa situação (associada à apropriação puramente pessoal por formas transitórias de todas as espécies) é *formalmente* racional, porque, ao contrário da apropriação permanente e hereditária da própria direção, em virtude da propriedade herdada, permite a *seleção* de um gerente qualificado (do ponto de vista da rendibilidade). Na prática, porém, isto pode significar várias coisas:

α) A disposição sobre o cargo de gerente, em virtude da apropriação da propriedade, está nas mãos de interessados em *património*, alheios à empresa: participantes na propriedade que procuram sobretudo obter *rendas elevadas*.

β) A disposição sobre o cargo de gerente, em virtude de aquisição temporária no mercado, está nas mãos de interessados em *especulação*, alheios à empresa (acionistas que só procuram obter lucro através da *alienação* das mesmas).

γ) A disposição sobre o cargo de gerente, em virtude do poder de mercado ou do crédito, está nas mãos de interessados na *aquisição*, alheios à empresa (bancos ou interessados individuais — por exemplo, os «financiadores» —, que perseguem os seus próprios interesses de aquisição, muitas vezes, incompatíveis com os da respetiva empresa).

Consideramos «alheios à empresa» todos os interessados que não estão orientados primordialmente pela *rendibilidade* persistente da empresa. Isto pode acontecer com todos os tipos de interesses de património, mas acontece com uma frequência específica no caso dos interessados que utilizam a disposição sobre as suas instalações e bens de capital, ou a participação nos mesmos (ações), não como um investimento permanente de património, mas sim como meio para obter um lucro puramente especulativo num determinado momento. Os interesses relativamente mais fáceis de conciliar com

CATEGORIAS SOCIOLÓGICAS BÁSICAS DA AÇÃO ECONÓMICA 195

os interesses materiais da empresa (o que significa, *aqui*, interesses numa rendibilidade atual e duradoura) são os interesses orientados puramente pela renda (*a*)).

A interferência de interesses «alheios à empresa» na forma de disposição sobre cargos de gestão constitui, precisamente no caso do máximo de racionalidade *formal* na sua seleção, uma outra irracionalidade *material* específica da ordem económica moderna (pois pode acontecer que tanto interesses de património completamente individuais, como interesses de aquisição orientados para metas sem conexão com as da empresa, ou ainda interesses puramente especulativos se apoderem das ações da empresa e tomem decisões relativas à pessoa do gerente e à forma de gestão da empresa que lhe impõem). A influência sobre oportunidades de mercado e, principalmente, sobre bens de capital e, em consequência, sobre a orientação da obtenção de bens para fins aquisitivos por parte de interesses alheios à empresa, puramente especulativos, constitui *uma* das fontes dos fenómenos da moderna economia de troca conhecidos como «crises» (problema que não cabe aqui examinar).

§ 24. Profissão e formas da divisão das profissões

Chamamos «profissão» ao modo de especificação, especialização e combinação dos desempenhos de uma pessoa que constitui o fundamento de uma possibilidade contínua de abastecimento ou aquisição. A divisão das profissões pode:

a) Ocorrer em virtude da atribuição heterónoma de desempenhos e de meios de subsistência dentro de uma associação reguladora da economia (divisão das profissões dependentes), ou em virtude da orientação autónoma pela situação de mercado de desempenhos profissionais (divisão livre das profissões).

b) Basear-se ou estar relacionada com uma especificação ou especialização de desempenhos.

c) Significar a utilização económica autocéfala ou heterocéfala de desempenhos profissionais por parte de quem os presta.

196   ECONOMIA E SOCIEDADE

As profissões e as formas típicas de oportunidades de obtenção de rendimentos estão relacionadas entre si, como veremos no debate em torno das situações «estamentais» e «de classe».

Sobre «estamentos profissionais» e classes em geral, ver o Capítulo 4.

1. Divisão das profissões dependentes: de forma litúrgica ou como *oikos*, através do recrutamento forçado das pessoas designadas para determinada profissão, dentro de uma associação principesca, estatal, senhorial ou comunal. Divisão das profissões livres: graças a uma oferta bem-sucedida de desempenhos profissionais ou através de uma candidatura bem-sucedida a «vagas» no mercado de trabalho.

2. Especificação de desempenhos, como já referido no § 16: a divisão das profissões existente nos ofícios da Idade Média; especialização de desempenhos: a divisão das profissões nas empresas racionais modernas. A divisão das profissões na *economia de troca*, enquanto método, constitui muitas vezes uma especificação de desempenhos irracional do ponto de vista técnico e não uma especialização de desempenhos racional, uma vez que se orienta pelas oportunidades de venda e, desde logo, pelos interesses dos compradores, ou seja, dos consumidores. São estes que determinam o conjunto de desempenhos oferecidos pela mesma empresa, de modo que se afasta da especialização dos mesmos, obrigando-a a uma combinação de desempenhos irracional do ponto de vista do método.

3. Especialização de profissões autocéfala: empreendimento individual (de um artesão, médico, advogado, artista). Especialização de profissões heterocéfala: trabalhadores fabris e funcionários públicos.

A estruturação profissional em determinados grupos de pessoas varia:

a) De acordo com o grau de desenvolvimento de profissões típicas e estáveis, em geral. Decisivo para tal é, sobretudo:

    α) O desenvolvimento das necessidades, β) o desenvolvimento técnico (particularmente) da técnica industrial, e γ) o desenvolvimento

    $\alpha\alpha$) de grandes gestões patrimoniais — para a divisão de profissões dependentes —, ou $\beta\beta$) de oportunidades de mercado — para a divisão de profissões livres.

b) De acordo com o grau e a natureza da especialização profissional ou da especialização das *economias*. Decisiva para isto é, acima de tudo:

    α) A situação de mercado, determinada pelo poder aquisitivo, para os desempenhos de economias especializadas, e β) a forma como se distribui a disposição sobre os bens de capital.

CATEGORIAS SOCIOLÓGICAS BÁSICAS DA AÇÃO ECONÓMICA 197

c) De acordo com o grau e a natureza da continuidade profissional ou das mudanças de profissão. Decisivos para esta última circunstância são, primeiramente:

α) O grau de instrução que os desempenhos especializados pressupõem, e *β)* o grau de estabilidade ou mudança das possibilidades de aquisição, dependente do grau de estabilidade e da forma da distribuição de renda, por um lado, e, por outro, da técnica.

Por fim, a estruturação *estamental*, com as possibilidades e formas de educação *estamentais* que esta cria para determinados tipos de profissões qualificadas, é importante para *todas* as formas que as profissões podem assumir.

Apenas são considerados profissões independentes e estáveis os desempenhos que pressupõem um mínimo de instrução e para os quais existem possibilidades de aquisição contínuas. As profissões podem ser exercidas em virtude da tradição (profissões hereditárias) ou escolhidas na base de considerações racionais, com vista a um fim (especialmente a renda), ou aceites por inspiração carismática ou por motivos afetivos, especialmente em virtude de interesses estamentais (de «prestígio»). As profissões *individuais* começaram por possuir um carácter inteiramente carismático (mágico), e o resto da estruturação profissional — visto que esta já existia, de forma rudimentar — estava condicionado pela tradição. As qualidades carismáticas não especificamente pessoais resultaram da formação tradicional em associações fechadas ou da tradição hereditária. As profissões individuais de carácter não estritamente carismático começaram por ser criadas, de forma litúrgica, pelas grandes gestões patrimoniais de príncipes e senhores feudais, e, mais tarde, na base da economia de troca, pelas cidades. A par destas, continuaram sempre a existir formas de educação estamentais, *literárias* e consideradas «distintas», relacionadas com uma formação profissional mágica, ritual ou clerical.

A especialização profissional, como acabámos de dizer, *não* significa necessariamente desempenhos *contínuos a)* de forma litúrgica, para uma associação (por exemplo, uma gestão patrimonial principesca ou uma fábrica), ou *b)* para um «mercado» completamente livre. É muito mais provável e *frequente*:

1) Que *trabalhadores* com uma profissão especializada, sem propriedade, sejam utilizados por um círculo relativamente constante apenas como força de trabalho *ocasional*, de acordo com a necessidade *a)* de clientes com gestão patrimonial (consumidores), ou *b)* de clientes com gestão aquisitiva (economias aquisitivas).

Com respeito a *a)*, em economias com *gestão patrimonial*, incluem-se casos de expropriação dos trabalhadores, pelo menos, do fornecimento de *matéria-prima* e, portanto, de disposição sobre o produto:

$\alpha)$ Trabalho temporário em casa de outrem, $\alpha\alpha)$ como trabalho puramente itinerante, ou $\beta\beta)$ como trabalho sedentário, ainda que ambulante dentro de um círculo local de *unidades de gestão patrimonial*.

$\beta)$ Trabalho assalariado: trabalho sedentário, em oficina (ou casa) própria para outra *gestão patrimonial*.

Em todos os casos, a *unidade de gestão patrimonial* fornece a matéria-prima, enquanto as ferramentas costumam estar apropriadas pelos trabalhadores (as foices dos ceifeiros, o equipamento de costura do alfaiate, todos os tipos de ferramentas dos artesãos).

Nos casos do tópico $\alpha)$, a relação de trabalho significa a integração temporária de um *consumidor* na unidade de gestão patrimonial.

Por outro lado, o caso de apropriação plena de todos os meios de obtenção foi designado por Karl Bücher como *Preiswerk*, «trabalho por preço».

Quanto a *b)* trabalho ocasional de trabalhadores especializados para *economias com gestão aquisitiva*, no caso de expropriação dos trabalhadores, pelo menos, do fornecimento da matéria-prima e, portanto, da disposição sobre o produto, trata-se de:

$\alpha)$ Trabalho ambulante em diversas empresas dos patrões.

$\beta)$ Trabalho em domicílio, ocasional ou sazonal, para um patrão.

Exemplo de $\alpha)$: trabalhadores que, em certas estações, iam trabalhar nas indústrias da Saxônia. Exemplo de $\beta)$: todo o trabalho em domicílio que completa ocasionalmente o trabalho em oficina.

CATEGORIAS SOCIOLÓGICAS BÁSICAS DA AÇÃO ECONÓMICA 199

2) O mesmo no caso de economias com apropriação dos meios de obtenção:

a) Em caso de cálculo de capital e apropriação *parcial* dos meios de obtenção — especialmente, apropriação limitada às instalações — pelos proprietários: oficina (fábricas) com trabalho assalariado e, sobretudo, fábricas com trabalho em *domicílio* — as primeiras, existentes há muito tempo, as segundas, frequentes nos últimos tempos.

b) Em caso de apropriação total dos meios de obtenção pelos trabalhadores:

α) Pequenas empresas sem cálculo de capital que trabalham αα) para gestões patrimoniais — *trabalhadores por preço*, com clientela, ββ) para empresas com gestão aquisitiva — indústria caseira *sem* expropriação dos meios de obtenção, portanto, empreendimentos aquisitivos independentes do ponto de vista formal, mas que vendem os seus produtos a um monopólio de compradores;

β) Grandes empresas com cálculo de capital — produção para um círculo de compradores permanente, consequência (em regra, mas não só) de regulações de venda tipo cartel.

Por fim, cabe observar que *nem a)* todo o ato de aquisição é parte de uma atividade aquisitiva profissional, *nem b)* todo o ato de aquisição, por mais frequente que seja, pertence, por necessidade conceptual, a alguma especialização contínua com o *mesmo* sentido.

No que diz respeito a *a)*, existe α) aquisição ocasional na economia doméstica, que troca por outras coisas os excedentes da sua produção caseira. Do mesmo modo, realizam-se inúmeros atos ocasionais de troca, para fins de aquisição, por parte de grandes gestões patrimoniais, especialmente, das senhoriais, o que gera uma série *contínua* de possíveis «atos de aquisição ocasionais»; β) *especulação* ocasional de um rentista, como a *publicação* de um artigo, uma poesia, etc., obra de um amador e semelhantes, frequentes no nosso tempo. Daí chega-se à «profissão acessória».

Com respeito a *b)*, recorde-se que também há formas absolutamente inconstantes de ganhar a vida, que variam entre atividades aquisitivas ocasionais de *todas* as espécies, e também atos de aquisição normais e mendicância, furto, roubo, etc.

Por situações *especiais* entende-se *a)* o ganha-pão puramente por caridade, *b)* a sustentação por instituições *não* caritativas (particularmente, penitenciárias), *c)* a aquisição organizada, com atos de *violência, d)* a aquisição não organizada (criminosa), por meio de violência ou astúcia.

O papel desempenhado pelos casos *b)* e *d)* tem pouco interesse. O papel de *a)* era extraordinariamente importante para as associações hierocráticas (ordens mendicantes), e o papel de *c)*, para as associações políticas (espólio de guerra), e, em ambos os casos, para as respetivas economias. Comum a estes dois casos é o seu carácter «*alheio à economia*», por isso, não cabe *aqui* classificá-lo detalhadamente. As suas formas serão expostas noutro lugar. Por motivos parcialmente semelhantes (e não só), *mencionaremos* (§ 39) a atividade aquisitiva dos *funcionários públicos* (incluindo a dos oficiais do exército), como subclasse da aquisição por trabalho, *apenas* para fixar o seu «lugar no sistema», sem examinar, por enquanto, detalhes casuísticos, uma vez que esta análise requer a consideração da natureza das relações de dominação em que essas categorias se encontram.

§ 24a. Formas principais de apropriação e relações no mercado

A casuística das relações técnicas de apropriação e de mercado, conforme mostram os esquemas teóricos aqui desenvolvidos desde o § 15, é extremamente variada.

A verdade é que só algumas das inúmeras possibilidades desempenham um papel *dominante*.

1) Na área das terras de cultivo:

CATEGORIAS SOCIOLÓGICAS BÁSICAS DA AÇÃO ECONÓMICA 201

a) Agricultura transumante, isto é, que, após o aproveitamento do solo, muda de lugar: economia doméstica com apropriação do solo pela tribo, e aproveitamento deste — temporária ou permanente — por associações de vizinhos, cedendo-se esse direito temporariamente a gestões patrimoniais.

Quanto à dimensão, as associações de gestão patrimonial são, em regra, $\alpha)$ grandes comunidades domésticas, ou $\beta)$ economias de clã organizadas, ou $\gamma)$ gestões patrimoniais familiares de grande dimensão, ou $\delta)$ gestões patrimoniais familiares de pequena dimensão.

Geralmente, a agricultura é «transumante» somente em relação às terras cultivadas, e muito mais raramente e em intervalos mais longos no que se refere às instalações.

b) Agricultura sedentária: regulação pela comunidade de comarca ou aldeia dos direitos de utilização das terras de lavoura, prados, pastos, florestas e águas, em regra, por fazendas de pequenas famílias. Apropriação de casas e hortas por estas famílias; das terras de lavoura, e (na maioria dos casos) prados e pastos, pela comunidade da aldeia; das florestas, pelas comunidades da comarca. As redistribuições do solo, de acordo com a lei, começaram por ser possíveis, contudo, tornaram-se obsoletas, em grande parte, por não estarem organizadas de modo sistemático. Na maioria dos casos, a economia está regulada pela ordem da aldeia (*economia de aldeia* primária).

A comunidade de clã como comunidade económica só existe excecionalmente (na China) e, nesse caso, sob a forma de associações racionalizadas (*relação societária de clã*).

c) *Senhorio sobre as terras* e sobre as pessoas, com trabalho obrigatório dos camponeses dependentes na quinta do senhor e determinadas prestações em espécie, provindas

das fazendas dependentes. Apropriação das terras e dos trabalhadores pelo senhor, e da utilização das terras e do direito aos postos de trabalho, pelos camponeses (*associação senhorial* simples *de prestações em espécie*).

d) Monopólio do solo α) senhorial ou β) fiscal, com responsabilidade solidária pelas cargas tributárias por parte das comunidades dos camponeses. Por conseguinte, comunidade agrária e redistribuição sistematizada e regular dos solos: apropriação imposta e permanente do solo, como correlato das cargas, pela *comunidade* dos camponeses, não por unidades de gestão patrimonial particulares; por estas, apenas temporariamente e com a reserva de haver redistribuição para fins de utilização. Regulação da economia por ordens do senhor territorial ou político (*comunidade agrária senhorial* ou *fiscal*).

e) *Senhorio territorial livre*, com utilização como fonte de renda, para fins de gestão patrimonial própria, dos rendimentos provindos das fazendas dos camponeses dependentes. Portanto, apropriação do solo pelo senhor, porém, α) colonos, β) camponeses parceiros, ou γ) camponeses obrigados a pagar sisas em dinheiro — todos estes como portadores dos empreendimentos económicos.

f) *Economia de plantação*: apropriação livre do solo e dos trabalhadores (escravos comprados) pelo senhor como meio de *aquisição* numa empresa capitalista com trabalho dependente.

g) *Economia de quinta*: apropriação do solo α) pelo próprio cultivador, concessão como arrendamento, ou β) aos agricultores, como meio de obtenção. Em ambos os casos, com trabalhadores livres *i)* em gestão patrimonial própria ou *ii)* em gestão patrimonial proporcionada pelo senhor; também em ambos, $\alpha\alpha$) com produção agrícola ou — caso limite — $\beta\beta$) sem produção própria de bens.

h) Ausência de senhorio territorial: economia de camponeses com apropriação do solo pelos cultivadores

CATEGORIAS SOCIOLÓGICAS BÁSICAS DA AÇÃO ECONÓMICA 203

(camponeses). A apropriação, na prática, pode significar: α) que predomina a propriedade do solo adquirida como herança ou, pelo contrário, β) que existe uma redistribuição das parcelas — sendo o primeiro típico no caso de propriedades isoladas ou de grandes lavradores, e o segundo, no caso de propriedades em aldeias e de pequenos lavradores.

A existência de oportunidades suficientes de mercado *local* para produtos agrícolas é uma condição normal para o caso *e)*, *γ)*, tal como para o caso *h)*, *β)*.

2) Na área da indústria e dos transportes (incluindo-se a mineração e o comércio):

a) *Indústria caseira*, em primeiro lugar, como meio de trocas ocasionais, em segundo, como meio de aquisição, com *α)* especialização de desempenhos interétnicos (*indústria de tribo*), derivando daí *β)* a *indústria de casta*. Em ambos os casos, ocorre, em primeiro lugar, a apropriação das fontes de matéria-prima e, por conseguinte, da produção de matéria-prima, e só depois a compra de matéria-prima ou a produção por salário. No primeiro caso é frequente a ausência de apropriação *formal*. No segundo caso, existe sempre uma apropriação hereditária das possibilidades de aquisição vinculadas a desempenhos *especificados* por parte de associações domésticas ou de um clã.

b) *Indústria vinculada a determinada clientela*: especificação de desempenhos no que diz respeito a uma associação de *consumidores α)* senhorial (*oikos*, senhorio territorial), ou *β)* cooperativista (demiúrgica). Não há nenhuma aquisição no mercado. No caso *α)*, coordenação de desempenhos na forma de gestão patrimonial, por vezes, trabalho de oficina no ergastério do senhor. No caso *β)*, apropriação hereditária (por vezes, alienável) dos postos de trabalho, desempenho para uma clientela apropriada (de consumidores) — o desenvolvimento ulterior é escasso.

i) Primeiro caso especial: os sujeitos da atividade industrial, com desempenhos especificados, estão apropriados (*formalmente dependentes*) *α)* na qualidade de fonte de renda do senhor, sendo, apesar da sua dependência formal, pessoas *materialmente livres* que produzem (na maioria dos casos) para uma clientela (escravos de renda), *β)* na qualidade de trabalhadores numa indústria domiciliar, dependentes do senhor e produzindo para fins aquisitivo do mesmo, *γ)* na qualidade de trabalhadores de oficina, no *ergastério* de um senhor, para fins aquisitivos do mesmo (indústria domiciliar com trabalhadores dependentes).

ii) Segundo caso especial: especificação *litúrgica* dos desempenhos, para fins fiscais: tipo semelhante à indústria de castas (*a*), *β)*).

Analogamente, na área da mineração, existem empreendimentos de príncipes ou senhores territoriais que empregam trabalhadores dependentes: escravos ou servos.

O mesmo acontece na área dos transportes internos:

a) Apropriação pelo senhor territorial dos meios de transporte como fonte de *renda*: repartição de desempenhos demiúrgicos entre determinados pequenos lavradores obrigados a prestá-los.

b) Caravanas de pequenos comerciantes reguladas de forma cooperativista, com apropriação da mercadoria.

Na área do transporte marítimo, ocorre:

a) Propriedade dos navios nas mãos de um *oikos*, senhor territorial ou patrício, com comércio próprio do senhor.

CATEGORIAS SOCIOLÓGICAS BÁSICAS DA AÇÃO ECONÓMICA 205

b) Construção e propriedade dos navios nas mãos de uma cooperativa; participação do capitão e da tripulação no comércio, por conta própria; a par dos mesmos, como fretadores, pequenos comerciantes viajantes *interlocais*; participação no risco de todos os interessados; comboios de navios regulados de forma rigorosa. Nestes casos, o «comércio» ainda significava comércio *interlocal*, portanto, *transporte*.

c) *Indústria livre*: produção livre para clientes, como α) trabalho temporário em casa do cliente, ou β) trabalho assalariado, com apropriação da matéria-prima pelo cliente (consumidor); dos instrumentos de trabalho pelo trabalhador; das instalações (se utilizadas) por um senhor (como fonte de renda), por uma associação (para utilização por turnos), ou γ) «trabalho por preço», com apropriação da matéria-prima e dos instrumentos de trabalho e, com isso, também da direção, por parte dos trabalhadores, e das instalações necessárias (na maioria dos casos) por uma associação de trabalhadores (corporação).

Em todos estes casos, é típica a *regulação* da atividade aquisitiva pela *corporação*.

Na mineração: apropriação das jazidas por senhores políticos ou territoriais, como fonte de renda; apropriação do direito de extração por uma associação de trabalhadores; regulação da extração por parte da corporação, considerando-se esta um dever para com o senhor da mina, interessado na renda, e para com a comunidade mineira, responsável solidariamente perante o senhor, e interessada na receita.

Na área do transporte interno: corporações de barqueiros e transportadores de cargas, com viagens regulares e fixas, e regulação das suas possibilidades de aquisição.

Na área da navegação marítima: participação na propriedade dos navios, comboios de navios, comerciantes viajantes por incumbência da *comenda*.

O desenvolvimento em direção ao capitalismo deu-se por:

α) Monopolização dos recursos *monetários* da empresa, por parte dos empresários, como forma de pagamento antecipado aos trabalhadores, por conseguinte, direção da obtenção de bens, em virtude do *crédito de obtenção*, e disposição sobre o produto, apesar da apropriação formal dos meios de aquisição por parte dos trabalhadores (tanto na indústria, como na mineração).

β) Apropriação do *direito* de venda dos produtos, com base na monopolização prévia e efetiva do conhecimento da situação de mercado e, em consequência, das possibilidades de mercado e dos recursos monetários das empresas, em virtude de ordens monopolistas impostas pelas corporações ou privilégios do poder político (como fonte de renda ou meio para obter empréstimos).

γ) Disciplinamento interno dos trabalhadores dependentes na indústria domiciliar: fornecimento da matéria-prima e dos aparelhos pelo empresário.
Caso especial: organização racional monopolista de indústrias domiciliares com base em privilégios no que diz respeito ao interesse da situação fiscal ou da população (proporcionar possibilidades de aquisição). Regulação imposta das condições de trabalho, com concessão de atividades aquisitivas.

δ) Criação de oficinas, *sem* especialização racional do trabalho dentro da empresa, através da apropriação de todos os meios de obtenção materiais pelo empresário. Na mineração: apropriação das jazidas, galerias e aparelhos pelo proprietário da mina. No ramo dos transportes: companhias de navegação nas mãos de grandes proprietários. Consequência geral: expropriação dos trabalhadores dos meios de obtenção.

ε) Como último passo em direção à transformação capitalista das empresas de *obtenção*: mecanização da produção e do transporte. Cálculo de capital. Todos os meios de obtenção *materiais* se transformam em *capital* («fixo» ou de exploração); todos os trabalhadores: «mãos». Em virtude da transformação dos empreendimentos em sociedades de acionistas, o dirigente também acaba por ser expropriado, tornando-se formalmente um «funcionário» da empresa e o proprietário torna-se materialmente um homem de confiança dos credores (os *bancos*).

CATEGORIAS SOCIOLÓGICAS BÁSICAS DA AÇÃO ECONÓMICA 207

Desses diferentes *tipos*:

1) O tipo *a)* foi universal na área da agricultura, embora, na forma *α)* (grande comunidade doméstica e economia de clã), tenha sido raro na Europa, mas típico no Extremo Oriente (China); o tipo *b)* (comunidade de aldeia e de comarca) foi habitual na Europa e na Índia; o tipo *c)* (senhorio territorial comprometido) foi universal e continua a existir, em parte, no Oriente; o tipo *d)*, nas suas formas *α)* e *β)* (senhorio *territorial* e fiscal, com redistribuição sistemática do solo entre os camponeses) existiu, predominando a forma de senhorio territorial, na Rússia e (em sentido modificado, com redistribuição da *renda* do solo) na Índia e, na forma de senhorio fiscal, no Extremo Oriente, bem como no Próximo Oriente e no Egito; o tipo *e)* (senhorio territorial livre, com pagamento de rendas por pequenos arrendatários) era característico na Irlanda, embora também existisse em Itália e no Sul de França, assim como na China e no Oriente helénico da Antiguidade; o tipo *f)* (plantação com trabalho dependente) existiu na Antiguidade romana e cartaginesa, nas colónias e nos estados sulistas da União americana; o tipo *g)* (economia de quinta), na sua forma *α)* (separação entre propriedade do solo e exploração), existiu em Inglaterra, e na sua forma *β)* (exploração pelo proprietário do solo), no Leste da Alemanha, em parte da Áustria, Polónia e Rússia Ocidental; o tipo *h)* (economia de camponeses proprietários) era comum em França, no Sul, e na Alemanha Ocidental, em parte de Itália, na Escandinávia, bem como (com restrições) no Sudoeste da Rússia e, particularmente, na China e na Índia modernas (com alterações).

Estas grandes diferenças na constituição agrária (*definitiva*) só se devem em parte a causas económicas (contraste entre a desflorestação e a irrigação). Devem-se também a circunstâncias históricas, especialmente à forma dos ónus públicos e da constituição militar.

2) Na área da indústria (a situação do transporte e da mineração ainda não foi explicada suficientemente do ponto de vista universal), temos:

O tipo *a)*, *α)* (indústria de tribo), que se disseminou por todo o lado; o tipo *a)*, *β)* (indústria de casta), que só teve um alcance universal na Índia, existindo apenas em outros países em indústrias desclassificadas («impuras»); o tipo *b) α)* (indústria de *oikos*) dominou todas as gestões patrimoniais principescas do passado, principalmente no Egito, bem como nos senhorios territoriais do mundo inteiro; na forma *b) β)* (indústria demiúrgica), existiu (também no Ocidente) como fenómeno isolado, porém, como tipo, apenas na Índia. O caso especial *i)* (senhorio sobre as pessoas como fonte de renda) dominou na Antiguidade; o caso especial *ii)* (especificação litúrgica dos desempenhos) existiu no Egito, na época helénica, no fim da Antiguidade romana e, temporariamente, na China e na Índia; o tipo *c)* foi modelo dominante na Idade Média ocidental, e *somente* nela, apesar de aparecer por toda a parte, especialmente enquanto *corporação* (particularmente na China e no Próximo Oriente), sendo completamente *inexistente* na economia «clássica» da Antiguidade. Na Índia, em lugar da corporação, existiu a casta; as fases do desenvolvimento capitalista, na área da indústria, *só* se difundiram universalmente fora do Ocidente até ao tipo *β)*. Esta divergência *não* tem explicação *exclusiva* em causas puramente económicas.

§ 25. Condições de desempenho rentável: adaptação, execução e inclinação para o trabalho, etc.

I. Para se atingir o nível ideal do desempenho financeiro do trabalho *executado* (no seu sentido mais geral) importam, além do domínio das três associações comunistas típicas nas quais interferem motivos extraeconómicos, estes três fatores:

1) O nível ideal de adaptação ao desempenho;
2) O nível ideal de *execução* do trabalho;
3) O nível ideal de *inclinação* para o trabalho.

Quanto ao fator *1)*, a adaptação (condicionada por fatores hereditários, pela educação ou por influências do meio ambiente) só pode ser verificada mediante *prova*. Na economia de troca, tratando-se

CATEGORIAS SOCIOLÓGICAS BÁSICAS DA AÇÃO ECONÓMICA   209

de empreendimentos aquisitivos, esta, normalmente, está associada à «formação». O sistema taylorista pretende realizá-la de modo racional.

No que diz respeito ao fator *2)*, o nível ideal de execução do trabalho só pode ser atingido por meio de uma especialização racional e contínua. Hoje em dia, trata-se de uma especialização de desempenhos essencialmente empírica, visando poupar gastos (no interesse da rendibilidade e limitada por esta). A especialização racional (fisiológica) ainda está a dar os primeiros passos (sistema de Taylor).

Com respeito ao fator *3)*, a predisposição para o trabalho pode ser orientada como qualquer outra ação (ver Capítulo 1, § 2). Contudo, a predisposição para trabalhar (no sentido específico de *execução* de disposições próprias ou de outras pessoas dirigentes) esteve sempre condicionada quer por um forte interesse *próprio* no resultado, quer por *coação* direta ou indireta; isto ocorre num grau extremamente alto no caso de um trabalho que consiste na execução das disposições de *outras* pessoas. A coação pode consistir *a)* numa ameaça direta de violência física ou em outros prejuízos; *b)* na probabilidade de desemprego no caso de um desempenho insuficiente.

Uma vez que a segunda forma, essencial na economia de troca, se orienta de modo muito mais intenso para o interesse próprio e obriga (naturalmente, do ponto de vista da rendibilidade) à liberdade de seleção de acordo com o desempenho (qualitativo e quantitativo), funciona com mais racionalidade formal (no sentido do ideal técnico) do que qualquer coação direta ao trabalho. A condição prévia é a expropriação dos trabalhadores dos meios de obtenção e a sua necessidade de concorrer a oportunidades de trabalho assalariado, isto é, a proteção, por medidas coativas, da apropriação dos meios de obtenção por parte dos grandes proprietários. Em oposição à coação direta ao trabalho, além da preocupação com a reprodução (família), também se descarrega naqueles que procuram trabalhar uma parte da preocupação com a seleção (segundo a aptidão para determinado trabalho). Mais, a necessidade e o capital de risco, em comparação com a utilização de trabalho dependente, tornam-se limitados e calculáveis, ampliando, assim, o mercado para bens consumidos em massa — em virtude do pagamento de uma quantidade enorme de

210   ECONOMIA E SOCIEDADE

salários em dinheiro. Assim, a inclinação *positiva* para o trabalho, no caso de trabalho dependente, não é obstruída, como acontece em circunstâncias semelhantes noutros aspetos; porém, fica limitada às possibilidades puramente materiais de salário, quando está em causa uma especialização preponderantemente técnica em tarefas simples (taylorizadas) e monótonas. Estas *só* estimulam maior rendimento quando o salário se orienta pelo desempenho (salário por produção). Na ordem de aquisição capitalista, a inclinação para o trabalho está condicionada *primordialmente* pelas possibilidades de salário por produção e pelo risco de despedimento.

Sob a condição de trabalho livre, separado dos meios de obtenção, vale também o seguinte:

1) A probabilidade de uma predisposição *afetiva* para o trabalho é maior — permanecendo iguais as demais circunstâncias — no caso de especificação do desempenho do que no de especialização, porque o *resultado* do desempenho individual se torna visível aos olhos do trabalhador. Também é grande, naturalmente, em todos os *desempenhos* de qualidade.

2) A predisposição *tradicional* para o trabalho, típica particularmente na agricultura e na indústria domiciliar (sob condições de vida tradicionais, *em geral*), tem a peculiaridade de os trabalhadores orientarem os seus desempenhos quer por resultados de trabalho qualitativa e quantitativamente estereotipados, quer pelo salário tradicional (ou por ambos), o que dificulta o aproveitamento racional do mesmo e impede o aumento do desempenho através de um sistema de prémios (salário por produção). Pelo contrário, como mostra a experiência, o elevado grau de predisposição afetiva para o trabalho pode manter-se em relações tradicionais e patriarcais entre o senhor (proprietário) e o trabalhador.

3) A predisposição *racional* para o trabalho com referência a valores está associada tipicamente a motivos religiosos ou a uma valoração social especificamente elevada do trabalho em causa. Todos os demais motivos, como ensina a experiência, constituem fenómenos transitórios.

É evidente que a responsabilidade «altruísta» pela própria família inclui um componente típico de dever na predisposição para o trabalho.

II. A *apropriação* dos meios de obtenção e o controlo *próprio* (ainda que seja formal) sobre o processo de trabalho constitui uma das fontes mais importantes para uma predisposição ilimitada para o trabalho. Esta constitui a causa, em última instância, da importância extraordinária da agricultura, especialmente em terras parceladas, quer na forma de pequena propriedade, quer através de pequenos arrendatários (com a esperança de ascensão futura à situação de proprietário). O país que constitui um exemplo clássico a este respeito é a China; a Índia é o melhor exemplo no terreno dos ofícios qualificados com *especificação* de desempenhos, seguida de todos os outros países asiáticos, mas também o Ocidente da Idade Média, onde todas as lutas essenciais visaram o objetivo de obter o poder (formal) de disposição própria. O grande volume de trabalho adicional que o pequeno lavrador (sempre, inclusivamente como hortelão, trabalhando na base de uma *especificação* dos desempenhos, e não de especialização) despende em prol da sua empresa e as restrições no seu modo de vida, às quais ele se submete para poder manter a sua autonomia *formal*, associada ao aproveitamento para fins de gestão patrimonial — possível na agricultura — dos produtos acessórios e «detritos» de toda a espécie não aproveitáveis para fins de aquisição, isto é, por grandes empresas, possibilitam a sua existência precisamente *porque* não há cálculo de capital e porque se conserva a unidade da gestão patrimonial com a empresa. Na agricultura, a empresa com cálculo de capital — em caso de exploração pelo *proprietário* — reage de modo muito mais sensível às oscilações conjunturais do que uma pequena empresa — conforme provam todos os estudos (ver os meus cálculos em *Verhandlungen des XXIV Deutschen Juristentages*).

Na área da indústria, este fenómeno manteve-se até à época das empresas mecanizadas e rigorosamente especializadas no que diz respeito às áreas da sua atividade. No século XVI, ainda era possível *proibir*, pura e simplesmente, empresas como a de Jack de Newbury, sem que isto significasse uma catástrofe para as possibilidades aquisitivas dos trabalhadores (como aconteceu em Inglaterra), pois a instalação de muitos teares pertencentes ao proprietário numa só oficina, com os respetivos trabalhadores, sem uma intensificação significativa da especialização e coordenação do trabalho, nas condições de mercado da época, não representava, de forma alguma, um aumento relevante das oportunidades para o empresário que cobrisse com segurança o risco mais elevado e os custos associados à oficina. E, sobretudo, acontece que, na área da indústria, tal como na agricultura, uma empresa cujo *capital* consista em grande parte em *instalações* (capital «fixo») não está apenas sujeita a oscilações conjunturais. A empresa também está sujeita a qualquer irracionalidade (*imprevisibilidade*) da administração e da justiça, como era o caso por toda a parte *fora* do Ocidente moderno. A indústria caseira descentralizada pôde manter a sua posição, tanto nesta região, como na concorrência, com as «fábricas» russas e, em geral, por toda a parte, *até que* — ainda *antes* da introdução das fontes de energia mecanizadas e da maquinaria — a necessidade de calcular os custos de modo mais exato e de padronizar os produtos, a fim de aproveitar as oportunidades ampliadas de *mercado*, em conexão com o emprego de *aparelhos* tecnicamente racionais, levou à criação de empresas com especialização interna (com noras movidas a água ou por cavalos), nas quais, mais tarde, foram integrados motores mecânicos e máquinas. Todas as outras grandes empresas com carácter de oficina criadas anteriormente de forma casual, no mundo inteiro, puderam desaparecer sem que isso perturbasse de modo considerável as possibilidades de aquisição de *todos* aqueles que nelas participaram e sem que a satisfação das necessidades fosse seriamente prejudicada. Isto mudou quando surgiu a «fábrica». A predisposição para o trabalho dos trabalhadores de *fábrica*, inicialmente, estava condicionada por uma *coação* indireta muito forte, combinada com a atribuição do risco de subsistência aos trabalhadores (sistema de atribuição de habitação aos trabalhadores, em Inglaterra), e continuou a ser sempre orientada pela garantia forçada da manutenção da ordem da propriedade, conforme mostra o desmoronamento atual dessa predisposição para o trabalho, em consequência da quebra do poder coativo na revolução.

§ 26. Formas de desempenho em comunidades alheias ao cálculo: formas de comunismo

O desempenho em comunidades ou sociedades comunistas e, consequentemente, *alheias* ao cálculo, não se baseia na averiguação do nível máximo de abastecimento, mas sim no *sentimento* imediato de solidariedade. Historicamente, apareceu sempre — até à atualidade — com base em atitudes sem orientação económica, isto é, como *a)* comunismo doméstico da família — com fundamentos tradicionais e afetivos; *b)* comunismo de camaradas, no *exército*; *c)* comunismo de amor de uma *comunidade* (religiosa) e, nos dois últimos casos (*b* e *c*), com fundamentos especificamente emocionais (carismáticos). Contudo, sempre:

α) Em *oposição* à gestão económica tradicional ou com uma racionalidade referente a fins do mundo circundante e, nesse caso, com cálculo e divisão dos desempenhos: trabalhando efetivamente ou, pelo contrário, sustentando-se através de mecenato (ou ambas as coisas); ou

β) Como associação de gestões patrimoniais de *privilegiados*, dominando as unidades de gestão patrimonial não associadas e mantidas por estas através do mecenato ou da liturgia; ou

γ) Como gestão patrimonial de consumidores, separada do empreendimento aquisitivo e recebendo deste os seus rendimentos, isto é, associada ao mesmo.

O caso *α)* é típico para as economias religiosas ou de visão comunista, em virtude de religião ou ideologia (comunidades de monges de clausura ou congregações monásticas, de seitas e de socialismo icário).

O caso *β)* é típico das corporações militares, total ou parcialmente comunistas (casas de varões, sissítias espartanas, comunidades de assaltantes lígures, o séquito do califa Omar, comunismo de consumo e — em parte — de requisição dos exércitos em campanha, em todas as épocas), e, além disso, de congregações religiosas autoritárias (o Estado jesuíta no Paraguai, comunidades de monges, na Índia e em outros países, vivendo de prebendas de mendicância).

O caso *γ)* é típico de todas as gestões patrimoniais familiares na economia de troca.

214   ECONOMIA E SOCIEDADE

A predisposição para o desempenho e o consumo alheio ao cálculo dentro dessas comunidades são *consequências* de uma atitude orientada de forma extraeconómica e, nos casos *b)* e *c)*, em grande parte, do sentimento de contraste e de *luta* contra as ordens do «mundo». Os procedimentos comunistas modernos, dado que almejam uma organização comunista de *massas*, não podem prescindir, perante os seus partidários, de argumentos *racionais* relacionados com *valores*, nem podem prescindir de argumentos *racionais* referentes a *fins* na sua propaganda, ou seja, em ambos os casos, de considerações especificamente *racionais* — ao contrário do que acontece nas relações comunitárias *extraquotidianas*, de carácter religioso ou militar, nas quais não podem abdicar de considerações referentes à *vida quotidiana*. Por isso, as suas possibilidades de se imporem em condições normais e quotidianas divergem substancialmente, dada a sua própria natureza, das possibilidades das comunidades extraquotidianas ou cuja orientação fundamental está relacionada com fatores extraeconómicos.

§ 27. Bens de capital, cálculo de capital

Os *bens de capital*, na sua forma primitiva, aparecem tipicamente como *mercadoria* na troca interlocal ou interétnica, pressupondo-se (ver § 29) que o «comércio» esteja *separado* da obtenção de bens para fins de gestão patrimonial, pois o comércio próprio das economias domésticas (venda ou troca de excedentes) não pode empregar um cálculo de capital separado. Os produtos das indústrias familiares, de clã, de tribo ou de estamento que entram na troca interétnica são *mercadorias*; os meios de obtenção, enquanto continuarem a ser produtos próprios, são instrumentos e matérias-primas — não são bens de capital. O mesmo se aplica aos produtos destinados à venda e aos meios de obtenção dos camponeses e dos senhores feudais, desde que a sua gestão económica não apresente cálculo de capital (mesmo que seja nas suas formas mais primitivas, das quais há exemplos já na época de Catão). É evidente por si mesmo que todos os movimentos de bens internos, dentro do círculo do senhorio territorial e do *oikos*, incluindo a troca interna ocasional, bem como a troca típica

CATEGORIAS SOCIOLÓGICAS BÁSICAS DA AÇÃO ECONÓMICA   215

de produtos, representam o contrário de uma economia baseada no cálculo de capital. O comércio de *oikos* (por exemplo, dos faraós), mesmo que *não* se destinasse exclusivamente à satisfação das necessidades próprias — não se referindo, portanto, apenas à troca com vista ao orçamento da gestão patrimonial —, mas servindo, em parte, para fins de aquisição, não era capitalista no sentido dessa terminologia, dado que não *podia* orientar-se pelo *cálculo* de capital, especialmente pela estimativa prévia das possibilidades de lucro monetário. Isto só ocorria no caso dos *comerciantes* viajantes, vendessem estes mercadorias próprias, pertencentes à *comenda* ou de vários proprietários. A origem do cálculo de capital e da qualidade de bens de capital encontra-se *aqui*, sob a forma de empreendimentos ocasional. As pessoas (escravos, servos) ou instalações de todas as espécies utilizadas pelo senhor como fonte de renda constituem, evidentemente, objetos patrimoniais suscetíveis de proporcionar rendas e não bens de capital, do mesmo modo que hoje (para a pessoa *particular* interessada na oportunidade de renda e, excecionalmente, numa especulação ocasional — em oposição ao investimento temporário do capital de exploração) o são os valores que proporcionam rendas ou dividendos. As mercadorias que o senhor recebe dos seus vassalos em virtude do seu poder senhorial sobre o corpo ou o solo destes como tributos obrigatórios, que ele leva ao mercado, na nossa terminologia constituem mercadorias e não bens de capital, uma vez que, *em princípio* (e não apenas de facto), não existe um cálculo racional de capital (custos!). Ao contrário, quando são utilizados escravos como meios de aquisição numa empresa (sobretudo, quando há um mercado de escravos e o emprego de escravos comprados), estes constituem bens de capital. Quando se trata de empresas baseadas em prestações por dependentes (hereditários) que *não* são compráveis ou vendáveis livremente, não falaremos de empreendimentos capitalistas, mas sim de empreendimentos aquisitivos com trabalho vinculativo (também do *senhor* em relação aos trabalhadores, o que é decisivo!), quer se trate de empreendimentos agrícolas, quer de indústria domiciliar com trabalhadores dependentes.

Na área da indústria, o «trabalho por preço», a pequena empresa capitalista e a indústria domiciliar constituem empreendimentos

216 ECONOMIA E SOCIEDADE

capitalistas descentralizados, e todos os empreendimentos verdadeiramente capitalistas com carácter de oficina são empreendimentos capitalistas centralizados. Todas as espécies de trabalho na propriedade de quem paga, de trabalho a domicílio e de trabalho por salário são simplesmente formas de trabalho, as primeiras duas, no interesse da gestão do empregador, a última, no interesse do empreendimento aquisitivo do empregador.

Decisivo não é, portanto, o *facto* empírico, mas sim a *possibilidade*, em princípio, do cálculo material de capital.

§ 28. Conceito e forma de comércio

Além de todas as espécies de desempenhos especializados ou especificados mencionados anteriormente, toda a economia de troca (normalmente também naquela que é regulada materialmente) inclui: uma *mediação* na troca de poderes de disposição, próprios ou alheios. Esta pode ser realizada:

1) Pelos membros do quadro administrativo de associações económicas, por remuneração fixa ou graduada, de acordo com o desempenho, em espécie ou em dinheiro.

2) Por uma associação criada propositadamente para atender às necessidades de troca dos membros de uma associação (cooperativista), ou

3) Como atividade aquisitiva profissional, por remuneração, sem aquisição própria do poder de disposição (na forma de uma agência), em formas jurídicas muito diversas.

4) Como atividade aquisitiva profissional de natureza capitalista (*comércio próprio*): por compra atual com expectativa de uma revenda lucrativa no futuro, ou venda com um prazo futuro, na expectativa da obtenção de lucro de uma compra anterior. Isto pode acontecer *a)* livremente, no mercado, ou *b)* ser regulado materialmente.

5) Por expropriação com indemnização continuamente regulada de determinados bens, e troca — livre ou imposta — dos

CATEGORIAS SOCIOLÓGICAS BÁSICAS DA AÇÃO ECONÓMICA **217**

mesmos por parte de uma associação política (*comércio forçado*).

6) Por oferta de dinheiro ou obtenção de crédito para pagamento de obrigações surgidas em empreendimentos aquisitivos ou aquisição de meios de obtenção, por meio de concessão de *crédito* a *a)* economias aquisitivas, ou *b)* associações (particularmente políticas): negócio de crédito. O sentido económico pode ser α) crédito para pagamento, ou β) crédito para obtenção de bens de capital.

Aos casos *4)* e *5)*, e somente a estes, chamamos «comércio»; ao caso *4)*, comércio «livre», e, ao caso *5)*, «comércio monopolista forçado».

Caso *1)*: *a)* Em economias com gestão patrimonial — principescas, senhoriais ou monásticas: *«negotiatores»* e *«actores»*; *b)* em economias aquisitivas: «comissários».

Caso *2)*: Cooperativas de compra e venda (incluindo as «cooperativas de consumo»).

Caso *3)*: Corretores, comissionados, expedidores, agentes de seguros e outros «agentes».

Caso *4)*: *a)* Comércio moderno; *b)* fixação heterónoma imposta ou autonomamente pactuada da compra ou venda a determinados clientes, ou da compra ou venda de mercadorias de determinada espécie, ou regulação material das condições de troca, através de procedimentos estabelecidos por uma associação política ou cooperativista.

Caso *5)*: Exemplo: monopólio estatal do comércio de cereais.

§ 29. Conceito e forma de comércio (continuação)

O *livre* comércio próprio (caso *4*) — ao qual nos limitaremos por agora — consiste sempre num «empreendimento aquisitivo», nunca em «gestão patrimonial», e, por conseguinte, em condições normais (ainda que não inevitavelmente), uma atividade aquisitiva, mediante troca em *dinheiro*, sob a forma de contratos de compra e de venda. No entanto, *pode* também ser:

218 ECONOMIA E SOCIEDADE

a) Um «empreendimento acessório» de uma gestão patrimonial, por exemplo, troca dos excedentes do artesanato doméstico efetuada por membros da gestão patrimonial designados *especificamente* para essa tarefa e negociando *por conta própria*. Pelo contrário, uma troca efetuada ora por estes, ora por membros da gestão patrimonial nem chega a constituir um «empreendimento acessório». Quando os membros em questão se ocupam *exclusivamente* da venda (ou compra) de produtos por conta própria, temos o caso *4)* (modificado); quando negociam por conta da *comunidade*, temos o caso *1)*.

b) Um componente inseparável de um desempenho global, o qual, por meio de trabalho próprio, produz (no local de produção) determinados bens *prontos* para consumo. Exemplo: Os vendedores ambulantes e os *pequenos* comerciantes que viajam *com* as mercadorias e procedem primordialmente à *deslocação* dos produtos para o local de mercado, tendo sido, por isso, mencionados na categoria «transporte». Os comerciantes viajantes da *comenda* constituem, por vezes, uma transição para o caso *3)*. Quando o desempenho de transporte é «primário», o «lucro comercial» é secundário e quando, pelo contrário, é completamente fluido, está sempre em causa a categoria de «comerciantes».

O comércio próprio (caso *4)* processa-se *sempre* com base na *apropriação* dos meios de obtenção, mesmo que o poder de disposição seja obtido por meio de crédito. Para o comerciante em comércio próprio, o risco de capital é sempre um risco próprio, e em virtude da apropriação dos meios de obtenção, a oportunidade de lucro está sempre apropriada por ele.

A especificação e especialização dentro do livre comércio próprio (caso *4)* é possível sob aspetos muito diversos. Do ponto de vista económico, de momento interessam apenas os seguintes tipos, segundo a natureza das economias com as quais o comerciante estabelece relações de troca:

1) Comércio entre *unidades de gestão patrimonial* com excedentes e *unidades de gestão patrimonial* consumidoras.

CATEGORIAS SOCIOLÓGICAS BÁSICAS DA AÇÃO ECONÓMICA **219**

2) Comércio entre economias aquisitivas («produtores» ou «comerciantes») e gestões patrimoniais de «consumidores», incluindo-se, naturalmente, todas as espécies de associações, particularmente as políticas.

3) Comércio entre diversas economias aquisitivas.

Os casos *1)* e *2)* correspondem ao conceito de «comércio a retalho», o que significa: venda a consumidores (sendo indiferente a procedência das mercadorias); o caso *3)* corresponde ao conceito de «comércio por atacado» ou «entre comerciantes».

O comércio pode realizar-se:

a) em relação a um mercado,

α) no mercado para consumidores, normalmente em presença das mercadorias (*comércio a retalho no mercado*), ou

β) no mercado para economias aquisitivas, *αα)* em presença das mercadorias (*comércio de feira*); na maioria das vezes, mas não necessariamente sazonal; *ββ)* na ausência das mercadorias (*comércio de câmbio*); na maioria das vezes, mas não necessariamente, permanente.

b) no que diz respeito aos clientes, abastecendo um círculo *fixo* de compradores, isto é,

α) gestões patrimoniais (*comércio a retalho com clientes*), ou

β) economias aquisitivas e, nesse caso, *αα)* produtoras (*grossistas*), ou *ββ)* a retalho (também *grossistas*), ou *γγ)* outras grossistas, de «primeira» mão, «segunda», etc., dentro do comércio por atacado (comércio por grosso).

O comércio, dependendo do local de procedência dos bens vendidos, pode ser *a)* comércio interlocal, ou *b)* local.

O comércio pode impor *materialmente a)* a sua compra às economias que costumam vender os seus produtos, *b)* a sua venda às economias que os costumam comprar (monopólio das vendas).

O caso é semelhante à forma em que o empresário-comerciante procede por encomenda na indústria domiciliar, e, muitas vezes, é idêntico a esta.

O caso *b)* é o do comércio «regulado» materialmente (número *4)*, caso *b)).*

A *venda própria* de bens faz parte, naturalmente, de *todo* o empreendimento aquisitivo orientado pelo mercado, mesmo dos primeiros «produtores». Todavia, *esta* venda não é uma «mediação» em sentido próprio se não existirem determinados membros do quadro administrativo encarregados, especializados nessa tarefa (por exemplo, agentes de venda), isto é, enquanto não existir um desempenho profissional *próprio* com carácter «comercial». As transições são todas completamente fluidas.

Consideramos o cálculo do comércio «especulativo», ao orientar--se por oportunidades cuja concretização se considera «casual» e, nesse sentido, «imprevisível», significando, por isso, a aceitação de um «risco» ocasional. A transição do cálculo racional para o especulativo (nesse sentido) é completamente fluida, uma vez que *nenhum* cálculo referente ao futuro está assegurado objetivamente contra «possibilidades» inesperadas. A diferença refere-se, portanto, apenas a *graus* diversos de *racionalidade.*

A especialização e a especificação técnica e económica dos desempenhos no comércio não levam a nenhum fenómeno peculiar. À «fábrica» corresponde — em virtude do grau extremamente elevado de especialização *interna* do desempenho — o «armazém».

§ 29a. Conceito e forma de comércio (conclusão)

Consideramos *bancos* aqueles tipos de empreendimentos aquisitivos comerciais que *a)* administram ou *b)* proporcionam *dinheiro* profissionalmente.

No que diz respeito a *a)*, *administram* dinheiro

α) para gestões patrimoniais privadas (depósitos para fins de gestão, depósitos de património),

CATEGORIAS SOCIOLÓGICAS BÁSICAS DA AÇÃO ECONÓMICA 221

β) para associações políticas (tesouro público de Estados),
γ) para economias aquisitivas (depósitos de empresas, contas correntes das mesmas).

No que diz respeito a *b)*, *proporcionam* dinheiro

α) para necessidades de gestão patrimonial:

    αα) de pessoas particulares (crédito de consumo), *ββ)* de associações políticas (crédito político);

β) para economias aquisitivas:

    αα) para fins de pagamento a terceiros: *ααα) letras de câmbio* em dinheiro, ou *βββ)* endosso ou transferência bancária;

    ββ) como adiantamento destinado a pagar obrigações futuras de clientes. Caso principal: o desconto de letras de câmbio;

    γγ) para fins de crédito de *capital.*

É indiferente, do ponto de vista formal, *i)* se o dinheiro que adiantam ou põem à disposição de quem o pede («conta-corrente») provém de fundos próprios, se exigem um penhor ou outra garantia por parte de quem precisa do dinheiro, ou *ii)* se mediante fiança ou de outra forma conseguem que terceiros *concedam o crédito.*

Na realidade, a gestão aquisitiva dos bancos, normalmente, funciona de modo a obter o seu lucro, concedendo créditos com meios que eles próprios receberam emprestados.

O dinheiro dado a crédito pode ser obtido pelo banco:

1) Das instituições de emissão de dinheiro, adquirindo o banco a crédito parte dos *stocks* de metal ponderal ou de moeda, ou

2) mediante *criação* própria de *α)* certificados (dinheiro bancário, ou *β)* meios de circulação (notas bancárias); ou

3) dos depósitos de outros meios monetários, creditados a seu favor por pessoas particulares.

Em todos os casos em que o banco *a)* aceita créditos, ou *b)* cria meios de circulação está obrigado, desde que a sua gestão seja racional, a cuidar da sua «solvência», isto é, da sua capacidade de fazer frente às exigências *normais* de pagamento, por meio de «cobertura», tendo à disposição uma quantidade suficientemente grande de dinheiro para pagamentos, ou adaptando às obrigações os prazos dos créditos que ele *mesmo* concede.

Em geral (ainda que nem sempre), a observância das normas de liquidez por parte dos bancos que *emitem* dinheiro (bancos emissores de notas) está garantida por regulações impostas por associações (grémios de comerciantes ou associações políticas). Essas regulações costumam estar orientadas, *igualmente*, para proteger a *ordem* monetária escolhida para determinado território de mudanças do valor *material* do dinheiro, evitando, assim, «perturbações» resultantes de irracionalidades (materiais) e assegurando cálculos económicos (formalmente) racionais das gestões patrimoniais e, sobretudo, da associação política, além dos das economias aquisitivas. Procura-se particularmente manter sempre estável o preço do dinheiro próprio em relação ao dinheiro de *outros* territórios monetários com os quais existem ou são desejadas relações comerciais e de crédito («câmbio estável», «paridade monetária»). Essa política contra as irracionalidades do sistema monetário será denominada «política lítrica» (segundo G. F. Knapp). No «Estado de direito» *puro* (Estado de *laissez-faire*), esta constitui a medida político-económica *mais* importante de entre as que este assume tipicamente. Numa forma *racional*, é absolutamente peculiar no Estado *moderno*.

As medidas tomadas pela política chinesa referentes às moedas em cobre e às notas em papel, bem como as da política monetária na Antiguidade romana, serão mencionadas no lugar adequado. *Não* constituem formas de política lítrica em sentido *moderno*. A única política de dinheiro bancário racional no nosso sentido era a das guildas chinesas (o mesmo modelo da política do marco bancário de Hamburgo).

Consideramos *negócios financeiros* todos os negócios — sejam estes realizados por «bancos» ou por outros (como atividade

CATEGORIAS SOCIOLÓGICAS BÁSICAS DA AÇÃO ECONÓMICA   223

aquisitiva ocasional ou acessória, por pessoas particulares, ou como componentes da política de especulação de um «financiador») — que se orientam para a obtenção de poderes de disposição lucrativos sobre as possibilidades aquisitivas de empreendimentos:

a) Transformando em *valores* os direitos a possibilidades aquisitivas apropriadas («comercialização») e adquirindo estes valores diretamente ou através de empreendimentos «financiados» no sentido de *c)*.

b) Oferecendo (e, porventura, negando) sistematicamente *crédito de aquisição*.

c) Forçando-se (em caso de necessidade ou de desejo) a união de empreendimentos concorrentes até então, *α)* no sentido de uma *regulação* com monopólio de empreendimentos com atividades do mesmo nível (*criação de cartéis*), ou *β)* no sentido de uma união como monopólio de empreendimentos concorrentes até então sob *uma* direção, a fim de eliminar os menos rendíveis (*fusão*), ou *γ)* no sentido de uma *união* (não *necessariamente* como monopólio) de empreendimentos especializados com atividades complementares *sucessivas*, numa «*combinação*», ou *δ)* no sentido de pretender dominar empreendimentos com produção em massa (criação de *trusts*) a partir de um centro e de operações de valores, e — possivelmente — criar de forma organizada novos *trusts* para fins de lucro ou exclusivamente de poder (financiamento em sentido estrito).

Os «negócios financeiros» são realizados *frequentemente* por bancos e, em regra, muitas vezes inevitavelmente, com a cooperação dos mesmos. Não obstante, a direção, na maioria das vezes, está nas mãos de *operadores na Bolsa* (Harriman) ou de grandes empresários industriais (Carnegie); no caso de cartéis, também estão muitas vezes nas mãos de grandes empresários (Kirdorf, etc.); no caso de *trusts*, nas mãos de «financiadores» especiais (Graed, Rockefeller, Stinnes, Rathenau). (Pormenores mais adiante.)

§ 30. Condições para o grau máximo de racionalidade formal do cálculo de capital

O grau máximo de *racionalidade formal* do cálculo de capital nos empreendimentos de *obtenção* pode ser atingido nas condições seguintes:

1) Apropriação completa, pelos proprietários, de todos os meios materiais de obtenção, e ausência completa de apropriação formal das possibilidades aquisitivas no mercado (liberdade no mercado de bens).

2) Autonomia total dos proprietários na seleção dos diretores, isto é, ausência total de apropriação formal da direção (liberdade de empreendimento).

3) Ausência completa de apropriação dos postos de trabalho e das possibilidades aquisitivas por parte dos trabalhadores e, inversamente, dos trabalhadores por parte dos proprietários (trabalho livre, liberdade no mercado de trabalho e na *seleção* dos trabalhadores).

4) Ausência completa de regulações materiais do consumo, da obtenção ou do preço, ou de outras ordens que possam limitar a estipulação livre das condições de troca (liberdade material de contratos económicos).

5) Previsibilidade total das condições técnicas de obtenção (técnica mecanicamente racional).

6) Previsibilidade total do funcionamento da ordem administrativa e jurídica e garantia fiável *puramente formal* de todos os acordos por parte do poder político (administração e direito formalmente racionais).

7) O máximo possível de separação da empresa e do seu destino em relação à gestão patrimonial e ao destino do património, particularmente, separação da disponibilidade e da solidez do capital das empresas em relação ao património dos proprietários e ao destino do património herdado pelo proprietário. Para grandes empreendimentos, este seria, em geral o caso ideal do ponto de vista *formal*: *a)* nos empreendimentos

CATEGORIAS SOCIOLÓGICAS BÁSICAS DA AÇÃO ECONÓMICA   225

de transformação de matéria-prima, de transportes e de mineração, na forma de sociedades por ações, sendo estas livremente alienáveis, possuindo garantia de capital sem responsabilidade pessoal; e *b)* na agricultura, na forma de arrendamento a (relativamente) longo prazo.

8) O máximo possível de organização *formalmente* racional do *sistema monetário.*

Apenas alguns poucos pontos (já mencionados anteriormente) precisam de ser esclarecidos.

1. Quanto ao tópico *3)*, o trabalho dependente (especialmente a escravatura total) permitia uma disposição mais ilimitada do ponto de vista formal sobre os trabalhadores do que o aluguer por salário. Só que *a)* a *necessidade* de capital a ser investido em propriedade humana para compra e alimentação dos escravos, era muito maior do que no caso de trabalho por salário; *b)* o *risco* de capital, neste caso, era especificamente irracional (condicionado em grau mais elevado do que no caso de trabalho assalariado por circunstâncias extraeconómicas de todos os géneros, particularmente, porém, e em grau extremo, por fatores políticos); *c)* era irracional o balanço do capital em forma de escravos, em consequência das flutuações no mercado de escravos e, portanto, dos preços; *d)* era também irracional e, sobretudo, pela mesma causa, a sua complementação e recrutamento (condicionado politicamente); *e)* a utilização de escravos, quando a convivência destes com as suas famílias foi tolerada, era sobrecarregada com o ónus dos custos de alojamento e sobretudo da alimentação das mulheres e da criação dos filhos, para os quais já não existia em si uma possibilidade de utilização economicamente racional como força de trabalho; *f)* o aproveitamento *pleno* do desempenho dos escravos só era possível em caso de ausência das famílias e de disciplina rigorosa, o que intensificava consideravelmente o alcance do fator indicado no item *d)*, dada a sua irracionalidade; *g)* dizia a experiência que o emprego do trabalho de escravos com ferramentas e aparelhos que exigiam em alto grau responsabilidade e interesse próprios não era possível; *h)* faltava, acima de tudo, a possibilidade de seleção — contratação após teste com máquina — e de demissão, em caso de oscilações conjunturais ou de desgaste.

A empresa escravista só era rentável se houvesse: $\alpha)$ possibilidade de alimentação muito *barata* dos escravos; $\beta)$ fornecimento regular de escravos no *mercado*; $\gamma)$ grandes explorações agrícolas com carácter de *plantação* ou manipulações industriais muito simples. Os exemplos mais importantes dessa utilização são as *plantações* cartaginesas, romanas e as norte-americanas, algumas coloniais, além das «fábricas» russas. O esgotamento do mercado de escravos (em virtude da pacificação do Império) levou à contração das *plantações* na Antiguidade; na América do Norte, a mesma circunstância levou à procura contínua de novas terras mais baratas, dado não ser possível uma renda do solo equiparada ao negócio com os escravos; na Rússia, as fábricas com escravos tinham muita dificuldade em suportar a concorrência do *kustar* (indústria caseira) e não conseguiam competir, de maneira nenhuma, com as fábricas baseadas em trabalho livre — sendo que, já antes da emancipação, pediam continuamente permissão para libertar os seus trabalhadores — e desapareceram com a introdução do trabalho de oficina livre.

No caso de emprego de trabalhadores assalariados: *i)* o risco e o dispêndio de capital são menores; *ii)* o ónus da reprodução e da criação dos filhos fica à responsabilidade do trabalhador, tendo, por sua vez, a sua esposa e os seus filhos de «procurar» trabalho; *iii)* por isso, o medo de despedimento permite atingir o rendimento ideal; *iv)* existe uma seleção de acordo com a capacidade e a disposição para o desempenho.

2. Quanto ao tópico *7)*: a separação entre a *exploração* por arrendatários, com cálculo de capital, e a *propriedade* das terras vinculada fideicomissariamente em Inglaterra não é um fenómeno casual, mas sim uma expressão do desenvolvimento (dada a ausência de proteção ao camponês, em consequência da situação insular) que ali ocorreu há séculos, sem interferência externa. Toda a ligação entre a *propriedade* e a *gestão do solo* transforma-o num bem de capital da economia. Aumenta, assim, a necessidade e o risco de capital, obstrui a separação entre a gestão orçamentária e a empresa (as indemnizações aos herdeiros pesam sobre a *empresa* como dívidas), impede a liberdade de movimento do capital do empresário e, por fim, onera o cálculo de capital com fatores irracionais. Portanto, *formalmente*, a separação entre a propriedade do solo e a exploração agrícola corresponde à racionalidade das empresas com cálculo de capital (a avaliação *material* do fenómeno é um assunto à parte, que pode dar resultados muito diversos, dependendo do ponto de vista).

CATEGORIAS SOCIOLÓGICAS BÁSICAS DA AÇÃO ECONÓMICA   227

§ 31. Tendências típicas da orientação «capitalista» das atividades aquisitivas

Na orientação «capitalista» das atividades aquisitivas (isto é, no procedimento racional baseado no *cálculo de capital*), existem tendências típicas distintas entre si:

1) Orientação: *a)* pelas oportunidades de rendibilidade na compra e venda contínuas no *mercado* («comércio»), em caso de troca livre (formalmente: não forçada; materialmente: pelo menos relativamente voluntária); *b)* pelas oportunidades de rendibilidade em empreendimentos de *obtenção* de bens, com cálculo de capital.

2) Orientação pelas oportunidades de aquisição: *a)* por meio de comércio e especulação monetária, realização de pagamento de todas as espécies e obtenção de meios de pagamento; *b)* por meio de concessão profissional de crédito: $\alpha)$ para fins de consumo; $\beta)$ para fins aquisitivos.

3) Orientação pelas oportunidades de obter *despojos* atuais de associações ou pessoas políticas ou com orientação política: financiamento de guerras ou revoluções, ou financiamento de líderes de partidos políticos por meio de empréstimos ou de fornecimento de bens materiais.

4) Orientação pelas oportunidades de aquisição contínua em virtude de dominação imposta, garantida pelo poder político: *a)* de tipo colonial (aquisição por *plantações* com fornecimento forçado de produtos ou trabalho, monopólio comercial ou forçado); *b)* de tipo fiscal (aquisição por arrendamento de cargos públicos ou do direito de arrecadar impostos, seja na metrópole, seja nas colónias).

5) Orientação pelas oportunidades de aquisição por meio de fornecimentos extraordinários de bens a associações políticas.

6) Orientação pelas oportunidades de aquisição: *a)* por transações *puramente* especulativas em mercadorias tipificadas ou participação em empreendimentos sob a forma de títulos;

b) por realização contínua de negócios de pagamento para associações públicas; *c)* por financiamento de *fundações* de empreendimentos, sob a forma de venda de títulos a investidores angariados; *d)* por financiamento especulativo de empreendimentos capitalistas e da constituição de associações económicas de todo o tipo, com o fim de regular, de forma rentável, a gestão aquisitiva das mesmas, ou de obter *poder.*

Os casos *1)* e *6)* são, em grande parte, *peculiares* do Ocidente. Os demais (*2)* a *5))* encontram-se no mundo inteiro há milhares de anos, sempre que ocorrem possibilidades de troca (*2))* e economia monetária e (nos casos *3)* a *5))* financiamento *em dinheiro.* No Ocidente, estes casos só tiveram a mesma importância que tiveram na Antiguidade como meios de aquisição local e temporária (particularmente, em tempos de guerra). A sua frequência diminuiu também ali onde se deu a pacificação de grandes territórios (impérios unitários: China e a última fase do Império Romano), de modo que, como formas de aquisição capitalista, sobraram *somente* o comércio e os negócios com dinheiro (tópico *2))*, pois o financiamento capitalista da política foi produto, por toda a parte *a)* da luta pelo poder entre os Estados e, como tal, *b)* da concorrência pelo capital disponível. Esta situação só terminou com a formação dos impérios unitários.

Se bem me recordo, o autor que expôs este ponto de vista de forma mais clara, até agora, foi J. Plenge (*Von der Diskontpolitik zur Herrschaft über den Geldmarkt*, Berlim, 1913). Ver antes as *minhas* exposições, no artigo «Agrargeschichte, Altertum», em *Handwörterbuch der Staatswissenschaften*, 3.ª ed., vol. I.

Apenas o Ocidente conhece empresas racionais capitalistas com *capital fixo*, trabalho livre, especialização e coordenação racionais do trabalho, assim como uma distribuição de desempenhos orientada puramente pelos princípios da economia de troca e realizada sobre a base de economias aquisitivas capitalistas — isto é, a forma capitalista de *organização* formalmente voluntária *do trabalho*, como

CATEGORIAS SOCIOLÓGICAS BÁSICAS DA AÇÃO ECONÓMICA 229

modo típico e dominante de provimento das necessidades de amplas massas, com expropriação dos trabalhadores dos meios de obtenção e apropriação dos empreendimentos por parte dos possuidores de títulos. Só o Ocidente conhece o crédito público sob a forma de emissão de títulos de renda, a comercialização de títulos e os negócios de emissão e financiamento como objetos de empreendimentos racionais, o comércio em bolsa de mercadorias e títulos, o «mercado monetário» e o «mercado de capital», as associações monopolistas como formas de organização racional, conforme os princípios da economia aquisitiva, para a *produção* empresarial de bens (e não só para a comercialização dos mesmos).

Esta diferença requer uma explicação que não se pode apoiar *exclusivamente* em argumentos económicos. O conjunto dos casos *3)* a *5)* consiste no capitalismo orientado *politicamente*. Todas as exposições que se seguem referem-se, antes de mais, *também* a esse problema. Em geral, basta dizer o seguinte:

1) É claro que os acontecimentos *politicamente* orientados, que oferecem essas possibilidades de aquisição, considerados economicamente — do ponto de vista da orientação pelas oportunidades de *mercado* (tratando-se de necessidades de consumo de gestões patrimoniais) — são de carácter *irracional*.

2) Também é evidente que as oportunidades de aquisição *puramente* especulativas (*2), a)* e *6), a)*) e o crédito exclusivamente para fins de consumo (*2), b), α)*) são irracionais no que se refere à satisfação de necessidades e às economias produtoras de bens, porque estão condicionados pela propriedade ou por constelações de mercado, e porque as probabilidades de fundação ou financiamento de empresa (*6), b), c)* e *d)*) são casuais, e que também podem ser irracionais, em certas circunstâncias, ainda que não *necessariamente*.

As características próprias da economia moderna, além do empreendimento racional capitalista, consistem: *a)* no modo de organização do sistema monetário, e *b)* no modo de comercialização

230 ECONOMIA E SOCIEDADE

da participação em empreendimentos mediante títulos. Ainda é necessário analisar ambas. Comecemos pelo sistema monetário.

§ 32. Organização do sistema monetário do Estado moderno e os diversos tipos de dinheiro: dinheiro corrente

1) O Estado moderno mantém *a) sempre* o monopólio da *organização* do sistema monetário, por meio de estatutos; *b)* regra geral, com poucas exceções, detém o monopólio da criação (emissão) de dinheiro, pelo menos, no que se refere ao dinheiro em moedas.

1. Os motivos decisivos para esta monopolização começaram por ser *puramente* fiscais (ganhos provenientes da cunhagem). Daí — o que deixamos de lado, por agora — a *proibição* inicial de dinheiro estrangeiro.
2. A monopolização da *criação* de dinheiro não foi geral, até à atualidade (em Bremen, antes da reforma monetária, circulavam moedas estrangeiras como dinheiro corrente).

Além disso, *c)* em virtude da importância crescente dos seus impostos e empreendimentos económicos próprios, quer através da sua própria caixa, quer através das contas dirigidas para a sua caixa (ao conjunto das duas damos a designação de «caixas regionais»), o Estado é *α)* o maior recebedor de pagamentos e *β)* o maior pagador.

Mesmo prescindindo-se dos pontos *a)* e *b)*, segundo o ponto *c)*, o comportamento das *caixas* estatais em relação ao dinheiro é de importância decisiva para um sistema monetário moderno, sobretudo a questão acerca do tipo de dinheiro de que estas *efetivamente* (de modo «regimental») *i)* dispõem, isto é, *podem* entregar, ou *ii) impõem* ao público, como dinheiro *legal*, e, por outro, a questão de qual é o tipo de dinheiro que *efetivamente* (de modo regimental) *a)* aceitam, ou *β)* repudiam, total ou parcialmente.

Parcialmente repudiado está, por exemplo, o papel-moeda quando se exige o pagamento de taxas de alfândega em ouro; totalmente repudiados

CATEGORIAS SOCIOLÓGICAS BÁSICAS DA AÇÃO ECONÓMICA   231

foram (por fim) os *assignants* da revolução francesa, o dinheiro dos estados secessionistas e as emissões do governo chinês durante a Rebelião Taiping.

O dinheiro só pode ser *definido* como *legal* quando se trata de um «meio de pagamento estabelecido por lei» que todos — por conseguinte, também e principalmente, as caixas estatais — estão obrigados a aceitar e a dar em pagamento, seja até determinada quantidade, seja ilimitadamente. O dinheiro pode ser definido como *regimental* quando se trata de dinheiro que as caixas do governo aceitam e impõem; o dinheiro legal obrigatório é especialmente aquele que estas caixas impõem.

A «imposição» pode ocorrer:

a) em virtude de autorização *legal* existente há muito tempo para fins de política monetária (táleres e moedas de cinco francos depois da suspensão da cunhagem de prata — ainda que, como é sabido, ela *não* tenha ocorrido);

b) em virtude de insolvência nos outros meios de pagamento, a qual leva à situação de *α)* ser agora preciso fazer uso, de modo regimental, daquela autorização legal, ou *β)* criar-se uma autorização formal (legal) *ad hoc*, como imposição de um novo meio de pagamento (o que acontece quase sempre quando se passa para papel-moeda). No último caso (*b), β)*), o processo é, em regra, o seguinte: um meio de circulação convertível (legalmente ou de facto) até esse momento, e que já antes podia ser imposto legalmente, agora é imposto de facto e torna-se efetivamente inconvertível.

Um Estado pode declarar legalmente qualquer tipo de objeto como «meio de pagamento estabelecido por lei», e todo o objeto cartal pode ser declarado «dinheiro» no sentido de «meio de pagamento». Além disso, pode estabelecer tarifas de qualquer valor — em caso de dinheiro de transação, relações intermonetárias — conforme lhe convier.

Quanto às perturbações *formais* do sistema monetário legal, o que o Estado dificilmente ou de modo algum pode reprimir é:

ECONOMIA E SOCIEDADE

a) no caso de dinheiro administrativo, a falsificação, quase sempre muito rentável;

b) no caso de moedas de todas as espécies: *α)* a utilização extramonetária do metal como matéria-prima, quando esses produtos têm preços muito elevados; isto é particularmente difícil quando a relação monetária é desfavorável para o metal em questão (ver *γ)*); *β)* a exportação para outros territórios com relação monetária *mais favorável* (quando se trata de dinheiro de transação); *γ)* a oferta de metal-moeda legal para fins de cunhagem, quando o dinheiro em moeda, em comparação com o preço de mercado, foi tarifado num nível muito baixo em relação ao dinheiro corrente (metálico ou papel-moeda).

Em relação ao papel-moeda, a tarifação segundo a qual uma unidade nominal metálica equivale a uma unidade nominal em papel com o mesmo nome será demasiadamente desfavorável para o dinheiro em metal sempre que a conversibilidade do meio de circulação seja suspensa, pois é isso que ocorre em caso de insolvência em dinheiro em metal.

Podem ser estabelecidas relações monetárias entre diversas espécies de *transação* de dinheiro em metal: *i)* por tarifação do câmbio em cada caso particular (sistema paralelo livre), *ii)* por tarifação periódica (sistema paralelo tarifado periodicamente) e *iii)* por tarifação legal permanente (plurimetalismo, por exemplo: bimetalismo).

Nos casos dos tópicos *i)* e *ii)* já referidos, acontece regularmente haver apenas um metal que é o metal-moeda regimental e efetivo (na Idade Média, a prata), enquanto o outro é moeda comercial com câmbio tarifado (*Friedrichs d'or*, ducados). A diferenciação total na utilização específica do dinheiro de *transação* é rara nos sistemas monetários modernos, embora fosse frequente anteriormente (China, Idade Média).

2) A definição do dinheiro como meio de pagamento estabelecido legalmente e criado pela administração «lítrica» (dos meios de

CATEGORIAS SOCIOLÓGICAS BÁSICAS DA AÇÃO ECONÓMICA 233

pagamento) não é exaustiva do ponto de vista sociológico. Baseia-se na «existência de dívidas» (G. F. Knapp), particularmente, sob a forma de impostos devidos aos Estados e de juros devidos pelos Estados. O ponto de referência do pagamento *legal* dessas dívidas é a unidade *nominal* de dinheiro fixa (mesmo que a *matéria* do dinheiro tenha mudado) ou, em caso de variação da unidade nominal, a «definição histórica». Além disso, a pessoa *particular* considera hoje a unidade nominal de dinheiro como alíquota da sua *renda* nominal em dinheiro, e não como peça cartal, metálica ou em papel.

O Estado, por meio da sua legislação e do seu quadro administrativo, pode, por meio de comportamento efetivo (regimental), dominar *formalmente* o «sistema monetário» vigente no território monetário que governa.

É o caso quando o Estado funciona com meios administrativos modernos. A *China*, por exemplo, não conseguiu fazê-lo. Nem em épocas anteriores, porque os pagamentos «apocêntricos» e «epicêntricos» efetuados ou recebidos «pelas» caixas estatais eram insignificantes em comparação com a transação global. Nem mais recentemente: parece que não conseguiu transformar a prata em dinheiro limitado com reserva de ouro, uma vez que não tinha meios suficientes para impedir a falsificação previsível nesse caso.

Contudo, não existem apenas dívidas (já existentes), mas também trocas atuais e contração de novas dívidas, no futuro. Esses atos orientam-se primordialmente pela situação do dinheiro como *meio de troca* — o que significa, pela possibilidade de o dinheiro ser aceite, no futuro e em certa *relação* de preço (estimada aproximadamente), em troca de bens de determinada ou indeterminada espécie, por parte de um número indeterminado de terceiros.

1. Em certas circunstâncias, também se orientam primordialmente pela probabilidade de poder pagar com este dinheiro dívidas urgentes para com o Estado ou pessoas particulares. Estes casos não serão tidos em conta aqui, uma vez que pressupõem uma «situação de urgência».

2. É *neste* ponto que a «teoria estatal do dinheiro», de G. F. Knapp, que em todos os outros aspetos pode ser considerada «correta» e simplesmente brilhante, além de definitivamente fundamental, começa a ser incompleta.

234 ECONOMIA E SOCIEDADE

O Estado, por sua parte, deseja o dinheiro que adquire com impostos ou outras medidas não *somente* como meio de troca, mas também, e frequentemente com muita urgência, para pagar juros de dívidas. No entanto, os seus *credores* ainda querem utilizá-lo como meio de troca, pelo que o desejam. E o próprio Estado também o deseja quase sempre, muitas vezes, exclusivamente, como meio de troca para cobrir, futuramente, no mercado (sob a forma de economia de troca) necessidades estatais de utilidades. Portanto, a qualidade de meio de pagamento, por mais necessário que seja destacá-la conceptualmente, não é a definitiva. A *possibilidade* de troca de determinada espécie de dinheiro, em comparação com outros bens definidos — possibilidade que se baseia na estimativa do seu valor em relação aos bens de mercado —, define-se como validade *material* (ao contrário: *1)* da validade *formal*, legal, como meio de pagamento; e *2)* da obrigação legal, existente muitas vezes, de utilização *formal* de determinado dinheiro como meio de troca). A *estimativa* «material», como facto isolado verificável, ocorre, em princípio: *a)* apenas em relação a determinados *tipos* de bens e *b)* por parte de cada *indivíduo*, como estimativa baseada na utilidade marginal do dinheiro para *esse* indivíduo (dependendo da sua renda). É claro que essa utilidade marginal se desloca — para o indivíduo — com o aumento da quantidade de dinheiro de que dispõe. Sendo assim, em primeiro lugar, a utilidade do dinheiro para a instituição emissora (mas não só) diminui quando esta cria *dinheiro administrativo*, empregando-o de modo «apocêntrico», como meio de troca ou impondo-o como meio de pagamento; em segundo lugar, para os participantes na troca com o Estado, em cujas mãos a quantidade de dinheiro aumenta em virtude da subida dos preços que lhes foi concedida (de acordo com a estimativa da diminuição da utilidade marginal por parte da administração estatal). O «poder aquisitivo» que adquirem — diminuição da utilidade marginal do dinheiro agora existente entre os possuidores — pode levar, por sua vez, à aceitação de preços mais elevados nas *suas* compras e assim por diante. Se, pelo contrário, o Estado retirasse de circulação parte das notas que lhe são devolvidas, isto é, se não voltasse a utilizá-las (e as destruísse), teria de limitar os seus gastos de acordo com a estimativa da utilidade marginal (que

CATEGORIAS SOCIOLÓGICAS BÁSICAS DA AÇÃO ECONÓMICA   235

aumentaria para ele) das reservas de dinheiro diminuídas, baixando, consequentemente, em proporção correspondente, as suas ofertas de preços. Nesse caso, a consequência seria precisamente o contrário. Na economia de troca, pode acontecer que o *dinheiro administrativo* (não só, mas sobretudo) seja um fator modificador dos preços dentro de um determinado território monetário. Não cabe aqui avaliar quais os bens em causa e qual o ritmo desse processo.

3) A redução e o aumento da obtenção de *metal-moeda*, ou, pelo contrário, o seu encarecimento e a sua redução, poderiam ter consequências semelhantes para *todos* os países que o utilizam como dinheiro de transação. As utilizações monetária e extramonetária dos metais existem lado a lado. Porém, só no caso do cobre (China) é que a utilização extramonetária foi decisiva por algum tempo para a estimativa do seu valor. No caso do dinheiro, a cotação equivalente na unidade monetária nominal de ouro, descontado o custo da cunhagem, passou a ser considerada um procedimento normal a partir do momento em que se tornou meio de pagamento *intercambiário* e, ao mesmo tempo, dinheiro de transação no território monetário dos Estados mercantis mais importantes, como acontece presentemente. No caso da prata, ocorreu o mesmo e, em circunstâncias semelhantes, voltaria a ocorrer. Um metal que não seja meio de pagamento *intercambiário*, mas dinheiro de transação para alguns territórios monetários, será cotado, naturalmente, como nominalmente igual à unidade nominal de dinheiro ali existente — esta, por sua vez, tem uma relação intercambiária que varia de acordo com os custos e a quantidade necessária de cunhagem complementar, bem como segundo o chamado «balanço de pagamento» (de modo «pantopólico»). Por fim, o valor do metal nobre utilizado universalmente para a cunhagem regulada (e, portanto, limitada) de dinheiro administrativo, sem constituir dinheiro de transação (mas sim poupança — ver os parágrafos seguintes), é determinado primordialmente com base em estimativas extramonetárias. A questão é sempre se o metal nobre em questão pode ser produzido de modo rendoso e em que quantidade. No caso de uma desmonetização total, a solução orienta-se unicamente pela relação entre os custos em dinheiro, estimados com base num meio de pagamento intercambiário, e a utilidade extramonetária. No caso de utilização como dinheiro de transação universal e meio de pagamento intercambiário, esta orienta-se, naturalmente, em primeiro lugar, pela relação entre os custos e a utilidade monetária. Por fim, no caso de utilização como dinheiro de transação particular ou como dinheiro administrativo, a solução orienta-se, a longo prazo, por uma «procura» expressa no meio de pagamento intercambiário que supere consideravelmente os custos. Quando se trata de utilização como dinheiro de transação particular, esta dificilmente terá carácter monetário a longo prazo, uma vez que a relação intercambiária do território em que só este dinheiro de transação vale terá uma tendência a baixar ao longo do tempo, e que somente no caso de um isolamento *absoluto* (na China e no Japão, no passado, e, atualmente, em todos os territórios fechados uns aos outros por motivos de guerra) *deixará* de ter repercussões sobre os preços dentro desse território. Na utilização exclusiva como dinheiro administrativo regulado, essa forma de utilização monetária delimitada apenas desempenharia um papel decisivo no caso de taxas de cunhagem extremamente elevadas, acabando depois — pelos mesmos motivos da cunhagem particular livre — de forma semelhante.

O caso limite teórico da monopolização de toda a produção e transformação — monetária e não monetária — do metal-moeda (que aconteceu temporariamente na China) não abre perspetivas tão novas como se possa acreditar no caso de *concorrência* entre vários territórios monetários e de emprego de trabalhadores *assalariados*. Pois, caso se empregasse o dinheiro em metal em questão para todos os pagamentos apocêntricos, qualquer tentativa de limitar a cunhagem ou de a valorizar a um nível muito elevado para fins fiscais (o que, sem dúvida, proporcionaria um lucro considerável) levaria a taxas de cunhagem muito altas, como se verificou na China. O dinheiro começaria por ser muito «caro» em relação ao metal, tornando-se assim a produção mineira (com trabalho *assalariado*), em grande parte, pouco rentável. Com a redução crescente desta, surgiria então, pelo contrário, uma «contrainflação» («contração»), processo que continuaria (como na China, onde levou temporariamente à liberação total da cunhagem) até à passagem para o emprego de sucedâneos do dinheiro e,

CATEGORIAS SOCIOLÓGICAS BÁSICAS DA AÇÃO ECONÓMICA 237

por fim, para uma economia de bens em espécie (consequência verificada no país citado). No caso de persistência da economia de *troca*, a administração lítrica dificilmente poderia proceder, a longo prazo, de forma diferente do caso da existência legal de «cunhagem livre» — só que deixaria de constituir uma atividade de «interessados», de cujo significado falaremos adiante. Existindo uma socialização total, pelo contrário, deixaria de haver o problema do «dinheiro», e os metais nobres dificilmente seriam objetos de produção.

4) A posição dos metais nobres como metais-moeda e matéria monetária desenvolveu-se historicamente a partir da sua função de adorno, sendo estes, por isso, utilizados tipicamente como oferta; contudo, além da sua qualidade puramente técnica, passou a ser definida como um bem de *peso*. A *conservação* dessa posição não é evidente por si, uma vez que, atualmente, tratando-se de pagamentos acima de 100 marcos (do valor antes da guerra), todos costumam pagar e receber em notas (de banco, sobretudo), de qualquer forma, por motivos de peso.

5) Também a emissão de dinheiro em notas não só é de lei, em todos os Estados modernos, como também é monopólio do Estado. Efetua-se sob a sua direção, através de uma ou de várias instituições emissoras privilegiadas e regulamentadas pelo mesmo, mediante normas impostas e medidas de controlo (*bancos emissores*).

6) Denominamos «dinheiro corrente *regimental*» somente aquele que as citadas caixas impõem *de facto*; outro dinheiro corrente, não imposto por estas, mas sim em virtude do direito formal na transação entre pessoas particulares, de acordo com a nossa terminologia, é considerado dinheiro corrente *acessório*. Aquele que, segundo a ordem legal, só pode ser imposto forçadamente na transação entre pessoas particulares até determinada importância máxima é considerado *dinheiro divisionário*.

A terminologia apoia-se nos conceitos de Knapp inclusivamente no que se segue.

Consideramos *definitivo* o dinheiro corrente regimental, e *provisório* todo o dinheiro que em qualquer momento possui carácter

238 ECONOMIA E SOCIEDADE

efetivo (quaisquer que sejam as caixas) por ser convertível em *definitivo* mediante resgate ou câmbio.

7) É claro que, a longo prazo, o dinheiro corrente regimental é necessariamente idêntico ao *efetivo* e não ao «oficial», que pode diferir dele, possuindo validade apenas legal. O dinheiro corrente «efetivo», por sua vez, conforme mencionado anteriormente (Capítulo 2, § 6), é *a)* dinheiro de transação livre, *b)* dinheiro não regulado, ou *c)* dinheiro regulado administrativamente. As caixas estatais não pagam por decisão livre, orientadas apenas por alguma regulação monetária que lhes pareça ideal. Comportam-se conforme o que lhes impõem: *i)* os interesses financeiros próprios; *ii)* os interesses de classes aquisitivas poderosas.

Segundo a sua forma cartal, o dinheiro efetivo dentro de um sistema monetário pode ser:

A. *Dinheiro em moedas.* Este é *o único* que *pode* ser dinheiro de transação livre, mas não tem *necessariamente* de o ser; é:

I. *Dinheiro de transação livre*, quando a administração lítrica cunha toda a quantidade de metal-moeda ou troca-a por peças cartais (moedas): *hilodromia.* Dependendo do tipo de metal-moeda nobre, existe, então, um sistema de dinheiro de transação livre e efetivo em ouro, prata ou cobre. A decisão por parte da administração lítrica de permitir ou não a existência *efetiva* de hilodromia não é sua: depende de haver pessoas *interessadas* na cunhagem.

a) A hilodromia pode existir «oficialmente» sem ser «efetiva». De acordo com o que referimos, não é efetiva, apesar de existir oficialmente:

α) quando, existindo hilodromia legal tarifada para *vários* metais (plurimetalismo), um (ou alguns) destes está tarifado a um nível demasiadamente

CATEGORIAS SOCIOLÓGICAS BÁSICAS DA AÇÃO ECONÓMICA 239

baixo em relação ao preço atual de mercado do metal bruto. Pois, neste caso, os particulares oferecem para cunhagem somente o metal tarifado a um nível demasiadamente elevado, e apenas este é utilizado nos pagamentos. Quando as caixas públicas se retiram desse processo, o dinheiro com tarifação muito baixa fica «retido» nas mesmas até ao momento em que não lhes restam, a elas próprias, outros meios de pagamento. Se houver um bloqueio suficiente dos preços, as moedas de metal tarifado a um nível muito baixo podem ser fundidas, ou vendidas a peso, como mercadoria, em troca de moedas de metal tarifado a um nível demasiado baixo;

$\beta)$ quando os pagadores — particularmente as caixas estatais —, em situação de necessidade (ver $\alpha)$) fazem uso contínuo e extenso do seu direito — garantido formalmente ou usurpado — de impor outro meio de pagamento, metálico ou em forma de notas, que não possui apenas um carácter provisório, mas também: $\alpha\alpha)$ é dinheiro acessório ou $\beta\beta)$ provisório, que *deixou* de ser convertível em consequência da insolvência da instituição de conversão.

A hilodromia cessa sempre no caso $\alpha)$ e nos casos $\beta)$, $\alpha\alpha)$ e, principalmente, $\beta\beta)$ quando existe uma imposição forte e contínua das espécies de dinheiro acessório, já que não são efetivamente provisórias.

No caso $\alpha)$, ocorre exclusivamente uma hilodromia do metal sobretarifado, que é, então, o único dinheiro de transação livre, isto é, que representa um novo sistema (de dinheiro de transação) metálico; no caso $\beta)$, o dinheiro em metal «acessório» ou, porventura, as notas que deixaram de ser provisórias de modo efetivo, tornam-se o dinheiro próprio do sistema (no caso $\alpha\alpha)$, sistema de dinheiro limitado; no caso $\beta\beta)$, sistema de papel-moeda).

240 ECONOMIA E SOCIEDADE

b) Contudo, a hilodromia pode ser «efetiva» *sem* possuir validade «oficial», por disposição jurídica.

Exemplo: A concorrência entre os senhores cunhadores da Idade Média, condicionada puramente por motivos fiscais — interesse por cunhar, se possível, exclusivamente o metal-moeda, apesar de não existir ainda hilodromia *formal.* Não obstante, o efeito, pelo menos, era semelhante.

Na sequência do que acabamos de dizer, consideremos *direito* monetário monometálico aquele em que um metal (ouro, prata ou cobre, dependendo do caso) é hilodrómico *por lei*, e *direito* monetário plurimetálico (bi ou trimetálico) aquele em que vários metais são hilodrómicos por lei, existindo entre eles uma *relação* monetária fixa; *direito* monetário paralelo é aquele em que vários metais são hilodrómicos *por lei, sem* que exista uma *relação* monetária fixa entre eles. Só falaremos de «metal-moeda» e de «sistema monetário metálico» (ouro, prata, cobre, paralelo, dependendo do caso) com referência ao metal que é *efetivamente* hilodrómico, isto é, «dinheiro de transação» efetivo (sistema monetário de dinheiro de transação).

O bimetalismo existiu «legalmente» em todos os Estados da união monetária latina até à suspensão da cunhagem livre de prata, após a reforma monetária alemã. O metal-moeda *efetivo em regra* — pois a estabilização da relação tinha um efeito tão forte que, muitas vezes, a alteração passava despercebida, existindo *efetivamente* «bimetalismo» — era apenas o metal tarifado com um nível demasiado elevado, de acordo com a situação de mercado então existente, isto é, o único que era hilodrómico. O dinheiro feito de outros metais era considerado «dinheiro acessório» (aspeto em que concordo inteiramente com Knapp). O «bimetalismo» como sistema monetário efetivo constitui — pelo menos em caso de concorrência entre várias instituições cunhadoras autocéfalas e autónomas — sempre uma situação transitória e, de resto, em condições normais, puramente «legal», porém, não efetiva.

O facto de o metal com um valor extremamente baixo não ser levado à instituição cunhadora não é, naturalmente, uma situação «regimental» (causada por disposições administrativas), mas sim consequência da situação (suponhamos que alterada) do mercado e da persistência de relações fixas. É certo que a administração monetária poderia *cunhar* o dinheiro

CATEGORIAS SOCIOLÓGICAS BÁSICAS DA AÇÃO ECONÓMICA 241

como dinheiro administrativo com prejuízo, mas não poderia *mantê-lo* em circulação, uma vez que a utilização extramonetária seria mais rentável.

§ 33. Dinheiro limitado

II. Consideremos *dinheiro limitado* todo o dinheiro em metal *não* hilodrómico *corrente*. O dinheiro limitado circula:

α) como dinheiro «acessório», isto é, tarifado em relação a outro dinheiro corrente do mesmo território monetário, seja em relação a αα) outro dinheiro limitado, ββ) papel-moeda, ou γγ) dinheiro de transação; ou

β) como dinheiro limitado «orientado de modo intercambiário». Isto ocorre quando, apesar de circular como dinheiro corrente *exclusivo* dentro do seu território monetário, foram tomadas medidas para o manter à disposição para meios de pagamento intercambiários em outros territórios monetários (sob a forma de barras ou de moedas — *fundo de reserva intercambiário*): *sistema monetário de dinheiro intercambiário limitado.*

a) Consideremos dinheiro limitado particularmente aquele que, apesar de ser o único corrente, *não* está orientado de modo intercambiário.

O dinheiro limitado, em relação ao meio de pagamento intercambiário, pode ser tarifado *ad hoc* — em cada caso particular — na compra de meios de pagamento intercambiários ou «divisas», ou — quando admissível — de modo geral e regimental.

(Quanto a α) e β)): o táler e a moeda de prata de cinco francos, ambos com carácter de dinheiro «acessório», podem ser considerados dinheiro limitado tarifado de modo cambiário. Os florins holandeses de prata (depois de terem sido «particulares», por pouco tempo, após a proibição da cunhagem) são moedas «orientadas de modo intercambiário» (pelo ouro). As rupias também. Os yuans (dólares) chineses permaneceriam «particulares», segundo a ordenação monetária de 24 de maio de 1910, enquanto *não* existisse realmente a hilodromia, que *deixou* de ser mencionada no estatuto (a orientação intercambiária, como a comissão americana propôs, foi rejeitada). (Os florins holandeses tiveram essa característica durante algum tempo; ver acima.)

A hilodromia em caso de dinheiro limitado seria muito rendosa do ponto de vista da economia privada para os possuidores de metais nobres. Contudo (e precisamente *por* isso), decretou-se a limitação, para evitar que, ao introduzir-se a hilodromia do metal que até então servira de matéria para o dinheiro limitado, deixasse de existir a hilodromia do outro metal não rendoso, tarifado agora a um nível demasiado baixo em relação ao primeiro, empregando--se para fins extramonetários mais rendosos o *stock* monetário do dinheiro fabricado com esse metal, que passou a ser dinheiro limitado *obstruído* (ver adiante). O motivo para se pretender evitar isto no caso de uma administração lítrica racional reside na circunstância de esse outro metal constituir um meio de pagamento intercambiário.

b) O dinheiro de transação obstruído deve ser considerado dinheiro limitado (portanto, corrente) quando, contrariamente ao caso *a)*, a cunhagem livre existe legalmente, sendo pouco rendosa do ponto de vista da economia privada e, por isso, acaba por não se realizar. A falta de rendibilidade deve-se $\alpha)$ a uma relação monetária desfavorável entre o metal para as transações, considerando o preço de mercado; $\beta)$ ao papel-moeda.

O dinheiro em questão já foi antes dinheiro transacionado; no entanto, determinadas circunstâncias tornaram a possibilidade de hilodromia efetiva irrealizável para a economia privada. No caso $\alpha)$, por terem existido variações resultantes do plurimetalismo na relação de preços no mercado; ou, no caso $\beta)$, por ter existido uma catástrofe financeira monometalista ou plurimetalista que impossibilitou às caixas estatais o pagamento em dinheiro em metal e as obrigou a impor dinheiro em notas e a suspender a conversão do mesmo. O dinheiro em causa deixa de ser utilizado nas transações (pelo menos, do ponto de vista racional).

CATEGORIAS SOCIOLÓGICAS BÁSICAS DA AÇÃO ECONÓMICA 243

c) Além do dinheiro limitado *corrente* (chamado aqui simplesmente «dinheiro limitado»), pode haver dinheiro limitado *divisionário*, em metal, isto é, de aceitação forçada como meio de pagamento em determinada quantidade limitada. Em regra, mas não necessariamente, esse dinheiro é cunhado propositadamente «abaixo do seu valor nominal», sendo desvalorizado em relação às moedas do sistema (para evitar o risco de ser fundido), e, nesse caso, na maioria das vezes (nem sempre), é dinheiro provisório, isto é, conversível em determinadas caixas.

Este caso faz parte da experiência quotidiana e não merece especial interesse.

Todo o dinheiro divisionário e muitos tipos de dinheiro em metal limitado estão muito próximos do dinheiro em forma de notas (hoje, papel-moeda) no que se refere à sua posição dentro do sistema monetário, e só se distinguem deste pela utilização mais ampla da sua matéria, circunstância que tem *alguma* importância. O dinheiro em metal limitado, quando é «dinheiro provisório», ou seja, quando foram tomadas disposições suficientes para garantir a sua conversão em dinheiro de transação, está muito próximo dos meios de circulação.

§ 34. Dinheiro em forma de notas

(Continuação de § 32, A.)

B. O *dinheiro em forma de notas* constitui, naturalmente, *sempre* dinheiro administrativo. Para uma teoria sociológica, o «dinheiro» é sempre o *título*, ou certificado, apresentado em determinadas formas cartais (inclusivamente, uma impressão com determinado *sentido* formal), e *nunca* uma «exigência» eventual — de modo algum, necessária — que este representa (e que falta por completo no caso do papel-moeda puro, inconversível).

Do ponto de vista jurídico formal, pode ser um título de dívida ao portador *a)* de uma pessoa particular (um ourives, por exemplo, na Inglaterra do século XVII); *b)* de um *banco* privilegiado (notas bancárias); *c)* de uma associação política (títulos do Estado).

Quando é «efetivamente» conversível, sendo, por isso, somente um meio de circulação e, por conseguinte, «dinheiro provisório», esse dinheiro pode estar *i)* plenamente coberto — certificado — ou *ii)* coberto apenas de acordo com as necessidades da caixa — meio de circulação. A cobertura pode estar regulada *α)* por meio de reservas de metal medidas pelo peso (sistema monetário bancário); *β)* por meio de dinheiro em metal.

Originariamente, o dinheiro em forma de notas era emitido, em regra, como dinheiro *provisório* (conversível); nos tempos modernos é emitido tipicamente como meio de circulação, e quase sempre como *bilhete de banco*, tendo, por isso, na maioria dos casos, o mesmo nome de uma unidade de dinheiro em metal já existente.

1. É claro que a primeira parte desta última frase não se refere aos casos em que uma espécie de dinheiro em forma de notas foi substituída por outra nova. Pois, nestes, não se trata de emissão *originária*.

2. Com respeito à frase inicial de B., sem dúvida pode haver meios de troca e de pagamento que *não* sejam cartais; logo, nem moedas, nem títulos, nem outros objetos materiais. No entanto, não queremos considerá-los «dinheiro», antes — dependendo do caso — «unidades de cálculo» ou algo correspondente à sua qualidade peculiar, pois a qualidade característica do «dinheiro» é estar vinculado a *quantidades* de *artefactos* cartais — uma qualidade que não é, de modo algum, «acessória» e apenas «externa».

No caso de *suspensão* efetiva da conversão de dinheiro até então provisório, cabe distinguir se, do ponto de vista dos interessados, esta é avaliada como *a)* uma medida transitória, ou *b)* uma medida definitiva num futuro previsível.

No primeiro caso, *costuma* ocorrer um «deságio» dos meios de pagamento em notas em relação a metálicos nominalmente iguais, uma vez que se procura dinheiro em metal ou barras de metal para todos os pagamentos intercambiários; porém, isto não é uma consequência absolutamente necessária, e o «deságio» costuma ser moderado (mais uma vez, também não necessariamente, já que a procura pode ser muito premente).

CATEGORIAS SOCIOLÓGICAS BÁSICAS DA AÇÃO ECONÓMICA   245

No segundo caso, depois de algum tempo, desenvolve-se um sistema de *papel-moeda* definitivo («autógeno»). Nesse caso, já não se pode falar de «deságio», mas sim (historicamente!) de «desvalorização».

Nesse caso, é até possível que o metal-moeda do antigo dinheiro de transação, agora obstruído, ao qual as notas se referiam originariamente, sofra uma forte descida de preço no mercado — quaisquer que sejam as causas — em relação aos meios de pagamento intercambiários, enquanto a descida do papel-moeda pode ser insignificante. A consequência inevitável (como aconteceu de facto na Áustria e na Rússia) é que a antiga unidade de *peso* nominal (prata) será comprada por uma quantia nominalmente «menor» do que a das notas correspondentes, as quais, entretanto, se tornaram «autógenas». Isto é perfeitamente compreensível, pois, ainda que a fase inicial do sistema puramente de papel-moeda tenha significado, provavelmente, sem exceção, uma valoração menor da unidade nominal em papel, relativamente à sua correspondente em prata — já que esse sistema decorre sempre de uma insolvência de facto —, o desenvolvimento ulterior, por exemplo, na Áustria e na Rússia, dependeu: *1)* dos chamados «balanços de pagamento» regulados por intercâmbio, que determinam a procura, por parte do estrangeiro, dos meios de pagamento internos de determinado país; *2)* da *abrangência* das emissões de papel-moeda; *3)* do sucesso da institui-ção emissora na tentativa de conseguir meios de pagamento intercambiais (a chamada «política de divisas»). Esses três fatores *podiam* e podem coordenar-se — e, no caso citado, fizeram-no — de forma que a cotação do papel-moeda em questão, nas «transações do mercado mundial», isto é, na sua relação com o meio de pagamento intercambiário (atualmente: ouro), se desenvolveu no sentido de uma estabilização e valorização crescentes, enquanto o antigo metal-moeda começou a ter uma cotação cada vez mais baixa, devido: *a)* ao aumento e à redução da produção de prata; *b)* à desmo-netização crescente da prata em comparação com o ouro. Um sistema de papel-moeda *autêntico* («autógeno») é aquele no qual a «restituição» efetiva da *antiga* relação de conversibilidade em metal deixou de ser contabilizada.

§ 35. Validação formal e material do dinheiro

É verdade que a ordem jurídica e a administração de um Estado, dentro do âmbito do seu poder, podem conseguir a validação *formal* legal e regimental de determinada espécie de dinheiro como padrão monetário, desde que o *próprio Estado* mantenha a sua *solvência* nessa espécie de dinheiro. *Deixa* de a manter quando permite que uma espécie de dinheiro até então «acessória» ou «provisória» se transforme em dinheiro de transação livre ou papel-moeda autógeno (no caso de dinheiro em forma de notas), porque, nesse caso, *essas* espécies de dinheiro ficam retidas nas suas caixas até serem as únicas de que o Estado dispõe, obrigando-o a impô-las nos seus pagamentos. Knapp apresentou este processo, de forma bastante acertada, como o esquema normal de mudança «obstrucionista» do sistema monetário.

Obviamente, isto não diz nada acerca da validade *material* desse dinheiro, isto é, sobre qual a *relação* de troca em que ele é aceite relativamente a outros bens *em espécie*, nem tão-pouco sobre se é possível e em que medida a administração monetária pode ter influência nesta matéria. O poder político, através do racionamento do consumo, do controlo da produção e da ordenação de preços máximos (e também, naturalmente, mínimos), tem a capacidade de exercer uma influência considerável sobre essa relação de troca, *dado que se trata de bens (e de desempenhos) já existentes ou produzidos dentro do seu território* — isso está comprovado empiricamente, do mesmo modo que o está o facto de, mesmo ali, essa influência ter limites muitíssimo sensíveis (como veremos mais adiante). Em todo o caso, é evidente que estas medidas não são tomadas pela administração *monetária*.

De facto, as administrações monetárias racionais modernas possuem um objetivo completamente diferente: o de exercer influência sobre a avaliação material da moeda nacional, em relação à *estrangeira*, com tendência, em regra, para a «estabilizar», isto é, para a conservar, se possível, num nível constante (em certas circunstâncias: no nível mais *alto* possível). Os interesses financeiros (com vista a *futuros* empréstimos no exterior), bem como os interesses de aquisição, por exemplo, por parte dos importadores ou das indústrias nacionais que elaboram matérias-primas estrangeiras, e, por fim, os de consumo das classes em que há procura de produtos estrangeiros, além dos interesses de prestígio e de poder políticos, são decisivos

CATEGORIAS SOCIOLÓGICAS BÁSICAS DA AÇÃO ECONÓMICA 247

neste processo. A «política lítrica» constitui atualmente, como mostram os factos, *na sua essência* uma política intercambiária.

Esta parte, bem como a que se segue, estão *completamente* de acordo com Knapp. O livro, tanto na forma quanto no conteúdo, constitui uma das grandes obras-primas da literatura alemã e um modelo de argúcia científica. O olhar dos críticos, no entanto, fixou-se nos problemas (relativamente poucos, porém não sem importância) que ele deixou *de lado*.

Inglaterra ainda aceitou o padrão-ouro, embora contra a própria vontade, porque a prata desejada como metal-moeda, na relação monetária, estava tarifada a um nível demasiado baixo; inversamente, para *todos* os outros Estados organizados e *regulados* de modo moderno, foi precisamente esse o motivo para passarem para o padrão-ouro puro ou padrão-ouro com dinheiro de prata limitado e acessório, ou para um sistema de dinheiro de prata limitado, ou para um sistema regulado de notas com (em ambos os casos) uma política lítrica voltada para a obtenção de *ouro* para pagamentos no exterior, a fim de conservar uma relação intercambiária o mais estável possível para com a moeda-ouro inglesa. Os casos de passagem para um sistema puro e simples de papel-moeda *só* ocorreram como consequência de catástrofes políticas, como uma espécie de remédio contra a insolvência própria na moeda vigente até então — medida muito frequente nos dias de hoje.

Parece certo que, para realizar aquele objetivo intercambiário (câmbio estável, atualmente, em relação ao ouro), a hilodromia própria e efetiva de outro (crisodromia) não constitui o único meio possível. A paridade monetária de espécies de moedas cartais crisodrómicas também *pode* sofrer atualmente um grande abalo — embora a probabilidade de conseguir meios de pagamento intercambiários para obrigações em transações com o exterior, porventura, por meio de remessas e nova cunhagem de dinheiro, esteja bastante facilitada através da própria crisodromia, e só possa ser fortemente perturbada, *por tempo limitado*, por obstruções naturais das transações ou pela proibição de exportar ouro. Por outro lado, conforme ensina a experiência, um território com sistema-papel, em condições de paz *normais*, também pode alcançar uma «cotação de divisas» com uma estabilidade razoável, desde que se encontre em condições de produção favoráveis, com regulamentação jurídica e com uma política lítrica que vise a obtenção, de forma planeada, de ouro para pagamentos no exterior — ainda que, *ceteris paribus*, com sacrifícios significativamente superiores por parte das finanças, ou seja, daqueles que precisam de ouro. (É óbvio que a situação seria a mesma se o meio de pagamento intercambiário fosse a prata, existindo, em consequência, uma «argirodromia» nos principais Estados comerciais do mundo.)

§ 36. Meios e objetivo da política monetária

Os meios típicos mais elementares da política lítrica intercambiária (cujas medidas particulares não podem ser examinadas aqui) são:

I. Em territórios com hilodromia de ouro:

1) Cobertura dos meios de circulação não cobertos por dinheiro vivo, principalmente, através de *faturas comerciais*, isto é, de títulos de mercadorias vendidas pelas quais respondem pessoas «seguras» (empresários experientes), limitando-se os negócios de risco próprio dos bancos de emissão a essas transações, a negócios de penhor de mercadorias, à aceitação de depósitos e, em conexão com esta, a negócios de giro, e, por fim, à administração das caixas do Estado.

2) «Política de desconto» dos bancos de emissão, isto é, desconto elevado dos juros para letras de câmbio compradas quando há a probabilidade de os pagamentos ao exterior produzirem uma procura de dinheiro em ouro que possa ameaçar a reserva nacional de ouro, particularmente a do banco de emissão — para estimular, desse modo, os proprietários de dinheiro no exterior a aproveitar essa oportunidade de juros, dificultando o aproveitamento dentro do país.

CATEGORIAS SOCIOLÓGICAS BÁSICAS DA AÇÃO ECONÓMICA 249

II. Em territórios que possuem um sistema de dinheiro limitado, sem padrão-ouro, ou um sistema de papel-moeda:

1) Política de desconto como a do número I., *2)*, a fim de inibir uma procura de crédito demasiado elevada. Além disso:

2) Política de *prémios* em ouro — meio frequente também em territórios com padrão-ouro e dinheiro limitado de prata com carácter acessório.

3) Política planeada de *compra* de ouro e influência planeada das cotações de divisas por meio de compra e venda de letras de câmbio estrangeiras.

Esta política orientada inicialmente de um modo puramente «lítrico» pode transformar-se numa *regulação* material da economia.

Em virtude da sua posição de poder entre os bancos que concedem *crédito* e que, em muitos casos, dependem do seu crédito, os bancos de emissão *podem* contribuir para que os bancos decidam regular o «mercado monetário» de modo homogéneo — isto é, as condições dos créditos a curto prazo (para pagamentos e empresas) — e procedam a uma regulação planeada do crédito aquisitivo, influindo, assim, na direção tomada pela produção de bens. Esta situação constitui o grau máximo de aproximação a uma «economia planificada» por parte de uma ordem económica *material* de carácter capitalista e formalmente voluntarista, vigente dentro do território da associação política em questão.

Estas medidas, típicas antes de uma guerra, tinham todas por base uma política monetária que partia *primordialmente* da ideia de atingir «solidez», isto é, estabilização da relação intercambiária; quando se desejava uma variação (em países com sistema de dinheiro limitado ou papel-moeda), era por meio de uma subida preferencialmente muito lenta dessa relação, orientando-se pelo dinheiro hilodrómico do maior território comercial. No entanto, nas instituições de emissão também houve interessados poderosos com intenções completamente opostas, que desejavam uma política lítrica que:

250 ECONOMIA E SOCIEDADE

1) *Baixasse* a cotação intercambiária do dinheiro próprio, a fim de criar oportunidades de exportação para os empresários, e que

2) Por meio *do aumento* das emissões de dinheiro — portanto, argirodromia a par de crisodromia (o que significaria, na realidade, aquela *em vez* desta) — e, possivelmente, de emissões planeadas de papel-moeda, *baixasse* a relação de troca do dinheiro a favor de produtos nacionais, ou, o que é o mesmo, *subisse* o preço (nominal) em dinheiro desses bens. O objetivo era a criação de oportunidades de lucro para a produção industrial daqueles bens cuja subida de preços, calculada em unidades monetárias nominais do próprio país, era considerada a consequência provavelmente mais *imediata* do aumento quantitativo do dinheiro nacional e, por conseguinte, da descida do seu preço na relação intercambiária. A este processo pretendido chama-se *inflação*.

Por um lado,

1) Ainda que (no que se refere ao alcance) não seja de todo indiscutível, é muito provável que, existindo hilodromia (de qualquer tipo) e ocorrendo, em grau *considerável*, uma redução de preços e um aumento da produção de metais nobres (ou uma aquisição dos mesmos de modo muito barato, como espólio), se tivesse produzido uma *tendência* percetível para um aumento dos preços de *muitos* produtos — talvez, em grau diverso, de todos os produtos — nos territórios com sistema monetário de metal nobre. Por outro lado, é um *facto* indiscutível que:

2) Em territórios com papel-moeda (autógeno), as administrações lítricas, em momentos de dificuldades financeiras graves (especialmente numa guerra), em regra, orientam as suas emissões de dinheiro apenas pelas necessidades financeiras da guerra. Também é um facto que, nesses momentos, os países com hilodromia ou dinheiro em metal limitado não só suspenderam a conversão dos seus meios de circulação

CATEGORIAS SOCIOLÓGICAS BÁSICAS DA AÇÃO ECONÓMICA   251

sob a forma de notas — o que não levou, necessariamente, a uma alteração duradoura do sistema monetário —, como, recorrendo a emissões de papel-moeda orientadas puramente por interesses financeiros (de guerra), também passaram para um sistema de papel definitivo, sendo possível empregar o dinheiro em metal, transformando-o assim em dinheiro acessório, apenas de modo extramonetário — em consequência de se ignorar o seu ágio na tarifação em relação à unidade nominal de papel —, o que levou ao seu desaparecimento como moeda. Por fim, é indiscutível que, nos casos em que essa mudança para um sistema monetário de papel *puro* e para a emissão ilimitada de papel-moeda ocorreu, verificou-se uma inflação, com todas as suas consequências numa proporção colossal.

A comparação de todos estes processos (*1)* e *2)*) mostra o seguinte:

A. Enquanto existir dinheiro em metal de livre transação, a possibilidade de «inflação» é bastante limitada:

1) «Mecanicamente», dado que a quantidade do metal nobre em questão disponível num dado momento para fins monetários, ainda que elástica, em última instância, está *limitada.*

2) Economicamente (em condições normais), pela circunstância de a fabricação de dinheiro se dever unicamente à iniciativa de *interessados* privados, orientando-se a solicitação de cunhagem pelas necessidades de pagamento da economia orientada pelo *mercado.*

3) Nessas condições, a inflação só é possível através de transformação do *dinheiro em metal limitado*, vigente até então (por exemplo, hoje, da prata nos países com padrão-ouro), em dinheiro de transação livre; de qualquer maneira, nesta forma, com uma acentuada descida dos preços e uma expansão da produção do metal do dinheiro limitado, a inflação torna-se muito significativa.

4) A inflação com *meios de circulação só* é concebível como um crescimento da circulação progressivo a longo prazo e muito lento, condicionado pela prorrogação de créditos e, ainda que elástico, em última instância, limitado à consideração da solvência do banco de emissão. Nessas condições, a possibilidade de uma inflação aguda *só* existe quando há perigo de insolvência do banco, normalmente, no caso de um sistema monetário de papel-moeda condicionado por uma situação de guerra.

Casos especiais, como a «inflação» com *ouro*, ocorrida na Suécia devido às exportações de guerra, são tão raros que não serão aqui considerados.

B. Nos países onde já existe um sistema autógeno de papel-moeda, a probabilidade de inflação nem sempre é maior, dado que, em tempos de guerra, todos os países passam logo para o sistema-papel. Na maioria dos casos, *as consequências* da inflação são mais gravosas. A pressão das dificuldades financeiras e o aumento das exigências salariais *em consequência* dos preços inflacionários, além de outros custos, favorece sensivelmente a tendência da administração financeira para continuar a inflação, mesmo *sem* a pressão absoluta da necessidade e apesar da possibilidade de escapar dessa situação por meio de grandes sacrifícios. A diferença — demonstrada na situação, primeiro nos países da *Entente*, depois na Alemanha e, a seguir, na Áustria e na Rússia — é certamente apenas quantitativa, mas mesmo assim percetível.

Portanto, a política lítrica também *pode* ser *inflacionista* (seja plurimetalista, seja «papelista»), especialmente no caso de dinheiro em metal limitado ou de um sistema de papel-moeda. Aconteceu, por algum tempo, num país pouco interessado na relação intercambiária (os Estados Unidos da América), em tempos absolutamente *normais* e sem nenhum motivo financeiro. *Conservou* esse carácter — por necessidade — depois da guerra, nos vários países obrigados a suportar a inflação dos meios de pagamento da guerra. Não se pretende desenvolver aqui a *teoria* da inflação. Esta significa sempre, antes de mais, uma forma especial de criação de capacidade aquisitiva de

CATEGORIAS SOCIOLÓGICAS BÁSICAS DA AÇÃO ECONÓMICA   253

determinados interessados. Limitamo-nos a observar que a direção racional e orientada *materialmente* pelos princípios da economia planificada da política lítrica, que, aparentemente, seria muito mais *fácil* de desenvolver no caso do dinheiro administrativo, sobretudo de papel-moeda, possui uma tendência muito forte para se colocar ao serviço de interesses irracionais (do ponto de vista de um câmbio estável).

A racionalidade *formal*, orientada pelos interesses da economia de troca da política lítrica e, com isso, do sistema monetário — de acordo com o sentido que lhe atribuímos até agora —, só poderia significar a eliminação de interesses que *1)* não se orientem pelo *mercado* — como os financeiros —, ou *2)* não pretendam a conservação de relações intercambiárias estáveis como o fundamento ideal do *cálculo* racional, mas, pelo contrário, estejam interessados em criar a mencionada «capacidade aquisitiva» entre determinadas categorias de pessoas por meio da inflação e da conservação da mesma *sem* que haja necessidade financeira. Não há resposta empírica para se considerar este último procedimento louvável ou repreensível, como é óbvio. Todavia, a sua ocorrência empírica é inegável. Mais: uma conceção orientada por ideais sociais *materiais* pode tomar como ponto de partida da sua crítica precisamente o facto de a criação de meios monetários e de circulação na economia de troca dizer respeito apenas àqueles *interessados* que só se preocupam com a «rendibilidade», mas não com o problema da quantidade «certa» de dinheiro ou da espécie adequada. Seria possível argumentar, com toda a razão, que só é possível «dominar» o dinheiro *administrativo*, mas *não* o dinheiro de transações. Portanto, é o primeiro, e, sobretudo, o papel-moeda — que pode ser fabricado em qualquer quantidade e espécie conveniente — o meio específico, *por excelência*, para criar dinheiro sob aspetos *materialmente* racionais — quaisquer que estes sejam em cada caso concreto. A argumentação — cujo valor encontra os seus limites no facto de a ideia do mundo, tanto hoje, quanto no futuro, ser dominada por «interesses» de indivíduos, e não pelas «ideias» de uma administração económica — é concludente do ponto de vista lógico-formal. No entanto, neste ponto pode sempre gerar-se uma controvérsia entre a racionalidade *formal* (no sentido aqui definido) e

254 ECONOMIA E SOCIEDADE

a *material* (cuja construção teórica é possível precisamente por uma administração lítrica desprendida de toda a consideração hilodrómica do metal); e é justamente isso que nos importa demonstrar.

É evidente que todas essas considerações não são mais do que uma discussão — ainda que necessariamente delimitada e muito sumária, que deixa de lado muitos detalhes — com o excelente livro de G. F. Knapp, *Staatliche Theorie des Geldes*, (primeira edição de 1905, entretanto, segunda edição). Esta obra — embora não fosse a sua intenção, ainda assim, talvez de forma não totalmente inocente — foi aproveitada *imediatamente* como fonte de *valorações* e acolhida com entusiasmo pela administração lítrica «papelista» da Áustria, como é óbvio. Os acontecimentos não têm desmentido a *teoria* de Knapp em ponto algum, mostram o que, de qualquer modo, era indiscutível: que ela é incompleta no que diz respeito à validade *material* do dinheiro, como veremos de forma mais detalhada no que segue.

Excurso sobre a teoria estatal do dinheiro

Knapp demonstra com sucesso que, nos últimos tempos, toda a política lítrica (de meios de pagamento) diretamente estatal, bem como a estatalmente regulada, ao tentar passar para um padrão-ouro ou para outro padrão monetário, o mais próximo possível deste, de carácter indiretamente crisodrómico, esteve determinada de modo «exodrómico», isto é, pela consideração da cotação da moeda própria em relação à estrangeira, sobretudo a *inglesa*. Para conseguir «paridade monetária» com Inglaterra — país com padrão-ouro, o maior território comercial e o mediador mais universal de pagamentos nas transações mundiais —, a prata, até então tratada como dinheiro de transação livre, começou por ser desmonetizada na Alemanha para, em seguida, ser transformada em dinheiro limitado pela França, Suíça e pelos demais membros da «União Monetária», bem como pela Holanda e, finalmente, pela Índia — países que adotaram imediatamente medidas crisodrómicas indiretas para pagamentos no exterior. A Áustria e a Rússia fizeram o mesmo: as administrações lítricas destes países também tomaram medidas crisodrómicas indiretas, na forma de papel-moeda «autógeno» (não conversível, funcionando ele próprio como moeda), a fim de poder efetuar, a qualquer momento, os pagamentos ao exterior em ouro.

CATEGORIAS SOCIOLÓGICAS BÁSICAS DA AÇÃO ECONÓMICA 255

Portanto, o único aspeto que lhes importava era a *solidez* (máxima possível) da *relação* intercambiária. Por isso, para Knapp, este é o único aspeto importante do problema da matéria monetária e da hilodromia em geral. Para esse fim «exodrómico», conclui ele, eram suficientes tanto as outras medidas crisodrómicas indiretas (das administrações com padrão-papel) *quanto* as medidas hilodrómicas diretas (veja-se a Áustria e a Rússia!). Isto não é — *ceteris paribus* — *absolutamente* certo para as hilodromias, pois, enquanto não existirem proibições recíprocas de exportação de moedas entre dois territórios monetários com o mesmo tipo de hilodromia (ambos crisodrómicos ou ambos argirodrómicos), essa situação de igual hilodromia *facilita* consideravelmente a estabilização do câmbio, como é óbvio. Contudo, mesmo que isto seja correto — e em condições normais é, em grande parte, correto —, ainda não prova que, quando se trata de escolher a *hyle* (matéria) do dinheiro — atualmente, a escolha sobretudo entre dinheiro em metal (de ouro ou de prata), por um lado, e dinheiro em forma de notas, por outro (é conveniente deixar aqui de lado, por agora, as especificidades do bimetalismo e do dinheiro limitado, já abordadas) —, se *possa* tomar em consideração *somente* este aspeto. Tal significaria afirmar que, noutros aspetos, o papel-moeda funciona *do mesmo modo* que o dinheiro em metal. Do ponto de vista formal, a diferença é significativa: o papel-moeda é *sempre* o que só o dinheiro em metal *pode* ser, o que não é *necessariamente*: «dinheiro administrativo»; o papel-moeda (de acordo com o seu próprio sentido) não *pode* ser hilodrómico. A diferença entre títulos «desvalorizados» e a prata que, numa situação de desmonetização universal, talvez venha a ser «desvalorizada» no futuro e reduzida, unicamente, a matéria-prima industrial, não é nula (o que Knapp também admite). O papel, tal como o metal nobre, não era, nem é especialmente hoje (1920) um bem que existe sempre e que está disponível em qualquer quantidade desejada. Todavia, a diferença entre *1)* a possibilidade objetiva de obtenção e *2)* os *custos* de obtenção em relação à *procura* é tão colossal, uma vez que a produção dos metais ainda depende *tanto* das jazidas existentes, que essa situação permite a Knapp afirmar que, em condições normais, uma administração «lítrica» (antes da guerra!) *podia* emitir dinheiro administrativo em papel a qualquer momento, sempre que decidisse fazê-lo, e em quantidade (relativamente) «ilimitada» (em comparação, até, com o dinheiro em cobre na China, com o dinheiro em prata e, até, com o dinheiro em ouro). E isto com «custos» (relativamente) insignificantes e, *sobretudo*, com uma subdivisão das unidades *nominais* determinada de modo *puramente* arbitrário, isto é, sem relação alguma entre o valor nominal das respetivas

256 ECONOMIA E SOCIEDADE

unidades e a quantidade de papel. No caso do dinheiro em metal, este último procedimento *limitava-se*, evidentemente, ao dinheiro divisionário, não ocorrendo *nem de longe* na mesma extensão ou no mesmo sentido. Com o dinheiro de metal-padrão, não. Para este, a quantidade dos metais constituía uma magnitude que, ainda que elástica, era «infinitamente» mais *fixa* do que a da possibilidade de fabricar papel. Portanto, era uma magnitude que criava limites. No entanto, uma coisa é certa: *quando* a administração lítrica se orientava exclusivamente de modo «exodrómico», com a finalidade de manter o *câmbio* o mais estável possível, *então*, segundo Knapp, encontrava certos limites, ainda que não de natureza «técnica», mas, mesmo assim, *fixos*, de carácter *normativo* precisamente na criação de dinheiro em forma de notas. Nesse caso, Knapp, do ponto de vista formal — única e exclusivamente —, teria razão. E os casos de papel-moeda «autógeno»? Nestes casos, diria Knapp, a situação era a mesma (veja-se a Áustria e a Rússia): «só» que faltavam os limites «técnico-mecânicos» resultantes da escassez de metal. E isso seria insignificante? Knapp ignora esta questão. Talvez dissesse que «contra a morte» (de um sistema monetário) «não há remédio». No entanto (abstraímo-nos aqui da possibilidade de uma obstrução absoluta momentânea da produção de papel), existiram e *existem*, sem dúvida tanto *1)* interesses próprios dos dirigentes da administração política — que Knapp também supõe como executores ou mandantes da administração lítrica — quanto *2)* interesses *privados* que não estão orientados, de modo algum, *primariamente* para a preservação de um «câmbio estável», pretendendo, muitas vezes — pelo menos temporariamente —, precisamente o *contrário*. Estes interesses também podem aparecer em cena, atuando de modo eficaz — dentro da administração político-lítrica, ou mediante uma pressão significativa sobre esta da parte de determinados interessados — e provocando «inflações» — as quais, na terminologia de Knapp (que evita rigorosamente esse termo), seriam emissões de notas orientadas de *outra* maneira, não exodrómica (pela relação intercambial), logo, «admissíveis».

Existem, em primeiro lugar, tentações de natureza financeira: uma «desvalorização» do marco alemão, perante uma inflação, a um vigésimo do seu valor anterior, em relação às partes materiais mais importantes do património *nacional*, significaria, depois de estabelecida a «adaptação» dos lucros e salários a essa situação dos preços, que todos os bens e todo o trabalho dentro do país sairiam vinte vezes mais valorizados. Isso representaria (como *suposição!*), para todos os que se encontrassem nessa feliz situação, uma redução de 19/20 das *dívidas da guerra*. Contudo, o Estado

CATEGORIAS SOCIOLÓGICAS BÁSICAS DA AÇÃO ECONÓMICA   257

que, em virtude do *aumento* das rendas (nominais), arrecadaria *impostos* (nominais) elevados proporcionalmente, sentiria, pelo menos, uma repercussão bastante forte dessas circunstâncias. Não seria isto tentador? É claro que «alguém» pagaria os «custos». Só que não seria o Estado, nem as outras duas categorias citadas. E não seria ainda mais tentador poder pagar ao exterior uma dívida *externa* antiga num meio de pagamento que se fabricaria *arbitrariamente* de maneira extremamente barata? É claro que surgem dúvidas quanto a esse procedimento, porque — abstraindo possíveis intervenções políticas —, existindo um puro empréstimo externo, ele põe em risco a possibilidade de créditos *futuros* —, porém, como é sabido, o Estado prefere muitas vezes resolver primeiro os problemas mais imediatos. E haveria interessados entre os empresários para os quais seria muito conveniente uma subida de vinte vezes os preços dos seus produtos, graças à inflação, desde que os trabalhadores, por impotência, por incapacidade de reconhecer a situação ou por outro motivo — o que é bem possível —, recebessem salários (nominais) «apenas» cinco ou dez vezes mais altos. Estas «inflações» agudas, condicionadas por interesses puramente *financeiros*, costumam ser abominadas pelos políticos da área económica. Com efeito, não são conciliáveis com uma política exodrómica tal como Knapp a concebe. Pelo contrário, um aumento quantitativo lento e *planeado* dos meios de circulação — como o praticam, em certas circunstâncias, os bancos de crédito, facilitando o crédito — é considerado muitas vezes uma medida positiva que «anima» o espírito especulador — isto é, a esperança de oportunidades de lucro —, crescendo, assim, o espírito empreendedor e, por conseguinte, a produção capitalista de bens, em virtude do estímulo oferecido ao «investimento em produtos de dividendos de capital», e não ao «investimento produtor de renda». O que acontece, nestas condições, à orientação exodrómica? É que o seu próprio efeito — aquela «animação do espírito empreendedor» e as respetivas consequências — pode ter influência («pantopolicamente») sobre o chamado «balanço de pagamento», no sentido de uma *subida*, ou, pelo menos, impedindo uma descida da cotação da moeda própria. Com que frequência? Com que intensidade? Estas já são outras questões. Não nos debruçaremos sobre o problema de um aumento quantitativo (mas *não* agudo) do dinheiro do sistema condicionado por interesses *financeiros* poder produzir efeitos semelhantes. O «fardo» desse aumento — não prejudicial, do ponto de vista exodrómico — da reserva monetária é pago a um ritmo muito lento pela mesma camada de pessoas que também é atingida materialmente pela confiscação, no caso de uma inflação financeira aguda: todos aqueles que continuam a receber a *mesma* renda nominal ou que possuem um património constituído por *títulos* «nominais» (sobretudo, os rentistas com renda *fixa*; em segundo lugar, o funcionário público com uma remuneração «fixa» — que só aumenta depois de longas lamentações —, além do trabalhador com salário «fixo» — que só consegue mudanças através de duras lutas). Em todo o caso, não se deve interpretar Knapp como se ele considerasse que, para uma política monetária em favor do papel-moeda, *só* é decisivo o aspeto exodrómico, isto é, o «câmbio estável» (pois Knapp não afirma isso), nem se deve supor — como ele crê — que exista uma grande probabilidade de que somente esse aspeto o *seja* realmente. É inegável que *seria* assim no caso de uma política lítrica racional do modo como Knapp a entende, isto é, orientada (o que ele não declara explicitamente) para a maior eliminação possível de «perturbações» das relações de preço por processos de emissão de *dinheiro*. Contudo, não se deve admitir de modo algum — e Knapp também não o afirma — que a *importância* prática das formas de política monetária se limita à preservação de um «câmbio estável». Falamos aqui da «inflação» como fonte de revoluções ou evoluções de preços, e mencionamos igualmente que ela pode ser condicionada pela *tentativa* de iniciar tais processos. As inflações (de dinheiro em forma de notas) com efeito revolucionário sobre os preços também costumam abalar o câmbio estável (o que não ocorre necessariamente, como vimos, no caso de aumentos quantitativos de dinheiro com efeito evolutivo sobre os preços). Knapp estaria de acordo. Ele supõe, evidentemente, e com toda a razão, que, na sua teoria, não há lugar para uma *política* de preços das *mercadorias* determinadas *cambialmente* (seja ela revolucionária, evolucionista ou conservadora). Porquê? Provavelmente por este motivo formal: a relação de preços cambiais entre dois ou mais países expressa-se diariamente num número muito pequeno de *preços de bolsa* inequívocos e homogéneos (do ponto de vista formal), que podem servir de base para a orientação racional de uma «política lítrica». Também é possível a uma administração «lítrica», especialmente àquela que administra meios de circulação, estimar — mas apenas *estimar* (sobre a base de determinados dados que se expressam em solicitações repetidas periodicamente) — quais serão, num futuro mais próximo, as flutuações «necessárias» de determinada reserva de meios de *pagamento* (destinada puramente a fins de pagamento) para determinado grupo de pessoas vinculadas entre si por relações de economia de troca, permanecendo aproximadamente iguais as restantes circunstâncias. Pelo contrário, a *medida* em que uma inflação, ou (em lugar dela) uma retirada de dinheiro da circulação pode produzir, em determinado futuro, revoluções ou evoluções nos preços, ou então a sua

CATEGORIAS SOCIOLÓGICAS BÁSICAS DA AÇÃO ECONÓMICA 259

conservação, não é calculável da mesma forma. Para calcular esses efeitos no caso de uma inflação (só consideraremos esta), seria necessário conhecer os seguintes fatores: *1)* a situação atual da distribuição de renda e, em conexão com esta, *2)* as intenções económicas de cada indivíduo baseadas nessa situação; e *3)* o «percurso» da inflação, isto é, o primeiro *paradeiro*, assim como os posteriores, das novas emissões. Isto, por sua vez, significaria conhecer a *sequência* e a medida do aumento das rendas nominais em virtude da inflação. Além disso, seria necessário ter em consideração *4)* o tipo de utilização (consumo, investimento de património, investimento de capital) da procura de bens daí resultante segundo a quantidade e, sobretudo, a *qualidade* (bens de consumo ou meios de obtenção de todas as espécies), e, por fim, *5)* o rumo do deslocamento dos preços e, consequentemente, o deslocamento das rendas —, além dos inúmeros fenómenos de deslocamento da «capacidade aquisitiva» e da intensidade do «estímulo» ao (possível) *aumento* da produção de bens naturais. Tudo isto seriam fatores completamente determinados *pelas considerações económicas futuras de cada indivíduo* diante da *nova* situação criada, as quais, por sua vez, se repercutiriam nas estimativas dos preços por parte de outros indivíduos: e só destas últimas resultariam, na luta de interesses, os «preços» futuros. Na realidade, não se pode falar aqui de «cálculos» (por exemplo, deste tipo: novas emissões de mil milhões aumentarão, provavelmente, o preço do ferro em *x*, o preço dos cereais em *y*, etc.), tanto mais que, apesar de serem possíveis regulações eficazes dos preços de produtos puramente *internos* temporariamente, estas referem-se aos preços máximos, não aos mínimos, e possuem um efeito limitado. Além disso, o cálculo dos «preços» como tal (impossível do ponto de vista empírico) não teria utilidade, pois, de qualquer modo, este cálculo limitar-se-ia a determinar a quantidade de dinheiro exigida como meio de *pagamento*. Adicionalmente, e em quantidade muito superior, existiriam novas necessidades de dinheiro como meio para obtenção de *bens de capital*, sob a forma de *créditos*. Contudo, neste caso, tratar-se-ia de consequências possíveis de uma inflação proposital que escapariam em absoluto a todo o «cálculo», mesmo ao aproximado. Em resumo, pode compreender-se (pois seria este o único propósito destes exemplos muito simplificados) por que motivos Knapp, ao referir-se às economias de *troca modernas*, não equaciona a possibilidade de uma *política* de preços *por meio* de uma inflação de carácter *racional* e *planeado*, baseada num cálculo semelhante ao da «política de divisas». Todavia, ela constitui uma realidade histórica. Ocorreram repetidas vezes tentativas de inflação e contrainflação, ainda que de forma bastante tosca, no sistema de cobre da China, em condições da economia monetária essencialmente mais primitivas. Estas tentativas resultaram em fracassos consideráveis. Essa política também foi *recomendada* nos Estados Unidos da América. Knapp, no seu livro, que evidentemente só opera com hipóteses «demonstráveis» (no sentido da sua teoria), contenta-se com o conselho que dá ao Estado para este ter «cuidado» na emissão de papel-moeda autógeno. E como se orienta por completo pelo «câmbio estável», esta atitude *parece razoavelmente* consequente, pois as desvalorizações do dinheiro pela inflação e na relação intercambiária, *na maioria das vezes*, estão estreitamente interligadas. Só que não são idênticas e, sobretudo, nem toda a desvalorização inflacionária está condicionada primordialmente pela situação intercambiária. O *facto* de, na «campanha da prata», já ter sido reivindicada uma administração lítrica inflacionista orientada por uma *política de preços*, aliás, não *só* pelos proprietários de minas de prata, mas também pelos fazendeiros, nas campanhas em favor das *greenbacks*, é algo que Knapp não admite *expressamente*, embora também não conteste. De qualquer modo — e parece que isso o tranquiliza —, este tipo de política nunca teve um sucesso *duradouro*. Talvez as coisas *não* sejam assim tão fáceis. *Planeadas* ou não como medidas reguladoras dos preços, *houve* na realidade inflações frequentes (no sentido já exposto). E é sabido que, tanto na Ásia Oriental como na Europa ocorreram desvalorizações de títulos catastróficas. E estes factos devem ser examinados pela teoria *material* do dinheiro. Knapp não negaria a existência de *uma* diferença entre a «desvalorização» da prata e a de títulos. E isto até por razões formais: o que se desvaloriza é a prata que *não* se encontra em forma de moeda, a prata em bruto, disponibilizada para fins industriais, e não necessariamente a *moeda* cartal (*limitada*) em prata (frequentemente, muito pelo contrário!). O que se desvaloriza *não* é o «papel bruto» disponibilizado para fins industriais, é, precisamente, os títulos cartais. Em todo o caso, (como Knapp diria com toda a razão), este só chega ao valor zero ou a outro que colecionadores ou museus lhe atribuem quando é *repudiado* pelas caixas estatais, sendo esse momento, portanto, determinado «estatalmente», por disposição regimental. Isto é correto. Estamos, porém, a falar de percentagens mínimas do seu antigo valor *material* (da sua relação de preço com outros bens *quaisquer*), enquanto a verdadeira desvalorização, apesar de persistir a vigência nominal «epicêntrica», já ocorreu muito antes.

Abstraindo dessas catástrofes, houve muitos casos de inflações na história e, por outro lado, de «apertos» no sistema monetário (na China), ambos através da utilização extramonetária do metal-padrão. E, em todos esses casos, não podemos limitar-nos a tomar conhecimento de que, em

CATEGORIAS SOCIOLÓGICAS BÁSICAS DA AÇÃO ECONÓMICA 261

certas circunstâncias (*embora nem sempre*), determinadas espécies de dinheiro, que antes não o eram, tornam-se «acessórias», ficando «paradas» nas caixas estatais e forçando mudanças «obstrucionais» no sistema monetário. É óbvio que a teoria *material* do dinheiro *também* deveria, pelo menos, *suscitar* a pergunta acerca dos impactos nos preços e nas rendas desses casos, e, por conseguinte, em toda a economia, ainda que, pelas razões anteriormente expostas, não seja seguro existir uma resposta *teórica* para tal. Também nós, quando consideramos o caso da França, país formalmente bimetalista, onde, em consequência da descida do preço do ouro ou da prata (expressa ora num metal, ora no outro), o dinheiro efetivamente cambial é representado somente pelo ouro ou pela prata, enquanto o outro metal se torna «acessório», não queremos *limitar-nos* a indicar que aquelas variações de preço são determinadas «pantopolicamente». Tão-pouco o faremos noutros casos de alteração da matéria monetária. A nossa questão também é se, nos casos de aumento quantitativo de um metal nobre, estamos perante um saque (Cortez, Pizarro), um enriquecimento por meio de comércio (a China, nos inícios da nossa era e a partir do século XVI) ou um aumento da produção? Quais são as variações na utilização extramonetária que podem ter contribuído para esse aumento? Houve *nesse* território económico (por exemplo, o Mediterrâneo da Antiguidade) uma exportação *definitiva* para um lugar (como nos primeiros séculos depois de Cristo) distante e estrangeiro (China, Índia)? Ou as causas encontram-se apenas (ou também) num deslocamento condicionado «pantopolicamente» da procura *monetária* (em várias formas de *procura* por parte de pequenas transações)? Pelo menos estas e outras *possibilidades* diversas devem ser analisadas no que se refere aos seus efeitos *típicos*.

Por fim, examinaremos a regulação da «necessidade» de «dinheiro» na economia de *troca* e o que este conceito *significa*. Uma coisa é evidente: a «necessidade» atual de meios de pagamento por parte de *interessados no mercado* determina a criação de *dinheiro de circulação livre* («cunhagem livre»). E o que determina a política de *meios de circulação dos bancos* de emissão modernos é a *necessidade* atual de meios de pagamento e, sobretudo, de *crédito* por parte de *interessados no mercado*, em conexão com a observância da solvência própria e das normas estabelecidas para esse fim. Portanto, o que sempre predomina hoje é a *atividade regulada por interesses* — o que corresponde ao tipo geral do nosso sistema económico. Este é o único *significado* possível da necessidade de dinheiro dentro do *nosso* sistema económico (*formalmente* legal). As necessidades materiais são completamente indiferentes a este conceito, tal como ao da procura de «bens» («necessidade com poder *aquisitivo*»). Na economia de troca, só existe um limite forçoso da criação de dinheiro no caso do dinheiro de metal nobre. É, todavia, e precisamente, a existência desse *limite* que determina a importância dos metais nobres para o sistema monetário, como acabámos de ver. A limitação a dinheiro «hílico», fabricado de uma matéria que, na prática, *não* pode ser multiplicada «à vontade», especialmente se for de metal nobre, e, *além disso*, a meios de circulação com cobertura, estabelece limites internos bastante rígidos para toda a fabricação de dinheiro — ainda que não exclua totalmente a possibilidade de uma inflação bancária elástica e evolutiva. Este limite mecânico *não* existe na criação de dinheiro na base de uma matéria que, comparada com a anterior, na prática, pode ser aumentada «à vontade», como é o caso do papel. Neste caso, o que determina *efetivamente* a quantidade de dinheiro é a «decisão livre» dos dirigentes de uma associação política; isto é, o que regula essa quantidade, *sem a inibição* de obstáculos mecânicos, são as ideias que esses dirigentes têm sobre os interesses *financeiros* de quem domina a associação e, em certas circunstâncias, até sobre os interesses puramente pessoais do *quadro administrativo* (por exemplo, a utilização da prensa de fazer notas pelas hordas vermelhas!). A eliminação, ou, mais corretamente, certa inibição de semelhantes interesses — uma vez que estes *podem* forçar o Estado a abandonar o sistema metálico e a passar para o sistema de papel — constitui, portanto, até hoje, a importância dos sistemas metálicos, da crisodromia e da argirodromia, as quais — apesar do carácter altamente mecânico da sua função — apresentam, sem dúvida, um grau mais elevado de racionalidade *formal*, no sentido da economia de troca, já que essa racionalidade se orienta exclusivamente pelas oportunidades de troca. A política lítrica, determinada por interesses financeiros de administrações monetárias com um sistema simplesmente de papel, não está necessariamente orientada — conforme admitimos acima e provam os casos da Áustria e da Rússia — *apenas* pelos interesses pessoais dos que dominam ou do quadro administrativo, nem por interesses financeiros do momento e, consequentemente, pela ideia de criar, com custo mínimo, a maior quantidade possível de meios de *pagamento*, sem a preocupação com o destino do dinheiro que serve como meio de *troca*. Todavia, a possibilidade de ocorrência de semelhante orientação é crónica, obviamente, enquanto no caso da hilodromia («dinheiro de transação livre») *não* existe *nesse* sentido. Essa possibilidade do ponto de vista da ordem *formal* da economia de troca constitui o fator «irracional» (portanto, *formal*) dos sistemas monetários não «hilodrómicos», por mais que tenha de se admitir que estes últimos, dada a sua limitação «mecânica»,

CATEGORIAS SOCIOLÓGICAS BÁSICAS DA AÇÃO ECONÓMICA 263

só possuem uma racionalidade formal *relativa*. G. F. Knapp também *poderia* — e deveria — fazer essa concessão.

Efetivamente, se as antigas «teorias quantitativas» eram indizivelmente toscas, o «perigo de desvalorização» em toda a «inflação», com emissões de notas orientadas puramente por interesses *financeiros*, também existe, o que ninguém, nem Knapp, nega. A sua «tranquilidade» perante essa realidade é absolutamente rejeitável. A posição «anfitrópica» de «todos» (!) os indivíduos — o que significa que cada um é *tanto* credor, *quanto* devedor —, à qual Knapp recorre, com plena seriedade, para provar que qualquer «desvalorização» é absolutamente indiferente — é algo que todos nós vivemos hoje em dia como um fantasma. Onde está ela, não só no caso dos rentistas, mas também no caso daqueles que possuem uma remuneração fixa, cujos rendimentos se mantêm constantes *nominalmente* (ou cujo aumento pode ser para o dobro, dependendo da constelação *financeira* e do humor das instituições administrativas), enquanto as suas despesas podem multiplicar-se *nominalmente* por vinte (como acontece atualmente)? E no caso de *todos* os credores a longo prazo? Este tipo de mudanças radicais do valor (*material*) do dinheiro significa, hoje, uma tendência crónica para a revolução social, mesmo que muitos empresários estejam em condições de obter lucros intercambiários e *alguns* (poucos!) trabalhadores tenham poder suficiente para conseguir salários nominais mais elevados. Este efeito social-revolucionário e, com ele, a enorme perturbação da economia de troca podem ser considerados — dependendo do ponto de vista — factos «positivos». Esta opinião é irrefutável do ponto de vista científico, pois é possível que se espere (com ou sem razão) que esta situação conduza a uma evolução da «economia de troca» em direção ao socialismo, ou que outro veja nela a prova de que somente a economia *regulada*, com pequenas empresas, é materialmente racional, ignorando as «vítimas» que ficam para trás. A ciência, neutra no que toca a esta situação, tem, antes de mais, a obrigação de *constatar* este efeito da forma mais objetiva possível — e isto fica oculto na afirmação da «anfitropia» de Knapp, inteiramente falsa quando é geral. A *deficiência* essencial da sua teoria (que levou muitos cientistas a converterem-se em oponentes à mesma «por princípio», sem terem de o ser, de maneira nenhuma) — não contando com outros erros isolados — parece-me residir nos pontos que acabo de indicar.

§ 37. Importância extramonetária de associações políticas para a economia

Além da estrutura do sistema monetário, a importância para a economia da existência de *associações políticas* autónomas reside, em primeiro lugar:

1) No facto de estas, para cobrirem as necessidades *próprias* de utilidades, costumarem preferir fornecedores que sejam membros das mesmas. A importância deste procedimento é tanto maior quanto mais a economia dessas associações adotar o carácter de monopólio ou de satisfação de necessidades de acordo com a lógica da gestão patrimonial, situação que tem vindo a aumentar de modo constante.

2) Na possibilidade de favorecer, inibir ou regular, de forma planeada e sob aspetos *materiais*, a troca através das fronteiras («política comercial»).

3) Na possibilidade e na diversidade de regulação formal e material da economia dessas associações.

4) Na repercussão sobre a economia de estruturas de dominação muito diversas e, em conexão com estas, das estruturações administrativas e estamentais das camadas sociais que determinam o tipo de gestão económica, e das atitudes daí resultantes no que diz respeito à atividade aquisitiva.

5) No facto de haver entre os dirigentes dessas associações uma *concorrência* pelo poder e pelo abastecimento dos associados que eles dominam com meios de consumo e de aquisição, com as oportunidades aquisitivas que daí resultam.

6) Na forma como essas associações satisfazem as suas necessidades próprias (ver o parágrafo seguinte).

§ 38. O financiamento de associações políticas

A relação entre a economia e as associações de orientação (primariamente) *extraeconómica* mostra-se de forma mais imediata na

CATEGORIAS SOCIOLÓGICAS BÁSICAS DA AÇÃO ECONÓMICA   265

maneira como se *obtêm as utilidades necessárias para a ação da associação*, isto é, a ação do quadro administrativo como tal e a ação que este dirigir (Capítulo 1, § 12) («finanças» no sentido mais amplo da palavra, incluindo a obtenção de bens em espécie).

O «financiamento», ou seja, o abastecimento com utilidades *administradas economicamente*, da ação associativa, pode ser organizado, numa visão geral dos seus tipos mais simples:

I. De modo inconstante e, neste caso,

    a)   com base em desempenhos puramente voluntários, e isto

        α)   sob a forma de mecenato, por meio de dádivas e doações, típicas no caso de fins caritativos, científicos e outros *não* primariamente económicos ou políticos;

        β)   por mendicância, típica de determinadas comunidades ascéticas.

Existem também castas mendicantes profanas na Índia e, em outros países (particularmente na China), associações de mendigos. A mendicância pode ser sistematizada em grande parte (limitada a determinada «clientela») e assumir formas monopolistas, e, em consequência da natureza obrigatória ou meritória das doações, passar materialmente do carácter inconstante para o de contribuições regulares.

        γ)   Por doações voluntárias do ponto de vista formal àqueles que são considerados política ou socialmente superiores: presentes a caciques, príncipes, patronos, senhores pessoais e territoriais que, por serem convencionais, podem aproximar-se materialmente do carácter de tributos, mas que, em regra, não estão determinados de modo racional, referente a fins, e sim por certas ocasiões (determinados dias festivos, acontecimentos familiares ou políticos).

A inconstância pode existir, além disso:

    b)   Com base em prestações extorquidas.

266 ECONOMIA E SOCIEDADE

Tipo: a Camorra, no Sul de Itália, a Máfia, na Sicília, e associações semelhantes na Índia; as chamadas «castas de ladrões e bandidos», com rituais específicos, na China: seitas e associações secretas abastecidas economicamente de modo semelhante. As prestações, à primeira vista, são primariamente inconstantes, porque são formalmente «ilegais»; na prática, assumem muitas vezes o carácter de «contribuições fixas», cujo pagamento tem contrapartidas, nomeadamente, garantia de segurança. Nas palavras de um fabricante napolitano, há cerca de vinte anos, quando expressei as minhas dúvidas quanto à eficácia da Camorra para as empresas: «*Signore, la Camorra mi prende x lire nel mese, ma garantisce la sicurezza; lo Stato me ne prende 10 x x, e garantisce niente.*» (Os clubes secretos típicos, especialmente em África — rudimentos da antiga «casa dos homens» —, funcionam de modo semelhante, com métodos de proscrição, garantindo assim a sua segurança.)

Há associações políticas (como o estado ligúrico de assaltantes) que *podem* ter por base, em primeiro lugar (nunca exclusivamente, de modo duradouro), ganhos obtidos através de *espólio.*

O financiamento pode ser organizado:

II. De modo constante, nomeadamente,

A. Sem empreendimento económico próprio, *a)* através de contribuições sob a forma de bens *materiais,*

$\alpha)$ segundo uma economia monetária pura — obtenção dos meios na forma de contribuições em dinheiro e abastecimento por compra em dinheiro das utilidades necessitadas (economia associativa baseada puramente em contribuições em dinheiro). Todos os salários do quadro administrativo são salários em dinheiro;

$\beta)$ segundo uma economia puramente não monetária (ver § 37) — repartição (das necessidades) com especificação de *entregas* em espécie (economia de associação com prestações puramente em espécie). Possibilidades: $\alpha\alpha)$ abastecimento do quadro administrativo por meio de *prebendas* em espécie

CATEGORIAS SOCIOLÓGICAS BÁSICAS DA AÇÃO ECONÓMICA   267

> e satisfação das necessidades em espécie, ou *ββ)* contribuições recolhidas em espécie, que se transformam em *dinheiro* graças à sua venda, inteira ou parcial, ocorrendo uma provisão das necessidades através de uma economia monetária.

As próprias contribuições, tanto em dinheiro quanto em espécie, nos seus tipos económicos mais elementares, podem ser:

a) impostos, isto é, contribuições *α)* de qualquer tipo de propriedade ou, no caso da economia monetária, de património; *β)* de qualquer tipo de rendimento ou, no caso de economia monetária, de renda; *γ)* somente da *propriedade* dos meios de obtenção ou de empresas aquisitivas de determinado tipo (os chamados «impostos sobre o produto»); ou podem ser:

b) taxas, ou seja, prestações por ocasião da utilização ou reivindicação de instalações, propriedades ou prestações da associação; ou

c) impostos sobre *α)* atos de uso e consumo de natureza específica, ou *β)* transações de natureza específica, sobretudo: *αα)* transporte de bens (taxas alfandegárias); *ββ)* venda de bens (impostos diretos e indiretos sobre a venda).

Todas as contribuições podem ser, além disso, *1)* arrecadadas sob direção própria, *2)* arrendadas, *3)* emprestadas ou *hipotecadas*.

O arrendamento (por determinada soma *em dinheiro*) *pode* ter um efeito racional do ponto de vista fiscal, porque só ele oferece a possibilidade de fazer um *orçamento*.

O empréstimo e a hipoteca, na maioria dos casos, estão condicionados irracionalmente *α)* por uma situação financeira difícil, ou *β)* por usurpação por parte do quadro administrativo: consequência da ausência de um quadro administrativo de confiança.

Chamamos *emprebendação* à *apropriação* permanente de probabilidades tributárias por credores do Estado, garantes privados de serviços militares ou tributários, *condottieri* e soldados não pagos e, «finalmente», titulares de cargos. A apropriação pode assumir as seguintes formas: *1)* apropriação *individual* ou *2)* apropriação *coletiva* (com distribuição livre de cargos dentro do círculo dos apropriadores).

O financiamento *sem* uma empresa económica própria (II., A.) também pode ocorrer *b)* pela imposição de prestações pessoais — *serviços* pessoais diretos com especificação das *prestações* em espécie. O financiamento constante, ao contrário dos casos de II., A., também pode ocorrer:

B. Por intermédio de *empresas* económicas próprias, *a)* sob a forma de gestão patrimonial (*oikos*, domínios); *b)* sob a forma de economia aquisitiva, *α)* de modo livre, isto é, em concorrência com outras economias aquisitivas, ou *β)* como monopólio.

Nestes casos, a utilização também pode acontecer tanto sob direção própria como por arrendamento, empréstimo ou hipoteca. Por fim, o financiamento constante, ao contrário dos casos II., A. e II., B., pode ocorrer:

C. De modo litúrgico, por carga *privilegiante*:

a) privilegiante positivamente, libertando certos grupos específicos de pessoas do ónus de determinadas prestações, ou (porventura de modo idêntico);

b) privilegiante negativamente, obrigando principalmente grupos específicos de pessoas — especialmente, determinados *α)* estamentos ou *β)* classes patrimoniais — a determinadas prestações;

c) correlativamente: através da associação de certos monopólios específicos à carga, principalmente, de determinados serviços ou contribuições. Isto pode ocorrer: *α)* de modo estamental, através da associação forçada dos membros de associações a associações litúrgicas de proprietários e a associações de profissionais fechadas (frequentemente) a

CATEGORIAS SOCIOLÓGICAS BÁSICAS DA AÇÃO ECONÓMICA 269

novos membros não hereditários, concedendo certos privilégios estamentais; *β)* de modo capitalista, através da criação de grémios ou cartéis fechados com monopólio de direitos e ónus de contribuições em dinheiro.

No que diz respeito a II., a casuística (muito rudimentar) vale para associações de *todas as espécies*. Os exemplos aqui dados referem-se apenas às associações políticas.

Quanto a A., *a)*, *α)*, não se pretende fazer aqui uma análise, ainda que fosse só um esboço, do sistema estatal de impostos moderno. Começaremos por abordar o «lugar sociológico», isto é, o tipo de relação de dominação que favorece o surgimento de determinadas formas de contribuição (por exemplo, taxas, sisas, impostos).

A contribuição em espécie, mesmo no caso de taxas, tarifas, sisas e impostos sobre a venda ainda foi muito frequente durante toda a Idade Média; a sua substituição monetária é relativamente moderna.

Com respeito a A., *a)*, *β)*, *entregas* em espécie: típicas na forma de tributos e repartições de *produtos* impostos a economias dependentes. O envio de prestações em espécie só é possível no caso de associações pequenas ou de condições de transporte muito favoráveis (Nilo, Canal Imperial). Em todos os outros casos, as prestações têm de ser transformadas em dinheiro para chegarem aos seus destinatários (diversos, na Antiguidade) ou, dependendo da distância, em objetos com preços diversos especificados (como na China antiga).

Com respeito a A., *b)*, exemplos: obrigação do cumprimento de serviço militar, deveres judiciais e de jurado, prestações de trabalho na construção de estradas, pontes e diques, na mineração e em todo o tipo de serviços para cumprir os deveres para com a associação, em associações de todas as espécies. Tipos de Estados com serviços pessoais obrigatórios: o antigo Egito (Novo Império); a China, em algumas épocas; a Índia, em menor grau; o Império Romano, na sua última fase, menos ainda, assim como inúmeras associações no início da Idade Média.

Tipos de *empreendação*: *1)* pelos titulares de cargos, de modo coletivo, na China; *2)* por garantes privados de serviços militares ou tributários, na Índia; *3)* por *condottieri* e soldados não pagos, na última fase do Califado e sob o domínio dos mamelucos; *4)* por credores do Estado, a compra de cargos, existente em toda a parte.

Com respeito a B., *a)*, exemplos: exploração de domínios para fins de gestão patrimonial, utilização do trabalho obrigatório dos súbditos para a criação de empreendimentos com objetivo de prover as necessidades da corte ou para fins políticos; na sua forma moderna, por exemplo, oficinas de confeção de uniformes ou fábricas de munições estatais.

Com respeito a B., *b)*, para o caso *α)*, só existem exemplos isolados (comércio marítimo, etc.). Para o caso *β)*, há vários exemplos em todas as épocas da história; momento culminante no Ocidente: do século XVI até ao século XVIII.

Com respeito a C., exemplos de *a)*: suspensão dos serviços obrigatórios para os literatos, na China; libertação dos *sordida munera*, para os estamentos privilegiados no mundo inteiro, bem como dispensa do serviço militar para os qualificados intelectualmente, em diversos países.

Exemplos de *b)*: tributação pesada, por um lado, principalmente dos patrimónios com serviço público na democracia antiga, por outro, dos grupos não mencionados nos exemplos de *a)* como livres de obrigações.

Exemplos de *c)*: o caso *α)* é a forma mais importante de provimento sistemático das necessidades públicas sobre uma base distinta da do «Estado tributário». Tanto a China como a Índia ou o Egito, portanto, os países com a burocracia mais antiga (referente à irrigação), conheceram a organização dos serviços como serviços de cargas *em espécie*, e daí em diante, esta foi reconhecida (parcialmente) no helenismo e na última fase do Império Romano, ainda que, fundamentalmente, sob a forma de *tributos* em dinheiro e não como serviços em espécie. Em todos os casos, implica uma classificação *estamental* das *profissões*. *Pode* voltar a existir como tal na atualidade, quando há uma falha no provimento das necessidades públicas através de impostos pagos ao Estado e o provimento capitalista privado tem de ser regulado por medidas estatais. Até agora, em situações de aperto financeiro na forma moderna de provimento das necessidades públicas, o caso *β)* tem sido adequado: monopólios aquisitivos em troca de licenças e contribuições (exemplo mais simples: o controlo imposto das fábricas de pólvora, em Espanha, com proteção do seu monopólio contra a abertura de novas fábricas, e mediante contribuições mais elevadas e contínuas para o tesouro do Estado). A ideia da «socialização» de certos ramos da indústria, começando pela extração do carvão, por meio da imposição de cartéis ou de *trusts* como sujeitos fiscais, parece plausível, uma vez que, desta forma, continua a haver uma obtenção de bens racional (do ponto de vista formal), orientada pelo *preço*.

§ 39. Repercussão sobre as economias privadas

O modo como as associações políticas (e hierocráticas) proveem as suas necessidades tem uma repercussão enorme na configuração das economias privadas. O Estado que recebe *contribuições* puramente em *dinheiro*, com controlo da cobrança de impostos (e *apenas* com esta função) e com emprego de serviços *pessoais* apenas para fins políticos e judiciais, oferece ótimas oportunidades ao capitalismo racional, orientado pelo mercado. O Estado com um sistema de contribuições em dinheiro com *arrendamento* favorece o capitalismo com uma orientação política, porém, não a economia aquisitiva, orientada pelo mercado. O empréstimo e a *emprebendação* da tributação impede, em regra, o desenvolvimento do capitalismo através da criação de interesses que pretendem conservar as fontes de emolumentos e tributos existentes e, desse modo, a estereotipagem e a tradicionalidade da economia.

A associação com um sistema de puro *fornecimento de bens* em espécie não fomenta o capitalismo e obstaculiza-o, considerando que esse sistema gera vinculações efetivas — irracionais do ponto de vista da economia aquisitiva — no que diz respeito ao *rumo* que a produção das economias toma.

A associação com um sistema de puros *serviços* pessoais obstaculiza o capitalismo orientado pelo mercado, ao apoderar-se da força de trabalho, impedindo, assim, o desenvolvimento de um *mercado* de trabalho livre; obstrui o capitalismo com uma orientação política, ao cortar as possibilidades típicas do seu desenvolvimento.

O financiamento monopolista segundo os princípios da economia aquisitiva, o pagamento de tributos em espécie com transformação dos bens entregues em dinheiro, e a satisfação de necessidades litúrgicas com tributação da propriedade têm em comum não fomentarem o capitalismo orientado autonomamente pelo mercado, reprimindo as oportunidades de aquisição no mercado por meio de medidas fiscais, portanto, irracionais do ponto de vista do mercado: criação de privilégios e de oportunidades de aquisição de dinheiro que, considerados do ponto de vista do mercado, são irracionais. Em determinadas circunstâncias, favorecem um capitalismo orientado politicamente.

O empreendimento aquisitivo com capital fixo e cálculo de capital exato pressupõe, formalmente, a *possibilidade de calcular* as contribuições, mas, materialmente, uma forma das mesmas que não leva a privilegiar de modo muito negativo a *valorização* do capital, ou seja, sobretudo, das *vendas* no mercado. O capitalismo comercial especulativo, pelo contrário, é compatível com todas as formas de provimento das necessidades públicas que não impeçam diretamente, por vinculação litúrgica, o emprego comercial dos bens como mercadorias.

No entanto, a natureza da constituição da tributação pública, por mais importante que seja, *não* determina uma orientação *unívoca* no que diz respeito ao desenvolvimento relacionado com a orientação da gestão económica. Apesar da ausência (aparente) de todas as obstruções típicas desta parte, o capitalismo racional (orientado pelo mercado) *não* se desenvolveu em grandes territórios e em longas épocas; apesar da existência (aparente) de grandes obstruções por parte da constituição de ónus públicos, o capitalismo impôs-se noutras regiões. Além do conteúdo material da *política* económica, que também pode orientar-se bastante por fins extraeconómicos, e além de tendências de natureza intelectual (científica e tecnológica), houve obstruções de natureza ideológica (ética, religiosa) que desempenharam um papel muito importante na *limitação* local do desenvolvimento capitalista autóctone no sentido moderno. Também é preciso não esquecer que as formas de empresa e de empreendimentos, assim como todos os produtos técnicos, têm de ser «inventados», e que, neste sentido, a história só pode mostrar circunstâncias «negativas», isto é, que dificultam ou até obstruem o surgimento das ideias em questão, ou então circunstâncias «positivas», que o *favorecem*, mas sem identificar uma relação causal clara e conclusiva, aliás, algo comum a todos os acontecimentos *estritamente* individuais de qualquer natureza.

1. Com respeito à última frase, os acontecimentos individuais puramente *naturais* também só podem ser reduzidos com exatidão a componentes causais individuais em circunstâncias muito particulares: *neste aspeto não existe*, em princípio, diferença em relação à ação humana.

CATEGORIAS SOCIOLÓGICAS BÁSICAS DA AÇÃO ECONÓMICA   273

2. Quanto ao parágrafo inteiro, não é possível esboçar aqui senão de forma provisória as conexões de importância fundamental entre a natureza da ordem e da administração das associações políticas e a economia.

1) O caso historicamente mais importante de obstrução ao desenvolvimento capitalista orientado pelo mercado, através da *emprebendação* da tributação, é o da China, e o de obstrução por *empréstimo* da tributação (muitas vezes idêntico ao primeiro caso) é o da Ásia Menor, desde o Califado (voltaremos a este tema mais adiante). O *arrendamento* da tributação existiu na Índia, na Ásia Menor, na Antiguidade e na Idade Média ocidentais; mas, se na Antiguidade ocidental ele era particularmente decisivo para a forma de orientação da atividade aquisitiva capitalista (estamento dos cavaleiros romanos), na Índia e na Ásia Menor levou principalmente à formação de patrimónios (senhorios territoriais).

2) O caso historicamente mais importante de obstrução do desenvolvimento capitalista por um sistema *litúrgico* de provimento de necessidades, em sentido *geral*, é o da última fase da Antiguidade, talvez também da Índia, no período pós-budista e, em certas épocas, da China. Voltaremos igualmente a este assunto no lugar adequado.

3) O caso historicamente mais importante de desvio *monopolista* do capitalismo, depois dos precedentes helénicos (ptolemaicos), é a época dos monopólios das atividades aquisitivas e das concessões de monopólio dos príncipes, no início dos tempos modernos (prelúdio: certas medidas de Frederico II, na Sicília, orientadas, provavelmente, pelo modelo bizantino; a luta final deu-se, principalmente, sob os Stuarts); assunto de que trataremos oportunamente.

Estas considerações abstratas servem *apenas* para uma formulação mais correta do problema. Antes de voltarmos às fases e condições de desenvolvimento da economia, devemos ocupar-nos com os componentes *extraeconómicos* de um ponto de vista puramente sociológico.

§ 40. Influência da economia sobre a formação de associações

A economia tem uma consequência sociológica muito geral para a *formação de associações* quando, como acontece em regra, a direção e o quadro administrativo são *remunerados*. Nesse caso, existe um interesse *económico* extremo na persistência da associação,

274   ECONOMIA E SOCIEDADE

mesmo que os seus fundamentos ideológicos iniciais tenham perdido toda a importância ao longo do tempo.

Acontece todos os dias haver associações de todas as espécies que, na opinião dos seus membros, deixaram de ter «sentido», mas que continuam a existir apenas porque é dela que um «secretário» ou outro funcionário da associação recebe os «seus meios (materiais) de subsistência», que, de outro modo, perderia.

Todas as oportunidades apropriadas — em certas circunstâncias, também as não apropriadas formalmente — *podem* ter como efeito «estereotipar» formas de ações sociais existentes. Dentro do círculo das oportunidades de aquisição económicas (pacíficas e vinculadas ao abastecimento de bens quotidianos), em geral, só as oportunidades lucrativas dos *empresários* são forças autóctones, *revolucionárias* do ponto de vista racional. Mesmo estas, nem sempre.

Por exemplo, os interesses de corretagem dos banqueiros obstruíram por muito tempo a admissão de *endossos*, e encontraremos com frequência obstruções semelhantes de instituições formalmente racionais, *também* por parte de interesses capitalistas de *lucro*, ainda que, essencialmente mais raras que as prebendarias, estamentais e economicamente irracionais.

§ 41. As motivações determinantes da gestão económica

A gestão económica, dentro da economia de troca, é, toda ela, empreendida e levada a cabo por *indivíduos* economicamente ativos, a fim de satisfazer interesses *próprios*, ideais ou materiais. Isso aplica-se também, naturalmente, quando esta se orienta pelos ordenamentos *de* associações económicas ou reguladoras da economia, algo que é, estranhamente, ignorado com frequência.

Numa economia organizada de forma socialista, esta realidade, em princípio, não seria diferente. A *gestão* estaria, certamente, nas mãos da direção da associação, e os indivíduos, no que concerne à *obtenção* de bens, estariam limitados a serviços puramente

CATEGORIAS SOCIOLÓGICAS BÁSICAS DA AÇÃO ECONÓMICA   275

«técnicos», ao «trabalho», neste sentido da palavra (ver § 15), quando e enquanto estes fossem administrados de modo «ditatorial», isto é, autocrático, sem serem consultados. Todo o direito à participação nas decisões daria azo, *imediata* e formalmente, a um conflito de interesses que se repercutiria na forma de gestão e, sobretudo, na dimensão das «poupanças» (reservas). Todavia, não é esse o fator decisivo. Decisivo é que, nesse caso, o indivíduo também começaria por se questionar se os salários e o trabalho que lhe estão atribuídos corresponderiam aos seus interesses, em comparação com outros possíveis. O indivíduo orientaria o seu comportamento de acordo com estas questões. Surgiriam lutas de poder violentas para alterar ou manter os salários atribuídos (por exemplo, gratificações no caso de serviço pesado), apropriação ou expropriação de trabalhos preferidos, em virtude de boa remuneração ou de condições de trabalho agradá-veis, impedimento do trabalho (greve ou despedimento), limitação da produção de bens com o objetivo de forçar mudanças nas condições de trabalho em determinados ramos, boicote e expulsão violenta de diretores impopulares — resumindo, processos de *apropriação* de toda a espécie e lutas de interesses passariam a ser o normal. A probabilidade de essas lutas ocorrerem, na maioria das vezes, de forma coletiva, e de poderem favorecer os ocupados com trabalhos «de importância vital» e os mais fortes do ponto de vista físico, corresponderia à situação criada. Contudo, o interesse do *indivíduo* — ou talvez os interesses homogéneos de *muitos* indivíduos, estes antagónicos em relação aos de outros — estaria sempre subjacente a toda a ação. As constelações de interesses seriam diferentes, os meios para os concretizar seriam outros, porém, a circunstância continuaria a ser a mesma. Ainda que seja certo que ocorram ações económicas orientadas por interesses *alheios*, com uma base pura-mente ideológica, não é menos certo que a massa humana não age assim e, segundo ensina toda a experiência, não pode fazê-lo e, por isso, não o fará.

Numa economia («planificada») totalmente socialista somente haveria lugar para: *a)* uma distribuição de bens em espécie segundo um *plano* de necessidades racionado; *b)* uma produção desses bens segundo um *plano* de produção. A categoria de «renda», pertencente

276 ECONOMIA E SOCIEDADE

à economia monetária, não poderia existir. Seria, sim, possível existirem *rendimentos* racionados.

Numa economia de troca, o esforço para obter *renda* é, inevitavelmente, a principal força motriz de toda a ação económica, pois toda a gestão, desde que recorra a bens ou utilidades que não estejam disponíveis para o sujeito económico de forma a poderem ser usados, pressupõe atos aquisitivos gerenciais sobre renda futura. Aliás, quase todo o poder de disposição existente pressupõe uma renda prévia. Os lucros de empresas na economia aquisitiva transformam-se todos, em *alguma* fase e sob *alguma* forma, em rendas de sujeitos económicos. Numa economia regulada, a preocupação da ordem reguladora, normalmente, é a forma de distribuição da renda. (Em economias não monetárias, segundo a terminologia estabelecida, não existem «rendas», mas sim «rendimentos», na forma de bens em espécie ou serviços, não suscetíveis de avaliação num meio de troca unitário.)

Consideradas sociologicamente, as *principais* formas de rendas e rendimentos podem assumir os seguintes modos e ser provenientes das fontes *principais*:

A. Rendas e rendimentos por desempenhos (vinculados a desempenhos especificados ou especializados):

I. Salários: *1)* rendas e rendimentos de salários fixos, negociados livremente (calculados por *períodos* de trabalho); *2)* rendas e rendimentos fixos escalonados (salários, emolumentos de funcionários públicos); *3)* rendimentos de trabalho por peça, negociados por trabalhadores assalariados; *4)* rendimentos de trabalho totalmente livres.

II. Lucros: *1)* lucros livres derivados de atos de troca, pelo fornecimento, em forma de empreendimento, de bens materiais ou serviços; *2)* lucros regulados provenientes da mesma fonte. Nestes casos (*1)* e *2))*, dedução dos «custos», «rendimentos líquidos»; *3)* espólio; *4)* lucros derivados de dominação, emolumentos, corrupção, arrendamento de tributação e outros semelhantes, derivados da apropriação de direitos de poder. Dedução

CATEGORIAS SOCIOLÓGICAS BÁSICAS DA AÇÃO ECONÓMICA   277

de custos nos casos *3)* e *4)*, quando a aquisição tem carácter de empresa *permanente*; nos restantes casos, nem sempre.

B. Rendas e rendimentos de propriedade (vinculados ao exercício de poder de disposição sobre meios de obtenção importantes):

   I. Normalmente, «rendas líquidas», depois da dedução dos custos: *1)* rendas de propriedade humana (escravos, servos ou libertados), em espécie ou dinheiro, fixas ou em participação (dedução dos custos de sustento); *2)* rendas senhoriais apropriadas (dedução dos custos de administração); *3)* rendas de terras (parcelamento, arrendamento fixo, em espécie ou dinheiro, rendas provenientes de direitos territoriais — dedução dos impostos e custos de conservação); *4)* rendas de casas (dedução dos custos de conservação); *5)* rendas de monopólios apropriados (direitos de proscrição, patentes — dedução das taxas).

  II. Normalmente, sem dedução de custos: *1)* rendas de instalações (por permissão de utilização das mesmas (ver § 11) mediante pagamento de «juros» por gestões patrimoniais ou gestões económicas aquisitivas); *2)* rendas de pecuária; *3)* «juros» de empréstimos e emolumentos em espécie; *4)* «juros» de empréstimos em dinheiro; *5)* rendas hipotecárias em dinheiro; *6)* rendas de títulos e valores, em *dinheiro*, nomeadamente, *a)* fixas («juros»), ou *b)* variáveis, de acordo com a rendibilidade (tipo: os chamados dividendos); *7)* outras *participações* em lucros (ver A., II., *1)*): *i)* participações ocasionais e racionais em lucros especulativos; *ii)* participações racionais e permanentes no lucro de rendibilidade de empreendimentos de todas as espécies.

Os «lucros» e as «rendas» de títulos e valores não são convencionados ou então são-no apenas nos seus pressupostos (preços de troca, cláusulas contratuais). Juros e salários fixos, arrendamentos e alugueres são rendas convencionadas; os lucros resultantes de dominação, propriedade de pessoas, poder fundiário e espoliação são rendas ou rendimentos apropriados à força. A renda de propriedade *pode* ser renda sem atividade profissional quando quem a recebe deixa a outros a valorização da propriedade. Salários, remunerações, ganhos provenientes de trabalho autónomo e lucros de empresários são rendas profissionais; as outras formas de rendas e lucros podem ser de um tipo ou de outro (não se pretende apresentar aqui uma casuística).

São de carácter eminentemente *dinâmico* — economicamente revolucionário — todos os tipos de renda provenientes de *lucros* de empresários (A., II., *1)*) e de *rendimentos* de trabalho livre ou convencionado (A., I., *3)* e *4)*), bem como os lucros livres provenientes de trocas e, em certas circunstâncias, os lucros de espólios (A., II., *3)*).

São eminentemente *estáticas* — economicamente conservadoras — as rendas escalonadas (salários), salários por tempo, ganhos oriundos de cargos públicos e (normalmente) todas as receitas rentistas.

A fonte *económica de rendas* (na economia de troca), na maioria dos casos, corresponde à constelação de trocas no mercado de bens materiais e de trabalho, portanto, em última instância, às avaliações dos consumidores, em combinação com a posição de monopólio, natural ou estatuído, mais ou menos forte do adquirente.

A fonte económica de *rendimentos* (na economia não monetária) corresponde, em regra, à apropriação monopolista de oportunidades de valorização de propriedade ou de prestações, a troco de contraprestações.

Subjacente a todas essas rendas está apenas a *possibilidade* de violência na proteção das oportunidades apropriadas (ver este capítulo, § 1, n.º 2). A espoliação e os modos de aquisição afins são produtos de violência *efetiva*. Este esboço muito rudimentar exclui, por enquanto, toda a casuística.

Considero muito valiosas as passagens sobre «rendas» nas obras de Rolf Liefmann, apesar de discordar do autor em muitos aspetos. Não pretendo aprofundar mais aqui o problema *económico*. As conexões entre a dinâmica económica e a ordem social serão retomadas mais adiante.

CAPÍTULO 3

Os tipos de dominação

I. A validade da legitimidade

§ 1. Definição, condições e formas de dominação. Legitimidade

«Dominação», de acordo com a definição já apresentada (Capítulo 1, § 16), significa a oportunidade de obter obediência para ordens específicas (ou para todas) dentro de determinado grupo de pessoas. Não significa, portanto, toda a espécie de oportunidade para exercer «poder» ou «influência» sobre outras pessoas. A dominação («autoridade»), neste sentido, pode basear-se nos mais diversos motivos de submissão: desde o mero hábito até considerações puramente racionais referentes a fins. Qualquer relação de dominação autêntica supõe o mínimo de *vontade* de obedecer, isto é, de *interesse* (externo ou interno) na obediência.

Nem toda a dominação recorre a meios económicos ou visa, *sequer*, objetivos económicos. Não obstante, toda a dominação de uma grande diversidade de pessoas requer, normalmente (ainda que não invariavelmente), um *quadro* de pessoas (quadro administrativo, ver Capítulo 1, § 12), isto é, uma oportunidade (normalmente) fiável de haver uma *ação* que se dirige *especialmente* à execução de disposições gerais e de ordens concretas por parte de pessoas identificáveis com cuja obediência se pode contar. Esse quadro administrativo pode estar vinculado à obediência ao senhor (ou aos senhores) apenas por hábito, afeto, interesses materiais, ou motivos ideais (racionais do ponto de visa dos valores). A natureza desses motivos determina bastante o tipo de dominação. Motivos *puramente* materiais e orientados racionalmente para atingir um fim como base da vinculação entre o senhor e o quadro administrativo significam, aqui, como em todos os outros casos, uma relação relativamente instável. Em regra, também entram nessas relações outros motivos — afetivos ou racionais referentes a valores. Em casos extraordinários, estes podem ser os únicos motivos decisivos. No quotidiano, essas e outras relações são dominadas pelo *costume* e, além disso, por interesses *materiais* e racionais referentes a fins. Contudo, nem o costume ou os interesses, nem motivos puramente afetivos ou racionais referentes a valores de vinculação poderiam constituir fundamentos fiáveis de uma dominação. Normalmente, junta-se outro elemento a esses fatores: a crença na *legitimidade.*

Ensina a experiência que nenhuma dominação se contenta voluntariamente com motivos puramente materiais, afetivos ou racionais referentes a valores, como possibilidades da sua persistência. Todas procuram despertar e cultivar a crença na sua «legitimidade». Contudo, a *natureza* da legitimidade pretendida pode determinar diferenças no tipo de obediência e de quadro administrativo destinado a garanti-la, assim como o carácter do exercício da dominação, e com isto, também a sua eficácia. Por isso, é conveniente distinguir formas de dominação segundo as suas típicas *pretensões* de *legitimidade.* Para tal, é adequado partir de condições modernas e, portanto, conhecidas.

1. A decisão de escolher este ponto de partida e nenhum outro para abordar tal distinção justifica-se pelo resultado. A circunstância de haver outros traços de distinção típicos que passam consequentemente, por enquanto, para segundo plano, e de estes só poderem ser incluídos na análise mais tarde não parece ser um inconveniente decisivo. A «legitimidade» de uma dominação — já que preserva relações bem definidas para com a legitimidade da propriedade — possui um alcance que não é, de modo algum, puramente «ideal».

2. Nem toda a «pretensão» convencional ou garantida juridicamente pode ser considerada uma «relação de dominação». De outro modo, o

OS TIPOS DE DOMINAÇÃO

trabalhador, na proporção da sua pretensão salarial, seria «senhor» do empregador, já que a seu pedido pode ser-lhe posto à disposição um executor de medidas judiciais. Na verdade, do ponto de vista formal, ele é parceiro numa troca com «direito» a receber determinados serviços. No entanto, o conceito de relação de dominação não exclui a possibilidade de esta ter *surgido* em virtude de um contrato formal livre, como a dominação do patrão sobre o trabalhador, que se manifesta nos regulamentos e instruções de trabalho, ou do senhor sobre o vassalo, que entra voluntariamente na relação feudal. A circunstância de a obediência da disciplina militar ser «imposta» formalmente, enquanto a obediência devida à disciplina de oficina é formalmente «voluntária», não altera nada ao facto de a disciplina de oficina também constituir uma submissão a uma *dominação*. O cargo de funcionário público também é assumido por contrato e é denunciável. A própria relação de «súbdito» pode ser aceite e (dentro de certos limites) recusada voluntariamente. A obrigação absoluta só existe no caso dos escravos. Por outro lado, não se pode chamar «dominação» a qualquer «poder» económico condicionado por uma situação de monopólio. Nesse caso, a possibilidade de «ditar» aos parceiros as condições da troca, assim como de qualquer outra «influência» condicionada por uma superioridade erótica, atlética, argumentativa, ou qualquer outra. Quando um grande banco é capaz de impor a outros bancos um «cartel de condições», isto não se pode considerar «dominação» se não existir relação de obediência imediata que leve ao controlo da execução de *instruções* pela sua direção, com a pretensão e a possibilidade de serem respeitadas pura e simplesmente como tal. Naturalmente, neste caso, como em todos os outros, a transição é fluida: entre a responsabilidade por dívidas e a escravização por dívidas existem todas as situações intermédias possíveis. E a posição de um «salão» pode chegar aos limites de uma situação de poder autoritária, sem ter de constituir uma «dominação». Na realidade, muitas vezes é impossível uma distinção *exata*, e é justamente por isso que se torna maior a necessidade de *conceitos* claros.

3. É óbvio que a «legitimidade» de uma dominação deve ser considerada apenas uma *possibilidade* relevante de ser reconhecida e tratada praticamente como tal. A obediência a uma dominação não está, nem por sombras, orientada primordialmente (ou, pelo menos, sempre) por essa crença. A obediência de um indivíduo ou de grupos inteiros pode ser dissimulada por uma questão de conveniência, exercida, na prática, por um interesse material próprio, ou aceite como inevitável devido a fraqueza ou desamparo individuais. Ainda assim, isto não é decisivo para classificar

uma dominação. Decisivo é que a própria *pretensão* de legitimidade seja «válida» por *natureza* num grau relevante, consolide a sua existência e determine, entre outros fatores, a natureza dos meios de dominação escolhidos. Além disso, uma dominação também pode estar garantida de um modo tão absoluto — caso frequente na prática — por uma comunidade de interesses evidente entre o senhor e o seu quadro administrativo (guardas pessoais, pretorianos, guardas «vermelhos» ou «brancos») perante os dominados e a sua situação indefesa, que possa desdenhar de qualquer pretensão de «legitimidade». Mesmo nesse caso, o tipo de relação de legitimidade entre o senhor e o quadro *administrativo* pode ser bastante diverso, dependendo do fundamento da autoridade que existe entre eles, sendo esta consideravelmente decisiva para a estrutura da dominação, como veremos.

4. «Obediência» significa que a ação de quem obedece ocorre substancialmente como se este tivesse feito do conteúdo da ordem e em nome dela a máxima da sua conduta, e isto *unicamente* em virtude da relação formal de obediência, sem tomar em consideração a sua própria opinião sobre o valor ou a ausência de valor da ordem como tal.

5. Do ponto de vista puramente psicológico, a cadeia causal pode mostrar formas diferentes; pode ser, especialmente, uma «inspiração» ou uma «intuição». No entanto, essa distinção não é útil para a construção dos tipos de dominação.

6. O âmbito da influência com carácter de dominação sobre as relações sociais e os fenómenos culturais é muito mais ampla do que parece à primeira vista. Por exemplo, pode ser uma *dominação* que se exerce na escola, que se reflete nas formas de linguagem oral e escrita consideradas ortodoxas. Os dialetos que funcionam como linguagem oficial das associações políticas autocéfalas, portanto, dos seus regentes, tornaram-se essas formas ortodoxas de linguagem oral e escrita e levaram às separações «nacionais» (por exemplo, entre a Alemanha e a Holanda). Todavia, a dominação exercida pelos pais e pela escola estende-se muito além da influência sobre aqueles bens culturais formais (aliás, aparentes) chegando à formação do carácter dos jovens e, consequentemente, das pessoas.

7. A circunstância de o dirigente e o quadro administrativo de uma associação aparecerem formalmente como «estando ao serviço» dos dominados não constitui, naturalmente, qualquer prova contra o carácter de «dominação». Voltaremos a falar mais adiante dos fenómenos *materiais* da chamada «democracia». O dirigente possui um mínimo de poder de decisão e, logo, de «dominação» em quase todos os casos concebíveis.

OS TIPOS DE DOMINAÇÃO

§ 2. Os três tipos puros de dominação legítima: dominação racional, tradicional e carismática

Existem três tipos *puros* de dominação legítima. A vigência da sua legitimidade pode ser, primordialmente: *a)* de carácter *racional*: baseada na crença na legitimidade das ordens estatuídas e do direito de mando daqueles que, em virtude dessas ordens, estão nomeados para exercer a dominação (dominação legal); *b)* de carácter *tradicional*: baseada na crença quotidiana na sacralidade das tradições vigentes desde sempre e na legitimidade daqueles que, em virtude dessas tradições, representam a autoridade (dominação tradicional); ou, por fim, *c)* de carácter *carismático*: baseada na veneração extraquotidiana da sacralidade, do poder heroico ou do carácter exemplar de uma pessoa e das ordens que ela revela ou cria (dominação carismática).

No caso da dominação baseada em estatutos, obedece-se à *ordem impessoal*, objetiva e estatuída legalmente, bem como aos *superiores* determinados por ela, em virtude da legalidade formal das suas disposições e dentro do âmbito de vigência destas. No caso da dominação tradicional, obedece-se a uma *pessoa* nomeada pela tradição e vinculada à mesma (dentro do âmbito da sua vigência), em virtude da devoção pelos hábitos costumeiros. No caso da dominação carismática, obedece-se ao *líder* qualificado carismaticamente como tal, em virtude da confiança pessoal na revelação, heroísmo ou exemplaridade dentro do âmbito da crença nesse seu carisma.

1. A utilidade desta classificação só pode ser comprovada pelo seu resultado sistemático. O conceito de «carisma» («graça») foi assumido na terminologia do cristianismo primitivo. Rudolph Sohm foi o primeiro a explicar o conceito para a hierocracia cristã, a partir do direito canónico, sem, contudo, explicar a terminologia. Seguiram-se-lhe outros (por exemplo, Karl Holl, na sua obra *Enthusiasmus und Bussgewalt* [1898]) que escreveram sobre determinadas consequências importantes deste conceito. Portanto, ele não é novo.

2. Porque nenhum dos três tipos ideais que analisaremos aqui mais de perto existem historicamente numa forma realmente «pura», isso não deve impedir, em ocasião alguma, a fixação do conceito na forma mais pura possível. A transformação do carisma puro, ao ser absorvido

pelo quotidiano, aproximando-se, assim, substancialmente das formas de dominação empíricas, será analisada mais adiante (§ 11 e seguintes). Ainda assim, é possível dizer que não há fenómeno histórico-empírico de dominação que seja muito sofisticado. E a tipologia sociológica representa uma vantagem não desprezível para o trabalho histórico-empírico no caso particular de uma forma de dominação: identifica *o que* há de «carismático», de «carisma hereditário» (§§ 10, 11), «carisma institucional», «patriarcal» (§ 7), «burocrático» (§ 4), «estamental», etc., ou que se aproxima de um destes tipos, além de trabalhar com conceitos razoavelmente claros. Não se pretende sugerir que toda a realidade histórica possa ser «encaixada» no esquema conceptual que aqui desenvolveremos.

II. A dominação legal com um quadro administrativo burocrático

Nota prévia: partimos deliberadamente da forma de administração especificamente moderna, para podermos, depois, compará-la com outras formas.

§ 3. Dominação legal: tipo puro através de quadro administrativo burocrático

A dominação legal baseia-se na validade das seguintes ideias, concatenadas entre si:

1) Todo o direito, mediante pacto ou imposição, pode ser *estatuído* de modo racional — referente a fins ou a valores (ou a ambas as coisas) — com a pretensão de ser respeitado, no mínimo, pelos membros da associação, mas também, em regra, por pessoas que, dentro da esfera de poder desta (no caso de associações territoriais: dentro do território), levem a cabo ações sociais ou entrem em determinadas relações sociais consideradas relevantes pelos regulamentos da associação.

2) Todo o direito é, por essência, um cosmos de *regras* abstratas, normalmente estatuídas com determinadas intenções; a

OS TIPOS DE DOMINAÇÃO

aplicação e administração dessas regras ao caso particular é o cuidado racional de interesses previstos pelas ordens da associação, dentro dos limites das normas jurídicas e segundo princípios aceites, de forma geral, os quais encontram aprovação ou, pelo menos, não são desaprovados nas ordens da associação.

3) O senhor legal típico, o «superior», quando ordena e, por isso, manda, obedece ele próprio à ordem impessoal pela qual orienta as suas disposições; isto também se aplica ao senhor legal que *não* é «funcionário público», por exemplo, o presidente eleito de um Estado.

4) Como se costuma dizer, quem obedece só o faz como *membro* da associação e só obedece «ao direito»; isto aplica-se a membros de uma associação, comunidade, igreja, ou, no caso do Estado: ao *cidadão*.

5) De acordo com o número *3)*, há a ideia de que os membros da associação, ao obedecerem ao senhor, não o fazem à pessoa deste, mas sim a ordens impessoais, só estando, desse modo, obrigados à obediência dentro da *competência* objetiva, limitada racionalmente, que lhe foi atribuída por essas ordens.

As categorias fundamentais da dominação racional são

a) um exercício contínuo, vinculado a determinadas regras, de funções oficiais dentro de

b) determinada *competência*, o que significa: $\alpha)$ um âmbito de serviços obrigatórios limitado objetivamente, em virtude da distribuição dos serviços, $\beta)$ com atribuição de poderes de mandar requeridos e $\gamma)$ com uma delimitação fixa dos meios coercivos e das condições da sua aplicação admissíveis.

O exercício organizado desta forma é designado como *autoridade institucional*.

Neste sentido, existe uma «autoridade institucional» nas grandes empresas privadas, partidos e exércitos, tal como, obviamente, no «Estado» e na «Igreja». Um presidente de Estado eleito (ou o colégio dos ministros ou dos «representantes do povo» eleitos) também constitui uma «autoridade institucional» no sentido *desta* terminologia, no entanto, estas categorias não interessam por enquanto. Nem *toda* a autoridade institucional tem «poderes de mando» neste mesmo *sentido*; mas essa distinção também não interessa aqui.

Às categorias enumeradas acima deve acrescentar-se:

c) O princípio da *hierarquia oficial*, isto é, de organização de instâncias de controlo e supervisão fixas para cada autoridade institucional, com o direito de apelo ou reclamação das subordinadas às superiores. A questão de saber se e quando a própria instância de reclamação repõe a disposição a ser alterada por outra «correta», ou dá as respetivas instruções à instância subordinada à qual se refere a reclamação, é regulada de uma outra forma.

d) As «regras» segundo as quais se procede podem ser $\alpha)$ técnicas, ou $\beta)$ normas. A sua aplicação de modo a atingir uma racionalidade plena exige, em ambos os casos, uma *qualificação profissional*. Portanto, normalmente, são qualificados para participar no quadro administrativo de uma associação os que podem comprovar uma especialização profissional, e só estes podem ser aceites como *funcionários*. Os «funcionários» constituem o quadro administrativo típico de associações racionais, sejam estas políticas, hierocráticas, económicas (especialmente, capitalistas) ou outras.

e) Aplica-se (em caso de racionalidade) o princípio da separação absoluta entre o quadro administrativo e os meios de administração e produção. Os funcionários, empregados e trabalhadores do quadro administrativo não possuem meios materiais de administração e produção; no entanto, recebem--nos em espécie ou em dinheiro, e têm a responsabilidade de prestar contas. Aplica-se aqui o princípio da separação absoluta entre o património (ou capital) da instituição (empresa) e o património privado (da gestão patrimonial), bem como entre o local das atividades profissionais (escritório) e o domicílio dos funcionários.

OS TIPOS DE DOMINAÇÃO

f) No caso de racionalidade plena, não há lugar à apropriação do cargo pelo seu detentor. Quando um «direito» ao «cargo» está constituído (como, por exemplo, no caso dos juízes e, recentemente, no de secções crescentes dos funcionários públicos e mesmo dos trabalhadores), não serve, normalmente, para uma apropriação pelo funcionário, mas sim para garantir que o seu trabalho é de cariz puramente objetivo («independente»), vinculado apenas a determinadas normas do respetivo cargo.

g) Aplica-se o princípio da *documentação* dos processos administrativos, mesmo nos casos em que o debate oral, na prática, é a regra, ou consta até no regulamento: pelo menos, as considerações preliminares e as solicitações, bem como as decisões, disposições e ordenações finais de todas as espécies, são fixadas por *escrito*. A documentação e o exercício contínuo de atividades pelos *funcionários* constituem, em conjunto, o *escritório*, como *ponto essencial* de toda a ação associativa moderna.

h) A dominação legal pode assumir formas muito diversas, das quais falaremos mais tarde. Limitar-nos-emos, no que se segue, à análise típico-ideal da estrutura de *dominação* mais pura dentro do quadro *administrativo*: o «funcionalismo», ou seja, a «burocracia».

Deixarmos de lado a natureza típica do *dirigente* explica-se por circunstâncias que só mais adiante serão totalmente compreensíveis. Alguns tipos muito importantes de dominação racional pertencem *formalmente* a outras categorias devido aos seus líderes (carismático-hereditários: monarquia hereditária; carismáticos: presidentes plebiscitários); outros são *materialmente* racionais em aspetos importantes, porém moldados numa forma intermédia entre a burocracia e o carisma (governo de gabinete); e outros, por fim, são liderados por dirigentes (carismáticos ou burocráticos) de *outras* associações («partidos», ministérios de partido). O tipo de quadro administrativo racional legal é suscetível de aplicação universal e é o *mais importante* na vida quotidiana, pois, na vida *quotidiana*, a dominação é sobretudo *administração*.

§ 4. Dominação legal: tipo puro através de quadro administrativo burocrático (conclusão)

O tipo mais puro de dominação legal é aquele que se exerce por meio de um *quadro administrativo burocrático*. Apenas o dirigente da associação possui a posição de senhor, em virtude de apropriação, de eleição ou de designação por sucessão. Ainda assim, as suas competências senhoriais também são legais. O conjunto do *quadro* administrativo no seu tipo mais puro é composto por *funcionários individuais* (monocracia, em oposição à «colegialidade», da qual falaremos mais tarde), os quais:

1) são pessoalmente livres, obedecendo somente às obrigações *objetivas* do seu cargo;

2) são *nomeados* de acordo com uma *hierarquia* rigorosa;

3) possuem *competências* funcionais fixas;

4) possuem um contrato, logo, (em princípio) são escolhidos com base numa seleção livre segundo

5) uma *qualificação profissional* — no caso mais racional, uma qualificação atestada por uma prova e certificada por diploma;

6) são remunerados com salários fixos em *dinheiro*, na maioria dos casos, com direito a reforma; em certas circunstâncias (especialmente em empresas privadas), podem ser demitidos pelo patrão, porém também podem sempre demitir-se; o seu salário está escalonado, em primeiro lugar, segundo a posição na hierarquia e, além disso, segundo a responsabilidade do cargo e o princípio da correspondência à posição social (Capítulo 4);

7) exercem o seu cargo como *profissão* única ou principal;

8) têm a perspetiva de uma carreira: «progressão» por tempo de serviço ou eficiência, ou por ambas as coisas, dependendo do critério dos superiores;

9) trabalham em «separação absoluta dos meios administrativos» e sem apropriação do cargo;

10) estão submetidos a um sistema rigoroso e homogéneo de *disciplina* e de controlo do serviço.

OS TIPOS DE DOMINAÇÃO

Esta ordem, em princípio, também é aplicável e comprovada historicamente (em maior ou menor aproximação ao tipo puro), em empreendimentos da economia aquisitiva, caritativos ou quaisquer outros, com fins privados de natureza ideal ou material, bem como em associações políticas ou hierocráticas.

1. Por exemplo, a burocracia nas clínicas privadas, em princípio, é idêntica à dos hospitais de fundações ou ordens religiosas. A chamada moderna «capelanocracia»: a expropriação das antigas prebendas eclesiásticas, em grande parte apropriadas, mas também o episcopado universal (como «competência» formal universal) e a infalibilidade (como «competência» material universal, válida somente *ex cathedra*, no cargo, logo, com a separação típica entre atividade «oficial» e «privada») são fenómenos tipicamente burocráticos. O mesmo se diga das grandes empresas capitalistas, tanto mais quanto maiores elas forem, bem como ao funcionamento dos *partidos* (do qual voltaremos a falar mais detalhadamente) ou ao moderno *exército* burocrático, liderado por *funcionários* militares de tipo especial, designados como «oficiais».

2. A dominação burocrática realiza-se na sua forma mais pura onde rege, de modo mais puro, o princípio da *nomeação* dos funcionários. A *hierarquia* de funcionários eleitos não possui o mesmo sentido da hierarquia de funcionários nomeados, já que a própria disciplina nunca pode atingir o mesmo grau de rigor quando o funcionário subordinado pode tirar proveito da sua eleição, não dependendo nem ele, nem as suas possibilidades do juízo *do seu superior* (sobre os funcionários eleitos, ver § 14).

3. A nomeação por contrato, portanto, a seleção livre, é um elemento *essencial* da burocracia *moderna*. Quando funcionários *não livres* (escravos, *ministerialis*) trabalham dentro de estruturas hierárquicas, com competências objetivas, por conseguinte, de modo burocrático formal, falamos de «burocracia patrimonial».

4. Na burocracia, o grau de qualificação profissional cresce continuamente. Os funcionários dos partidos e dos sindicatos também precisam de formação *específica* (empiricamente adquirida). A circunstância de os «ministros» e «presidentes do Estado» modernos serem os únicos «funcionários» aos quais não se exige qualificação profissional *alguma* demonstra que eles são funcionários apenas no sentido *formal* da palavra, e não no sentido *material*, tal como o «diretor-geral» de uma grande sociedade anónima privada. Além disso, a posição do empresário capitalista está tão

292 ECONOMIA E SOCIEDADE

apropriada quanto a do «monarca». Logo, no *topo* da dominação burocrática há, inevitavelmente, pelo menos um elemento que não tem um carácter *puramente* burocrático. Representa apenas uma categoria de dominação por meio de um *quadro administrativo* especial.

5. O salário fixo é o normal (chamamos «prebendas» às receitas apropriadas como emolumentos; sobre o conceito, ver § 7). O mesmo se passa com o salário em dinheiro. Esta não é, de modo algum, uma característica substancial do conceito, no entanto, corresponde da forma mais pura ao tipo. (Os emolumentos em espécie têm o carácter de «prebendas». As prebendas, normalmente, são uma categoria da apropriação de oportunidades de aquisição e de cargos.) Todavia, as transições são totalmente fluidas, como demonstrado precisamente nestes exemplos. As apropriações em virtude de arrendamento, compra ou penhora de cargos não pertencem à burocracia pura, mas sim a uma outra categoria (§ 7a, *3)*, no final).

6. Os «cargos» como «profissão acessória» e os «cargos honoríficos» pertencem a categorias que examinaremos mais tarde (§ 14 e seguintes). O funcionário «burocrático» típico exerce o seu cargo como profissão principal.

7. A separação dos meios administrativos é realizada exatamente no mesmo sentido nas burocracias pública e privada (por exemplo, numa grande empresa capitalista).

8. As «autoridades institucionais» de carácter *colegial* serão consideradas particularmente mais adiante (§ 15). Estas estão a diminuir rapidamente em favor da direção efetivamente e, na maioria dos casos, também formalmente monocrática (por exemplo, na Prússia, os «governos» colegiais deram lugar há muito ao *presidente* monocrático). O interesse numa administração rápida, inequívoca e, por isso, independente de compromissos e variações de opinião da maioria é decisivo para esta tendência.

9. É claro que os oficiais modernos constituem uma categoria de *funcionários* nomeados com características estamentais específicas, das quais falaremos mais adiante (Capítulo 4), em contraste com a de líderes eleitos, os *condottieri* carismáticos (§ 10), por um lado, e, por outro, além dos oficiais empresários capitalistas (exército de mercenários), os compradores de cargos de oficiais (§ 7a, no final). As transições podem ser fluidas. Os «servidores» patrimoniais, separados dos meios administrativos, e os *empresários* capitalistas militares, tal como os empresários capitalistas privados, são, muitas vezes, precursores da burocracia moderna. Os pormenores serão dados mais adiante.

OS TIPOS DE DOMINAÇÃO

§ 5. Administração burocrático-monocrática

A administração puramente burocrática, portanto, a administração burocrático-monocrática documentada, considerada do ponto de vista formal, é, segundo toda a experiência, a forma *mais racional* de exercício de dominação, porque, do ponto de vista *técnico*, atinge o máximo de rendimento em virtude da precisão, continuidade, disciplina, rigor e confiabilidade — isto é, previsibilidade, tanto para o senhor, como para os demais interessados —, intensidade e abrangência dos serviços, assim como aplicabilidade formalmente universal a todas as espécies de tarefas. O desenvolvimento de formas de associação «modernas» em *todas* as áreas (Estado, Igreja, exército, partido, empresa económica, associação de interessados, união, fundação, etc.) é pura e simplesmente o mesmo que o desenvolvimento e crescimento contínuos da administração *burocrática*: o desenvolvimento desta constitui, por exemplo, a célula germinativa do Estado ocidental moderno. Que ninguém se deixe enganar, nem por um momento, por quaisquer instâncias aparentemente contrárias, sejam estas representações colegiadas de interessados ou comissões parlamentares, «ditaduras de comissários», funcionários honoríficos ou juízes leigos (ou até resmungos contra o «São Burocrácio»), pensando que todo o *trabalho contínuo* dos *funcionários* se realiza em *escritórios*. É o enquadramento da nossa vida quotidiana. Uma vez que a administração burocrática é, *por toda a parte — ceteris paribus —*, a mais racional do ponto de vista técnico-formal, é pura e simplesmente inevitável para as necessidades da administração de *massas* (de pessoas ou objetos). Só existe escolha entre a «burocratização» e o «diletantismo» da administração, e o grande instrumento de superioridade da administração burocrática reside no *conhecimento profissional*, cuja indispensabilidade absoluta está condicionada pela técnica e economia modernas da produção de bens, esteja esta organizada de modo capitalista ou socialista (neste último caso, a pretensão de atingir o *mesmo* rendimento técnico significaria um *aumento* enorme da importância da burocracia especializada). Do mesmo modo que os dominados normalmente só podem defender-se contra uma dominação burocrática existente criando uma contraorganização própria, também sujeita à burocratização, o próprio aparelho burocrático é obrigado a continuar a funcionar em virtude de interesses de natureza material ou puramente objetiva, isto é, ideal: sem ele, numa sociedade com *separação* dos funcionários, empregados e trabalhadores dos meios administrativos e com indispensabilidade de *disciplina* e *qualificação*, a possibilidade de existência moderna acabaria para todos, menos para aqueles que ainda se encontrassem na posse dos meios de abastecimento (os camponeses). Esse aparelho continua a funcionar da mesma forma para a revolução que chegou ao poder e para o inimigo ocupante, como para o governo legal existente até então. A questão é sempre: *quem domina* o aparelho burocrático existente? E a dominação por um *não*-profissional é sempre rara e com possibilidades muito limitadas: na maioria das vezes, o conselheiro titular experiente, ao longo do tempo, acaba por ficar numa situação superior à do ministro leigo, impondo a sua vontade. A necessidade de uma administração contínua, rigorosa, intensa e *calculável*, criada historicamente pelo capitalismo — não só, mas, sem dúvida, principalmente por ele (este não pode existir sem aquela) —, e que todo o socialismo *racional* seria simplesmente obrigado a adotar e até intensificar, condiciona esse destino da burocracia como núcleo de *toda* a administração de massas. Só uma organização *pequena* (política, hierocrática, associativa ou económica) poderia, em boa medida, dispensá-la. O capitalismo, na sua fase atual de desenvolvimento, *exige* burocracia — ainda que, tanto uma coisa como a outra tenham raízes *históricas* diversas —, e constitui, igualmente, o fundamento económico mais racional, pois coloca fiscalmente à disposição da burocracia os meios *monetários* necessários sobre os quais ela pode existir na sua forma mais racional.

Além de determinadas condições fiscais, a administração burocrática pressupõe, como fator *essencial*, determinadas condições técnicas no que diz respeito à comunicação. A sua precisão exige ferrovias, telégrafos, telefones e está cada vez mais dependente dos mesmos. Essa situação não sofreria nenhuma alteração numa ordem socialista. A questão é saber (ver Capítulo 2, § 12) se esta *estaria em posição* de criar condições semelhantes para uma administração

OS TIPOS DE DOMINAÇÃO

racional, o que significaria, *precisamente*, no caso desta, uma administração burocrática orientada rigorosamente por *regras* formais ainda mais rígidas do que na ordem capitalista. Caso contrário, voltaríamos a uma situação de grande irracionalidade — antinomia da racionalidade formal e racional, como a sociologia constata com tanta frequência.

Uma administração burocrática significa: dominação em virtude de *conhecimento*. Este é o seu carácter especificamente racional. Além da posição de extraordinário poder resultante do conhecimento *profissional*, a burocracia (ou o senhor que dela se serve) tem a tendência para fortalecer ainda mais o seu poder através do saber prático: o conhecimento de factos adquirido na execução das tarefas ou obtido através de «documentação». O conceito (não só, mas especificamente) burocrático de «sigilo oficial» — comparável, na sua relação com o conhecimento profissional, aos segredos técnicos das empresas comerciais — provém dessa pretensão de poder.

Em regra, *só* o interessado privado com orientação aquisitiva, isto é, o empresário capitalista, é s*uperior* à burocracia no que diz respeito ao conhecimento (conhecimento profissional e dos factos, dentro do âmbito dos *seus interesses*). Este constitui a *única* instância realmente *imune* (pelo menos, relativamente) à dominação inevitável pelo conhecimento burocrático racional. Todos os outros, dentro das suas associações *de massas*, estão inapelavelmente sujeitos ao domínio burocrático, do mesmo modo que à dominação material do equipamento de precisão na produção de bens em massa.

A dominação burocrática significa, em geral, do ponto de vista social:

1) A tendência para o *nivelamento* no interesse da possibilidade de recrutamento universal a partir dos *mais qualificados* profissionalmente.

2) A tendência para a *plutocratização* no interesse de um processo muito extenso de *qualificação* profissional (frequentemente, quase até ao fim da terceira década da vida).

3) A dominação da *impessoalidade* formalista: *sine ira et studio*, sem ódio e paixão, e, em consequência, sem «amor»

e «entusiasmo», sob a pressão de simples conceitos de dever, sem «ter em conta as pessoas», de modo formalmente igual para «cada qual», isto é, cada interessado que se encontre em situação *efetivamente* igual — é assim que o funcionário ideal exerce o seu cargo.

Do mesmo modo que a burocratização *cria* um nivelamento estamental (tendência normal comprovável historicamente), todo o nivelamento social fomenta, por sua vez, a burocracia que é, por toda a parte, a sombra inescapável da progressiva «democracia *de massas*». E isso pela eliminação do detentor do domínio *estamental* em virtude da apropriação dos meios e do poder administrativos e, no interesse da «igualdade», pelo afastamento do detentor de cargos capacitado à administração «honorária» ou «acessória» em virtude de *propriedade*. Voltaremos a este assunto noutra ocasião.

O «espírito» normal da burocracia racional consiste, em termos gerais, no seguinte:

1) Formalismo, reclamado por todos os interessados na proteção de oportunidades pessoais de vida, de qualquer espécie — porque, de outro modo, a consequência seria a arbitrariedade e porque o formalismo é a tendência que exige menos esforço. Em contradição aparente — e parcialmente efetiva — com tal tendência *desta* classe de interesses está a

2) Tendência dos funcionários para uma execução *materialmente utilitarista* das suas tarefas administrativas para servirem a satisfação dos dominados. Esse utilitarismo material costuma manifestar-se na tendência a exigir *regulamentos* correspondentes — de natureza formal, por sua vez, e, na grande maioria dos casos, aplicados de modo formalista. (Ver a sociologia do direito.) Essa tendência para a racionalidade *material* encontra apoio em todos os dominados que *não* pertencem à camada mencionada em *1)*, isto é, os interessados numa «proteção» em relação a oportunidades *apropriadas*. A problemática daí resultante faz parte da teoria da «democracia».

OS TIPOS DE DOMINAÇÃO

III. A dominação tradicional

§ 6. Dominação tradicional: definição

Consideramos dominação *tradicional* aquela cuja legitimidade se fundamenta na crença na santidade das ordens e poderes senhoriais tradicionais («existentes desde sempre»). O senhor (ou os vários senhores) estão instituídos em virtude de regras tradicionais. Obedece-se-lhes em virtude da dignidade pessoal que a tradição lhes atribui. A associação dominada, no caso mais simples, é, antes de mais, uma associação de piedade caracterizada por princípios de educação comuns. O dominador não é um «superior», é, antes, um *senhor* pessoal; o seu quadro administrativo não é composto primariamente por «funcionários», mas sim por «servidores» pessoais, e os dominados não são «membros» da associação, pois são: *1)* «companheiros tradicionais» (§ 7a) ou *2)* «súbditos». Não são os deveres objetivos do cargo que determinam as relações entre o quadro administrativo e o senhor: o que é decisivo é a fidelidade do quadro administrativo ao senhor.

Não se obedece a estatutos, mas à *pessoa* indicada pela tradição ou pelo senhor designado tradicionalmente. As suas ordens são legitimadas de duas formas: *a)* em parte, porque é a tradição que determina inequivocamente o *conteúdo* das ordens e da crença no sentido e alcance das mesmas, e a turbulência causada pela transgressão dos limites tradicionais poderia pôr em perigo a posição tradicional do próprio senhor; *b)* em parte, porque a *tradição* dá margem de manobra para o livre-arbítrio do senhor.

Esse arbítrio tradicional baseia-se primordialmente na ausência de limite que, por princípio, caracteriza a obediência, em virtude do dever de piedade.

Existe, portanto, um reino duplo: *a)* o da ação do senhor vinculada materialmente à tradição e *b)* o da ação do senhor materialmente independente da tradição. Dentro deste último, o senhor pode manifestar «benevolência», de acordo com o seu livre-arbítrio, graça ou desgraça, simpatia ou antipatia pessoal, arbitrariedade puramente pessoal — comprável sobretudo por prendas (fonte de «emolumentos»). A proceder segundo determinados princípios, estes são os da equidade ou justiça ética *material* ou de conveniência utilitarista, mas não princípios formais, como no caso da dominação legal. A natureza *efetiva* do exercício de dominação está determinada por aquilo que o senhor (e o seu quadro administrativo) pode permitir-se fazer *habitualmente* diante da obediência tradicional dos súbditos, sem provocar a sua resistência. Essa resistência, quando surge, é contra a *pessoa* do senhor (ou servidor) que desrespeitou os limites tradicionais do poder, e não contra o sistema como tal («revolução tradicionalista»).

No caso de uma dominação tradicional pura, é impossível «criar» deliberadamente um novo direito ou novos princípios administrativos através de estatutos. Só é possível legitimar a criação de algo realmente novo se se afirmar que se trata de algo vigente desde sempre ou *reconhecido* em virtude do dom da «sabedoria». Os únicos meios de orientação para decisões jurídicas são os registos da tradição: precedentes e jurisprudência.

§ 7. Dominação tradicional: condições

O senhor domina *1) sem* o quadro administrativo ou *2) com* ele. Para o primeiro caso, ver § 7a, *1).*

O quadro administrativo típico pode ser recrutado a partir de:

a) Pessoas ligadas tradicionalmente ao senhor, por vínculos de piedade («recrutamento patrimonial») — $\alpha)$ membros do clã, $\beta)$ escravos, $\gamma)$ funcionários domésticos dependentes, particularmente «ministeriais», $\delta)$ clientes, $\varepsilon)$ colonos, $\zeta)$ libertados;

b) «Recrutamento extrapatrimonial», em virtude de $\alpha)$ relações pessoais de confiança («favoritos» independentes, de todas as espécies), ou $\beta)$ pacto de fidelidade com aqueles que são legitimados pelo senhor (vassalos), ou, por fim, $\gamma)$ *funcionários* livres que entram na relação de piedade para com o senhor.

OS TIPOS DE DOMINAÇÃO

Com respeito a *a)*, *α)*, é um princípio de administração muito frequente nas dominações tradicionais colocar nas posições mais importantes membros do clã do senhor.

Com respeito a *a)*, *β)*, escravos, e *a)*, *ζ)*, nas dominações patrimoniais é frequente encontrar libertados em todas as posições, incluindo nas mais altas (era comum encontrar ex-escravos na posição de grão-vizir).

Com respeito a *a)*, *γ)*, na Europa, encontram-se em toda a parte funcionários domésticos típicos: senescais (grão-servos), marechais (cavalariços), camareiros, copeiros, mordomos (chefes da criadagem e, porventura, dos vassalos). No Oriente, o grão-eunuco (guarda do harém), entre os príncipes negros, o verdugo e, por toda a parte, o médico pessoal, o astrólogo e cargos semelhantes eram particularmente importantes.

Com respeito a *a)*, *δ)*, a clientela do rei tanto na China como no Egito constituía a fonte do funcionalismo patrimonial.

Com respeito a *a)*, *ε)*: encontramos exércitos de colonos em todo o Oriente, mas também no domínio da nobreza romana. (O Oriente islâmico da época moderna ainda possuía exércitos de escravos.)

Com respeito a *b)*, *α)*, o sistema de «favoritos» constitui uma característica específica de todo o patrimonialismo e, muitas vezes, motivo para «revoluções tradicionalistas» (sobre o conceito, ver o fim do §).

Com respeito a *b)*, *β)*, os vassalos merecem uma menção especial.

Com respeito a *b)*, *γ)*, a «burocracia» *surgiu* primeiro em Estados patrimoniais como um funcionalismo com recrutamento extrapatrimonial. No entanto, *esses* funcionários começaram por ser, como veremos, servidores *pessoais* do senhor.

O quadro administrativo da dominação tradicional, no seu tipo puro, não possui: *a)* «competência» fixa segundo regras objetivas; *b)* hierarquia racional fixa; *c)* nomeação regulada por contrato livre e ascenso regulado; *d)* formação profissional (como norma); *e)* salário fixo (muitas vezes) e (ainda mais frequentemente) salário em dinheiro.

Com respeito a *a)*, em lugar da competência objetiva fixa, existe a concorrência entre os respetivos encargos e responsabilidade atribuídos inicialmente pelo senhor segundo o seu arbítrio, mas que acabam por assumir um carácter duradouro e, muitas vezes, acabam por ser estereotipados pela tradição. Essa concorrência gera-se, particularmente, pela disputa por oportunidades de emolumentos devidos tanto aos encarregados, quanto ao próprio senhor, quando

300 ECONOMIA E SOCIEDADE

se recorre aos seus serviços. Estes interesses começaram por gerar competências objetivas e, com elas, a existência de uma «autoridade institucional».

Todos os encarregados com incumbência permanente começaram por ser funcionários domésticos do senhor; a sua incumbência *não* ligada à casa («extrapatrimonial»), que deriva da sua função doméstica, em virtude de afinidades objetivas e, muitas vezes, bastante superficiais entre campos de atividade, é-lhes atribuída, inicialmente, pelo senhor, por puro arbítrio, tornando-se, mais tarde, estereotipada pela tradição. Ao princípio, além dos funcionários domésticos, só existiam encarregados *ad hoc*.

A ausência do conceito de «competência» torna-se patente, por exemplo, na lista dos títulos dos funcionários do antigo Oriente. Salvo raras exceções, é impossível encontrar uma esfera de atividade objetiva, racionalmente delimitada, *duradoura* e fixa, de acordo com a nossa noção de «competência».

Na Idade Média, particularmente, existia uma delimitação de incumbências realmente duradouras graças à concorrência e aos compromissos entre interesses relacionados com emolumentos. Os efeitos dessa circunstância foram de grande alcance. Os interesses em emolumentos dos poderosos tribunais régios e do também poderoso estamento dos advogados, em Inglaterra, impediram e limitaram, em parte, o domínio do direito romano e canónico. A delimitação irracional de diversas autorizações ligadas a cargos, em todas as épocas, ficou estereotipada, em virtude de uma demarcação das esferas de interesses em emolumentos.

Com respeito a *b)*, a determinação de quem deveria ter a responsabilidade (ou mesmo se deveria tê-la) da decisão final relativa a um assunto ou uma queixa — se esta caberia ao próprio senhor ou aos respetivos encarregados, era $\alpha)$ regulada pela tradição, por vezes, considerando-se a procedência ou os precedentes de determinadas normas jurídicas de origem externa (sistema do supremo tribunal), ou $\beta)$ completamente dependente do arbítrio do senhor, ao qual todos os encarregados, onde quer que ele aparecesse pessoalmente, cediam.

A par do sistema tradicionalista do supremo tribunal, existe o princípio jurídico alemão proveniente da esfera do poder do senhor, segundo o qual

OS TIPOS DE DOMINAÇÃO

a jurisdição, tal como o *jus evocandi*, com a mesma origem, assim como a graça livre do senhor e o seu desdobramento moderno — a «justiça de gabinete» —, cabe ao senhor. Na Idade Média, o supremo tribunal constituía frequentemente a autoridade jurisprudencial a partir da qual se importava o direito de outros lugares.

Com respeito a c), os funcionários domésticos e favoritos são recrutados, muitas vezes, de modo puramente patrimonial: são escravos ou servos (ministeriais) do senhor, ou, quando recrutados de modo extrapatrimonial, são prebendários (ver mais adiante) que este transfere de acordo com o seu juízo formalmente livre. A entrada de vassalos livres e a atribuição de funções em virtude de *contratos* feudais modificaram completamente essa situação, sem trazer, no entanto, mudança nos pontos a) e b), uma vez que nem a natureza nem a extensão dos feudos era determinada por critérios objetivos. A mudança de posição — exceto, em determinadas circunstâncias, no caso de haver uma estrutura *prebendária* no quadro administrativo (ver § 8) — só era possível por decisão e graça do senhor.

Com respeito a d), em princípio, todos os funcionários domésticos e favoritos do senhor carecem de uma formação profissional racional como qualificação fundamental. O começo da formação profissional dos funcionários (qualquer que seja a natureza da mesma) constitui a marca de uma época no estilo de administração.

É verdade que algumas funções em épocas bastante antigas já exigiam um certo grau de instrução empírica. Saber ler e escrever, originariamente, uma verdadeira «arte» muito rara, influenciou muitas vezes — exemplo mais importante: a China —, de modo decisivo, todo o desenvolvimento cultural, através da conduta de vida dos literatos, *eliminando* o recrutamento *intrapatrimonial* dos funcionários e *limitando*, assim, «estamentalmente», o poder do senhor (ver § 7a, *3)*).

Com respeito a e), os funcionários domésticos e favoritos começaram por ser alimentados na mesa do senhor e equipados a partir da sua câmara. O seu afastamento da mesa do senhor significa, em regra, a criação de *prebendas* (no princípio, receitas em espécie), cuja

302   ECONOMIA E SOCIEDADE

natureza e extensão acabam facilmente por ser estereotipadas. Além disso (ou em vez disso), tanto os órgãos do senhor encarregados de serviços extradomésticos como ele próprio têm direito a determinadas «taxas» (muitas vezes combinadas, caso a caso, com aqueles que pediam um «favor», sem haver alguma tarifação).

Sobre o conceito de «prebenda», ver § 8.

§ 7a. Gerontocracia, patriarcalismo, patrimonialismo

1) Os tipos primários de dominação tradicional são aqueles em que o senhor *não possui* um *quadro administrativo* pessoal: *a)* a gerontocracia e *b)* o patriarcalismo primário.

«Gerontocracia» é a situação em que, havendo *alguma* dominação dentro da associação, esta é exercida pelos mais velhos (inicialmente, no sentido literal da palavra: pela idade), por serem quem melhor conhecia a tradição sagrada. A gerontocracia encontra-se frequentemente em associações que *não* são primordialmente económicas ou familiares. «Patriarcalismo» é a situação em que a dominação, dentro de uma associação (doméstica), muitas vezes primordialmente económica e familiar, é exercida por determinado indivíduo (normalmente) segundo regras de sucessão fixas. Não é rara a coexistência da gerontocracia e do patriarcalismo. Em todo o caso, o decisivo é que o poder, tanto dos gerontocratas como dos patriarcas, em estado puro, se orienta pela visão dos dominados («associados»), segundo a qual essa dominação, apesar de constituir um direito pessoal e tradicional do senhor, exerce-se *materialmente* como direito preeminente dos associados, por conseguinte, no *interesse* destes, não havendo apropriação livre desse direito por parte do senhor. Esta situação é determinada pela ausência *total*, *nestes* tipos de dominação, de um quadro administrativo puramente *pessoal* («patrimonial») do senhor. O senhor depende em grande parte da *vontade* de obedecer dos associados, uma vez que não possui nenhum «bastão». Os associados ainda são «companheiros», e não «súbditos». São «companheiros» em virtude da *tradição*, e não «membros» em virtude de *estatutos*. Devem obediência ao *senhor*, e não a *regras* estatuídas. A obediência

OS TIPOS DE DOMINAÇÃO

que devem ao senhor resulta *apenas* da tradição. O senhor, por seu lado, está *estritamente* vinculado à tradição.

Sobre as formas de gerontocracia, ver mais adiante. O patriarcalismo primário tem afinidades com a gerontocracia dado que que a dominação só é obrigatória dentro de casa. Fora desta, porém, a sua ação — como no caso dos xeques árabes — tem um carácter apenas de exemplo, limitando-se, desse modo, tal como na dominação carismática, a bons exemplos ou a conselhos e outros meios de influência.

2) O surgimento de um quadro administrativo (e militar) do senhor puramente pessoal leva a que toda a dominação tradicional tenda para um *patrimonialismo* e, no grau extremo de poder senhorial, para o *sultanismo*: os «companheiros» tornam-se «súbditos», o direito do senhor, interpretado até então como direito preeminente dos associados, converte-se em direito do próprio senhor, do qual ele se apropria tal como (em princípio) de qualquer tipo de objeto valorizável (por venda, penhora ou partilha entre herdeiros), em princípio, como qualquer outra oportunidade económica. Externamente, o poder do senhor patrimonial apoia-se em guardas pessoais e exércitos formados de escravos (muitas vezes marcados a ferro), colonos ou súbditos forçados, ou ainda — para tornar a união de interesses perante os últimos o mais indissolúvel possível — de mercenários (exércitos patrimoniais). Graças a esse poder, o senhor amplia o alcance do seu arbítrio e da sua graça, desligados da tradição, à custa da vinculação tradicional patriarcal e gerontocrática. Consideramos *patrimonial* toda a dominação que, orientada originariamente pela tradição, se exerce em virtude de um pleno direito pessoal, e *sultanato* toda a dominação patrimonial que, com as suas formas de administração, se encontra, em primeiro lugar, na esfera do livre-arbítrio, desvinculado da tradição. A diferença é *completamente* fluida. Estas formas, incluindo o sultanato, distinguem-se do patriarcalismo *originário*, pela existência de um *quadro administrativo* pessoal.

A forma de patrimonialismo própria do sultanato, na sua aparência externa — na verdade, nunca é assim —, está completamente desligada da tradição. No entanto, ela não é racionalizada do ponto de vista *objetivo*: só desenvolveu ao extremo a esfera do arbítrio e da graça livres, distinguindo-se, portanto, de todas as formas de dominação racional.

3) Consideramos dominação *estamental*, a forma de dominação em que determinados poderes de mando e as correspondentes oportunidades económicas estão *apropriadas* pelo *quadro administrativo*. A apropriação — como em todos os casos semelhantes (Capítulo 2, § 19) — pode realizar-se: *a)* por parte de uma associação ou de uma categoria de pessoas com determinadas características, ou *b)* por parte de um indivíduo e, neste caso, apenas com carácter vitalício ou hereditário ou de propriedade livre.

Dominação estamental significa, pois:

a) sempre uma limitação da livre seleção do quadro administrativo pelo senhor, através da apropriação dos cargos ou de poderes de mando *α)* por parte de uma associação, *β)* por parte de uma camada social estamentalmente qualificada (Capítulo 4);

b) frequentemente — e isto constitui aqui um «tipo» — também: *α)* apropriação dos cargos e, portanto, (possivelmente) de oportunidades aquisitivas proporcionadas pela detenção dos mesmos, *β)* apropriação *dos meios materiais de administração*, e *γ)* apropriação dos poderes de mando, por parte de cada membro *individual* do quadro administrativo.

Historicamente, esses apropriadores podem tanto *1)* provir do quadro administrativo anterior com carácter *não* estamental, como *2)* não ter pertencido a este antes da apropriação.

O detentor estamental que se apropriou de poderes de mando *paga os custos da administração* com meios de administração próprios e apropriados por ele única e exclusivamente. Os detentores de poderes de mando militar ou membros de um exército *estamental equipam-se a si mesmos* e, porventura, também aos contingentes recrutados patrimonial ou estamentalmente (exército estamental) que chamam às armas. Ou então o provimento de meios administrativos e o recrutamento do quadro administrativo são apropriados

OS TIPOS DE DOMINAÇÃO

como verdadeiros objetos de uma atividade aquisitiva, em troca de um pagamento global a partir do armazém ou da caixa do senhor, como aconteceu particularmente (mas não só) no caso dos exércitos mercenários na Europa, nos séculos XVI e XVII (exército capitalista). Nos casos de apropriação estamental plena, o poder global divide--se regularmente entre o senhor e os membros apropriadores do quadro administrativo, por direito próprio, ou então existem poderes próprios, regulados por ordens específicas do senhor ou por compromissos especiais com as pessoas apropriadas.

Caso *1)*: por exemplo, cargos cortesãos de um senhor, apropriados como feudos. Caso *2)*: por exemplo, senhores territoriais que, em virtude de privilégios senhoriais ou por usurpação (na maioria das vezes, os primeiros constituem a legalização da segunda), se apropriaram de direitos de mando.

A apropriação *individual* pode basear-se em *1)* arrendamentos, *2)* penhoras, *3)* vendas, *4)* privilégios pessoais, hereditários ou apropriados livremente, incondicionados ou condicionados por determinadas contraprestações — atribuídas como *a)* remuneração de serviços ou compra de obediência, ou *b)* reconhecimento da usurpação efetiva de poderes de mando —, *5)* apropriação por uma associação ou uma camada social qualificada estamentalmente, em regra, consequência de um compromisso entre o senhor e o quadro administrativo, ou por uma camada estamental unida por relações associativas — isto pode *α)* deixar ao senhor a liberdade de *seleção* absoluta ou relativa em cada caso individual, ou *β)* estatuir regras fixas referentes à detenção pessoal do respetivo cargo —, *6) feudos*, dos quais trataremos separadamente.

1. Os meios de administração, na gerontocracia e no patriarcalismo puro — segundo a ideia neles reinante, embora, muitas vezes, pouco clara —, estão apropriados pela associação administrada ou pelas gestões patrimoniais que participam na administração: a administração processa-se «em favor» da associação. A apropriação pelo senhor como tal pertence ao mundo conceptual do patrimonialismo e pode concretizar-se de formas e com abrangências muito diversas. Pode chegar a constituir uma regalia

absoluta sobre o solo e a escravatura total dos súbditos («direito de venda» do senhor). A apropriação estamental significa a apropriação, no mínimo, de uma parte dos meios de administração pelos membros do quadro administrativo. Enquanto no patrimonialismo puro existe uma separação total entre os administradores e os meios de administração, no patrimonialismo estamental a situação é exatamente a inversa: o administrador está na posse de todos os meios de administração ou, pelo menos, de uma parte essencial dos mesmos. Por exemplo, o vassalo que se equipava a si mesmo, o conde enfeudado que cobrava para si mesmo as taxas judiciais e outras, bem como os tributos, através de meios próprios (entre eles, também os apropriados) custeava as suas obrigações perante o senhor feudal, e o *jagirdar*, na Índia, que mantinha o seu contingente militar com a sua prebenda tributária. Todos eles estavam na *plena posse* dos meios de administração, enquanto o coronel, que recrutava um regimento mercenário por iniciativa própria, recebendo para isso determinadas quantias da caixa do príncipe e equilibrando o *deficit* através de diminuição dos serviços, do saque ou de requisições, estava apenas *parcialmente* (e de forma regulada) na posse de meios de administração. Por outro lado, o faraó que recrutava exércitos de escravos ou de colonos e deixava o comando a clientes reais, vestindo, alimentando e armando os soldados a partir dos seus armazéns, estava, como *senhor* patrimonial, na plena *posse* dos meios de administração. Nesses casos, a regulação formal nem sempre é o fator decisivo: os mamelucos eram formalmente escravos, recrutados por meio da «compra» pelo senhor; contudo, na realidade, monopolizavam os poderes de mando de modo tão completo como qualquer associação de ministeriais monopolizava os feudos funcionais. A apropriação de terras funcionais por parte de uma associação fechada, porém *sem* apropriação individual, ocorre tanto com a distribuição livre das mesmas pelo senhor, dentro da associação (caso *3), a), α)*), como com regulação da qualificação necessária para as obter (caso *5), a), β)*), por exemplo, através da exigência de determinada qualificação militar ou outra (de natureza ritual) do pretendente e, por outro lado (quando pode comprová-lo), pelo direito preferencial dos consanguíneos mais próximos. O mesmo ocorre com cargos de artesãos ou camponeses ligados à corte ou a uma corporação e cujos serviços se destinam a satisfazer necessidades militares ou administrativas.

2. A apropriação mediante arrendamento (especialmente, de arrecadação de impostos), penhora ou venda era conhecida tanto no Ocidente quanto no Oriente e na Índia; na Antiguidade, não era raro leiloar cargos sacerdotais. Nos casos de arrendamento, a finalidade era, em parte, de

OS TIPOS DE DOMINAÇÃO

natureza puramente político-financeira (situação de necessidade particularmente em consequência de custos de guerra), e, noutra parte, de natureza técnico-financeira (garantia de uma receita fixa em dinheiro, aplicável para fins de gestão patrimonial); nos casos de penhora e venda, a finalidade, geralmente, era a primeira: no Estado do Vaticano, também existiam rendas para parentes. A apropriação mediante penhora ainda desempenhava um papel importante para os cargos dos juristas (parlamentos) de França no século XVIII; e a apropriação mediante venda (regulada) de cargos de oficiais, no exército inglês, existiu até ao século XIX. Na Idade Média, o privilégio, como sanção de usurpações ou remuneração paga ou prometida por serviços políticos, era comum, tanto no Ocidente, quanto noutros lugares.

§ 8. Sustento do servidor patrimonial

O servidor patrimonial pode obter o seu sustento: *a)* por alimentação na mesa do senhor; *b)* por emolumentos (na maioria das vezes, em espécie) provenientes das reservas de bens e dinheiro do senhor; *c)* por terras funcionais; *d)* por oportunidades apropriadas de rendas, taxas ou impostos; e *e)* por feudos.

Quando as formas de sustento de *b)* a *d)* são conferidas sempre de novo, através de uma apropriação individual, mas não hereditária, sendo a sua extensão (*b)* e *c)*) ou clientela (*d)*) determinadas tradicionalmente, estamos perante «prebendas»; e quando existe um quadro administrativo mantido *principalmente* dessa forma, trata-se de *prebendalismo*. Neste quadro, *pode* haver uma ascensão por idade ou por determinados serviços mensuráveis *objetivamente*, e *pode* ser exigida uma qualificação estamental, desde logo, *honra* estamental (sobre o conceito de «estamento», ver Capítulo 4).

Chamamos «feudos» a poderes de mando apropriados quando estes são conferidos *primordialmente* por contrato e qualificados individualmente, e quando os direitos e deveres recíprocos se orientam, *em primeiro lugar*, por *conceitos de honra estamentais*, o que significa neste caso: *militares*. A existência de um quadro administrativo mantido *primordialmente* por meio de feudos configura um *feudalismo* de *feudo*.

308　　　ECONOMIA E SOCIEDADE

Feudo e prebenda *militar* confundem-se muitas vezes, chegando a ser indistinguíveis. (Sobre isto, ver a análise do «estamento», Capítulo 4.)

Nos casos *d)* e *e)*, e por vezes também no *c)*, o detentor apropriante dos poderes de mando paga os custos da administração e, porventura, do equipamento militar, na forma já descrita, a partir dos meios da prebenda ou então, do feudo. A sua relação de dominação para com os súbditos pode, então, assumir um carácter patrimonial (isto é, tornar-se hereditária, alienável ou partilhável entre herdeiros).

1. A alimentação na mesa do senhor, ou, segundo o seu critério, a partir das suas reservas, era a situação primária tanto dos servidores dos príncipes como dos funcionários domésticos, sacerdotes e todos os tipos de servidores patrimoniais (por exemplo, os senhores territoriais). A «casa dos homens», a forma mais antiga de organização militar profissional (da qual trataremos em pormenor mais adiante) tinha frequentemente um carácter comunista com base na gestão patrimonial de consumo do senhor. O afastamento da mesa do senhor (ou do templo ou catedral) e a substituição desse sustento direto por emolumentos ou por afetação de terras nem sempre eram considerados desejáveis, apesar de serem a regra na constituição de uma nova família. Os emolumentos em espécie para os sacerdotes e funcionários afastados da mesa do senhor ou do templo constituíram, em todo o Próximo Oriente, a forma originária de manutenção dos funcionários, existindo também na China, na Índia e em muitos lugares do Ocidente. Encontramos situações de terras conferidas em troca de serviços militares em todo o Oriente desde a Antiguidade, assim como na Alemanha durante a Idade Média, como forma de sustento dos funcionários domésticos e dos ministeriais vinculados à corte. As receitas dos sipais turcos, bem como dos samurais japoneses e de inúmeros ministeriais e cavaleiros semelhantes no Oriente, de acordo com a nossa terminologia, consistiam em «prebendas», e não feudos, como veremos mais adiante. Essas pessoas podiam viver tanto da dependência de determinadas rendas da terra, como de receitas tributárias de certos distritos. No último caso, as prebendas — em geral, mas não necessariamente — estavam associadas à apropriação de poderes de mando nesses distritos, ou às suas consequências. O conceito de «feudo» só poderá ser examinado mais de perto em conexão com o de «Estado». O seu objeto podiam ser terras senhoriais (portanto, uma dominação patrimonial), bem como os mais diversos tipos de oportunidades de rendas ou taxas.

OS TIPOS DE DOMINAÇÃO

2. A apropriação de oportunidades de rendas, taxas ou receitas de impostos encontra-se por toda a parte na forma de prebendas e feudos de toda a espécie, sobretudo na Índia, como forma independente e bastante desenvolvida: concessão de receitas em troca de recrutamento e manutenção de contingentes militares, e de pagamento dos custos administrativos.

§ 9. Dominação patrimonial-estamental

A dominação patrimonial, e em especial a patrimonial-estamental pura, lida com todos os poderes de mando e direitos senhoriais económicos como oportunidades económicas privadas apropriadas. Isso não quer dizer que não haja uma distinção qualitativa, particularmente, quando se apropria de alguns deles, como preeminentes, de acordo com uma forma de apropriação com uma regulação específica, nomeadamente quando a apropriação de poderes senhoriais judiciais ou militares se baseia num argumento jurídico resultante de uma posição *estamentalmente* privilegiada do apropriante, em contraste com uma apropriação de oportunidades puramente económicas (de domínio, tributos ou emolumentos), distinguindo, por sua vez, dentro desta última categoria, entre tipos de apropriação primordialmente patrimoniais e tipos primordialmente extrapatrimoniais (fiscais). Para a nossa terminologia, é algo decisivo que os direitos senhoriais e as correspondentes oportunidades de todas as espécies sejam tratados, em princípio, *da mesma maneira* que as oportunidades privadas.

Georg von Below (*Der deutsche Staat des Mittelalters*) tem razão ao acentuar que a apropriação do senhorio judicial foi tratada de maneira especial e constituiu uma fonte de posições estamentais especiais, e que, em geral, não é possível comprovar um carácter *puramente* patrimonial ou *puramente* feudal das associações políticas na Idade Média. No entanto, *visto que* o senhorio judicial e outros direitos de origem puramente política foram tratados como direitos privados, parece-nos correto do ponto de vista terminológico falar de dominação «patrimonial». O próprio conceito (na sua formulação consequente) tem origem, como é sabido, na obra de Haller, *Restauration der Staatswissenschaften*. Nunca existiu na história um Estado «patrimonial» *puro*, num sentido absolutamente típico-ideal.

4) (Continuação de § 7a, *3)*.) Consideramos *divisão estamental de poderes* a situação em que *associações* de pessoas estamentalmente privilegiadas, em virtude da apropriação de poderes de mando, criam, caso a caso, através de um *compromisso* com o senhor, estatutos políticos ou administrativos (ou ambos), disposições administrativas concretas ou medidas de controlo da administração, acabando também, possivelmente, por os aplicar pessoalmente ou em conformidade com os seus quadros administrativos, que, em certas circunstâncias, possuem poderes de mando próprios.

1. Por haver circunstâncias em que camadas *não* privilegiadas estamentalmente (camponeses) participam em nada altera o nosso conceito, pois, normalmente, o direito próprio dos privilegiados é que é decisivo. A ausência de todas as camadas privilegiadas estamentalmente resultaria, evidentemente, num tipo diferente.

2. O tipo *só* se desenvolveu completamente no Ocidente. Os detalhes da sua peculiaridade e a causa precisa do seu surgimento serão discutidos mais adiante.

3. A existência de um quadro administrativo estamental próprio não constituía a regra, e só em casos muito excecionais é que este tinha poderes de mando próprios.

§ 9a. Dominação tradicional e economia

A dominação tradicional, em regra, tem impacto sobre as formas de gestão económica, em primeiro lugar e de modo muito geral, mediante um certo fortalecimento das ideias tradicionais. Esse fortalecimento é ainda maior na dominação gerontocrática e na dominação puramente patriarcal, as quais, por não se apoiarem num quadro administrativo particular do senhor, ao contrário dos outros membros da associação, para reforçarem a sua própria legitimidade, dependem da observação da tradição, em todos os seus aspetos. Além disso:

I.   A atuação sobre a economia depende da forma típica de financiamento da associação de dominação (Capítulo 2, § 38).

OS TIPOS DE DOMINAÇÃO

Neste sentido, o patrimonialismo pode significar coisas muito diversas, ainda que as suas formas típicas sejam, especialmente:

a) O *oikos* do senhor com provisão das necessidades total ou predominantemente mediante serviços em espécie (prestações em espécie e serviços pessoais). Nesse caso, as relações económicas estão vinculadas rigorosamente à tradição, o desenvolvimento do mercado é bastante dificultado e o uso de dinheiro é orientado essencialmente pelo consumo, impossibilitando o surgimento do capitalismo. Os efeitos desta situação são muito próximos dos de um outro caso que lhe é afim:

b) A provisão das necessidades que privilegia determinados estamentos. Neste caso, o desenvolvimento do mercado também está limitado, ainda que não necessariamente no mesmo grau, pela depressão da «capacidade aquisitiva» resultante das exigências da associação de dominação no que diz respeito à propriedade e capacidade das economias individuais.

O patrimonialismo também pode ser:

c) Monopolista, com provisão das necessidades de acordo com determinadas taxas e impostos. Neste caso, o desenvolvimento do mercado está limitado irracionalmente em maior ou menor grau, dependendo da natureza dos monopólios; as maiores oportunidades aquisitivas encontram-se nas mãos do senhor e do seu quadro administrativo, e o desenvolvimento do capitalismo é α) impedido diretamente, no caso de direção própria e completa da administração, ou β) desviado para o campo do capitalismo político (Capítulo 2, § 31), no caso de existirem medidas financeiras como o arrendamento ou a compra de cargos e o recrutamento capitalista de exércitos ou funcionários administrativos.

A economia fiscal do patrimonialismo, e ainda mais do sultanato, mesmo na presença da economia monetária, atua de modo irracional

1) devido à coexistência de

    α) uma vinculação tradicional relativamente à extensão e natureza das exigências em relação a fontes tributárias *diretas*, e

    β) uma liberdade total e, por isso, arbitrária quanto à extensão e natureza na fixação: *i)* das taxas; *ii)* dos impostos e *iii)* na criação de monopólios. Tudo isso existe, pelo menos, como *pretensão*: na realidade, ao longo da história, ocorreu em maior grau no caso *i)* (de acordo com o princípio da «faculdade de requerimento» do senhor e do quadro administrativo), muito menos no caso *ii)* e em grau diverso no caso *iii)*;

2) Porque para a racionalização da economia falta, geralmente, a possibilidade de calcular com exatidão não só apenas as cargas tributárias, mas também o grau de liberdade das atividades aquisitivas privadas.

3) Em alguns casos, no entanto, a economia fiscal patrimonial pode atuar de modo racionalizador, através de cuidados planeados dirigidos à capacidade tributária e à criação racional de monopólios, tratando-se de um «acaso» condicionado por circunstâncias históricas especiais existentes, em parte, no Ocidente.

A política financeira, quando existe uma *divisão estamental dos poderes*, tem a peculiaridade de impor cargas tributárias fixadas por compromisso e, portanto, *calculáveis*, além de eliminar ou, pelo menos, limitar consideravelmente a arbitrariedade do senhor na criação de impostos e, sobretudo, de monopólios. Nesses casos, o grau em que a política financeira material estimula ou impede uma economia racional depende da natureza da camada social predominante nas posições de poder, sobretudo se for *a)* feudal ou *b)* patrícia.

OS TIPOS DE DOMINAÇÃO

Em virtude da estrutura em geral predominantemente patrimonial dos direitos de dominação enfeudados, a preponderância da primeira costuma limitar rigidamente a liberdade das atividades aquisitivas e o desenvolvimento do mercado, chegando até, propositadamente, a impedi-los através de medidas políticas autoritárias; a preponderância da segunda pode atuar no sentido oposto.

1. Temos de limitar-nos ao que já dissemos, pois voltaremos ao assunto noutros contextos.

2. Exemplos de:

a) (*oikos*): o antigo Egito e a Índia; *b)*: grandes territórios na época do helenismo, o Império Romano tardio, a China, a Índia, a Rússia, em parte, e os estados islâmicos; *c)*: o Império Ptolemaico, Bizâncio (em parte) e, de outra forma, o reinado dos Stuarts; *d)*: os Estados patrimoniais ocidentais na época do «despotismo iluminista» (especialmente, do colbertismo).

II. O patrimonialismo normal inibe a economia racional não só através da sua política financeira, mas também pela peculiaridade geral da sua administração, isto é:

a) Pelas dificuldades que o tradicionalismo opõe à existência dos *estatutos formalmente* racionais e com duração fiável, portanto, calculáveis no seu alcance e aproveitamento económicos.

b) Pela ausência *típica* de um quadro de funcionários com qualificação profissional *formal*. O facto de este quadro ter surgido *dentro* do patrimonialismo ocidental deve-se, como veremos, a condições peculiares e deriva *primordialmente* de fontes bastante *distintas*.

c) Pelo amplo espaço deixado à arbitrariedade material e à vontade puramente pessoal do senhor e do quadro administrativo — esfera em que a possível corrupção, que nada mais é do que a degeneração do direito a taxas não regulamentado, teria uma importância mínima, por ser calculável na prática, se apresentasse uma magnitude constante e não um fator variável para cada funcionário. Em caso de arrendamento de cargos, o funcionário, para obter lucro do capital investido, vê-se imediatamente obrigado a aplicar meios de extorsão, por mais irracionais que sejam os seus efeitos.

d) Pela tendência, inerente a todo o patriarcalismo e patrimonialismo, para a regulação da economia orientada materialmente pelos ideais «culturais» utilitaristas, ético-sociais ou materiais, em consequência da natureza da vigência da legitimidade e do interesse em ver os dominados satisfeitos e, por conseguinte, pelo rompimento da sua racionalidade *formal*, orientada pelo direito dos juristas. Esse efeito é decisivo, em grau extremo, no patrimonialismo orientado hierocraticamente, enquanto os efeitos do sultanato puro se devem mais à sua arbitrariedade fiscal.

Por todas estas razões, a dominação de poderes patrimoniais normais inclui *a)* o capitalismo comercial, *b)* o capitalismo de arrendamento de impostos e de arrendamento e compra de cargos, *c)* o capitalismo baseado em fornecimento de bens ao Estado ou em financiamento de guerras, *d)* em determinadas circunstâncias, o capitalismo de *plantações* e o colonial.

Isto *não* ocorre com o empreendimento aquisitivo orientado pela situação no mercado dos consumidores privados e que se caracteriza pelo *capital fixo* e pela *organização* racional *de trabalho livre*, o qual é extremamente sensível às irracionalidades da justiça, administração e tributação, que perturbam a *possibilidade de cálculo*.

A *situação só é radicalmente diferente* quando o senhor patrimonial, por interesses de poder e por interesses financeiros próprios, recorre à administração *racional* com funcionários *qualificado profissionalmente*. Para isso, são necessários: *1)* a *existência* de uma *formação* profissional, *2)* um motivo suficientemente forte, em regra, a *concorrência* aguda entre *vários poderes* patrimoniais *parciais* dentro do mesmo âmbito *cultural, 3)* um elemento muito peculiar: a incorporação de associações comunais *urbanas* em poderes patrimoniais concorrentes, como apoio ao poder *financeiro*.

OS TIPOS DE DOMINAÇÃO

1. O capitalismo moderno, especificamente ocidental, foi preparado nas associações *urbanas*, especificamente ocidentais e administradas de modo (relativamente) racional (cuja peculiaridade examinaremos mais adiante). Desenvolveu-se do século XVI ao século XVIII, primeiro dentro das associações políticas *estamentais* holandesas e inglesas, caracterizadas pelo predomínio do poder e dos interesses aquisitivos burgueses, enquanto as imitações secundárias, fiscal ou utilitariamente condicionadas, nos Estados puramente patrimoniais ou influenciados por tendências feudal-estamentais do continente, bem como as industriais monopolistas dos Stuarts, *não* se encontravam em continuidade real com o desenvolvimento capitalista autónomo posterior. Isso apesar de algumas medidas isoladas (referentes à política agrária e industrial), em virtude da sua orientação por modelos ingleses, holandeses ou, mais tarde, franceses, terem criado condições preparativas muito importantes para o surgimento desse capitalismo (como veremos com mais detalhe).

2. Os Estados patrimoniais da Idade Média distinguem-se fundamentalmente de todos os outros quadros administrativos, em todas as associações políticas do mundo, pela natureza *formalmente* racional de uma parte do seu quadro administrativo (sobretudo juristas civis e canónicos). Abordaremos mais adiante a fonte desse desenvolvimento, bem como o seu significado. Por enquanto, as observações gerais no fim do texto são suficientes.

IV. Dominação carismática

§ 10. Dominação carismática: suas características e comunitarização

Consideramos o *carisma* uma qualidade pessoal vista como sendo extraordinária (na origem, magicamente condicionada, no caso tanto dos profetas como dos sábios curandeiros ou jurídicos, chefes de caçadores e heróis de guerra) e em virtude da qual se atribuem a uma pessoa poderes ou qualidades sobrenaturais, sobre-humanos ou, pelo menos, extraquotidianos específicos, inacessíveis a outro, ou então, considerados como enviados por Deus, como exemplares e, portanto, que levam a que a pessoa seja considerada «líder». O modo objetivamente «correto» como essa qualidade *teria* de ser avaliada,

ECONOMIA E SOCIEDADE

a partir de algum ponto de vista ético, estético ou qualquer outro, não tem importância alguma para o nosso conceito: o que importa é como ela é avaliada pelos que se deixam dominar pelo carisma — os *adeptos*.

O carisma de um *berserker* (cujos acessos maníacos foram atribuídos, aparentemente sem razão, ao uso de determinados venenos: na Bizâncio da Idade Média, um certo número de indivíduos dotados do carisma da raiva belicosa foi mantido como uma espécie de instrumento de guerra), de um «xamã» (um mago cujos êxtases, no tipo puro, poderiam ter origem em ataques de epilepsia), do fundador dos mórmones (que talvez, porém não com plena certeza, represente um tipo de embusteiro refinado) ou de um literato entregue aos próprios sucessos demagógicos, como Kurt Eisner, é tratado, pela sociologia não valorativa, absolutamente da mesma maneira que o carisma daqueles que, no juízo corrente, são considerados os «maiores» heróis, profetas ou salvadores.

1) O que decide a validade do carisma é o *reconhecimento* livre baseado em *provas* — originariamente, em milagres — deste pelos dominados, que resulta da aceitação da revelação, da veneração de heróis ou da confiança no líder. Esse reconhecimento (no caso de um carisma genuíno) não constitui, porém, o *fundamento* da legitimidade: é um dever das pessoas chamadas a reconhecer essa qualidade, em virtude de uma vocação e de provas. Esse «reconhecimento», do ponto de vista psicológico, é uma entrega crente e inteiramente pessoal nascida do entusiasmo ou de dificuldades e esperança.

Nenhum profeta considerou que a sua qualidade dependesse da opinião da multidão a seu respeito; nenhum rei coroado ou duque carismático jamais tratou os opositores ou indiferentes senão como prevaricadores: quem não participava de uma expedição militar de um líder, recrutado de maneira formalmente voluntária, ficava exposto ao escárnio dos outros por todo o mundo.

2) Se não houver provas do carisma durante muito tempo, se o agraciado carismático parece ter sido abandonado pelo seu deus ou pela força mágica ou heroica, se o sucesso desaparecer de modo

OS TIPOS DE DOMINAÇÃO

permanente e, sobretudo, *se a sua liderança não trouxer nenhum bem-estar aos dominados*, a sua autoridade carismática pode desvanecer. Este é o sentido carismático genuíno da dominação «por graça de Deus».

Os próprios antigos reis germânicos tinham, por vezes, de enfrentar o «desprezo» dos súbditos. Na China, a qualificação carismática (não modificada pelo carisma herdado, ver § 11) do monarca estava fixada de modo tão absoluto que todo o infortúnio de qualquer natureza — não só derrotas em guerras, mas também secas, inundações, fenómenos astronómicos funestos, etc. — podia obrigá-lo a uma expiação pública e até à renúncia ao trono. Nesses casos, ele não possuía o carisma da «virtude» exigida (e determinada classicamente) pelo espírito celestial e, desse modo, não era um legítimo «filho do Céu».

3) A organização que designamos como *comunidade* consiste numa relação comunitária de carácter emocional. O *quadro administrativo* do senhor carismático não é um grupo de «funcionários profissionais», e ainda menos com formação profissional. Não é selecionado de acordo com critérios estamentais, de dependência doméstica ou pessoal, mas segundo qualidades carismáticas: ao «profeta» correspondem os «discípulos»; ao «príncipe guerreiro», o «séquito»; ao «líder», em geral, «homens de confiança». Não existe uma «colocação» ou «destituição», «carreira» ou «ascensão», apenas um chamamento inspirado pelo líder, em virtude da qualificação carismática daquele que chama. Não existe «hierarquia», somente intervenção do líder no caso de insuficiência carismática do quadro administrativo para determinadas tarefas, em geral ou num caso específico, porventura a pedido deste quadro. Não existe «clientela» nem «competências», e também não há apropriação de poderes funcionais em virtude de «privilégios», apenas (possivelmente) limitações de espaço ou limitações objetivas do carisma e da «missão». Não existe «salário» nem «prebenda», vivendo os discípulos ou seguidores sobretudo com o senhor num comunismo de amor ou camaradagem, a partir de meios obtidos por mecenato. Não há «autoridades institucionais» fixas, apenas «emissários» encarregados carismaticamente, dentro dos limites da missão senhorial e do seu próprio carisma. Não há regulamento algum, nem normas jurídicas abstratas, nem jurisdição racional orientada por elas, nem sabedoria ou sentenças jurídicas orientadas por precedentes tradicionais. O que é considerado decisivo, do ponto de vista formal, são *criações* de direito, para cada caso e, originariamente, somente juízos de Deus e revelações. Porém, materialmente, a frase «Está escrito, porém eu digo-vos» aplica-se a toda a dominação carismática genuína. O profeta genuíno, bem como o príncipe guerreiro genuíno e todo o líder genuíno em geral, anuncia, cria, exige *novos* mandamentos — no sentido originário do carisma: em virtude de uma revelação, um oráculo, inspiração, ou então, da sua vontade criadora concreta, reconhecida, devido à sua origem, pela comunidade religiosa, de armas, partido ou outra qualquer. O reconhecimento é um dever. Quando a determinada diretiva se opõe outra concorrente, com pretensão de validade carismática, temos uma luta pela liderança que só pode ser decidida por meios mágicos ou pelo reconhecimento (*obrigatório*) por parte da comunidade, luta na qual só um lado tem razão e, do outro lado, só existe uma infração sujeita a expiação.

A dominação carismática, como algo *extraquotidiano*, opõe-se radicalmente tanto à dominação racional, especialmente burocrática, como à dominação tradicional, especialmente a patriarcal e patrimonial ou estamental. Ambas são formas de dominação especificamente *quotidianas* — a carismática (genuína) é especificamente o contrário. A dominação burocrática é especificamente racional no sentido da vinculação a regras analisáveis discursivamente; a carismática é especificamente irracional no sentido em que não conhece regras. A dominação tradicional está vinculada aos precedentes do passado e, nesse sentido, também se orienta por regras; a carismática subverte o passado (dentro do seu âmbito) e, nesse sentido, é especificamente revolucionária. Não conhece a apropriação do poder senhorial de acordo com uma propriedade de bens, seja pelo senhor, seja por poderes estamentais. Só é «legítima» enquanto e na medida em que «vale», isto é, encontra reconhecimento, carisma pessoal, em virtude de provas; e os homens de confiança, discípulos ou sequazes só lhe são «úteis» enquanto a sua confirmação carismática tem vigência.

OS TIPOS DE DOMINAÇÃO

O que dissemos não requer explicações. Vale tanto para o dominador carismático *puramente* «plebiscitário» (o «império do génio» de Napoleão, que fez de plebeus reis e generais), como para o profeta ou o herói de guerra.

4) O carisma puro é especificamente alheio à *economia*. Constitui, onde existe, uma «vocação», no sentido enfático da palavra: como «missão» ou «tarefa» interior. Despreza e condena, no tipo puro, o aproveitamento económico dos dons da graça como fonte de renda — o que, no entanto, é mais um ideal do que uma realidade. Não é que o carisma renuncie sempre à propriedade e à aquisição desta, como o fazem, em certas circunstâncias (ver adiante), os profetas e os seus discípulos. O herói de guerra e o seu séquito *procuram* espólio; o dominador plebiscitário ou líder carismático de um partido busca meios materiais para assegurar o seu poder; o primeiro, além disso, procura o esplendor material da sua dominação para firmar o seu prestígio de senhor. O que todos eles desdenham — desde que exista um tipo carismático genuíno — é a economia *quotidiana* tradicional ou racional, a obtenção de «receitas» regulares por meio de uma atividade económica contínua com esse fim. A manutenção por mecenas — grandes mecenas (doações, fundações, corrupção, gorjetas em grande escala) — ou por mendicância, por um lado, e espólio ou extorsão violenta ou (formalmente) pacífica, por outro, são as formas típicas de provisão de necessidades carismáticas. Do ponto de vista da economia *racional*, é uma atitude tipicamente «antieconómica», pois recusa qualquer relação com o quotidiano. A sua absoluta indiferença interior só lhe permite «apanhar», por assim dizer, oportunidades aquisitivas *ocasionais*. O «viver de rendas», como forma de *dispensa* de toda a ação económica, *pode* — para *alguns* tipos — ser o fundamento económico de existências carismáticas. Isto não costuma aplicar-se aos «revolucionários» carismáticos normais.

A renúncia a cargos eclesiásticos por parte dos jesuítas constitui uma aplicação racionalizada desse princípio de «discipulado». É evidente que todos os heróis da ascese, ordens mendicantes e combatentes pela fé também pertencem a essa categoria. Quase todos os profetas foram mantidos por mecenas. A frase de Paulo contra o parasitismo dos missionários — «Quem

320 ECONOMIA E SOCIEDADE

não trabalha, também não deve comer» — não significa, naturalmente, uma afirmação da «economia», mas sim o dever de cuidar da própria subsistência de algum modo, como atividade «acessória», pois a parábola verdadeiramente carismática dos «lírios do campo» não é para levar à letra. Aplica-se apenas no sentido de *não* se preocupar com as necessidades do dia seguinte. Por outro lado, no caso de um grupo de discípulos carismáticos de carácter primariamente artístico, é imaginável que se considere normal a sua renúncia a disputas económicas, limitando-se a verdadeira vocação apenas a «economicamente independentes» (rentistas) (como no círculo de Stefan George, pelo menos, segundo a intenção original).

5) O carisma constitui um grande poder revolucionário em épocas com uma forte vinculação à tradição. Diferentemente do poder também revolucionário da *ratio*, que ou atua de fora para dentro — graças a uma alteração das circunstâncias e de problemas da vida, e, indiretamente, das atitudes diante destas —, ou por intelectualização, o carisma *pode* constituir uma transformação a partir do interior, resultante da necessidade ou do entusiasmo, uma alteração da orientação da consciência e das ações no sentido de uma atitude completamente nova perante todas as formas de vida e perante o «mundo» em geral. Nas épocas pré-racionalistas, a tradição e o carisma dividem entre si a quase totalidade da orientação das ações.

V. A rotinização do carisma

§ 11. A rotinização do carisma e os seus efeitos

Na sua forma genuína, a dominação carismática possui um carácter especificamente extraordinário e representa uma relação social estritamente pessoal ligada à valorização carismática de determinadas qualidades pessoais e à *evidência* das mesmas. Quando essa relação deixa de ser efémera e assume o carácter de uma relação *permanente* — «comunidade» de correligionários, guerreiros ou discípulos, ou, ainda, associação partidária, política ou hierocrática — a dominação carismática, que, por assim dizer, na sua pureza ideal, somente existiu *in statu nascendi*, tem de alterar substancialmente o seu carácter: tradicionaliza-se, racionaliza-se (legaliza-se), ou ambas as coisas, em vários aspetos. Os motivos que dão origem a essas alterações são:

a) o interesse ideal ou também material dos *adeptos* na persistência e reanimação contínua da comunidade;

b) o interesse ideal e material ainda mais forte do *quadro administrativo*: dos sequazes, discípulos, homens de confiança de um partido, etc., em *i)* manter a existência da relação, e isto *ii)* de tal maneira que a posição própria seja apresentada ideal e materialmente como um fundamento *quotidiano* duradouro: exteriormente, o estabelecimento da existência *familiar* ou, pelo menos, da existência *saturada*, em lugar de «missões» estranhas à família e à economia e isoladas do mundo.

É típico estes interesses tornarem-se atuais quando a pessoa portadora do carisma desaparece e se levanta a questão da *sucessão*. A forma como esta se resolve — *quando* se resolve e, portanto, a comunidade carismática subsiste (ou *surge nesta ocasião*) — é decisiva para a natureza geral das relações sociais que então se desenvolvem.

Pode haver os seguintes tipos de soluções:

a) Uma nova *escolha* de uma pessoa qualificada para a liderança por ser portadora do carisma, de acordo com determinadas *características*.

Tipo bastante puro: a escolha do novo Dalai-Lama (criança a ser escolhida segundo indícios da encarnação do divino, semelhante à escolha do touro Ápis).

Neste caso, a legitimidade do novo portador do carisma está ligada a *características*, isto é, «regras» para as quais existe uma tradição (tradicionalização), radicando, assim, no carácter *puramente* pessoal.

b) *Por revelação*: oráculo, sorteio, decisão de Deus ou outras técnicas de seleção. Neste caso, a legitimidade do novo portador do carisma deduz-se da legitimidade da respetiva *técnica* (legalização).

Os *schophetim* israelitas tinham, por vezes, esse carácter, segundo parece. Diz-se que o antigo oráculo da guerra designou Saul.

c) Por designação do sucessor pelo portador do carisma anterior e reconhecimento pela comunidade. Esta forma é muito frequente. A criação das magistraturas romanas (conservada mais claramente na designação dos ditadores e na instituição do *interrex*) inicialmente, possuía esse carácter.

A legitimidade torna-se, então, uma legitimidade *adquirida* por nomeação.

d) Por nomeação do sucessor pelo quadro administrativo qualificado carismaticamente, e por reconhecimento pela comunidade. Todavia, este processo não se deve associar, nem por sombras, à ideia de «eleição» ou de «direito de pré-eleição» ou «proposta eleitoral». Não se trata de uma seleção livre, mas sim de uma escolha estritamente vinculada a determinados deveres. Não resulta do voto de maiorias, resulta sim da escolha *certa*, da seleção da pessoa certa, do verdadeiro portador do carisma, na escolha do qual a minoria pode também acertar. A unanimidade é um postulado, o reconhecimento de erros é um dever, a persistência nestes é uma falta muito grave, uma escolha «errada» constitui uma infração (originariamente mágica) a ser expiada.

Neste caso, no entanto, a legitimidade dá facilmente a impressão de basear-se na aquisição de um direito, observando todas as cautelas da justeza e, na maioria das vezes, ligada a determinadas formalidades (entronização, etc.).

OS TIPOS DE DOMINAÇÃO

Este era o sentido originário da coroação de bispos e reis pelo clero ou por príncipes, com consentimento da comunidade, no Ocidente e em muitos processos análogos no mundo inteiro. Que a ideia de «eleição» *tenha* origem neste procedimento é algo que veremos posteriormente.

e) Pela ideia de que o carisma seja uma qualidade do *sangue* e, portanto, seja inerente ao clã do portador, especialmente, aos parentes mais próximos: *carisma hereditário*. Neste caso, a *ordem de sucessão* não é necessariamente a mesma que para os direitos apropriados, sendo, até, muitas vezes heterogénea, ou requerendo uma verificação, por meio dos métodos *a)* a *d)*, para atestar quem é o herdeiro «certo» dentro do clã.

Entre os negros, esta decisão resulta de um duelo entre irmãos. Na China, por exemplo, a ordem de sucessão não pode perturbar a relação com os espíritos dos antepassados (a geração seguinte). O seniorato ou a designação pelo séquito é muito frequente no Oriente (daí o «dever» de exterminar todos os outros possíveis pretendentes na dinastia Osman).

O princípio inequívoco do direito de *sucessão* do primogénito, favorecendo muito a consolidação das associações políticas (evitando lutas entre vários pretendentes do clã com carisma hereditário), só se aplicou no Ocidente medieval e no Japão, além de em alguns outros casos isolados.

Nestes casos, já não é a fé que determina as qualidades carismáticas de uma pessoa, mas sim a aquisição legítima, em virtude da ordem de sucessão (tradicionalização e legalização). O conceito de «senhor pela graça de Deus» altera-se completamente, significando, agora: senhor por direito próprio, e *não* em resultado do reconhecimento por parte dos dominados. Pode não existir nenhum carisma pessoal.

A monarquia hereditária, as inúmeras hierocracias hereditárias na Ásia e o carisma hereditário dos clãs como indício da sua posição social e da sua qualificação para feudos e prebendas (ver o § seguinte) fazem parte desta categoria.

f) Pela ideia de que o carisma é uma qualidade (originariamente mágica) que, por meios hierúrgicos do seu portador, pode ser transmitida a outras pessoas ou criada: objetivação do carisma, particularmente, do *carisma de cargo*. A crença na legitimidade, nestes casos, já não se refere a uma pessoa, mas sim às qualidades adquiridas e à eficácia dos atos hierúrgicos.

Exemplo mais importante: o carisma sacerdotal, transmitido ou confirmado por unção, consagração ou imposição de mãos, e o carisma real, por unção e coroação. O *character indelebilis* significa a separação entre as faculdades carismáticas do cargo e as qualidades da pessoa do sacerdote. Precisamente por isso é que deu azo a lutas incessantes, desde o donatismo e o montanismo até à revolução puritana (batista) — (o «mercenário» dos quacres é o pregador com carisma de *cargo*).

§ 12. A rotinização do carisma e os seus efeitos (continuação)

A rotinização do carisma pela nomeação de um sucessor vai a par com a rotinização dos interesses por parte do *quadro administrativo*. O quadro administrativo só pode viver com este senhor, reconhecido por fé e entusiasmo, através de mecenato ou em função do espólio ou de receitas ocasionais *in statu nascendi* e enquanto o senhor carismático reger de modo genuinamente *extraquotidiano*. Só uma pequena *camada* de discípulos ou sequazes entusiastas é que se dispõe a viver dessa maneira, colocando a sua vida ao serviço da sua «vocação», de modo apenas «ideal». A grande maioria dos discípulos e seguidores (ao longo do tempo) também quer fazê-lo de modo *material*, e tem de o fazer, para não desaparecer.

Por isso, a rotinização do carisma também se concretiza:

1) sob a forma de *apropriação* de poderes de mando e de oportunidades aquisitivas pelos sequazes ou discípulos, e com *regulação* do seu recrutamento;

2) essa tradicionalização ou legalização (segundo existam estatutos racionais ou não) pode assumir diversas formas típicas:

OS TIPOS DE DOMINAÇÃO

a) o modo de recrutamento genuíno dá-se segundo o carisma pessoal. Os sequazes ou discípulos, no caso de rotinização do carisma, podem estabelecer *normas* para o recrutamento, especialmente *α)* normas de educação, ou *β)* normas de testagem.

O carisma só pode ser «despertado» e «testado», não «aprendido» ou «inculcado». Todas as formas de ascese mágica (de feiticeiros ou heróis) e todos os *noviciados* pertencem a esta categoria de *fechamento* da associação do quadro administrativo (sobre a educação carismática, ver Capítulo 4). Só tem acesso aos poderes de mando um noviço testado. O líder carismático genuíno pode conseguir opor-se a essas pretensões. Contudo, o mesmo não acontece com o seu sucessor, e menos ainda com o eleito pelo quadro administrativo (§ 11, *d)*).

Este tipo de provação aplica-se a toda a ascese de magos e guerreiros na «casa dos homens», com a consagração dos educandos e com as diversas faixas etárias. Quem não passa na prova de guerreiro, passa a ser considerado uma «mulher», ou seja, é excluído do séquito.

b) As normas carismáticas podem transformar-se facilmente em normas *estamentais* tradicionais (carismático-hereditárias). Quando existe carisma hereditário do líder (§ 11, *e)*), é muito provável que esse princípio também se aplique ao quadro administrativo e, também, aos próprios adeptos, como regra de seleção e emprego dos mesmos. Quando uma associação política está dominada rigorosa e completamente por esse princípio do carisma hereditário, concretizando-se toda a apropriação de poderes de mando, feudos, prebendas e oportunidades aquisitivas de todas as espécies, segundo esse princípio, temos o tipo de «estado de linhagem». Todos os poderes e oportunidades são tradicionalizados. Os chefes de clã (isto é, gerontocratas ou patriarcas tradicionais, pessoalmente não legitimados por carisma) regulam a prática que não pode ser retirada ao seu clã. Não é a natureza do cargo que determina a «posição social» do homem ou do seu clã. O que é decisivo para a posição do *clã* é o seu nível carismático-hereditário.

ECONOMIA E SOCIEDADE

Exemplos mais importantes: o Japão, antes da burocratização; em grande parte, também a China (as «velhas» famílias), antes da racionalização, nas diversas partes do Estado; a Índia, com as ordens das castas; a Rússia, antes da introdução do *mestnitchestvo* e depois, de outra forma, por toda a parte, os «estamentos hereditários» com privilégios fixos (sobre esta temática, ver Capítulo 4).

c) O quadro administrativo pode exigir e impor a criação e apropriação de cargos e oportunidades aquisitivas *individuais* para os seus membros. Neste caso, dependendo de existir tradicionalização ou legalização, surgem *i)* prebendas (sistema de prebendas — ver antes), *ii)* cargos (patrimonialização e burocratização — ver antes), *iii)* feudos (feudalização), os quais são apropriados, em lugar da manutenção originária, puramente acosmística, com base no mecenato ou espólio. Mais concretamente:

Sobre *i)*, *α)* prebendas de mendicância; *β)* prebendas de rendas em espécie; *γ)* prebendas de impostos em dinheiro, *δ)* prebendas de emolumentos, através da regulação da manutenção, baseada inicialmente apenas no mecenato (*α*)) ou no espólio (*β*) e *γ*)), orientada de acordo com uma organização financeira racional.

Para *α)*, budismo, *β)*, prebendas de arroz na China e no Japão, *γ)* é comum em todos os Estados conquistadores racionalizados, *δ)* tem inúmeros exemplos isolados, por toda a parte, especialmente sacerdotes e juízes, mas, na Índia, também autoridades militares.

Relativamente a *ii)*, a tendência para «funcionalização» das missões carismáticas pode ser de carácter mais patrimonial ou mais burocrático. O primeiro caso constitui a regra. O segundo existia na Antiguidade e existe no Ocidente moderno, sendo mais raro e com carácter de exceção também noutras regiões.

Com respeito a *iii)*, *α)*, feudo de terras com conservação do carácter de missão do cargo como tal; *β)*, apropriação plena, com carácter de feudo, dos poderes de mando.

Ambos dificilmente separáveis, é difícil a orientação do cargo pelo carácter de missão desaparecer completamente, até na Idade Média.

OS TIPOS DE DOMINAÇÃO

§ 12a. A rotinização do carisma e os seus efeitos (conclusão)

A condição prévia para a rotinização do carisma consiste na eliminação do seu alheamento da economia, a sua adaptação a formas fiscais (financeiras) de provisão das necessidades e, portanto, a condições económicas capazes de render impostos e tributos. Os «leigos» das missões em processo de prebendalização estão para o «clero» — membros participantes (com «participação», $\varkappa\lambda\tilde{\eta}\varrho o\varsigma$) do quadro administrativo carismático agora rotinizado (sacerdotes da «igreja» nascente) — como os «súbditos fiscais» estão para os vassalos, prebendários e funcionários da associação política nascente — em caso de racionalidade, do «Estado» —, ou talvez os funcionários de partido, que substituíram os «homens de confiança».

Esse processo é típico entre as seitas budistas e hinduístas (ver sociologia da religião), bem como em todos os impérios de conquistadores racionalizados ou em partidos e outras formações com origem carismática.

Com a rotinização, a associação de dominação carismática *desemboca*, em grande parte, nas formas de dominação quotidiana: patrimonial — especialmente, estamental — ou burocrática. O carácter específico das origens manifesta-se na *honra* estamental carismático-hereditária ou carismático-funcional dos apropriantes, tanto do senhor como do quadro administrativo, portanto, numa liderança de *prestígio*. Um monarca hereditário «pela graça de Deus» não é um simples senhor patrimonial, um patriarca ou um xeque, tal como um vassalo não é um simples ministerial ou funcionário. Os pormenores pertencem à teoria dos «estamentos».

A rotinização, em regra, *não* acontece sem conflitos. No início, as exigências *pessoais* em relação ao carisma do senhor são inesquecíveis, e a luta entre o carisma funcional ou hereditário e o carisma pessoal constitui um processo típico na história.

1. A transformação do poder expiatório (absolvição de pecados mortais) de um poder pessoal dos próprios mártires e ascetas num poder funcional de *cargo* de bispos e sacerdotes realizou-se *muito* mais lentamente no Oriente do que no Ocidente, sob influência do conceito romano de «função».

ECONOMIA E SOCIEDADE

Existem revoluções de líderes carismáticos contra poderes carismático--hereditários ou institucionalizados em todo o tipo de associações, desde o Estado aos sindicatos (especialmente agora!). Quanto mais desenvolvidas são as dependências intereconómicas da economia monetária, tanto mais forte se torna a pressão das necessidades quotidianas dos adeptos e, com isto, a tendência para rotinas por toda a parte, que, em regra, venceram rapidamente. O carisma é um fenómeno *inicial* típico de dominações religiosas (proféticas) ou políticas (de conquista) que, no entanto, cede aos poderes do quotidiano logo que a dominação está assegurada e, sobretudo, assim que assume um carácter de *massa*.

2. Um dos motivos impulsores da rotinização do carisma é sempre, naturalmente, a aspiração a segurança, isto é, a legitimação das posições sociais de mando e oportunidades económicas para os sequazes e os adeptos do senhor. Um outro motivo reside na necessidade objetiva de adaptação dos seus regulamentos e do seu quadro administrativo às exigências e condições normais de uma administração quotidiana. Estes constituem, particularmente, pontos de referência para uma tradição administrativa e jurisdicional necessários tanto a um quadro administrativo normal quanto aos dominados. Além disso, é preciso haver alguma regulamentação dos cargos dos membros dos quadros administrativos. Por fim, e acima de tudo — assunto ao qual voltaremos mais detalhadamente —, a adaptação dos quadros administrativos e de todas as disposições administrativas às condições *económicas* quotidianas (cobertura dos custos por espólio, contribuições, doações e hospitalidade), tal como acontece no estádio atual do carisma guerreiro e profético, não constituem fundamentos possíveis de uma administração quotidiana duradoura.

3. A rotinização não resulta somente do problema do sucessor e está muito longe de se reduzir a essa questão. Pelo contrário, o problema principal está na transição dos quadros e princípios administrativos carismáticos para os quotidianos. O problema do sucessor afeta a rotinização do cerne carismático — do próprio senhor e da sua legitimidade —, mostrando, ao contrário do problema da transição para ordens e quadros administrativos tradicionais ou legais, conceções peculiares e características que só são compreensíveis do ponto de vista desse processo. As mais importantes são a nomeação carismática do sucessor e o carisma hereditário.

4. Roma constitui o exemplo histórico mais importante da designação do sucessor pelo próprio senhor carismático. Para o *rex*, ela está confirmada pela tradição; para o ditador e o corregente e sucessor no principado, está comprovada pela história; a forma de nomeação de todos os funcionários

OS TIPOS DE DOMINAÇÃO

com *imperium* demonstra claramente que, para estes, a designação do sucessor pelo general só estava confirmada se houvesse reconhecimento da mesma por parte da milícia, pois a prova e, na origem, a rejeição obviamente arbitrária do candidato pelo magistrado em exercício mostram claramente a existência de uma evolução.

5. Os exemplos mais importantes de designação do sucessor pelo séquito carismático são a nomeação dos bispos, e especialmente do Papa, escolhidos — originariamente — pelo clero e reconhecidos pela comunidade, bem como a eleição do rei alemão, que (como parece provável, segundo Ulrich Stutz) imita, ainda que com modificações, a nomeação dos bispos: designação por determinados príncipes e reconhecimento pelo «povo» (em armas). Existem muitas formas semelhantes a estas.

6. A Índia constitui o país clássico de desenvolvimento do carisma hereditário. Todas as qualidades profissionais e, especialmente, todas as qualificações da autoridade e todas as posições de liderança eram consideradas como estando vinculadas rigorosamente ao carisma hereditário. A pretensão a feudos constituídos por direitos de mando estava ligada à pertença ao clã do rei; os feudos eram avaliados pelo membro mais velho do clã. Todas as funções hierocráticas — incluindo a singularmente importante e influente de guru (*directeur de l'âme*) —, todas as relações repartidas com clientes, todas as posições dentro do sistema de uma aldeia (sacerdote, barbeiro, lavador, vigia, etc.) eram consideradas como algo vinculado ao carisma hereditário. Cada fundação de uma seita significava a fundação de uma hierarquia hereditária. (O mesmo se diga do taoísmo chinês.) No «Estado de linhagem» japonês (antes da introdução do Estado patrimonial-burocrático orientado pelo modelo chinês, que levou, depois, à prebendalização e à feudalização), a estrutura social era puramente carismático-hereditária (ver pormenores noutro contexto).

Esse direito carismático-hereditário às posições de liderança desenvolveu-se de forma semelhante em todo o mundo. A qualificação em virtude da capacidade pessoal foi substituída pela qualificação em virtude da ascendência. Este fenómeno baseia-se, em toda a parte, no desenvolvimento dos estamentos hereditários, tanto na nobreza romana, como, segundo Tácito, no conceito germânico de *stirps regia*, assim como nas regras de elegibilidade para torneios e mosteiros da Idade Média tardia, no interesse moderno pelo *pedigree* da nova aristocracia americana e, em geral, em todos os lugares onde existe uma diferenciação «estamental» (como veremos).

Relação com a economia: a transformação do carisma em algo quotidiano é idêntica, em aspetos essenciais, à adaptação às condições da economia como um poder quotidiano atuante ininterrupto. A economia dirige *este processo*, não é dirigida. A transformação carismático-hereditária ou funcional serve como meio de legitimação de poderes de disposição existentes ou adquiridos. A manutenção das monarquias hereditárias, particularmente, também está extremamente condicionada — além das ideologias de fidelidade que, certamente, não deixam de ter importância — pela consideração de que toda a propriedade herdada e adquirida legitimamente pode ser abalada se a estreita vinculação à santidade da herança ao trono for eliminada; não é, pois, um acaso que essa atitude se adeque mais às camadas com propriedades do que ao proletariado.

Além disso, não parece possível dizer algo muito geral (e, ao mesmo tempo, de conteúdo objetivo e valioso) sobre as relações das diversas possibilidades de adaptação à economia: este aspeto merece especial atenção. A prebendalização, a feudalização e a apropriação carismático-hereditária de oportunidades de todo o tipo podem exercer os seus efeitos estereotipados em *todos* os casos, ao desenvolver-se a partir tanto do carisma como de condições iniciais de carácter patrimonial ou burocrático, repercutindo-se, assim, na economia. O poder do carisma, em geral bastante revolucionário no âmbito económico e, no início, frequentemente destrutivo, por estar (talvez) orientado por ideias «novas» e sem «precedentes», atua, então, no sentido contrário ao inicial.

A economia das revoluções (carismáticas) deve ser abordada separadamente. É muito diversa.

VI. Feudalismo

§ 12b. Feudalismo e feudalismo de feudo

Convém abordar ainda, particularmente, o caso mencionado no § 12, *c)*, *iii)* (feudos), visto poder dar origem a uma estrutura de

OS TIPOS DE DOMINAÇÃO

associação de dominação *distinta* tanto do patrimonialismo, como do carismático genuíno ou hereditário com um enorme significado histórico: o *feudalismo*. Estabeleceremos uma distinção entre formas autênticas de feudalismo de *feudo* e feudalismo de *prebenda*. Todas as outras formas *chamadas* «feudais» de concessão de terras funcionais em troca de serviços militares são, na realidade, de carácter patrimonial (ministerial) e não serão consideradas casos especiais. Só falaremos em pormenor das diversas formas de *prebendas* mais tarde.

A. Feudo significa sempre:

a) a apropriação de poderes de mando e direitos senhoriais. Podem ser apropriados como feudos: $\alpha)$ apenas poderes dentro da gestão patrimonial, ou $\beta)$ direitos dentro de uma associação, apenas económicos (fiscais), ou $\gamma)$ poderes de mando dentro de uma associação (ver B., *f)*).

A enfeudação processa-se como uma concessão em troca de serviços específicos, normalmente, e antes de mais, *militares*, mas também administrativos. A concessão concretiza-se sob formas muito específicas, a saber:

b) originariamente, com carácter puramente *pessoal*, relacionada com a vida do senhor e do vassalo. Além disso,
c) por *contrato*, isto é, com um homem livre, que (no caso da relação que aqui consideramos feudalismo de feudo)
d) tem um modo de vida especificamente estamental (de cavaleiro).
e) O contrato de feudo não consiste num «negócio» comum, mas sim numa *fraternidade*, porém com direitos desiguais, que tem como consequência determinados deveres recíprocos de *fidelidade*, os quais $\alpha)$ se baseiam na *honra* estamental (de cavaleiro) e $\beta)$ estão rigorosamente *delimitados*.

A transição do tipo $\alpha)$ (§ 12, *c)*, nas explicações relativas a *iii)*) para o tipo $\beta)$ ocorre quando *aa)* a apropriação dos feudos

332 ECONOMIA E SOCIEDADE

é *hereditária*, com a única condição de aptidão e renovação da promessa de fidelidade a todo o novo senhor por parte de todo novo detentor e quando *bb)* o quadro administrativo de carácter feudal impõe a *obrigação de concessão* porque todos os feudos são considerados um fundo de manutenção dos pertencentes ao estamento.

O primeiro tipo surgiu relativamente cedo na Idade Média; o segundo, mais tarde, nesse mesmo período. A luta do senhor contra os vassalos pretendia acima de tudo a eliminação (tácita) *desse* princípio, o qual, evidentemente, tornou impossível a criação ou obtenção de um «poder doméstico» patrimonial próprio do senhor.

B. A administração de carácter feudal (feudalismo de feudo), no caso de uma realização consequente — ainda que seja tão rara uma forma absolutamente pura do mesmo quanto de patrimonialismo *puro* —, significa que

a) todo o poder de mando se reduz às possibilidades de serviços existentes em virtude da promessa de fidelidade dos vassalos;

b) a associação política é completamente substituída por um sistema de relações de fidelidade puramente pessoais entre o senhor e os seus vassalos, e entre estes e os seus subvassalos (subenfeudados), e daí por diante, até aos eventuais subvassalos destes últimos. O senhor só tem direito à fidelidade dos seus vassalos, estes, à dos seus subvassalos, e assim por diante;

c) o senhor só pode retomar o feudo dos seus vassalos, e estes, dos seus subvassalos, e assim sucessivamente, em caso de «traição». Contudo, nesse caso, o senhor, nas suas ações contra o vassalo infiel, depende do apoio dos outros vassalos ou da passividade dos subvassalos do «traidor». Ambas as coisas só são de esperar quando, por sua vez, os primeiros ou os segundos também considerem ter ocorrido uma traição ao companheiro ou ao senhor que lhes é imediatamente superior. E, mesmo neste caso, não é de esperar apoio dos subvassalos do «traidor», a não ser que o senhor tenha conseguido impor *este* caso — a luta do senhor imediato contra

OS TIPOS DE DOMINAÇÃO

o senhor superior — como exceção na subenfeudação (o que foi tentado sempre, mas nem sempre com êxito);

d) existe uma hierarquia feudal estamental (no *Espelho da Saxónia*[18]: os «escudos da cavalaria») segundo a ordem da subenfeudação. Apesar disso, não se trata de uma «série de instâncias», nem de uma «hierarquia». Na verdade, a questão de uma medida ou sentença poder ser impugnada, e que não depende, em primeira instância, do supremo tribunal (*Oberhof*), não é decidida segundo o sistema feudal hierárquico (o supremo tribunal pode — teoricamente — estar enfeudado a um companheiro do detentor do poder jurisdicional, ainda que, efetivamente, isto não costume acontecer);

e) aqueles que *não* se encontram na hierarquia feudal como detentores de feudos de poderes de mando patrimoniais são «súbditos inferiores» dentro da associação, isto é, *súbditos* patrimoniais. Estão submetidos aos enfeudados na medida em que a sua situação tradicional, em especial, a sua posição estamental, o condiciona ou permite, tanto quanto o poder dos detentores militares de feudos, perante os quais os dependentes ficam relativamente indefesos, o impõe. A frase «*Nulle terre sans seigneur*» aplica-se tanto ao senhor (concessão de terras obrigatória) quanto aos não enfeudados. O único remanescente do antigo poder de mando *imediato* dentro da associação é o princípio, quase sempre vigente, segundo o qual os poderes de mando, sobretudo os jurisdicionais, cabem ao senhor feudal *onde ele se encontra*;

f) os poderes próprios à gestão patrimonial (disposição sobre domínios, escravos, servos), os direitos fiscais dentro da associação (direito a impostos e tributos) e os poderes de mando dentro da associação (poder jurisdicional e de recrutamento militar, portanto, poderes sobre os «livres») tornam-se, sem dúvida, objeto de enfeudação. Os *poderes de mando* dentro da associação, em regra, estão submetidos a ordens específicas.

---

[18] O mais antigo Livro de Regras da Saxónia. Remonta à Idade Média. (*N. dos T.*)

ECONOMIA E SOCIEDADE

Na China antiga, os feudos puramente de renda e os feudos territoriais designavam-se de maneiras diferentes, o que não acontecia na Idade Média ocidental, embora houvesse uma diferenciação na qualidade estamental e em numerosos pontos específicos de que não nos ocuparemos aqui.

A apropriação plena dos *poderes de mando* dentro da associação sofreu várias transições e atrasos (de que falaremos mais tarde) para se fazer impor — à semelhança do que aconteceu com a apropriação de direitos patrimoniais enfeudados. O que, em regra, *permanece* é a diferença *estamental* entre o enfeudado com direitos relativos apenas à gestão patrimonial ou *puramente* fiscais e o enfeudado com poderes de mando dentro da associação: senhorio jurisdicional (sobretudo, direito sobre a vida e a morte) e senhorio militar (especialmente, feudo de bandeira), este último constituído por *vassalos políticos.*

No caso do feudalismo de feudo relativamente puro, o poder senhorial é extremamente precário, como é óbvio, porque depende da *vontade* de obedecer e, para tanto, da fidelidade puramente pessoal do quadro administrativo *na posse dos meios de administração* apropriados como feudos. Por isso, a luta latente pelo poder de mando entre o senhor e os vassalos é crónica e a administração feudal realmente típico-ideal (conforme *a)–f)*) nunca se impôs ou constituiu uma relação duradoura e efetiva *em lugar algum*. Na realidade, sempre que pôde, o senhor

a) em vez do princípio de fidelidade puramente pessoal (*c)* e *d)*), procurou impor

    α) a limitação ou proibição da subenfeudação — decretada com frequência no Ocidente, mas, muitas vezes, pelo próprio quadro *administrativo*, em função dos seus interesses de poder (na China, observada no cartel dos príncipes de 630 a. C.);

    β) a não-validade do dever de fidelidade dos subvassalos ao seu senhor, em caso de guerra entre este e o senhor feudal superior; e, se possível,

    γ) o dever imediato de fidelidade dos subvassalos ao senhor feudal superior;

OS TIPOS DE DOMINAÇÃO

b) procurou assegurar o seu direito de *controlo* da administração exercida pelos poderes de mando dentro da associação, por meio de

α) direito de apresentação de queixa dos súbditos inferiores ao senhor feudal superior e de apelo aos tribunais deste;
β) fiscais nas cortes dos vassalos *políticos*;
γ) direito tributário próprio para com os súbditos de todos os vassalos;
δ) nomeação de determinados funcionários dos vassalos políticos;
ε) manutenção do princípio segundo o qual *aa)* todos os poderes senhoriais lhe cabem a ele, o senhor feudal superior, quando presente pessoalmente; e, além disso, o estabelecimento do princípio segundo o qual *bb)* ele, como senhor feudal, pode levar ao seu tribunal quaisquer assuntos, segundo o *seu* arbítrio.

Esse poder só pode ser obtido e mantido pelo senhor perante os vassalos (e outros apropriantes de poderes senhoriais) quando

c) o senhor cria, restabelece ou organiza adequadamente um *quadro administrativo* próprio. Este pode ser

α) patrimonial (ministerial) — caso frequente entre nós, na Idade Média, e no Japão, durante o *bakufu* do xogum, que controlava subtilmente os daimios;
β) extrapatrimonial, *estamental*, constituído por letrados, clérigos (cristãos, brâmanes) e *kayasth* (budistas, lamaístas, islâmicos) ou humanistas (na China: letrados confucionistas). Sobre a natureza peculiar e os poderosos efeitos culturais, ver o Capítulo 4;
γ) um quadro administrativo qualificado *profissionalmente*, especialmente, com formação jurídica e militar.

Isto foi proposto, em vão, na China, por Wang An Shi, no século XI (então, já não dirigido contra os feudais, mas sim contra os letrados). Para a

336 ECONOMIA E SOCIEDADE

administração civil no Ocidente, foi imposta formação universitária, tanto na Igreja (pelo direito canónico) como no Estado (pelo direito romano; em Inglaterra, pela *common law*, racionalizada com base *em formas* de pensamento romanas), o que constitui o germe do Estado ocidental moderno. Para a administração militar, no Ocidente, através da expropriação dos empresários militares *capitalistas* (*condottieri*) — predecessores dessa administração que tinham ocupado o lugar do senhor feudal — pelo poder dos príncipes, mediante a administração fiscal *racional* dos mesmos, a partir do século XVII (em Inglaterra e em França ainda mais cedo).

Essa luta do senhor contra o quadro administrativo feudal — que, no Ocidente (não no Japão), coincide muitas vezes, aliás, é parcialmente idêntica à que o senhor empreende contra o poder das *corporações estamentais* — acabou *por toda a parte*, na época *moderna*, com a vitória do senhor, isto é, da *administração burocrática*, primeiro no Ocidente, depois no Japão e na Índia (e talvez na China), inicialmente sob a forma de uma dominação estrangeira. Além de constelações de poder resultantes da história, o elemento decisivo deste processo, no Ocidente, deveu-se a condições económicas, sobretudo ao crescimento da *burguesia*, baseada nas *cidades* (*somente* desenvolvidas no sentido ocidental) e, depois, à concorrência entre os diversos Estados para acederem ao poder, apoiados numa *administração racional* (isto é, burocrática) e na aliança condicionada fiscalmente pelos interesses capitalistas, como veremos adiante.

§ 12c. Feudalismo de prebenda e outros tipos de feudalismo

Nem todo o «feudalismo» é feudalismo de *feudo* no sentido ocidental. Ao par deste existe, sobretudo:

A. O feudalismo de *prebenda*, condicionado fiscalmente.

Este feudalismo de prebenda é típico no Próximo Oriente islâmico e na Índia sob dominação mogol. Pelo contrário, o feudalismo da China antiga, antes de Shi Hoang Ti, era, pelo menos em parte, de feudo, existindo contudo a par do feudalismo de prebenda. O feudalismo japonês dos daimios

OS TIPOS DE DOMINAÇÃO

era caracterizado pelo enorme controlo do senhor (*bakufu*), contudo, os feudos dos samurais e dos *buke* constituíam, frequentemente, prebendas *ministeriais* (apropriadas e cadastradas muitas vezes segundo a *kokudaka* — rendimento proveniente da renda do arroz).

Falamos de feudalismo de prebenda quando está em causa

a) a apropriação de *prebendas*, portanto, de rendas estimadas e concedidas segundo o *rendimento*, e, além disso, quando

b) a apropriação (em princípio, ainda que nem sempre efetivamente) é apenas pessoal, dependendo do *desempenho* e implicando uma possível *ascensão*. É o caso das prebendas dos sipaios turcos, pelo menos, por lei. Sobretudo, porém,

c) não se cria *primariamente* uma relação de fidelidade individual, livre e pessoal, através de um contrato de *fraternidade* com a *pessoa* do senhor, cuja consequência é a concessão de um feudo individual, cria-se, sim, uma relação de fins *fiscais*, por parte da associação tributária do senhor, de resto, de carácter patrimonial (muitas vezes de sultanato). O que (na maioria das vezes) se manifesta na concessão de fontes de renda avaliadas e cadastradas.

O surgimento do feudalismo de *feudo* acontece — não necessariamente, mas em regra — a partir de uma provisão pessoal de necessidades, (quase) exclusivamente em espécie, da associação política (obrigações de serviço ou militares). Pretende, essencialmente, em lugar do exército de recrutados — constituído por pessoas sem instrução específica, oneradas de outras obrigações economicamente indispensáveis e incapazes de equipar-se a si mesmas de modo adequado —, ter um *exército de cavaleiros* treinado, armado e unido pela honra *pessoal*. O surgimento do feudalismo de *prebenda* constitui, em regra, a transformação da gestão financeira baseada em economia *monetária* («regresso» ao financiamento em espécie) e pode ocorrer

α) para descarregar em *empresários* o risco de receitas oscilantes (uma forma modificada do arrendamento de impostos), em troca de

338 ECONOMIA E SOCIEDADE

aa) um recrutamento de determinados guerreiros (cavaleiros, porventura, carros de guerra, encouraçados, intendência e, por vezes, também artilharia) para o exército do príncipe patrimonial. Na China da Idade Média era frequente existirem certos contingentes de guerreiros de diversos tipos numa área de determinada dimensão. Além disso, possível ou *exclusivamente*,

bb) pagamento dos custos da administração civil e

cc) entrega de um tributo fixo à caixa do príncipe. Caso frequente na Índia. Em troca, concedia-se, naturalmente (para cumprimento dessas obrigações),

dd) a apropriação de direitos senhoriais de extensão diversa, originariamente denunciável e readquirível, mas, realmente, muitas vezes, *definitiva*, por falta dos meios necessários.

Estes apropriadores *definitivos* tornavam-se então, pelo menos, *senhores fundiários*, chegando, muitas vezes, a apropriar-se também de poderes de mando de grande alcance dentro da associação.

Foi o que aconteceu, sobretudo, na Índia, onde quase todos os senhorios territoriais dos *zamindar, jagirdar* e *taluqdar* surgiram dessa forma. Deu-se também em grandes regiões do Próximo Oriente, conforme mostrou Carl Heinrich Becker (o primeiro a perceber acertadamente a diferença entre este feudalismo e o ocidental). *Inicialmente*, trata-se de arrendamento de impostos; depois, forma-se um «senhorio fundiário». Também os «boiardos» romenos são descendentes da sociedade mais mista do mundo: judeus, alemães, gregos, etc., que, tendo começado por ser arrendatários de impostos, se apropriaram, em seguida, de direitos senhoriais.

β) Pode acontecer que a incapacidade de *pagar* o *soldo ao exército patrimonial* e a usurpação deste (legalizada posteriormente) leve à apropriação das fontes tributárias — terras e súbditos — pelos oficiais e pelo exército.

Foi o que aconteceu com os famosos grandes Khan no Califado — a fonte ou o modelo de todas as apropriações orientais, com exceção das do

OS TIPOS DE DOMINAÇÃO

exército dos mamelucos (que, como é sabido, era formalmente um exército de escravos).

Isto nem sempre leva a um enfeudamento prebendário cadastrado, mas está próximo e *pode* levar a tal.

Não discutiremos aqui se os feudos dos sipaios turcos se aproximam mais do «feudo» ou da «prebenda»: do ponto de vista *legal*, existiu nos mesmos uma ascensão em resultado do desempenho.

É evidente que as duas categorias estão ligadas por formas intermédias impercetíveis, sendo raro existir a possibilidade de uma atribuição *inequívoca* a uma ou a outra. Além disso, o feudalismo de prebenda está muito próximo da prebendalização *pura*, existindo igualmente transições fluidas.

Segundo uma terminologia imprecisa a par do feudalismo de feudo, baseado num *contrato* livre com um *senhor*, e a par do feudalismo de prebenda ainda existe:

B. O (chamado) feudalismo da *polis*, que se baseia num sinecismo fictício ou real de senhores fundiários, com direitos iguais entre si, com um modo de vida puramente militar e com uma elevada honra estamental. O *kleros*, do ponto de vista económico, significa um lote de terra apropriado pessoalmente e destinado a herdeiros individuais qualificados, que põe os serviços dos escravos (distribuídos como propriedade estamental) à disposição de todos e constitui a base do equipamento próprio.

Não é exato considerar «feudalismo» este fenómeno, comprovado apenas na Grécia (só se desenvolve plenamente em Esparta) e derivado da «casa dos homens», devido às convenções de *honra* estamentais específicas e do *modo de vida* cavaleiresco desses senhores *territoriais*. Em Roma, a palavra *fundus* (= direito de companheiros) corresponde à palavra helénica κλῆρος, contudo, *não há* notícias de constituições da cúria (*co--viria* = ἀνδρείον = casa dos homens) que apresentassem uma forma semelhante.

340   ECONOMIA E SOCIEDADE

O termo «feudal», num sentido mais amplo, costuma usar-se para todas as camadas, instituições e convenções *militares* com privilégios estamentais. Evitaremos esse uso, por ser totalmente impreciso.

C. E também pela razão inversa, porque as *prebendas* existem, embora *1)* não devido a contratos livres (fraternidades com um senhor ou com companheiros estamentais), mas sim por ordem do próprio senhor (patrimonial), ou então devido a contratos livres, só que *2)* não com base num *modo de vida* cavaleiresco, *3)* ou nem uma coisa, nem outra.

As prebendas consistem em *i)* feudos de serviço atribuídos a cavaleiros independentes, *ii)* feudos de serviços a guerreiros livres, não cavaleiros, *iii)* feudos de serviços a clientes, colonos, escravos utilizados como guerreiros. Consideramo-los todos prebendas.

Exemplo de *i)*: Ministeriais ocidentais e orientais, samurais no Japão.

Exemplo de *ii)*: Surgiu no Oriente, por exemplo, inicialmente entre os guerreiros ptolemaicos. A profissão de guerreiro também ter sido apropriada mais tarde, em consequência da apropriação hereditária das terras funcionais, constitui um produto típico da evolução para um estado litúrgico.

Exemplo de *iii)*: Típico da chamada «casta de guerreiros», no antigo Egito, dos mamelucos no Egito medieval, dos guerreiros marcados a ferro no Oriente e na China (aos quais nem sempre, mas não raramente, foram concedidas terras), etc.

Nestes casos também é totalmente inexato falar de «feudalismo» no sentido da existência de *estamentos* puramente militares — aqui (pelo menos do ponto de vista formal) privilegiados negativamente. Falaremos deste assunto no Capítulo 4.

§ 13. Mistura dos diversos tipos de dominação

O que dissemos até aqui não pode deixar dúvida alguma sobre o facto de as associações de dominação, pertencentes *somente* a um ou a outro dos tipos «puros» considerados até aqui, serem extremamente raras. Particularmente, por ainda não terem sido examinados, ou

OS TIPOS DE DOMINAÇÃO

por o terem sido de forma muito vaga, casos importantes dentro da dominação legal e da tradicional: a colegialidade e o princípio feudal. Em geral, o mais importante a reter é que o fundamento de *toda* a dominação, portanto, de *toda* a obediência, é uma *crença*: a crença no «prestígio» do dominador ou dos dominadores. É raro esta ser absolutamente inequívoca. A dominação «legal» *nunca* é puramente legal: a crença na legalidade é um «hábito», logo, é condicionada pela tradição — o rompimento pode aniquilá-la. E também é carismática no sentido negativo: o insucesso contínuo e notório é a ruína de *qualquer* governo, destrói o seu prestígio e abre caminho à maturação de revoluções carismáticas. As guerras perdidas são perigosas para as monarquias, por permitirem que o seu carisma pareça «não confirmado»; para as repúblicas, são-no as vitórias, por apresentarem o general vitorioso como uma pessoa com uma qualificação carismática.

É certo que houve comunidades *puramente* tradicionais. Apenas nunca duraram absolutamente — o que se aplica também à dominação burocrática — e ainda menos sem *liderança* pessoal carismático--hereditária ou carismática funcional (a par da outra, em certas circunstâncias, puramente tradicional). As necessidades económicas quotidianas eram providas sob a direção de senhores tradicionais; as extraquotidianas (caça, espólio de guerra), sob a direção de líderes carismáticos. A ideia da possibilidade de «estatutos» (na maioria das vezes, legitimados, contudo, por um oráculo) também é bastante antiga. Porém, com *todo* o recrutamento *extrapatrimonial* do quadro administrativo, criou-se uma categoria de funcionários que só pode ser distinguida das burocracias legais pelo fundamento *último* da sua legitimidade, e não de modo formal.

As dominações *absolutamente* carismáticas (ou *absolutamente* carismático-hereditárias, etc.) são igualmente raras. Da dominação carismática *pode* provir diretamente — como no caso de Napoleão — o mais estrito burocratismo, ou organizações prebendárias e feudais de todo o tipo. Portanto, a terminologia e a casuística não pretendem, nem podem pretender, *de modo algum*, ser exaustivas e encaixar a realidade histórica em determinados esquemas. A sua utilidade está em ser possível, em cada caso, dizer-se o que numa associação merece esta ou aquela designação ou dela se aproxima — o que, pelo menos às vezes, constitui uma vantagem considerável.

A existência do quadro administrativo e da sua ação orientada *continuamente* para a realização e imposição das ordens é vital para a manutenção da obediência em todas as formas de dominação. A existência *dessa* ação é o que *se designa* como «organização». A *solidariedade* de interesses (ideal e material) entre o senhor e o quadro administrativo é decisiva para tal. Quanto à relação entre estes dois, vale a frase: «O senhor, apoiado nessa solidariedade, é mais forte perante cada membro *individual*, todavia, mais fraco perante *todos*.» É preciso, contudo, uma *relação associativa* planeada dentro do quadro administrativo para realizar, de modo organizado e bem--sucedido, uma obstrução ou uma ação consciente contra o senhor e para paralisar a direção do mesmo. Assim como toda a pessoa que queira romper uma dominação deve criar um quadro administrativo *próprio* para possibilitar a sua própria dominação, a não ser que possa contar com a conivência e a cooperação do quadro existente contra o senhor precedente. A solidariedade de interesses com o senhor é mais *intensa* quando a *própria* legitimidade e a garantia de sustento do quadro administrativo dependem dele. A possibilidade de indivíduos se subtraírem a essa solidariedade difere muito, dependendo da estrutura da organização. Ela é mais difícil no caso de uma *separação* total dos meios de administração, portanto, nas dominações puramente patriarcais (baseadas unicamente na tradição), puramente patrimoniais e puramente burocráticas (apoiadas exclusivamente em regulamentos), e mais fácil no caso de uma apropriação estamental (feudo, prebenda).

Por fim, e acima de tudo, a realidade histórica também constitui, indubitavelmente, uma luta contínua, na maioria das vezes latente, *entre* o senhor e o quadro administrativo pela apropriação ou expro-priação do primeiro ou do segundo. Decisivo para quase todo o desenvolvimento cultural foi *1)* o resultado dessa luta como tal, *2)* o carácter *daquela* camada de funcionários dependentes do senhor que o ajudaram a *ganhar* a luta contra poderes feudais ou outros poderes apropriados: letrados rituais, clérigos, clientes completamente secu-lares, ministeriais, letrados com formação jurídica, funcionários de

OS TIPOS DE DOMINAÇÃO

finanças profissionais, funcionários honorários privados (sobre os conceitos, ver adiante).

A natureza dessas lutas e evoluções marcou boa parte da história não só administrativa, mas também cultural, porque determinou as tendências da *educação* e o tipo de formação dos *estamentos*.

1. O salário, as possibilidades de emolumentos, os próprios emolumentos e os feudos vinculam, em grau e sentido muito diversos, o quadro administrativo ao senhor (como veremos). Todos eles têm em comum o seguinte: a *legitimidade* das respetivas receitas e do poder e honra sociais vinculados à pertença ao quadro administrativo parecem ameaçados sempre que a legitimidade do senhor esteja em perigo. Por isso, a legitimidade desempenha um papel pouco considerado e, no entanto, muito importante.

2. A história da ruína da dominação legítima [na Alemanha] até 1918 mostrou como o rompimento do vínculo tradicional pela guerra, por um lado, e a perda de prestígio, em virtude da derrota, por outro lado, associados ao hábito sistemático de um comportamento ilegal, abalaram, em *igual* medida, a obediência à disciplina do exército e do trabalho, preparando, assim, a subversão do poder. Por outro lado, a continuação do funcionamento fluente do antigo quadro administrativo, bem como a continuação da vigência dos seus regulamentos sob os novos detentores do poder, constituem um excelente exemplo da vinculação inescapável de cada membro individual deste quadro à sua tarefa objetiva, nas condições da racionalização burocrática. A razão para tal não era, conforme mencionado, de modo algum *apenas* de natureza económica privada: preocupação com o emprego, salário e aposentação (ainda que, para a grande maioria dos funcionários, isso tenha desempenhado um papel importante, como é evidente), também é de natureza *objetiva* (ideológica): nas condições de então, a paralisação da administração significaria a ruína do abastecimento da população inteira (inclusivamente dos próprios funcionários) nas necessidades vitais mais elementares. Por isso, apelou-se, com êxito, ao «sentimento do dever» (objetivo) dos funcionários, e os próprios poderes legítimos até então, bem como os seus adeptos, reconheceram essa necessidade objetiva.

3. O processo dessa subversão criou um novo quadro administrativo nos conselhos de trabalhadores e soldados. A técnica de formação desses novos quadros, inicialmente, teve de ser «inventada» e estava associada às condições de guerra (posse de armas), sem as quais teria sido impossível qualquer subversão (sobre isso e sobre as analogias históricas, ver mais

adiante). Foi a sublevação de líderes carismáticos contra os superiores legais e a criação de séquitos carismáticos que possibilitou a expropriação do poder dos antigos senhores, e foi a conservação do quadro de funcionários qualificados que tornou tecnicamente exequível a permanência no poder. Antes, qualquer revolução, particularmente em condições modernas, fracassara dada a imprescindibilidade de funcionários qualificados e a falta de quadros administrativos próprios. As condições prévias em todos os casos de revoluções anteriores eram muito diversas (sobre este assunto, ver o capítulo sobre a teoria das revoluções).

4. No passado, houve subversões de dominações por iniciativa dos quadros administrativos, sob condições muito diversas (ver, a este propósito, o capítulo sobre a teoria da subversão). O pressuposto foi sempre a existência de uma relação associativa dos membros do quadro administrativo, a qual, dependendo do caso, assumiu mais o carácter de uma conspiração parcial, de uma fraternidade ou de uma relação geral. É precisamente isto que se torna muito difícil sob as condições de existência dos funcionários modernos, embora não seja completamente impossível, como mostra a situação russa. Em regra, porém, o seu significado, não vai além daquilo que os trabalhadores pretendem e podem conseguir com greves (normais).

5. O carácter patrimonial do funcionalismo manifesta-se sobretudo na exigência de aceitação de uma relação de submissão (de clientela) pessoal (*puer regis*, na época carolíngia; *familiaris*, sob os angiovinos, etc.). Os resquícios dessa relação conservaram-se durante muito tempo.

VII. A reinterpretação antiautoritária do carisma

§ 14. Legitimidade democrática e o princípio da eleição

O princípio carismático de legitimidade, interpretado, no seu sentido original, como autoritário, pode ser reinterpretado como antiautoritário, pois, na realidade, a vigência efetiva da autoridade carismática repousa inteiramente sobre o *reconhecimento* dos dominados — é condicionado pela sua «ratificação» —, constituindo, no entanto, um *dever* para com a pessoa qualificada carismaticamente e, *portanto*, legitimada. Com a crescente racionalização das relações dentro da associação, é fácil esse reconhecimento ser considerado um fundamento, em vez de ser encarado como consequência da

OS TIPOS DE DOMINAÇÃO

legitimidade (*legitimidade democrática*); a designação (possível) pelo quadro administrativo é considerada uma «eleição preliminar», aquela que é feita pelo predecessor e tida com uma «proposta eleitoral», e o reconhecimento pela própria comunidade, como «eleição». Nesse caso, o senhor legítimo, em virtude do seu próprio carisma, transforma-se num senhor pela graça dos dominados, eleito e colocado no poder por estes de modo (formalmente) livre, segundo o seu arbítrio, e porventura também destituído — do mesmo modo que, antes, a perda do carisma e a ausência de ratificação tinham por consequência a perda da legitimidade genuína. Agora, o senhor é um *líder eleito livremente*. O *reconhecimento* de diretrizes jurídicas carismáticas pela comunidade também evoluiu no sentido da ideia de que a comunidade, de acordo com o seu arbítrio, pode declarar, reconhecer e revogar o direito, tanto em geral, como em casos individuais — enquanto, na dominação carismática genuína, os casos de disputa sobre o direito «autêntico» se resolviam, muitas vezes, por decisão da comunidade, embora sempre sob pressão psicológica: só havia *uma* decisão certa e compatível com o dever. Como tal, a forma como o direito é tratado aproxima-se da conceção *legal*. O tipo transitório mais importante é a *dominação plebiscitária*. A maioria dos seus tipos encontra-se nas «lideranças de partido» no Estado moderno. Contudo, esta revela-se sempre que o senhor se sente legitimado como homem de confiança das *massas* e é reconhecido como tal. O meio adequado para isso é o plebiscito. Nos casos clássicos dos dois Napoleões, este meio foi aplicado *depois* da conquista violenta do poder político; no caso do segundo, recorreu-se novamente a este, após a perda de prestígio. É indiferente (*aqui*) fazer uma estimativa do seu valor real. Em todo o caso, *formalmente*, é o meio específico para obter a legitimidade do poder a partir da confiança (formal e ficticiamente) livre dos *dominados*.

O princípio da «eleição», uma vez aplicado ao senhor, como reinterpretação do carisma, também pode ser aplicado ao quadro administrativo. *Funcionários* eleitos, legítimos, em virtude da confiança dos dominados, e, por isso, destituíveis através de declaração de desconfiança destes, são típicos em «democracias» de determinada natureza, por exemplo, nos Estados Unidos. *Não* são figuras

346 ECONOMIA E SOCIEDADE

«burocráticas». Ocupam a sua posição porque estão legitimados de forma independente, numa subordinação ligeiramente hierárquica e têm possibilidade de ascensão e de emprego independentemente da influência do «superior» (analogias nos casos de vários carismas particulares do ponto de vista qualitativo, como, por exemplo, nos casos do Dalai-Lama e do Panchen-Lama). Tecnicamente, como «instrumento de precisão», uma administração composta por eles é de eficácia *muito* inferior a uma administração constituída burocraticamente por funcionários *nomeados*.

1. A «democracia plebiscitária» — o tipo mais importante da democracia de líderes —, no seu sentido genuíno, é uma espécie de dominação carismática oculta sob a *forma* de uma legitimidade derivada da vontade dos dominados e que só persiste em virtude desta. O líder (demagogo) domina, na verdade, devido à lealdade e confiança do seu séquito político na sua *pessoa*. Domina, inicialmente, os partidários que conquistou e, em seguida, no caso de estes o colocarem no poder, toda a associação. Os ditadores das revoluções antigas e modernas são representativos deste tipo de dominação: os aisimnetas, os tiranos e os demagogos helénicos, Graco e os seus sucessores em Roma, os *capitani del popolo* e os burgomestres nas cidades-Estado italianas (na Alemanha, o caso típico é o da ditadura democrática de Zurique), e, nos Estados modernos, a ditadura de Cromwell, os governos revolucionários e o imperialismo plebiscitário em França. A legitimação dessa forma de dominação residia no reconhecimento plebiscitário pelo povo soberano. O quadro administrativo pessoal era recrutado de modo carismático entre plebeus capacitados (no caso de Cromwell, tendo em conta a sua qualificação religiosa; no caso de Robespierre, além da sua confiabilidade pessoal, também determinadas qualidades «éticas»; com Napoleão, unicamente com base nos seus dotes e na sua utilidade para os fins da «dominação do génio» imperial). No apogeu da ditadura revolucionária, este trouxe o carácter de uma administração, graças a um mandato puramente ocasional e revogável (na administração dos comissários, no tempo dos Comités de Salvação Pública). Os ditadores comunais, que deviam a sua ascensão aos movimentos de reforma nas cidades americanas, também tinham de ser nomeados livremente, por decisão *própria* dos seus auxiliares. A legitimidade tradicional e a formal são igualmente ignoradas pelas ditaduras revolucionárias. A justiça e a administração da dominação patriarcal, cujas ações se orientam por princípios de justiça materiais, fins

OS TIPOS DE DOMINAÇÃO   347

utilitaristas e conveniência do Estado, encontram paralelo nos tribunais revolucionários e nos postulados de justiça material da democracia radical na Antiguidade e no socialismo moderno (assunto que trataremos na sociologia do direito). A rotinização do carisma revolucionário mostra, então, transformações semelhantes às que o processo correspondente produz nos outros casos: assim, o exército mercenário inglês representa o resquício do princípio da adesão voluntária do exército de combatentes pela fé, e o sistema francês de prefeitos é o resquício da administração carismática da ditadura revolucionária plebiscitária.

2. O *funcionário* eleito constitui, em todo o lado, uma mudança radical da posição de mando do líder carismático, tornando-o «servidor» dos dominados. Não há lugar para ele dentro de uma burocracia tecnicamente racional. Não tendo sido nomeado pelo seu «superior» e sem depender dele nas suas possibilidades de progresso, mas devendo a sua posição ao favor dos dominados, pouco se interessa em oferecer disciplina para obter aprovação dos superiores; atua de modo «autocéfalo». Sendo assim, não se pode, em regra, obter serviços de alta qualidade técnica de um quadro de funcionários eleitos. (A comparação dos funcionários eleitos de cada estado americano com os funcionários nomeados da União, ou dos funcionários comunais eleitos com comités nomeados discricionariamente pelos prefeitos reformistas plebiscitários constituem bons exemplos disto mesmo.) Os tipos de democracia sem líder (que analisaremos mais tarde), que se caracterizam pela tendência para *minimizar a dominação* de uns sobre os outros, são o oposto do tipo de democracia plebiscitária com líder.

O carácter *emocional* específico de entrega e confiança no líder é típico da democracia com líder; é daí que costuma proceder a inclinação a seguir aquele que parece mais extraordinário, que mais promete e mais trabalha com incentivos. O traço utópico de todas as revoluções tem aqui a sua base natural. Também estão aqui os limites da racionalidade desse tipo de administração nos tempos modernos — racionalidade que, mesmo nos Estados Unidos, nem *sempre* correspondeu às expectativas.

Relação com a economia:

1) A redefinição antiautoritária do carisma segue, em regra, o caminho da racionalidade. O dominador plebiscitário geralmente procurará apoiar-se num quadro de funcionários que funcione com rapidez e sem atritos. Quanto aos dominados, o dominador plebiscitário tentará vinculá-los ao seu carisma

como algo «ratificado» pela honra e glória militar *ou* promovendo o seu bem-estar material — em certas circunstâncias, pela combinação de ambas as coisas. O seu primeiro objetivo será a destruição dos poderes e possibilidades de privilégios tradicionais feudais, patrimoniais, autoritários ou de outro tipo. O segundo será a criação de interesses económicos que estejam vinculados a ele por uma solidariedade legitimada. Servindo-se, para tanto, da formalização e legalização do direito, *pode* fomentar em alto grau uma economia «formalmente» racional.

2) Os poderes plebiscitários podem facilmente ter efeitos enfraquecedores para a racionalidade (formal) da economia, uma vez que, por outro lado, o facto de a sua legitimidade depender da crença e da adesão das massas os obriga a manter os postulados de justiça de natureza *material* também na área económica, isto é, a romper o carácter formal da justiça e da administração mediante uma justiça (de «cádi») material (tribunais revolucionários, sistemas de senhas de racionamento, todas as formas de produção e consumo racionadas e controladas). Neste sentido, o carisma é um ditador *social*, não estando preso a formas de socialismo modernas. Não cabe analisar aqui quando isso ocorre e quais as consequências.

3) O *sistema de funcionários eleitos* é uma fonte de perturbação para uma economia formalmente racional, porque, em regra, estes são recrutados nos partidos, não são profissionais com uma formação adequada, e porque a probabilidade de serem colocados numa outra função ou de não serem reeleitos os impede de exercer uma justiça e uma administração completamente objetivas e de se preocuparem com as consequências disto mesmo. Apenas *não* inibe de modo percetível a economia (formalmente) racional quando as oportunidades da mesma, em virtude da possibilidade de aplicar conquistas técnicas e económicas de culturas antigas a áreas *novas*, nas quais os meios de produção ainda não foram apropriados, deixando o campo de ação suficientemente aberto para ser possível incluir na contabilidade, como despesa extra, a

OS TIPOS DE DOMINAÇÃO

corrupção quase inevitável dos funcionários eleitos, conseguindo, mesmo assim, lucros consideráveis.

O bonapartismo constitui o paradigma clássico para o parágrafo 1. Sob Napoleão I: o Código napoleónico, a partilha forçada da herança, a destruição de todos os poderes tradicionais no mundo inteiro, contudo, também, feudos para dignitários por mérito; para o soldado, tudo, e para o cidadão, nada, mas, em compensação, existia *gloire* e — em geral — abastecimento razoável para a pequena burguesia. Sob Napoleão III: continuação acentuada do mote do rei burguês *enrichissez-vous*, obras públicas enormes, *crédit mobilier*, com as consequências conhecidas.

Um exemplo clássico para o parágrafo 2 é a «democracia» grega da época de Péricles e da época posterior. Os processos não eram decididos, como em Roma, por jurados individuais instruídos de modo vinculativo pelo pretor ou segundo o direito formal, mas pela Helieia, que os decidia segundo a «justiça» material ou, na verdade, com lágrimas, adulações, invetivas demagógicas e ditos jocosos (vejam-se os «discursos processuais» dos retóricos áticos — em Roma, *só* os encontramos em processos políticos; uma analogia: Cícero). A consequência foi a impossibilidade de desenvolvimento de um direito *formal* e de uma jurisprudência *formal* de tipo romano, pois a Helieia era um «tribunal popular», do mesmo modo que os «tribunais revolucionários» da Revolução Francesa e da «revolução dos conselhos» alemã, as quais não conduziram *somente*, de modo algum, a processos politicamente relevantes para os seus tribunais de leigos. Em Inglaterra, pelo contrário, não houve nenhuma revolução que tenha tocado na justiça, *exceto* no caso de processos de extrema importância política. De qualquer modo, a justiça dos juízes de paz, na maioria das vezes, era uma justiça de cádi — apenas porque *não* lesava os interesses dos proprietários, ou seja, tinha um carácter policial.

O paradigma para o parágrafo 3 é a União norte-americana. À minha pergunta «porque se deixavam governar por representantes de partidos muitas vezes corruptos?», trabalhadores anglo-americanos, apenas há 16 anos, responderam-me que «*our big country*» oferece tantas oportunidades que, mesmo que se roubassem, extorquissem e desviassem milhões, ainda sobraria lucro suficiente, e que esses *professionals* são uma casta na qual «nós» (os trabalhadores) «cuspimos», enquanto os funcionários profissionais do tipo alemão seriam uma casta que «cuspiria nos trabalhadores».

Os detalhes das conexões com a economia têm o seu lugar nas exposições especiais que seguem, não aqui.

VIII. Colegialidade e divisão de poderes

§ 15. Tipos de colegialidade e divisão de poderes

Uma dominação pode estar limitada e restringida, tradicional ou racionalmente, através de meios *específicos*.

Não falamos aqui da limitação do poder pelo vínculo com a tradição ou com determinados estatutos. Esta já foi abordada em considerações anteriores (§§ 3 e seguintes). Aqui, trata-se de *relações* sociais e associações *específicas* que limitam a dominação.

1) Uma dominação patrimonial ou feudal é limitada por privilégios estamentais — em grau mais alto, pela *divisão estamental de poderes* (§ 9, *4)*) —, condições que já mencionamos.

2) Uma dominação burocrática pode ser limitada (e, em condições normais, é necessário que o seja, precisamente no caso de desenvolvimento pleno do tipo de legalidade, de forma a ser administrada *somente* de acordo com *regras*) por autoridades institucionais que, por *direito próprio*, existem a par da hierarquia burocrática e possuem *a)* o controlo e a possível verificação do cumprimento dos estatutos, ou também *b)* o monopólio da criação de todos os estatutos ou daqueles que são decisivos para a extensão da liberdade de disposição dos funcionários, e, sobretudo, *c)* o monopólio da concessão dos meios necessários para a administração.

Falaremos destes meios mais adiante (§16).

3) Qualquer tipo de dominação pode ser despojado do seu carácter monocrático, vinculado a *uma* pessoa, através do princípio de *colegialidade*. Este último, por sua vez, pode ter um sentido muito diverso, a saber:

a) O sentido de que, *ao lado* dos detentores monocráticos de poderes de mando, existem outros poderes, também

OS TIPOS DE DOMINAÇÃO

monocráticos, aos quais a tradição ou os estatutos deixam eficazmente a possibilidade de atuar como instâncias de adiamento ou cassação em relação às disposições dos primeiros (colegialidade de cassação).

Exemplos mais importantes: o tribuno (e, originariamente, o éforo) da Antiguidade, o *capitano del popolo* da Idade Média, o conselho de trabalhadores e soldados e os seus homens de confiança, no período de 9 de novembro de 1918 até à emancipação da administração regular desta instância controladora, autorizada a referendar as disposições.

Ou pode ter:

b) Um sentido completamente oposto: as disposições são promulgadas por *autoridades institucionais* de carácter não monocrático, após consultas e votações prévias, que, segundo os estatutos, não exigem decisão de um indivíduo, mas sim a cooperação da maioria de um grupo de indivíduos para se chegar a uma disposição vinculativa (colegialidade de funções [como agrupamento colegial de funções = colegialidade técnica]). Nesse caso, pode aplicar-se $\alpha)$ o princípio da unanimidade ou $\beta)$ o princípio da maioria.

c) Ao caso a) (colegialidade de cassação) corresponde, efetivamente, a situação em que, para enfraquecer o poder monocrático, existem *vários* detentores monocráticos de poderes de mando, com direitos iguais e sem especificação de funções, de modo que, em caso de concorrência no despacho de determinado assunto, seja preciso decidir por meios mecânicos (sorteio, turno, oráculo, intervenção de instâncias controladoras: 2), a)) quem deve fazê-lo, e com o efeito de cada detentor de poderes a funcionar como uma instância de cassação em relação a cada um dos outros. Caso mais importante: a colegialidade romana da magistratura legítima (cônsul, pretor).

d) No caso *b)* (colegialidade de funções), é ainda mais provável que a situação em que, apesar de existir *material-mente* um *primus inter pares* monocrático numa autoridade institucional, as disposições sejam promulgadas, em geral, após uma *consulta* a outros membros equiparados *formalmente*, e a divergência de opiniões em *assuntos importantes* tenha por consequência a rutura do colégio, em resultado da saída de alguns, pondo-se, assim, em perigo a posição do senhor monocrático (colegialidade de funções com um dirigente preeminente).

Caso mais importante: a posição do primeiro-ministro inglês no gabinete governamental. Como é sabido, esta tem variado bastante. De acordo com a sua definição, na maioria dos casos, correspondeu materialmente à época do governo de gabinete.

As corporações colegiais *consultivas junto* de senhores monocráticos não constituem necessariamente uma debilitação. Podem ser *temperadores* da dominação, no sentido da sua racionalização, *podendo* ganhar, com efeito, um ascendente sobre o senhor, particularmente quando são de carácter *estamental*. Principais casos:

e) O caso *d)* é semelhante àquele outro em que uma corporação meramente *consultiva* do ponto de vista formal está atribuída a um senhor *monocrático* totalmente independente das decisões desta mas obrigado, somente pela tradição ou pelos estatutos, a ouvir os seus conselhos — sem compromisso formal —, ainda que, em caso de *fracasso* por a ter ignorado, possa ser considerado responsável.

Caso mais importante: a coordenação do senado como instância consultiva dos magistrados, situação que se desviou, na realidade, para uma dominação do primeiro *sobre* os segundos (através do controlo das finanças). No início, teríamos, aproximadamente, a conceção que acabamos de descrever. O controlo (efetivo) das *finanças*, e mais ainda, da identidade *estamental* dos senadores e dos funcionários (formalmente) eleitos, deu

OS TIPOS DE DOMINAÇÃO

origem à *vinculação* efetiva dos magistrados às resoluções do senado: a fórmula *si eis placeret*, que exprimia a ausência de vínculo deste último, passou a significar o mesmo que a expressão «como queira» em ordens urgentes.

f) Um caso ligeiramente diferente é aquele no qual existe uma *colegialidade especificada* numa autoridade institucional, isto é, confia-se a preparação e exposição dos diversos assuntos a *especialistas* na matéria — porventura, a vários especialistas —, mas a decisão cabe a todos os participantes, através de votação.

Este foi o caso no passado, sob formas mais ou menos puras, na maioria dos conselhos de Estado e instituições semelhantes (como no conselho de Estado inglês, na época anterior ao governo de gabinete). Nunca expropriaram os príncipes, por mais poderosos que estes fossem. Pelo contrário, o príncipe tentou, em certas circunstâncias, apoiar-se no conselho de Estado para se livrar do *governo* de gabinete (dos líderes de partidos): foi o que aconteceu em Inglaterra, ainda que em vão. O tipo correspondente, *aproximadamente*, são os ministérios de assuntos especiais de tipo carismático-hereditário e plebiscitário, com divisão de poderes (como o americano), nomeados pelo *senhor* (rei, presidente) a seu arbítrio, para o apoiarem.

g) A colegialidade especificada pode consistir numa *simples* corporação consultiva, cujos votos e contravotos são apresentados ao *senhor* para este tomar uma decisão livre (como no item *e)*).

A única diferença é que, neste caso, a especificação de *serviços* é mais rigorosa. Foi esta, mais ou menos, a prática *prussiana* sob Frederico Guilherme I. Esta situação *favorece* sempre o poder senhorial.

h) O tipo de colegialidade que constitui um exemplo radicalmente oposto à colegialidade especificada racionalmente é o da colegialidade *tradicional* dos «anciãos», cujo debate colegial é considerado a garantia de apuramento do direito *verdadeiramente* tradicional e que, através da cassação, pode servir como meio de conservação da tradição contra *estatutos* que se lhe oponham.

Exemplos: grande parte das «gerúsias» da Antiguidade; exemplos de cassação: o areópago em Atenas; os *patres* em Roma (pertencentes, no entanto, sobretudo, ao tipo 1 — ver adiante).

i) É possível enfraquecer uma dominação através da aplicação do princípio de colegialidade a instâncias (material ou formalmente) *supremas* (decisivas; o próprio senhor). A casuística deste caso é absolutamente análoga aos casos abordados nos itens *d)* a *g)*. As competências específicas podem *α)* variar por rotatividade ou *β)* ser atribuídas permanentemente a determinadas pessoas. A colegialidade persiste enquanto a cooperação (formal) de todos for necessária para se chegar a disposições legítimas.

Exemplos mais importantes: o Conselho Federal suíço com uma distribuição de competências sem uma definição clara e sob o princípio de turno; os colégios revolucionários dos «comissários do povo», na Rússia, na Hungria e, numa determinada fase, na Alemanha; no passado: o «Conselho dos Onze», em Veneza, os colégios de anciãos, etc.

Há muitos casos de colegialidade dentro de associações de dominação *patrimoniais* ou feudais que constituem:

α) casos de divisão estamental de poderes (colegialidade do quadro administrativo estamental ou dos apropriados estamentalmente); ou

β) casos de criação de representações colegiais do funcionalismo patrimonial (conselhos de Estado, caso *f)*), solidárias com o senhor *contra* os detentores de poder estamentais associados; ou

γ) casos de criação de corporações consultivas e, em certas circunstâncias, decisórias, às quais o senhor preside ou nas quais participa, ou de cujos debates e votos ele é informado, e em virtude da composição das quais — em parte $\alpha\alpha$) por especialistas na matéria, em parte $\beta\beta$) por pessoas com um prestígio estamental específico —, ele pode esperar completar as suas informações que — diante de exigências crescentes de natureza *técnica* — se tornaram meramente *diletantes*, de tal modo que lhe seja possível uma decisão *própria* fundamentada (caso *g*)).

Nos casos γ), o senhor, como é natural, dá importância à representação de $\alpha\alpha$) opiniões de especialistas e $\beta\beta$) interesses, o mais heterogéneos possível e, porventura, opostos, a fim de *1*) estar informado, em geral, e *2*) poder jogar com as contradições.

No caso β), pelo contrário, é frequente (embora nem sempre) o senhor dar importância à homogeneidade das opiniões e tomadas de posição (fonte dos ministérios e gabinetes «solidários» nos chamados Estados «constitucionais», ou outros com divisão efetiva de poderes).

No caso α), o colégio que representa a apropriação dá importância à unanimidade de opiniões e à solidariedade, porém, nem sempre consegue alcançá-las, pois toda a apropriação, em virtude de privilégios estamentais, cria interesses próprios incompatíveis entre si.

As assembleias estamentais, as comissões estamentais e as assembleias de vassalos que as precedem, frequentes também fora do Ocidente (China), constituem exemplos típicos de α). As primeiras autoridades institucionais, na maioria das vezes, colegiais, surgidas nas monarquias modernas, compostas sobretudo (mas não só) por juristas e peritos em finanças, constituem exemplos típicos de β). Exemplo típicos de γ) são os conselhos de Estado de muitas monarquias estrangeiras e das ocidentais modernas, na sua primeira fase (no século XVIII ainda acontecia, por vezes, um arcebispo ter assento no «gabinete» inglês), com os seus «conselheiros privados» e sua mistura entre funcionários honorários e profissionais.

A existência de oposição interna entre os diversos interesses estamentais pode criar vantagens para o senhor nas situações de barganha e de luta com os estamentos, pois:

k) As associações que servem para reunir *delegados* como representantes de interesses ideais, materiais ou de poder incompatíveis entre si, a fim de *dirimir* esta oposição de interesses com recurso a um *compromisso* (colegialidade de compromisso, por oposição à colegialidade de função e à colegialidade parlamentar de votação), também *podem* ser consideradas «colegiais», devido à sua forma externa.

O caso apresenta-se, ainda que de forma grosseira, na divisão «estamental» de poderes que chegava *sempre* a decisões apenas através de um compromisso entre os privilegiados (ver mais adiante). Na forma racionalizada, este é possível por seleção dos delegados de acordo com a sua posição permanente, estamental ou de classe (ver Capítulo 4), ou segundo a oposição de interesses existente no momento. Numa corporação desse tipo — enquanto este carácter se mantiver —, a «votação» não pode desempenhar nenhum papel, senão o de *α)* compromisso *pactuado* entre os interessados, ou *β)* compromisso imposto pelo senhor, depois de *ouvir* os argumentos das diversas partes interessadas.

A estrutura peculiar do chamado «Estado estamental» será abordada mais detalhadamente adiante. Também será abordada a *separação* dos grémios («lordes» e «comuns» — em Inglaterra, a Igreja tinha as suas próprias *convocations*; em França, existia a nobreza, o clero e o *tiers état*; as várias hierarquias dos estamentos alemãs) e a necessidade de chegar a soluções de compromisso (consideradas muitas vezes pelo senhor como propostas não vinculativas), primeiro, dentro de cada estamento e, depois, entre os diversos estamentos. A teoria da «representação profissional» (ver § 22) — que voltou a tornar-se muito moderna — é criticada porque, na maior parte das vezes, não reconhece o facto de serem os *compromissos* e não os votos da maioria o único meio adequado nestes casos. Nos conselhos de trabalhadores *livres*, os assuntos seriam tratados, materialmente, como questões de poder condicionadas economicamente, e não através de votações.

l) Finalmente — um caso afim ao anterior — existe a colegialidade de *votação*, quando *várias* associações até

OS TIPOS DE DOMINAÇÃO

então autocéfalas e autónomas se associam umas às outras, o que lhes permite obter o direito (de certa forma graduado) de influenciar as decisões por meio da *apropriação* de votos por parte dos seus dirigentes ou dos seus delegados (colegialidade de fusão).

Exemplos: os representantes das *filias*, das *fratrias* e dos clãs nos conselhos consultivos da Antiguidade; a associação de clãs medievais, na época dos cônsules; a *mercadanza* das corporações; os delegados dos «conselhos profissionais», num conselho de trabalhadores central; o «conselho federal» ou senado, em Estados federativos; a colegialidade (efetiva) em ministérios de coligação ou em colégios de governos de coligação (caso mais expressivo: na representação proporcional existente na Suíça).

m) A colegialidade de votação de representantes *parlamentares* eleitos possui um carácter especial, pelo que será analisada separadamente, dado que se baseia ou *α)* na liderança de alguém e, nesse caso, constitui um séquito, ou *β)* numa direção colegial de partidos, constituindo, por conseguinte, um «parlamentarismo sem líderes».

Neste caso, seria necessário começar por analisar os próprios *partidos* (ver § 18).

Colegialidade — à exceção do caso da colegialidade de cassação monocrática — significa, quase inevitavelmente, a obstrução a decisões precisas e inequívocas e, sobretudo, mais rápidas (e, nas suas formas irracionais, também especializadas). Aliás, esse efeito era desejável para a maioria dos príncipes na fase de introdução do funcionalismo profissional. Todavia, essa circunstância foi negligenciando a colegialidade, dado que aumentou a necessidade de decisões e de ações rápidas. Nas instâncias colegiais *dirigentes*, a posição de poder do membro diretor transformou-se, em geral, numa posição preeminente, tanto formal, como materialmente (bispo ou Papa, na Igreja; presidente do conselho de ministros, no gabinete). O interesse na reanimação da colegialidade da *direção* surge, na maioria das vezes, da necessidade de enfraquecer aquele que domina, bem como da desconfiança e do ressentimento para com a direção monocrática, não tanto por parte dos dominados — que até é frequentemente clamarem por um «líder» —, mas, principalmente, por parte dos membros do quadro administrativo. Isso aplica-se não só, nem preferencialmente, às camadas privilegiadas negativamente, como também, *precisamente*, às camadas privilegiadas positivamente. A colegialidade *não* é, de modo algum, algo especificamente «democrático». Sempre que as camadas privilegiadas tinham de se defender da ameaça das camadas privilegiadas negativamente, procuravam — e eram obrigadas a fazê-lo — impedir o surgimento de um poder de mando monocrático que pudesse apoiar-se nestas últimas, criando e mantendo, a par da *igualdade* rigorosa dos privilegiados (da qual trataremos separadamente no § seguinte), autoridades colegiais como instituições de controlo com direito absoluto de decisão.

Exemplos deste tipo: Esparta; Veneza; o senado romano antes de Graco e de Sila; Inglaterra, repetidamente, no século XVIII; Berna e outros cantões suíços; as cidades de patrícios, na Idade Média, com os seus cônsules colegiais; a *mercadanza*, que abrangia as corporações de comerciantes, mas não as de trabalhadores — estas últimas tornaram-se facilmente vítimas dos *nobili* e *signori*.

A colegialidade garante maior «profundidade» às considerações relativas à administração. Quando esta é privilegiada, à custa da precisão e da rapidez, costuma recorrer-se a ela (ainda hoje) — exceto nos casos ocorridos pelos motivos já mencionados. Em todo o caso, ela *divide* a responsabilidade. Em colégios maiores, desaparece completamente, enquanto a monocracia a impõe clara e indubitavelmente. As grandes tarefas, que exigem uma solução rápida e uniforme, em geral (e do ponto de vista puramente técnico, com toda a razão), são colocadas nas mãos de «ditadores» monocráticos, a quem é atribuída uma responsabilidade *exclusiva*.

Em estados populosos, uma política externa e interna poderosa e homogénea não pode ser dirigida *efetivamente* de forma colegial. A «ditadura do proletariado», especialmente com o objetivo de socialização, exigiria precisamente um «ditador» apoiado na confiança das massas. Contudo, tal ditador não é desejado, nem pode ser sustentado pela massa popular,

OS TIPOS DE DOMINAÇÃO

mas sim pelo rol de detentores de poder parlamentares, de partidários ou (o que não faz a menor diferença) daqueles que dominam nos «conselhos».

A Rússia foi o único país em que um ditador deste tipo foi apoiado pelo *poder militar* e mantido pelo interesse de solidariedade dos *camponeses* favorecidos, naquele momento, pelas expropriações.

Em seguida, acrescentamos algumas observações que em parte resumem, em parte completam o que foi exposto anteriormente.

A *colegialidade* teve um sentido duplo na história:

a) Ocupação múltipla, lado a lado, do mesmo ou de vários cargos, concorrentes diretamente entre si, dentro da mesma competência, com direito de veto recíproco. Trata-se, pois, de uma divisão técnica de poderes com o objetivo de minimizar a dominação. Era este o sentido da «colegialidade», sobretudo na magistratura romana, em que serviu principalmente para possibilitar a intercessão, estranha a todo o ato burocrático, da *par potestas*, para enfraquecer, assim, a dominação de cada magistrado individualmente. Ainda assim, cada magistrado *continuava a ser* um magistrado individual nestas ocasiões, embora multiplicado em vários exemplares.

b) Formação colegial da vontade: constituição legítima de um mandato apenas através da cooperação de várias pessoas, segundo o princípio da unanimidade ou da maioria. Este é o conceito de colegialidade moderno, não desconhecido na Antiguidade, porém, não característico da mesma. Esta forma de colegialidade pode ser *1)* colegialidade da direção suprema, portanto, do próprio senhor, *2)* colegialidade de autoridades executivas ou *3)* colegialidade de autoridades consultivas.

1. A colegialidade de *direção* pode ter o seu fundamento:

α) no facto de a associação de dominação em questão se basear numa relação comunitária ou associativa entre várias associações de dominação autocéfalas, as quais exigem a sua participação no poder (na Antiguidade, o sinecismo, com autoridades consultivas colegiais estruturadas segundo clãs, *fratrias* e tribos; na Idade Média, associação de clãs com o conselho de clã correspondentemente repartido; e associação de corporações, na *mercadanza*, com o conselho de anciãos ou deputados das corporações; «conselho federal», em Estados federais modernos; colegialidade efetiva, em ministérios ou colégios de governo supremos nomeados por coligações de partidos. (O máximo, no caso de distribuição proporcional do poder, verifica-se crescentemente na Suíça.) A colegialidade constitui um exemplo especial do princípio de representação estamental ou cantonal). Ou

β) na ausência de um líder, em consequência da inveja que os concorrentes têm da liderança, ou da pretensão dos dominados em diminuir o poder de um só indivíduo. Na maioria das revoluções, havendo uma mistura de motivos citados, aparece como «conselho» dos oficiais ou dos soldados das tropas revoltadas, ou como «comité de salvação pública», ou comissão de «delegados do povo». Na administração normal em tempos de paz, a aversão contra o «homem forte» único era quase sempre decisiva para a colegialidade nas autoridades dirigentes, como, por exemplo, na Suíça e na Constituição de Baden (de 1919). (Nessa ocasião, quem demonstrou essa aversão foram os socialistas, que, preocupados com a possibilidade de um «monarca eleito», sacrificaram a uniformidade rígida da administração, absolutamente necessária para a socialização. Decisiva, nesse caso, foi particularmente a atitude do *funcionalismo* — sindical, de partido e municipal — dentro do partido, contrária à existência de um «líder».) Ou

γ) no carácter estamental «honorário» da camada social que decide a ocupação dos cargos de direção e monopoliza a posse destes, portanto, como produto de uma dominação estamental-aristocrática. Toda a camada estamentalmente privilegiada teme a dominação de um líder apoiada na devoção emocional das massas, pelo menos tanto quanto pode temer a existência de uma democracia avessa ao líder. A dominação senatorial e as tentativas efetivas de governar com recurso a corporações consultivas fechadas, bem como a constituição veneziana e outras semelhantes constituem exemplos disto mesmo. Ou

δ) na luta dos príncipes contra a expropriação crescente realizada pelo funcionalismo *profissional*. A organização administrativa moderna nos Estados ocidentais (aliás, também nos Estados patrimoniais considerados como exemplo de desenvolvimento no Oriente: a China, a Pérsia, o Califado e o Império Otomano) começa, em geral, com a formação de autoridades colegiais na *direção* suprema. O príncipe não só teme a posição poderosa individual, mas espera sobretudo manter o controlo das decisões recorrendo ao sistema de votos e contravotos existente num colégio, e dado que este se torna cada vez mais um diletante, manter também, por esse meio, a necessária visão geral da administração, sem ter de abdicar das suas prerrogativas em favor de funcionários individuais em posições de poder. (A função das autoridades supremas começou por ser algo entre o colégio consultivo e o colégio decisório; a arbitrariedade do príncipe em assuntos financeiros, com efeitos extremamente irracionais — como na reforma do imperador Maximiliano — foi rompida imediatamente pelos funcionários profissionais e, neste caso, o príncipe teve de ceder, por motivos imperiosos.) Ou

ε) no desejo de compatibilizar, mediante aconselhamento colegial, a orientação diversa dos especialistas nas suas respetivas áreas, bem como

OS TIPOS DE DOMINAÇÃO

os interesses divergentes de natureza material ou pessoal, isto é, no desejo de possibilitar compromissos. Assim, particularmente, na direção da administração da comunidade, que, por um lado, enfrenta problemas de alcance puramente local e de natureza fortemente técnica, mas, por outro lado, dada a sua natureza, costuma procurar compromissos entre interesses materiais, pelo menos, enquanto as *massas* admitem a dominação das camadas privilegiadas por terem propriedade e instrução. A colegialidade dos ministérios, tecnicamente, possui fundamentos semelhantes: onde ela não existe, como, por exemplo, na Rússia e (de forma menos vincada) no Império Alemão até 1918, nunca se chegou a uma solidariedade efetiva entre os órgãos governamentais. Pelo contrário, era visível a existência de uma luta encarniçada de sátrapas entre as diversas competências.

Os fundamentos da colegialidade expostos em α), β) e δ) possuem um carácter puramente histórico. Em associações de *massas* — sejam estas Estados ou grandes cidades —, o desenvolvimento moderno da dominação burocrática levou sempre ao enfraquecimento da colegialidade no que diz respeito à *direção* efetiva, porque a colegialidade reduz inevitavelmente *1)* a prontidão das decisões, *2)* a uniformidade da liderança, *3)* a responsabilidade inequívoca do indivíduo, *4)* a ação sem indiferença para com o exterior e a manutenção da disciplina no interior. Por isso — e também por motivos económicos e tecnológicos que ainda não foram abordados — a colegialidade, sempre que se manteve em Estados populosos com participação na alta política, ficou enfraquecida diante de uma posição preeminente do *líder* político (*leader*, presidente do conselho de ministros). Aliás, esta situação também é visível em quase todas as grandes associações patrimoniais, especialmente nos sultanatos mais rigorosos, em que acabou por triunfar sempre a necessidade de uma personalidade dirigente (grão--vizir) ao lado do príncipe, desde que o «favoritismo» não gerasse uma situação semelhante. Exigia-se que houvesse uma *única* pessoa *responsável*. O príncipe, porém, não o era do ponto de vista *legal*.

2. A colegialidade das autoridades *executivas* pretendia apoiar a objetividade e, sobretudo, a integridade da administração, e uma vez que possuía esse interesse, enfraquecer o poder dos indivíduos. Foi por estes motivos relacionados com a direção que ela cedeu quase por toda a parte à superioridade técnica da monocracia (por exemplo, nos «governos» da Prússia).

3. A colegialidade de corporações apenas *consultivas* existiu em todas as épocas e tudo indica que continuará a existir para sempre. Uma vez que é muito importante do ponto de vista da evolução histórica (assunto ao qual

voltaremos no momento adequado) — particularmente naqueles casos em que o «aconselhamento» do magistrado ou do príncipe tinha uma função efetivamente «decisiva», em virtude da situação de poder existente —, não requer uma análise casuística.

Por colegialidade entende-se aqui sempre colegialidade de *dominação*, isto é, de autoridades que administram elas próprias ou influenciam diretamente a administração (aconselhando-a). Como já foi indicado no texto, as atividades de *assembleias* estamentais ou parlamentares ainda não constam desta análise.

Historicamente, a colegialidade levou ao desenvolvimento pleno do conceito de «autoridade institucional», por ter estado *sempre* vinculada à separação entre «escritório» e «gestão doméstica» (dos membros), entre os quadros de funcionário públicos e os privados, entre os meios administrativos e o património privado. Precisamente por isso, não é um acaso a história moderna da administração do Ocidente iniciar-se com o desenvolvimento de autoridades colegiais constituídas por funcionários profissionais, assim como também ocorreu com toda a *ordem* duradoura de associações políticas — patrimoniais, estamentais, feudais ou de outra forma tradicionais —, ainda que de maneira diferente. As corporações colegiais de funcionários, porventura unidas por laços de solidariedade, eram as únicas que estavam em condições de ir expropriando politicamente os príncipes ocidentais, cada vez mais «diletantes». No caso de funcionários individuais, a obediência pessoal teria superado, *ceteris paribus*, muito mais facilmente a resistência tenaz do que ordens irracionais do príncipe. Depois de reconhecer como inevitável a transição para o funcionalismo profissional, o príncipe procurava, em regra, estabelecer o sistema colegial consultivo (sistema de conselho de Estado) com votos e contravotos, a fim de se manter — ainda que diletante — como senhor. Só após a vitória definitiva e irrevogável do funcionalismo profissional racional é que surgiu, triunfante — especialmente perante os parlamentos (ver adiante) —, a necessidade de uma solidariedade (pelo presidente do conselho de ministros) dos colégios supremos dirigida monocraticamente, *protegida* pelo príncipe e protegendo-o, e, consequentemente, a tendência geral para a monocracia e para a burocracia na administração.

OS TIPOS DE DOMINAÇÃO

1. O significado da colegialidade no surgimento da administração moderna compreende-se mais claramente se tomarmos como exemplo a luta das autoridades financeiras, criadas pelo Imperador Maximiliano I num momento de maior urgência (ameaça turca), contra o seu costume de conceder consignações e títulos hipotecários a terceiros, nas costas dos funcionários e *ad hoc*, arbitrariamente. O problema *financeiro* está na origem da expropriação do príncipe, que se tornou, pela primeira vez, *nesta área*, um *amador* (diletante) do ponto de vista político. De início, nas *signorie* italianas, com a sua contabilidade comercial organizada; depois, nos Estados franco-borgonheses; em seguida, nos Estados continentais alemães e, independentemente deles, entre os normandos, na Sicília e em Inglaterra (*exchequer*). No Oriente, os divãs, os *yamen* chineses, os *bakufu* japoneses, etc., desempenharam o mesmo papel, só que ali — por falta de funcionários profissionais instruídos *racionalmente* e, portanto, por dependerem do conhecimento empírico dos funcionários «antigos» — não se chegou à burocratização, como aconteceu com o senado em Roma.

2. A colegialidade na separação entre gestão patrimonial privada e administração pública desempenhou um papel semelhante ao das grandes companhias mercantis voluntárias no que diz respeito à separação entre gestão patrimonial e empreendimento aquisitivo, património e capital.

§ 16. Divisão especificada de poderes

O poder senhorial também pode ser mitigado pela:

4) (Continuação de § 15, *3*).) *Divisão especificada de poderes*: atribuição de «funções» específicas a titulares diversos — em casos de legalidade (*divisão constitucional de poderes*), determinados *racionalmente* como poderes de mando —, de modo que apenas pelo compromisso se chegue a disposições legítimas em assuntos que são da competência de várias destas pessoas.

1. A divisão «especificada» de poderes, ao contrário da «estamental», significa que os poderes de mando estão distribuídos «constitucionalmente» (não necessariamente no sentido da constituição estabelecida e escrita) entre vários detentores de poder (ou de controlo), de acordo com o seu carácter

364 ECONOMIA E SOCIEDADE

objetivo. Isto para que só possam ser criadas disposições legítimas de natureza *diversa* por detentores de poder diferentes, ou disposições de natureza *igual* apenas através da cooperação (por conseguinte, de um compromisso exequível não formal) de *vários* detentores de poder. O que se partilha, neste caso, não são «competências», mas sim os *próprios* direitos de *mando*.

2. A divisão de poderes especificada não é *necessariamente* algo moderno. Ela abrange, também, a separação entre o poder político autónomo e o poder hierocrático autónomo — em vez de cesaropapismo ou de teocracia. As competências especificadas das magistraturas romanas, bem como os carismas especificados do lamaísmo *podem* ser encarados como uma espécie de «divisão de poderes». O mesmo se diga da posição cada vez mais independente da academia Hanlin (confuciana), na China, e dos «censores», em relação ao monarca, assim como sobre a separação entre o poder judiciário e fiscal (civil) e o poder militar, nas instâncias subordinadas — comum em vários Estados patrimoniais, assim como durante o principado de Roma. E, por fim, como é óbvio, toda a distribuição de competências em geral. Só que, neste caso, o conceito de «divisão de poderes» torna-se impreciso. É aconselhável, por motivos de conveniência, limitá-lo à divisão do *próprio* poder *senhorial* supremo. Assim, tem-se a forma racional da divisão de poderes, fundada em estatutos (na constituição), ou seja, a forma constitucional, absolutamente moderna. Qualquer orçamento, num Estado não parlamentar, mas «constitucional», *só* pode ser aprovado por *compromisso* entre as autoridades legais (a coroa e — uma ou várias — câmaras de representantes). Historicamente, esta situação desenvolveu-se, na Europa, a partir da divisão de poderes *estamental*. A sua elaboração teórica processou-se em Inglaterra e foi desenvolvida, depois, por Montesquieu e por Burke. Ainda antes, a divisão de poderes proveio da apropriação dos poderes de mando e dos meios de administração por privilegiados, bem como das necessidades financeiras crescentes, tanto regulares, do ponto de vista social e económico (administrativas), como irregulares (condicionadas sobretudo por guerras), necessidades essas a que o senhor não podia atender sem o consentimento dos privilegiados, embora — muitas vezes até mesmo com o acordo e proposta destes — devesse fazê-lo. Deste modo, o compromisso estamental, a partir do qual se desenvolveram historicamente os compromissos orçamentais e estatutários — que de modo nenhum pertencem à divisão de poderes estamental no sentido constitucional — era necessário.

3. A divisão de poderes constitucional é uma estrutura particularmente instável. A estrutura de dominação *efetiva* define-se pela resposta à pergunta

OS TIPOS DE DOMINAÇÃO

«O que *aconteceria* se um compromisso indispensável segundo os estatutos (por exemplo, referente ao orçamento) *não* chegasse a realizar-se?» Neste caso, um rei inglês governando sem orçamento (hoje em dia) poria em risco a sua coroa, mas não um rei prussiano; no Império alemão pré-revolucionário, os poderes dinásticos teriam sido decisivos.

§ 17. Relações da divisão de poderes políticos com a economia

Relações com a economia:

1) A *colegialidade* (racional, de função) de *autoridades institucionais* legais pode aumentar a objetividade e a independência de injunções pessoais das disposições e, desse modo, atuar favoravelmente sobre as condições de existência da economia racional, mesmo quando a falta de precisão no seu funcionamento pesa negativamente. É justamente por isso que os grandes potentados capitalistas do presente e do passado preferem que a vida política, dos partidos e de todas as associações de importância para eles, seja regida por uma monocracia — uma forma de justiça e de administração mais «discreta» (no sentido deles), mais acessível do ponto de vista pessoal e mais fácil de fazer pender para os interesse dos poderosos, como confirmam também (e bem) as experiências alemãs. A colegialidade de cassação e a de autoridades colegiais surgidas de apropriações irracionais do poder de um quadro administrativo tradicional, podem, pelo contrário, produzir efeitos irracionais. É inegável que a colegialidade das autoridades fiscais, que constitui o início do desenvolvimento do funcionalismo profissional, favoreceu, em geral, a racionalização (formal) da economia.

Nos Estados Unidos, é o *boss* de um partido monocrático — e não a administração oficial de partido, muitas vezes colegial — que convém aos mecenas do partido. *Por isso*, é indispensável. Na Alemanha, pelo mesmo

366 ECONOMIA E SOCIEDADE

motivo, grande parte da chamada «indústria pesada» apoiou a dominação burocrática e *não* o parlamentarismo (que continua a ser administrado de modo colegial).

2) A divisão de poderes, uma vez que — como toda a apropriação — cria competências fixas, ainda que nem sempre racionais, trazendo, assim, um elemento de «previsibilidade» no funcionamento do aparato burocrático, *costuma* ser favorável à racionalização (formal) da economia. Os esforços no sentido da supressão da divisão de poderes (a república de sovietes, os governos dos comités populares e de salvação pública) propõem, em geral, uma transformação (mais ou menos) racional do ponto de vista *material* e funcionam, consequentemente, contra a racionalidade formal.

A análise pormenorizada desta questão faz parte das exposições especiais.

IX. Partidos

§ 18. Conceito e essência dos partidos

Por «partidos» entendemos relações associativas baseadas num recrutamento (formalmente) livre com o objetivo de proporcionar poder aos dirigentes de uma associação e, também, oportunidades (ideais ou materiais) de alcançar fins objetivos, vantagens pessoais, ou ambas as coisas aos seus membros ativos. Podem constituir relações associativas efémeras ou duradouras em associações de todo o tipo e forma: séquitos carismáticos, serviçais tradicionais e grupos de seguidores racionais (no que diz respeito a fins, valores ou ideologias). Podem orientar-se mais por interesses pessoais ou por fins objetivos. Na prática, podem visar, oficial ou efetivamente, apenas a obtenção do poder para o líder e a ocupação dos cargos administrativos por membros dos seus quadros (partido de patronado). Ou podem orientar-se predominante e conscientemente por interesses

OS TIPOS DE DOMINAÇÃO

estamentais ou de classes (partido estamental ou de classe), ou por fins concretos, ou por princípios abstratos (partido ideológico). É frequente a ocupação dos cargos administrativos pelos seus membros constituir um fim acessório, e os «programas» objetivos serem apenas um meio para recrutar novos membros.

Os partidos, do ponto de vista conceptual, só são possíveis *dentro* de uma associação cuja direção estes pretendam influenciar ou conquistar; também é possível, e não raro, existirem cartéis de partidos que abrangem várias associações.

Os partidos podem utilizar todos os meios para chegarem ao poder. Quando a direção é determinada por *eleições* (formalmente) livres e os estatutos são criados por votação, os partidos constituem, antes de mais, organizações para o recrutamento de votos eleitorais e, no caso de preverem votações, são partidos legais. Partidos legais significam *sempre*, em virtude do seu fundamento *voluntário* (de recrutamento livre), que as atividades da política são atividades de *interessados* (deixamos aqui completamente de lado a ideia de interessados do ponto de vista económico: trata-se de interessados *políticos*, isto é, orientados pela ideologia ou pelo *poder*, como tal). Isto significa que as atividades políticas estão nas mãos de *a)* líderes e quadros do partido, ao lado dos quais *b)* aparecem membros do partido ativos, na maioria das vezes, porém, apenas como apoiantes e, em certas circunstâncias, como instâncias de controlo, discussão, contrapropostas e resoluções, enquanto *c)* as massas associadas não ativas (de eleitores e votantes) são apenas objetos de propaganda em tempo de eleições ou votações («simpatizantes» passivos), cuja opinião só interessa como meio de orientação para o trabalho de propaganda do quadro de partido em casos de luta efetiva pelo poder. *Ocultos* permanecem, em regra (mas nem sempre), *d)* os mecenas dos partidos.

Além dos partidos organizados de modo formalmente legal, dentro de associações formalmente legais, existem essencialmente *a)* partidos carismáticos: dissensão sobre a qualidade carismática do senhor, sobre o senhor «verdadeiramente» carismático (forma: cisma); *b)* partidos tradicionalistas: dissensão sobre o modo de exercício do poder tradicional na esfera do livre-arbítrio e da graça do senhor (forma: obstrução ou revolta aberta contra «inovações»); *c)* partidos confessionais, idênticos, em regra, mas não inevitavelmente, aos do caso *a)*: dissensão sobre *conteúdos* ideológicos ou doutrinais (forma: heresia, que também pode aparecer em partidos racionais — socialismo); *d)* partidos puramente de apropriação: dissensão com o senhor e o seu quadro administrativo sobre o modo de recrutamento dos quadros administrativos, na maioria das vezes (mas não necessariamente) idênticos aos de *b)*.

Quanto à organização, os partidos podem pertencer aos mesmos tipos de todas as outras associações, isto é, ser orientados de modo carismático-plebiscitário (crença no *líder*) ou tradicional (apego ao *prestígio* social do senhor ou do vizinho preeminente) ou racional (lealdade aos dirigentes e aos quadros administrativos nomeados por votação «segundo os estatutos»), no que se refere tanto à obediência dos partidários como aos quadros administrativos.

Os detalhes (materiais) são analisados na sociologia do Estado.

Economicamente, o *financiamento* do partido constitui uma questão de importância central para o modo como a sua influência se distribui e para a direção que as suas ações tomam materialmente, isto é, se o financiamento provém de um grande número de pequenas contribuições das massas, de mecenato ideológico, de compra (direta ou indireta) interessada ou de tributação das oportunidades proporcionadas pelo partido ou pelos adversários subjugados. Esta problemática também constitui matéria para a sociologia do Estado.

1. Os partidos só existem, *ex definitione, dentro* de associações (políticas e outras) e na luta pela dominação das mesmas. Dentro dos partidos, por sua vez, podem existir subpartidos — e, na verdade, estes existem frequentemente (como formas de associação efémeras, típicas dos partidos americanos em todas as campanhas de nomeação do candidato à presidência; como formas de associação duradouras, verificadas, por exemplo, em fenómenos como os «jovens liberais», na Alemanha). Exemplos típicos de partidos que reúnem várias associações são, por um lado, os guelfos e gibelinos (de carácter estamental), na Itália do século XIII, e, por outro, os socialistas modernos (de carácter classista).

2. A característica do *recrutamento* (formalmente) livre, do fundamento (do ponto de vista das regras de associação, formalmente) voluntário

OS TIPOS DE DOMINAÇÃO

dos partidos, é considerada aqui como a sua essência e significa, em todo o caso, uma diferença fundamental do ponto de vista sociológico relativamente a todas as relações associativas prescritas e reguladas pela disciplina de uma associação. Mesmo onde a disciplina da associação tem em conta a existência dos partidos — como, por exemplo, nos Estados Unidos ou no sistema eleitoral alemão —, chegando a empreender o regulamento da sua constituição, o carácter voluntarista permanece intacto. Quando um partido se torna uma relação associativa fechada, regulada por um quadro administrativo, em virtude da disciplina da associação — como acabou por acontecer, por exemplo, com a «parte guelfa» nos estatutos florentinos do século XIII —, deixa de ser um «partido» para passar a ser uma associação que integra a associação política.

3. Numa associação de dominação genuinamente carismática, os partidos são, necessariamente, seitas cismáticas; a sua luta é ideológica e, como tal, não pode ser resolvida definitivamente. Pode existir uma situação semelhante numa associação rigorosamente patriarcal. A forma *pura* destes dois tipos de partido, em condições normais, é estranha aos partidos, em sentido moderno. O confronto dos séquitos de pretendentes a feudos e cargos, reunidos em torno do pretendente ao trono, é típico das associações carismático-hereditárias e estamentais. Os séquitos pessoais predominam nas associações com administração honorária (cidades-Estado aristocráticas), mas também em algumas democracias. Os partidos adotam o seu tipo moderno em Estados de direito com uma constituição representativa. A exposição deste tipo encontra-se mais adiante na sociologia do Estado.

4. Os dois grandes partidos americanos da nossa época constituem exemplos clássicos de partidos puros de patronato no Estado *moderno*. O antigo conservadorismo, o antigo liberalismo e a antiga democracia burguesa, mais tarde, social-democracia — todos eles com uma forte dose de *interesses* de classe —, assim como o Partido do Centro, constituem exemplos de partidos com fins objetivos ou «ideológicos»; este último, depois de realizar quase todas as suas pretensões, tornou-se, em grande parte, um partido puramente do patronato. Em todos eles, porém, mesmo nos mais puros partidos de classe, também costuma ser decisivo para a atitude dos líderes e do quadro administrativo o interesse *próprio* (ideal ou material) no poder, nos cargos e na garantia de existência, enquanto a defesa dos interesses dos seus eleitores só é tida em conta se for inevitável, para não pôr em perigo as possibilidades de reeleição. Este último fator é uma das razões que explicam a oposição ao partidarismo.

370   ECONOMIA E SOCIEDADE

5. As formas de organização dos partidos serão analisadas separadamente. O que todos eles têm em comum é a associação de «partidários» com um papel passivo ao núcleo de pessoas em cujas mãos está a direção *ativa* — a formulação das palavras de ordem e a escolha dos candidatos —, enquanto os membros da associação, na sua maioria, constituem puros objetos, podendo escolher entre os vários candidatos e programas apresentados pelos partidos. Essa situação é inevitável, dado o carácter voluntarista dos partidos, e constitui aquilo que aqui se define por atividades de «interessados». (Entendemos aqui por «interessados», conforme já mencionado, interessados «políticos», e não «materiais».) Esta é a segunda crítica principal da oposição ao partidarismo como tal, ponto em que se baseia a afinidade *formal* das atividades de um partido com as atividades capitalistas, baseadas, igualmente, no recrutamento *formalmente* livre de trabalho.

6. O mecenato como base financeira não é, de modo algum, próprio apenas dos partidos «burgueses». Paul Singer, por exemplo, era um grande mecenas do Partido Socialista (além de mecenas humanitário e, pelo que se sabe, com intenções das mais puras). A sua posição de líder do partido baseava-se integralmente nesta perspetiva. A revolução russa (de Kerenski) foi financiada, em parte, (dentro dos partidos) por grandes mecenas moscovitas. Outros partidos alemães (da «direita») foram financiados pela indústria pesada, o «centro», ocasionalmente, por multimilionários católicos.

7. As finanças dos partidos, do ponto de vista da investigação, constituem, por razões compreensíveis, o capítulo menos transparente da sua história e, no entanto, são dos mais importantes. Em alguns casos, parece muito provável que se tenha «comprado» uma «máquina» (*caucus* — voltaremos a este conceito mais adiante). De resto, as alternativas são as seguintes: ou a maior parte do custo da eleição é arcada pelos candidatos (sistema inglês) — resultado: plutocracia dos candidatos — ou pela «máquina» — resultado: dependência dos candidatos em relação aos *funcionários* do partido. De uma forma ou de outra, é isto que acontece desde que existem partidos como organizações *duradouras*, tanto na Itália do século XIII, como no nosso tempo. Contudo, estas situações não deveriam ser ocultadas por discursos. É sabido que o financiamento de um partido tem um poder limitado: só pode servir-se dos meios de propaganda que existem no «mercado». Contudo, tal como acontece entre as empresas capitalistas e o consumo, o poder da *oferta* aumentou imensamente em virtude da sugestão dos meios de propaganda (particularmente dos «partidos radicais» da direita ou — tanto faz — da esquerda).

OS TIPOS DE DOMINAÇÃO

X. Administração de associações alheia à dominação e administração de representantes

§ 19. Condições da democracia directa

As associações podem pretender reduzir o máximo possível os poderes de mando — inevitáveis, pelo menos, numa medida mínima — ligados a funções executivas (minimização da dominação), considerando os administradores pessoas que exercem a sua função *somente* conforme a vontade, «a serviço» e em virtude da autorização dos demais membros da associação. Isto é mais fácil de concretizar em associações *pequenas*, nas quais todos os membros podem reunir-se no mesmo lugar, conhecendo-se uns aos outros e considerando-se iguais do ponto de vista social. Foi também tentado por associações maiores (especialmente uniões de cidades, no passado, e de distritos dentro de um país). Os meios técnicos geralmente utilizados para este fim são:

a) prazos curtos para o exercício de cargos, se possível, apenas o tempo entre duas assembleias dos membros;

b) direito de revogação a qualquer momento (*recall*);

c) princípio de rotatividade ou sorteio para a nomeação, de modo que cada um tenha «a sua vez», evitando-se, assim, uma posição de poder no que diz respeito ao saber técnico específico ou ao conhecimento dos segredos do ofício;

d) mandato rigorosamente imperativo quanto ao modo de exercício do cargo (competência *concreta*, e não geral), ratificado pela assembleia dos membros;

e) dever rigoroso de prestar contas à assembleia;

f) dever de apresentar à assembleia (ou determinada comissão) qualquer questão extraordinária ou imprevista;

g) um grande número de cargos acessórios, encarregados de tarefas especiais, e, portanto:

h) carácter de «profissão *acessória*» dos cargos.

Quando o quadro administrativo é eleito, as eleições realizam-se numa assembleia dos membros da associação. A administração é

372 ECONOMIA E SOCIEDADE

essencialmente oral; os registos escritos só existem quando é necessário documentar determinados direitos. As disposições importantes são todas apresentadas à assembleia. Esta forma de administração, à semelhança de outras chama-se *democracia direta*, *desde que* a assembleia dos membros da associação seja *efetiva*.

1. A *township* norte-americana e o pequeno cantão suíço (Glarus, Schwyz, os dois de Appenzell, etc.), dadas as suas dimensões, já se encontram no limite da possibilidade de uma administração «democrática direta» (cuja técnica não será analisada aqui). A democracia ática extravasou, efetivamente, esses limites, e o *parliamentum* das cidades italianas da alta Idade Média ainda mais. Uniões, corporações, associações científicas, académicas e desportivas de todas as espécies são administradas frequentemente dessa forma. Este tipo de democracia também pode ser transposto para a igualdade interna de associações de «aristocratas» que não aceitam um senhor superior.

2. Outra condição prévia essencial, *além* da redução espacial ou do número de pessoas (no melhor dos casos, ambas), é a ausência de tarefas qualitativas que só podem ser realizadas por funcionários profissionais. Mesmo que se tente manter o funcionalismo profissional na mais estreita dependência, este contém o germe da burocratização e, sobretudo, os funcionários não podem ser convocados nem demitidos pelos meios genuínos da «democracia direta».

3. A forma racional da democracia direta aproxima-se das associações gerontocráticas ou patriarcais primitivas, pois estas também são administradas «ao serviço» dos membros. Contudo, existe nelas: *a)* apropriação do poder administrativo e *b)* (em condições normais) uma estreita vinculação à tradição. A democracia direta é ou, pelo menos, pode ser, uma associação *racional*. As formas de transição serão expostas em seguida.

§ 20. Administração de membros honorários

Consideramos «membros honorários» aquelas pessoas que *1)* em virtude da sua situação económica, podem continuar a dirigir ou administrar uma associação como profissão acessória contínua e não remunerada, ou com uma remuneração apenas nominal ou honorífica, e que *2)* gozem de determinado apreço social, qualquer

OS TIPOS DE DOMINAÇÃO

que seja o motivo, de modo que têm a possibilidade, numa democracia formalmente direta, de exercer os seus cargos, em virtude da confiança dos membros da associação, primeiro, de modo voluntário e, finalmente, de modo tradicional.

O pressuposto indispensável da posição de funcionário honorário, neste sentido primário de poder viver *para* a política sem precisar de viver *dela*, é o mesmo de ter possibilidade em determinado grau de se afastar dos seus próprios negócios privados. Esta possibilidade existe sobretudo para os rentistas de todas as espécies: rentistas de terras, escravos, gado, casas e títulos. Em segundo lugar estão aqueles profissionais cujos negócios lhes facilitam bastante a execução acessória de tarefas políticas: indivíduos responsáveis por empreendimentos sazonais (agricultores), advogados (por terem um «escritório») e alguns outros profissionais liberais; também, em grande parte, comerciantes patrícios com negócios ocasionais. Por último, os empresários industriais e artesanais e os trabalhadores. A democracia direta tende sempre a passar para «administração honorária». Idealmente, por ser considerada particularmente qualificada por experiência e objetividade; materialmente, por ser muito barata ou, em certas circunstâncias, até gratuita. O funcionário honorário possui, em parte, meios administrativos materiais, ou, então, utiliza o seu próprio património para este fim, recebendo-os, em parte, da associação.

1. A casuística do funcionalismo honorário, como qualidade *estamental*, será tratada mais tarde. A fonte primária, em todas as sociedades primitivas, é a riqueza, cuja posse constitui frequentemente o único fundamento da qualidade de «cacique» (condições, ver Capítulo 4). Além disso, dependendo do caso, a consideração carismático-hereditária ou a possibilidade de se afastar dos negócios privados pode aparecer em primeiro plano.

2. Ao contrário da *township* dos americanos que, com base no direito natural, favorece a rotatividade efetiva, nas listas de funcionários dos cantões suíços com democracia direta, observa-se frequentemente a repetição contínua dos mesmos nomes e, mais ainda, das mesmas famílias. A maior *possibilidade de se afastar dos negócios próprios* (para aparecer na assembleia obrigatória) também constituía nas comunidades germânicas

374 ECONOMIA E SOCIEDADE

e nas cidades do Norte da Alemanha (parte das quais inicialmente eram democráticas) uma das fontes de diferenciação entre os *meliores* e o patriarcado de conselheiros.

3. A administração honorária existe em associações de todas as espécies; por exemplo, também é típica nos partidos políticos não burocratizados. Significa sempre: administração extensiva e, portanto, *quando* necessidades económicas e administrativas atuais e muito urgentes requerem uma ação precisa, apesar de ser «gratuita» para a associação, pode chegar a ser muito «onerosa» para cada um dos seus membros.

Tanto a democracia direta genuína como a administração honorária genuína falham tecnicamente quando se trata de associações que excedem a quantidade (elástica) de alguns milhares de membros com direitos plenos, ou quando se trata de tarefas administrativas que exigem formação profissional, por um lado, e, por outro, consistência na direção. Se, nestas condições, se trabalha com funcionários profissionais permanentes ao lado de dirigentes que vão mudando, a administração, normalmente, está *de facto* nas mãos dos primeiros, que trabalham, enquanto a intervenção dos últimos conserva um carácter substancialmente diletante.

A situação dos reitores universitários que se revezam e que, como cargo acessório, administram assuntos académicos, em oposição à dos síndicos e, em certas circunstâncias, também dos funcionários burocráticos, constitui um exemplo típico disto mesmo. Só um presidente universitário autónomo e eleito a longo prazo (do tipo norte-americano) — prescindindo-se de personagens extraordinárias — poderia criar uma «administração autónoma» das universidades que não se limitasse a ditos solenes e a presunções. Por um lado, só a vaidade dos colégios académicos e, por outro, o interesse de poder da burocracia resistem a deduzir tais consequências. Isto acontece, *mutatis mutandis*, por toda a parte.

Além disso, a democracia direta, livre de dominação, e a administração honorária só existem na sua forma genuína enquanto não aparecem *partidos* com formações *duradouras*, lutando entre si, para se apropriarem dos cargos, pois assim que isto ocorre, os *líderes* e o quadro administrativo do partido que luta e vence — por quaisquer meios — constituem uma estrutura de *dominação*,

OS TIPOS DE DOMINAÇÃO

apesar de conservarem todas as formas da administração existente até então.

Esta é uma forma bastante frequente de rompimento com as condições «antigas».

XI. Representação

§ 21. Essência e formas da representação

Por representação entendemos *primordialmente* a situação já exposta (Capítulo 1, § 11), na qual as ações de determinados membros da associação (representantes) são imputadas aos outros, ou devem ser consideradas por estes como «legítimas» e «vinculantes», o que, com efeito, acontece.

A representação dentro das *dominações* associativas assume várias formas típicas:

1) Representação apropriada. O dirigente (ou um membro do quadro administrativo) tem o direito apropriado de representação. Esta forma de apresentação é muito antiga e encontra-se em associações de dominação patriarcais e carismáticas (carismático-hereditárias, carismáticas de cargo) de carácter muito diverso. O poder representativo possui uma dimensão *tradicional*.

Este tipo de representação inclui os xeques de clãs ou os caciques de tribos, os *schreschths* de castas, os hierarcas hereditários de seitas, os *patels* de aldeia, os chefes de regiões fronteiriças, os monarcas hereditários e todos os dirigentes semelhantes (patriarcais e patrimoniais) de associações de todas as espécies. Na Austrália, já existiam (em situações de resto bastante primitivas) autorizações para concluir contratos e acordos, com carácter estatutário com os anciãos das associações vizinhas.

Muito próxima da representação apropriada está:

2) A representação estamental (por direito próprio). *Não* se trata de «representação» propriamente dita, porque, sob

376 ECONOMIA E SOCIEDADE

certo ponto de vista, se limita, antes de mais, a representar e fazer valer direitos (apropriados) *próprios* (privilégios). Possui o carácter de representação (pelo que é considerada, por vezes, como tal), no sentido em que o efeito da aprovação de um acordo estamental, *além* de atingir a pessoa do privilegiado, atinge também as camadas não privilegiadas, não só dependentes imediatos, como também outras pessoas que não têm direitos estamentais, uma vez que, em regra, o *vínculo* destes últimos com os convénios de privilegiados é pressuposto como evidente, ou toma o carácter de uma pretensão expressa.

Este tipo inclui todas as cortes feudais e assembleias de grupos, *κατ' ἐξοχήν*, estamentalmente privilegiados, especialmente os «estamentos» da baixa Idade Média alemã e da época moderna. Na Antiguidade, e nos países não europeus, existem poucos exemplos deste tipo de instituição, e aqueles que existem não constituíram uma «fase transitória» geral.

3) A *representação vinculada* contrasta mais acentuadamente com a instituição anterior: estamos perante representantes eleitos (ou determinados por rotatividade, sorteio ou outros meios semelhantes) cujo poder de representação é limitado interna e externamente por um *mandato imperativo* e um direito de revogação, e está vinculado ao consentimento dos representados. Esses «representantes», na verdade, são funcionários daqueles que representam.

O mandato imperativo desempenhou sempre um papel importante, incluindo em associações de natureza bastante diversa. Os representantes eleitos das comunas francesas, por exemplo, estavam quase sempre vinculados aos seus *cahiers de doléances*. Atualmente, esse tipo de representação encontra-se essencialmente nas repúblicas de sovietes, nas quais constituem um substituto da democracia direta, impossível em associações de massas. Também existiam mandatários vinculados em associações de natureza bastante diversa fora do Ocidente medieval e moderno, mas *nunca* tiveram muita importância histórica.

OS TIPOS DE DOMINAÇÃO

4) Representação livre. O representante, em regra, eleito (designado, porventura, de maneira formal ou, de facto, por rotatividade), não está ligado a instrução alguma, mas é senhor das suas ações. O seu dever consiste em seguir convicções *objetivas* próprias, e não os interesse dos seus delegantes.

A representação livre, neste sentido, não é raro ser a consequência inevitável de insuficiência ou falta de instrução. Noutros casos, porém, constitui o sentido autêntico da eleição de um representante, o qual é, então, o *senhor* dos seus eleitores, e não o «servidor» dos mesmos. Este estilo foi adotado especialmente pelas representações parlamentares modernas que, nesta forma, têm em comum a objetivação geral — vinculação a *normas* abstratas (políticas, éticas) características da dominação legal.

Essa particularidade aplica-se acima de tudo às *corporações* representativas das associações políticas modernas: os parlamentos. A sua função não pode ser explicada sem a intervenção voluntarista dos *partidos*: são estes últimos que apresentam os candidatos e os programas a cidadãos passivos do ponto de vista político e criam, através de compromissos ou de votação no parlamento, as normas para a administração, controlam-na, apoiam-na com a sua confiança e derrubam-na, recusando permanentemente a confiança — *quando* conseguem obter a *maioria* dos votos nas eleições.

O líder do partido e o quadro administrativo por ele designado — os ministros, secretários e, talvez, subsecretários de Estado — são os dirigentes «políticos» do Estado, ou seja, a sua posição depende da vitória eleitoral do seu partido. Quando este é derrotado, são obrigados a pedir demissão. Quando a dominação partidária atinge o seu desenvolvimento pleno, eles são impostos ao senhor formal, o príncipe, mediante eleições parlamentares; o príncipe, expropriado do poder de mando, fica reduzido ao papel de *1)* escolher o dirigente em negociações com os partidos e de o legitimar formalmente, nomeando-o, além de *2)* funcionar como órgão legalizador das disposições do chefe de partido no cargo de dirigente.

O «gabinete» do ministro, isto é, o comité do partido maioritário, pode estar organizado materialmente de modo mais monocrático ou

378 ECONOMIA E SOCIEDADE

mais colegial; este último modo é inevitável em gabinetes de coligação; o primeiro constitui a forma que funciona com maior precisão. Os meios de poder habituais — o sigilo relacionado com informações a que se tem acesso por inerência do cargo e a solidariedade para fora — servem de proteção contra os ataques do adversário ou de partidários em busca de cargos. A ausência *material* (efetiva) de divisão de poderes significa que, nesse sistema, existe uma apropriação plena de todo o poder pelos atuais quadros do partido: os cargos de dirigentes, mas também grande parte dos cargos de funcionários, transformam-se em prebendas dos adeptos — *governo parlamentar de gabinete.*

Voltaremos em várias ocasiões às exposições dos factos que se encontram no brilhante e polémico escrito de Wilhelm Hasbach [*Die parlamentarische Kabinettsregierung* (1919)] contra este sistema (chamado, erroneamente, «descrição política»). O meu próprio escrito, *Parlament und Regierung im neu geordneten Deutschland* [1918] acentuou expressamente que esta polémica resulta *apenas* da situação atual.

Quando a apropriação do poder por um governo partidário não é completa, mantendo o príncipe (ou um presidente numa posição semelhante, como, por exemplo, um presidente eleito por plebiscito) poder próprio, especialmente no patronato de cargos (inclusivamente, dos oficiais do exército), estamos perante um *governo constitucional.* Este pode existir sobretudo quando existe uma *divisão de poderes* formal. A coexistência de uma presidência plebiscitária e de um parlamento representativo (*governo* representativo-plebiscitário) constitui um caso especial.

Por outro, lado, a direção de uma associação governada de modo puramente parlamentar pode ser nomeada simplesmente através da eleição das autoridades governamentais (ou do dirigente) pelo parlamento: *governo representativo.*

O poder de governo dos órgãos representativos pode estar limitado e legitimado pela admissão de uma consulta direta dos dominados: *constituição do referendo.*

1. O que é próprio do Ocidente não é a representação *em si*, mas sim a representação *livre* e a sua união em corporações parlamentares; existiu

OS TIPOS DE DOMINAÇÃO 379

na Antiguidade ou noutros lugares, ainda que numa forma rudimentar (assembleias de delegados em ligas de cidades, porém, sempre com mandatos vinculados).

2. O rompimento do mandato imperativo dependia bastante da atitude dos príncipes. Os reis franceses, ao anunciarem eleições, exigiam sempre que os delegados dos *états généraux* tivessem *liberdade* para poder votar a favor das propostas do rei, pois, de outro modo, o mandato imperativo teria obstruído tudo. No parlamento inglês, a sua composição (a ser ainda analisada) e regulamento tiveram o mesmo resultado. O quanto, em consequência disso, os membros do parlamento se consideravam um *estamento* privilegiado, até às reformas eleitorais de 1867, torna-se por demais evidente na exclusão rigorosa do público (multas bastante graves para os jornais que veiculavam informações sobre as sessões, ainda em meados do século XVIII). A teoria de que o deputado parlamentar é «representante de todo o povo», *isto é*, de que ele não está vinculado a mandatos (não é «servidor», mas — falando francamente — senhor), já estava divulgada na literatura antes de a Revolução Francesa lhe dar a forma (palavrosa) que passou, desde então, a ser considerada a forma clássica.

3. Não nos cabe analisar aqui como o rei inglês (e outros, segundo este exemplo) foi expropriado gradualmente pelo governo de gabinete não oficial e orientado puramente por interesses partidários, nem o que levou a esta evolução singular enquanto tal (e não tão «casual», como se costuma afirmar, considerando-se a ausência de *burocracia* em Inglaterra), porém de significado universal. O mesmo se diga do sistema representativo-plebiscitário de divisão funcional de poderes existente na América ou do desenvolvimento do *referendum* (na sua essência, um instrumento de desconfiança em relação aos parlamentares corruptos) e, mesclada com este, da democracia *puramente* representativa na Suíça e, atualmente, também em alguns estados alemães. Foram aqui mencionados apenas alguns dos tipos principais.

4. A chamada monarquia «constitucional», que, nas suas características essenciais, inclui sobretudo a apropriação do patronato de cargos, incluindo o de ministro, e do poder de mando militar pelo monarca, pode ser, *na verdade*, muito parecida com a monarquia puramente parlamentar (inglesa), assim como esta última não exclui, de modo algum, a participação efetiva na direção da política de um monarca *capaz* (Eduardo VII) (não se reduzindo a um mero figurante), tema que referiremos em detalhe mais adiante.

5. As corporações representativas não são necessariamente «democráticas», no sentido da igualdade de direitos (eleitorais) de todos. Muito pelo

contrário: veremos que o solo clássico para a estabilidade da dominação parlamentar costuma estar numa aristocracia ou plutocracia (como em Inglaterra).

Relação com a economia. Esta é extremamente complicada e será analisada separadamente. Antecipamos aqui somente os seguintes aspetos gerais:

a) A desagregação dos fundamentos económicos dos antigos estamentos condicionou a transição para a representação «livre», na qual aquele que possui dotes demagógicos encontrou o caminho aberto, sem atender à sua pertinência estamental. A desagregação deve-se ao capitalismo moderno.

b) A exigência de *previsibilidade* e fiabilidade no funcionamento da ordem jurídica e administrativa — uma necessidade vital do capitalismo racional — levou a burguesia a pretender limitar o poder do príncipe patrimonial e da nobreza feudal, por intermédio de uma corporação na qual a *burguesia* tivesse uma participação decisiva e controlasse a administração e as finanças através de modificações concomitantes da ordem jurídica.

c) O desenvolvimento do proletariado, no momento dessa transformação, ainda não alcançara um ponto em que pudesse apresentar-se como poder *político* e como um perigo para a burguesia. Além disso, recorrendo ao direito eleitoral censitário, eliminava-se, sem escrúpulos, toda a ameaça à posição de poder dos proprietários.

d) A racionalização *formal* da economia e do Estado, favorável ao interesse do desenvolvimento capitalista, podia ser muito favorecida através dos parlamentos. Parecia ser fácil ganhar influência sobre os partidos.

e) A demagogia dos partidos então existentes seguiu o caminho da ampliação do direito eleitoral. A necessidade de conquistar o proletariado em caso de conflitos exteriores e a esperança — frustrada — colocada no seu carácter «conservador» em relação à burguesia, levaram os príncipes

OS TIPOS DE DOMINAÇÃO

e ministros a favorecer o direito eleitoral (por fim) *igual* em toda a parte.

f) Os parlamentos funcionavam normalmente, enquanto as classes que possuíam «educação e propriedade» — funcionários *honorários*, portanto — estavam entre si, por assim dizer. Não eram partidos orientados puramente por interesses de classe, mas sim oposições apenas estamentais, condicionadas pela *natureza* diversa da propriedade. Quando começou a emergir o poder dos partidos puramente classistas, especialmente do proletariado, a situação dos parlamentos transformou-se e continua a transformar-se. A burocratização dos *partidos* (sistemas do *caucus*), cujo carácter é especificamente *plebiscitário* e transforma o deputado de «senhor» dos eleitores em *servidor dos líderes da «máquina» do partido*, também contribuiu para essa mudança. Esta questão será tratada separadamente.

§ 22. Representação por representantes de interesses

5) (Continuação de § 21, *4).*) Consideramos *representação por representantes de interesses* o tipo de corpos representativos nos quais os membros não são nomeados de modo livre ou de acordo com a sua pertença profissional, estamental ou de classe, mas classificados segundo a profissão, a situação estamental ou de classe e nomeados pelos seus iguais, reunindo-se — como se costuma dizer hoje em dia — numa «representação de categorias profissionais».

Este tipo de representação pode ter um significado fundamentalmente diverso *1)* segundo a natureza das profissões, estamentos e classes admitidos, *2)* se a votação ou o compromisso forem o meio de resolver conflitos e, *3)* no primeiro caso, dependendo da participação numérica de cada categoria.

Ela pode ter um carácter tanto extremamente revolucionário, como extremamente conservador. De qualquer modo, é o produto do surgimento de grandes partidos *de classe*.

382   ECONOMIA E SOCIEDADE

Em condições normais, a intenção de criar esse tipo de representação está associada à de *privar* determinadas camadas do direito de votar: *a)* privar *materialmente* as massas sempre preponderantes, dado o seu número, por meio de determinada distribuição dos mandatos pelas profissões, ou *b)* privar *formalmente* as camadas predominantes, dada a sua posição de poder económico, limitando o direito eleitoral às camadas não proprietárias (o chamado *Estado de conselhos*).

Este tipo de representação enfraquece — pelo menos, teoricamente — a *ação* ligada exclusivamente a determinados interesses (dos partidos) na política, ainda que, tal como mostra toda a experiência, esta não seja eliminada. Teoricamente, a importância dos meios financeiros para a eleição *pode* ser enfraquecida, ainda que num grau duvidoso. O carácter das corporações representativas deste tipo tende à *ausência de um líder*, pois só contam como representantes de interesses *profissionais* aqueles que podem colocar todo o seu tempo ao serviço da representação de interesses, o que, para as camadas sem recursos, significa: secretários a soldo das associações de interessados.

1. A representação que utiliza o *compromisso* como meio de resolver conflitos é própria de *todas* as antigas corporações «estamentais». O compromisso domina hoje nas «comunidades de trabalho» e em todo o lugar onde a ordem prescreve a *itio in partes* e negociações entre os diversos grémios que discutem e resolvem os assuntos separadamente. Como é impossível encontrar uma expressão numérica para a «importância» de uma profissão, e como, sobretudo, os interesses da *massa* de trabalhadores e dos (cada vez mais reduzidos) empresários — cujos votos, por serem particularmente especializados, ainda que os seus portadores sejam pessoalmente interessados, devem ter um peso que *prescinda* do seu número — são, em grande parte, antagónicos, a existência de uma «votação» formal, em caso de participação de elementos muito heterogéneos por estamento ou classe, constitui um absurdo mecanizado: o voto, como *ultima ratio*, é característico de *partidos* em conflito, à procura de compromissos, mas não de «estamentos».

2. Tratando-se de «estamentos», o voto é adequado quando a corporação é composta de elementos mais ou menos *homogéneos* do ponto de

OS TIPOS DE DOMINAÇÃO   383

vista *social*, por exemplo, unicamente trabalhadores, como nos «conselhos».
A *mercadanza* da época das lutas entre as corporações constitui um protótipo disto mesmo: composta por delegados de cada corporação, votando pelo sistema maioritário, *mas*, na realidade, sob a pressão do perigo de separação quando as corporações mais poderosas ficam em minoria. Já a admissão de «empregados» em conselhos cria problemas: em regra, a sua participação nos votos é limitada mecanicamente. A situação complica-se ainda mais quando se admitem representantes de camponeses e artesãos. E não há como decidir por *votos* quando entram as chamadas profissões «superiores» e os empresários. A composição «paritária» de uma comunidade de trabalho com sistema de *votação* significa que o apoio de sindicalistas «amarelos» leva os empresários à vitória e o apoio de empresários simpatizantes ajuda os trabalhadores a vencer: isto é, os elementos decisivos são os que mais desprezam a *dignidade* da sua classe.

Entre os trabalhadores de «conselhos» *puramente* proletários também apareciam, em tempos tranquilos, antagonismos agudos que, além de causarem, provavelmente, a paralisação efetiva dos conselhos, aproveitariam todas as oportunidades para uma política que utilizaria habilmente a rivalidade entre os interessados: esta é a razão por que a burocracia é tão favorável à ideia dos conselhos. A mesma oportunidade existiria para os representantes de camponeses em relação aos representantes de operários. Em todo o caso, qualquer composição dessas corporações representativas *não* estritamente revolucionária não resultaria, em última instância, *senão* numa nova oportunidade para a «geometria de círculo eleitoral», ainda que de outra forma.

3. As possibilidades das representações «profissionais» não são pequenas. Em tempos de estabilização do desenvolvimento técnico-económico, serão *extremamente* grandes. Porém, nessas condições, as atividades dos partidos diminuirão em grande parte. Mas enquanto esse pressuposto *não existir*, não é possível pensar que as corporações representativas de profissionais possam eliminar os partidos. Desde os «conselhos de empresa» — cujo processo já podemos observar — até ao Conselho Económico do Reich, criar-se-ão inúmeras novas prebendas para membros fiéis dos partidos, que serão, naturalmente, aproveitadas. Ocorrerá uma politização da vida económica e uma «economização» da vida política. Diante de todas essas possibilidades, pode-se tomar posições radicalmente diferentes, dependendo da posição valorativa última que se adote. Só que os factos são estes, e não outros.

Tanto a representação parlamentar genuína com atividades voluntárias de interessados na política como a organização plebiscitária dos partidos, desenvolvida a partir da primeira, com as suas consequências, ou a ideia moderna de representação *racional* por representantes de interesses, são próprias do Ocidente e só encontram explicação no desenvolvimento ocidental dos estamentos e das classes, que já na Idade Média criou aqui, e somente aqui, os seus precedentes. Era *só* aqui que existiam «cidades» e «estamentos» (*rex et regnum*), «burgueses» e «proletários».

CAPÍTULO 4

Estamentos e classes

I. Conceitos

§ 1. Situação de classe, tipos de classe, classe proprietária

Chamamos *situação de classe* à oportunidade típica de *1)* abastecimento de bens, *2)* posição de vida externa, *3)* destino pessoal, que resulta, dentro de determinada ordem económica, da extensão e natureza do poder de disposição (ou da falta deste) sobre bens, ou qualificação de serviços, e da natureza da sua utilidade para a obtenção de rendas ou de outras receitas.

Chamamos *classe* a todo o grupo de pessoas que se encontra em igual situação de classe.

a) *Classe proprietária* é aquela em que as diferenças de propriedade determinam primariamente a situação de classe.

b) *Classe aquisitiva* é a que apresenta oportunidades de valorização de bens ou serviços que lhe determinam primariamente a situação de classe.

c) *Classe social* é a totalidade daquelas situações de classe *entre* as quais uma mudança α) pessoal, β) na sucessão das gerações é fácil e acontece normalmente.

Estas três categorias de classe podem constituir o fundamento para o surgimento de associações com base em interesses de classe (associações de classe). Porém, isto não tem de acontecer necessariamente: situação de classe e classe só indicam a existência de situações de interesses típicas *iguais* (ou semelhantes) em que um indivíduo se encontra, tal como muitos outros. Em princípio, o poder de disposição sobre os diversos tipos de bens de consumo, meios de produção, património, meios de aquisição e qualificação de serviço constituem, em cada caso, uma situação de classe especial, e somente a falta total de «qualificação» de pessoas sem propriedade, obrigadas a ganhar a vida com o seu trabalho com ocupações esporádicas é que representa uma situação de classe homogénea. As transições de uma classe para outra podem ser ou não fáceis e fluentes, em grau muito diverso, por isso, a unidade das classes sociais também difere muito.

a) A importância primária de uma classe *proprietária* privilegiada positivamente está *α)* na monopolização do abastecimento com bens de consumo de preços elevados (onerosos), na compra; *β)* na monopolização da possibilidade de uma política monopolista planeada, na venda; *γ)* na monopolização da oportunidade de formação de património por meio de excedentes não consumidos; *δ)* na monopolização de oportunidades de formação de capital através da poupança, portanto, da possibilidade de investimento de património como capital de empréstimo e, com isso, de disposição sobre as posições de dirigentes (de empresas); *ε)* nos privilégios estamentais (de educação), desde que sejam onerosos.

1) Os *rentistas* são tipicamente classes proprietárias privilegiadas positivamente. Estes podem ser: *a)* rentistas de seres humanos (proprietários de escravos); *b)* rentistas de terras; *c)* rentistas de minas; *d)* rentistas de instalações (proprietários de instalações de trabalho e aparelhos); *e)* rentistas de navios; *f)* credores, e, neste caso, *α)* credores de gado, *β)* credores de cereais, *γ)* credores de dinheiro; *g)* rentistas de valores.

2) Classes proprietárias negativamente privilegiadas são tipicamente *a)* objetos de propriedade (dependentes — ver no parágrafo sobre o «estamento»); *b)* desclassificados (*proletarii*, no sentido da Antiguidade); *c)* endividados; *d)* «pobres».

ESTAMENTOS E CLASSES 389

Entre elas estão as «classes médias», que abrangem as camadas, de todas as espécies, que dispõem de propriedade ou de qualidades de educação, obtendo daí a sua renda. Algumas delas *podem* ser «classes aquisitivas» (empresários — em grande parte privilegiados positivamente —, proletários — privilegiados negativamente), mas nem todas (camponeses, artesãos, funcionários).

A articulação pura e simples das classes proprietárias não é «dinâmica», isto é, *não* leva necessariamente a *lutas* e revoluções de classe. A classe proprietária dos rentistas de seres humanos, privilegiada positivamente em alto grau, por exemplo, encontra-se muitas vezes ao mesmo nível da classe muito menos privilegiada positivamente dos camponeses, ou até dos desclassificados, *sem* que haja antagonismo de classe. Aliás, por vezes, existe até solidariedade entre elas (por exemplo, em relação aos dependentes). *Só* pode existir o antagonismo de classes de proprietários entre *1)* rentistas de terras e desclassificados, ou *2)* credores e devedores (muitas vezes, patrícios urbanos e camponeses ou artesãos urbanos).

Estes antagonismos *podem* levar a lutas revolucionárias, as quais, no entanto, *não* têm necessariamente o objetivo de mudar a constituição económica, mas apenas o de obter acesso à propriedade ou à distribuição da mesma (revoluções de classes proprietárias).

Um exemplo clássico do antagonismo de classe é a situação dos *poor white trash* (brancos sem escravos) em relação aos proprietários de *plantações*, nos estados sulistas dos Estados Unidos. O *poor white trash* era *muito mais* hostil aos negros do que aos proprietários de *plantações*, dominados, frequentemente, na sua situação, por sentimentos patriarcais. Os exemplos principais da luta dos desclassificados contra os proprietários encontram-se na Antiguidade, assim como o seu contrário: credor *versus* devedor e rentista de terras *versus* desclassificado.

§ 2. Classe aquisitiva, classe social

b) A importância primária de uma *classe aquisitiva* privilegiada positivamente está *α)* na monopolização da direção da produção de bens, no interesse dos fins lucrativos dos membros da sua classe,

390 ECONOMIA E SOCIEDADE

β) na garantia das suas possibilidades aquisitivas, através da influência sobre a política económica das associações políticas e de outras.

1) As classes aquisitivas privilegiadas positivamente são constituídas tipicamente por *empresários*: *a)* comerciantes; *b)* armadores; *c)* empresários industriais; *d)* empresários agrários; *e)* banqueiros e empresários financeiros e, *em certas circunstâncias, f)* «profissionais liberais» com capacidade ou formação especial (advogados, médicos, artistas); *g)* trabalhadores com qualidades monopolistas (próprias ou adquiridas).

2) As classes aquisitivas privilegiadas negativamente são constituídas tipicamente por *trabalhadores* nas suas diversas categorias diferenciadas qualitativamente: *a)* qualificados; *b)* treinados para determinado serviço; *c)* não qualificados.

Entre eles encontram-se também, como «classes médias», os camponeses e artesãos autónomos. Além destes, frequentemente, *a)* funcionários (públicos e privados); *b)* a categoria mencionada em *1), f)* e os trabalhadores com qualidades monopolistas excecionais (próprias ou adquiridas — *1), g)*).

Classes *sociais* são *α)* os trabalhadores no seu conjunto, e isto tanto mais quanto mais automatizado se torna o processo de trabalho, *β)* a pequena burguesia, *γ)* os intelectuais sem propriedade e os especialistas profissionais (técnicos, «empregados» comerciais e outros, funcionários públicos, porventura, com uma separação social *muito* rigorosa entre eles, segundo o *custo* da educação); *δ)* as classes dos proprietários e privilegiados por educação.

O final abrupto de *O Capital*, de Karl Marx, pretendia, evidentemente, ocupar-se do problema da unidade de classe do proletariado, apesar da sua diferenciação qualitativa. Para tanto, a importância crescente do trabalho «treinado» na própria máquina, dentro de prazos relativamente curtos, à custa do «qualificado» e, por vezes, também do «não qualificado» é decisiva. Não há dúvida de que há capacidades treinadas que são frequentemente monopolistas (os tecelões por vezes só atingem rendimento ideal ao fim de cinco anos!). A transição para uma vida de pequeno-burguês «autónomo»,

ESTAMENTOS E CLASSES 391

antigamente, era o objetivo de qualquer trabalhador. No entanto, a possibilidade de concretização é cada vez menor. A «ascensão» à classe social γ) (técnicos, empregados comerciais) é relativamente o mais fácil na sucessão das gerações, tanto para α) quanto para β). Dentro da classe δ), o dinheiro compra progressivamente *tudo* — pelo menos na sucessão das gerações. A classe γ) tem oportunidades de ascensão a δ) [especialmente] nos bancos e nas empresas de sociedades por ações, assim como os funcionários públicos [quando ocupam posições superiores].

Uma *ação* de classe com carácter de relação associativa cria-se com maior facilidade *a)* contra os portadores *imediatos* de interesses opostos (trabalhadores contra empresários, e não [contra] acionistas, os quais, de facto, obtêm renda sem trabalhar, ou camponeses contra proprietários de terras); *b)* somente em situações de classe tipicamente semelhantes para *massas* de pessoas; *c)* em caso de possibilidade técnica de fácil associação, especialmente nas comunidades de trabalho concentradas localmente (comunidade de oficina), *d)* somente em caso de *condução* para fins evidentes, os quais são impostos e interpretados regularmente por pessoas não pertencentes à classe (os intelectuais).

§ 3. Situação estamental, estamento

Denominamos *situação estamental* um privilégio típico positivo ou negativo quanto à consideração social, reivindicado eficazmente. Baseia-se *a)* no modo de vida e, por isso, *b)* no modo formal de educação e, nesse caso, α) numa *aprendizagem* empírica, ou β) racional, e nas formas de vida correspondentes; *c)* no prestígio derivado da ascendência ou profissão.

Na prática, a situação estamental manifesta-se, sobretudo, α) no *connubium*, β) na comensalidade e, γ) com frequência, na apropriação monopolista de oportunidades de aquisição privilegiadas ou na estigmatização de determinados modos de aquisição, δ) em convenções estamentais («tradições») de outra espécie.

A situação estamental *pode* basear-se numa situação de classe de natureza unívoca ou ambígua. Contudo, *não* é determinada apenas por ela: a posse de dinheiro e a posição de empresário não são, *por si*, qualificações estamentais — ainda que possam levar a tal; nem a falta de património constitui, *por si*, uma desqualificação estamental, ainda que também possa levar a esta. A situação estamental, por outro lado, pode condicionar, em parte ou totalmente, uma situação de classe, sem ser idêntica com a mesma. A situação de classe de um oficial, funcionário ou estudante, determinada pelo seu património, pode ser muito diversa, sem que a sua situação estamental difira, porque o modo de vida criado pela educação é o mesmo nos pontos estamentalmente decisivos.

Consideramos «estamento» uma pluralidade de pessoas que, dentro de uma associação, gozam efetivamente *a)* de uma consideração estamental especial e, possivelmente, também *b)* de monopólios estamentais especiais.

Os estamentos podem ter origem *a)* primariamente, num modo de vida estamental próprio e, dentro deste, particularmente, na natureza da *profissão* (estamentos por modo de vida e por profissão), *b)* em segundo lugar, no modo carismático-hereditário, com base em pretensões de prestígio bem-sucedidas, em virtude de ascendência estamental (estamentos por nascimento), ou *c)* na apropriação estamental de poderes de mando políticos ou hierocráticos, como monopólios (estamentos políticos ou hierocráticos).

O desenvolvimento dos estamentos por nascimento é, em regra, uma forma da apropriação (hereditária) de privilégios por uma associação ou por indivíduos qualificados. Qualquer apropriação fixa de determinadas possibilidades, especialmente a de mando ou a de aquisição, tende a levar à formação de estamentos. E toda a formação de estamentos tende a levar à apropriação monopolista de poderes de mando e de oportunidades aquisitivas.

Enquanto as classes aquisitivas crescem com base numa economia orientada pelo mercado, os estamentos nascem e existem preferencialmente com base na provisão de necessidades de tipo monopolista-litúrgico, feudal ou estamental-patrimonial de associações. Consideramos uma sociedade «estamental» quando a estrutura social se orienta preferencialmente pelos estamentos, e «classista» quando esta se orienta preferencialmente pelas classes. Entre as

ESTAMENTOS E CLASSES

classes, a mais próxima do «estamento» é a classe «social», e a mais distante, a «classe aquisitiva». É frequente os estamentos serem constituídos basicamente por classes proprietárias.

Toda a sociedade estamental é *convencional*, regulada por normas de conduta da vida, criando, por isso, condições de consumo irracionais do ponto de vista económico que impedem a formação livre de um mercado por apropriações monopolistas, através da eliminação da disposição livre sobre a própria capacidade aquisitiva. Voltaremos a este assunto de forma mais detalhada.

Índice

Prefácio 7

Nota biobibliográfica 23

CAPÍTULO 1 – CONCEITOS SOCIOLÓGICOS FUNDAMENTAIS . 31

    Advertência do tradutor 33

    Observação preliminar 35

§ 1.   Conceito da sociologia e do «sentido» da ação social 36

    I.   Fundamentos metodológicos. 36

    II. Conceito de ação social. 54

§ 2.   Fundamentos determinantes da ação social. 56

§ 3.   A relação social 58

§ 4.   Tipos de ação social: uso, costume 61

§ 5.   Conceito de ordem legítima 64

§ 6.   Géneros de ordem legítima. 66

§ 7.   Fundamentos de validade da ordem legítima: tradição, fé,
    estatuto 70

§ 8.   Luta, concorrência e seleção social 72

§ 9.   Comunalização e socialização: luta e seleção 75

§ 10. Relação social aberta e fechada 78

§ 11. Relação social e imputação 81

§ 12. Associação e ação associativa 83

§ 13. Génese dos ordenamentos associativos 86

§ 14. Ordem administrativa. 87

§ 15. Empresa, união e instituição 88

396 ECONOMIA E SOCIEDADE

§ 16. Conceitos de poder, dominação e disciplina 89
§ 17. Associação política e Estado 90

CAPÍTULO 2 – CATEGORIAS SOCIOLÓGICAS BÁSICAS
DA AÇÃO ECONÓMICA 95
    Observação preliminar 97
§ 1. Conceito de ação económica 97
§ 2. Conceito de utilidade 103
§ 3. Orientação económica da ação 104
§ 4. Medidas típicas da ação económica racional 106
§ 5. Tipos de associação economicamente orientada 110
§ 6. Meios de troca, meios de pagamento, dinheiro 112
§ 7. Consequências primárias do uso típico do dinheiro. Crédito . 118
§ 8. Situação de mercado, comerciabilidade, liberdade
    de mercado, regulação do mercado 121
§ 9. Racionalidade formal e material da ação económica 124
§ 10. Racionalidade do cálculo em dinheiro 126
§ 11. Conceito e forma de aquisição, cálculo de capital 131
§ 12. Cálculo em espécie e economia natural 142
§ 13. Condições da racionalidade formal do cálculo em dinheiro . . 152
§ 14. Economia de troca e economia planificada 154
§ 15. Tipos de distribuição económica de desempenhos (em geral) 160
§ 16. Tipos de organização técnica de desempenhos 166
§ 17. Tipos de organização técnica de desempenhos (conclusão) . . . 169
§ 18. Formas sociais de distribuição de desempenho 170
§ 19. Apropriação da utilização de desempenho 175
§ 20. Apropriação dos meios de obtenção 182
§ 21. Apropriação dos desempenhos de coordenação 189
§ 22. Expropriação dos trabalhadores da posse dos meios
    de obtenção 190
§ 23. Expropriação dos trabalhadores da posse dos meios
    de obtenção (conclusão) 193
§ 24. Profissão e formas da divisão das profissões 195
§ 24a. Formas principais de apropriação e relações no mercado 200
§ 25. Condições de desempenho rentável: adaptação, execução
    e inclinação para o trabalho, etc. 208

ÍNDICE

§ 26. Formas de desempenho em comunidades alheias ao cálculo: formas de comunismo 213

§ 27. Bens de capital, cálculo de capital 214

§ 28. Conceito e forma de comércio 216

§ 29. Conceito e forma de comércio (continuação)............. 217

§ 29a. Conceito e forma de comércio (conclusão)............... 220

§ 30. Condições para o grau máximo de racionalidade formal do cálculo de capital................................ 224

§ 31. Tendências típicas da orientação «capitalista» das atividades aquisitivas.. 227

§ 32. Organização do sistema monetário do Estado moderno e os diversos tipos de dinheiro: dinheiro corrente 230

§ 33. Dinheiro limitado.................................. 241

§ 34. Dinheiro em forma de notas.......................... 243

§ 35. Validação formal e material do dinheiro 245

§ 36. Meios e objetivo da política monetária.................. 248

Excurso sobre a teoria estatal do dinheiro............... 254

§ 37. Importância extramonetária de associações políticas para a economia.. 264

§ 38. O financiamento de associações políticas 264

§ 39. Repercussão sobre as economias privadas............... 271

§ 40. Influência da economia sobre a formação de associações.... 273

§ 41. As motivações determinantes da gestão económica 274

CAPÍTULO 3 – OS TIPOS DE DOMINAÇÃO................... 279

I. A validade da legitimidade......................... 281

§ 1. Definição, condições e formas de dominação. Legitimidade . 281

§ 2. Os três tipos puros de dominação legítima: dominação racional, tradicional e carismática 285

II. A dominação legal com um quadro administrativo burocrático 286

§ 3. Dominação legal: tipo puro através de quadro administrativo burocrático....................................... 286

§ 4. Dominação legal: tipo puro através de quadro administrativo burocrático (conclusão)............................. 290

§ 5. Administração burocrático-monocrática 293

III.	A dominação tradicional	297
§ 6.	Dominação tradicional: definição	297
§ 7.	Dominação tradicional: condições	298
§ 7a.	Gerontocracia, patriarcalismo, patrimonialismo	302
§ 8.	Sustento do servidor patrimonial	307
§ 9.	Dominação patrimonial-estamental	309
§ 9a.	Dominação tradicional e economia	310

IV.	Dominação carismática	315
§ 10.	Dominação carismática: suas características e comunitarização.	315

V.	A rotinização do carisma	320
§ 11.	A rotinização do carisma e os seus efeitos	320
§ 12.	A rotinização do carisma e os seus efeitos (continuação)	324
§ 12a.	A rotinização do carisma e os seus efeitos (conclusão)	327

VI.	Feudalismo	330
§ 12b.	Feudalismo e feudalismo de feudo	330
§ 12c.	Feudalismo de prebenda e outros tipos de feudalismo.	336
§ 13.	Mistura dos diversos tipos de dominação	340

VII.	A reinterpretação antiautoritária do carisma	344
§ 14.	Legitimidade democrática e o princípio da eleição	344

VIII.	Colegialidade e divisão de poderes	350
§ 15.	Tipos de colegialidade e divisão de poderes	350
§ 16.	Divisão especificada de poderes.	363
§ 17.	Relações da divisão de poderes políticos com a economia	365

IX.	Partidos.	366
§ 18.	Conceito e essência dos partidos	366

X.	Administração de associações alheia à dominação e administração de representantes	371
§ 19.	Condições da democracia direta	371
§ 20.	Administração de membros honorários	372

XI.	Representação	375
§ 21.	Essência e formas da representação	375
§ 22.	Representação por representantes de interesses	381

CAPÍTULO 4 – ESTAMENTOS E CLASSES ... 385

I.	Conceitos	387
§ 1.	Situação de classe, tipos de classe, classe proprietária	387
§ 2.	Classe aquisitiva, classe social	389
§ 3.	Situação estamental, estamento	391